宋代川峡四路风俗地理研究

杨鸿光 著

齊鲁書社
·济南·

图书在版编目（CIP）数据

宋代川峡四路风俗地理研究 / 杨鸿光著. -- 济南：齐鲁书社, 2025. 8. -- ISBN 978-7-5333-5339-1

Ⅰ. K892.471

中国国家版本馆CIP数据核字第2025AX7003号

策划编辑 刘 强
责任编辑 王亚茹
装帧设计 亓旭欣

宋代川峡四路风俗地理研究
SONGDAI CHUANXIA SILU FENGSU DILI YANJIU
杨鸿光 著

主管单位	山东出版传媒股份有限公司
出版发行	齊魯書社
社　　址	济南市市中区舜耕路517号
邮　　编	250003
网　　址	www.qlss.cn
电子邮箱	qilupress@126.com
营销中心	（0531）82098521　82098519　82098517
印　　刷	山东星海彩印有限公司
开　　本	710mm × 1000mm　1/16
印　　张	22.5
插　　页	2
字　　数	310千
版　　次	2025年8月第1版
印　　次	2025年8月第1次印刷
标准书号	ISBN 978-7-5333-5339-1
定　　价	88.00元

序　一

“十里不同风，百里不同俗。”《史记·货殖列传》就记载了汉武帝以前全国各地的风俗情况；而中国正史中第一部地理志《汉书·地理志》在卷末辑录了刘向的《域分》和朱赣的《风俗》，只不过是把各地风俗塞入刘向的《域分》中，变得支离破碎。此后，东汉应劭也撰有《风俗通义》。秦汉时，人们对风俗的理解是“凡民函五常之性，而其刚柔缓急，音声不同，系水土之风气，故谓之风；好恶取舍，动静亡常，随君上之情欲，故谓之俗”。风是受地理环境的影响，而俗则是教化的结果。周振鹤先生曾指出，两汉语境下的风俗至少包括生产方式（耕种方式、水利设施）、生活习俗（衣食住行）、社会风气（重农重商、尚文尚武、奢靡勤俭）、礼仪制度（婚丧嫁娶）等方面，其中社会风气亦即民风，生活习俗、礼仪制度则可统称为民俗。风俗为长期以来特定区域下人们形成的风气、习俗及礼仪规范等。风俗作为特定地域文化的标志之一，在中华大一统文化中发挥着重要作用。“观风俗，知得失”，历来统治者都重视风俗的教化与治理。“为政必先究风俗”，风俗与国家治理密切相关，历来中国封建社会各代王朝，都把风俗教化与大一统文化密切关联。

历史风俗地理一直是文化地理研究内容之一。其是研究历史时期一定地域内，在自然环境与官方教化长期影响下，人们形成的特色鲜明的风气、习俗及礼仪规范等。以西汉言之，南北形成了塞外风俗区、黄河中下游风俗区、淮汉以南风俗区三大风俗文化区。后世正史中的《地理志》，《隋书》《宋史》仍强调风俗区域地理概念。不过，地理类诸书，从《汉书·地理志》“政教式风俗”书写，到魏晋南北朝演变为“博雅式风俗”，唐至北宋“政教式风俗”在地理总志中复生与固化，虽然韦澳《诸道山河地名要略》（《处分语》）也列“风俗”门，但记载较略。南宋时“胜览型风俗”书写范式确立，王象之《舆地纪胜》将“风俗”与“形胜”合为一门“风俗形胜”，祝穆、祝洙父子所编《方舆胜览》将“风俗”单独编目，详尽周到，是为研究南宋风俗文化地理不可不看二书。

笔者早年在陕西师大攻读博士期间，撰有《重庆直辖市建置溯源——兼析巴蜀地域差异》一文，在写作过程中曾阅览《舆地纪胜》《方舆胜览》二书，留下很深的印象。加之，两宋时期政区变化，巴蜀地域设置川峡四路，奠定此后四川的历史区划格局。而两宋更替，川峡四路又成为边防重地。无论从区划与军事来讲，还是在经济影响下看，宋代四川地区雕版印刷业兴盛，地方教化大行，人才辈出，“与华一同”，川峡四路内部“大同小不同”，风俗方面有所差别。出于此目的，我让鸿光博士选择《宋代川峡四路风俗地理研究》作为毕业论文题目，加以研究。

鸿光博士本科阶段非历史专业背景，硕士阶段在西北民族大学开始接触历史学。硕士毕业后在报社担任记者和编辑，因酷爱历史地理学，多次报考该专业博士研究生，2019 年终于如愿，在青海师范大学历史学院开始博士生四年的学习时光。虽然基础不甚好，但鸿光还是发奋学习，刻苦攻读。在学期间，我让他在双忠（张巡、许远）信仰基础上，研究唐将雷万春、南霁云。鸿光不负众望，先后在《宗教学研究》《民俗研究》上发表《唐将雷万春信仰的流播与变迁研究》《黑神何在：唐将南霁云信仰的流传与变迁》两篇文章，可喜可贺。回想其负笈来穗一年，正是疫情期间，他能克服各种困难，终有所成，实属不易。其间的甘苦他当最有体会，这段经历也在他人生中留下了一段难以忘怀的回忆。一分耕耘换来一分收获，他的毕业论文盲审与答辩顺利通过。毕业后，鸿光博士把自己的博士论文出版，呈现在读者面前的这部论著，就是他四年学术成果的结晶。

论著从宋代川峡四路的自然地理与风俗概貌入手，分述生活风俗地理、民风地理、信仰风俗地理、婚丧风俗地理、岁时节庆风俗地理，总结川北、蜀中、川东风俗地理特征。传承变异性、边界杂糅性和民族复杂性是宋代川峡四路风俗地理的三大主要特征。形成这样的风俗样貌，是地理环境、政治调控、经济差异和移民冲击等多种因素综合作用的结果，也是唐宋变革之际，文化形态历史性演进的必然表现。此种风俗也奠定了后世川渝地区风俗的基本格局与形态。这一研究对巴蜀地域文化有一定的推进作用。

寥寥数言，难以述及鸿光博士论著的优点，相信读者自会品味。当然，论著中还有需要完善的地方，希望他在以后的研治中进一步改进。滔滔珠江水，悠悠岁月情。如今吾年近花甲，眼睛昏花，目力模糊，除了承担繁重的教学科研任务，还担任行政职务，常常感到力不从心，艰辛异常。此序也是在我国家重大课题结题极端忙碌之际，鸿光博士再三催促，难以推却的情况下艰难草成的。希望年轻人珍惜时光与老师的关爱，继续努力，不断历练，学术攀登，再添新功。

略缀数言，聊以为序。

王元林

乙巳季夏草于珠江滨畔

序　二

今年五月初的一天，杨鸿光来短信说他的博士论文《宋代川峡四路风俗地理研究》准备出版，希望我能为其写序。当时我正在夜以继日地赶写出版社督促等待的一部书稿，一般应酬性的作序引荐之类事皆婉谢推辞，但鸿光的请求我并未谢绝。只是尽管承诺下来却表示需等待一些时日，鸿光说可以等。转眼之间又过去三月之久，其间仍然诸事缠身，且要应付多个天南海北的学术讲座、报告，尽管一直没有忘记鸿光的殷切希望，却一直迟迟无法动笔。其间曾驰函鸿光，如果等待不及就另请高人赐序，以免耽误大著出版，鸿光却一直表示会耐心等待。直到近日又接到鸿光电话询问序言之事，终于感到作序之事不能再拖延了，遂答应返渝后立即着手承诺之事。

鸿光是一个有志于从事学术研究的青年，对历史地理学有超乎常人的热爱与执着的追求，求学道路经历了坎坷艰难的历程。读博前他在山东济南一家烟草报社就职，实际上工作、生活条件优渥，收入也相当可观，但他不安于现状，执着地走上考博之路。记得七八年前西南大学历史地理研究所一次博士生考试后面试（当时为避免考生重复来校，学校的博士生考试是笔试次日立即面试），前来报考、面试的有十多个青年学子。最后进入会议室的是一健壮魁伟的山东小伙，自我介绍时幽默地说他是一个“老贡生”，曾经先后考过复旦、陕师大、暨大等校，均因外语未能过线而落选，但铁了心还要一直继续考下去，直到梦圆的那一天。那次面试回答问题时，我发现他历史地理知识较为丰富，对国内各高校历史地理研究也很熟谙，回答问题时滔滔不绝，似乎古今中外的历史地理知识都能“侃”上一些，且有演讲的激情，以致主考官不得不因时限而打断他的陈述。那次复试，评委老师们对其印象普遍很好，认为是很有学术潜力的苗子，但最后仍然“栽”在外语上，因而与西南大学最终失之交臂。又过了几年，鸿光来信说终于考取了青海师范大学，师从王元林教授开始攻读历史地理学博士研究生，我听了立即回信表示祝贺与鼓励。2023 年夏，我在山东沂南参加一场学术会议后应周郢教授邀请在泰山学院做讲座，返渝前在济南有多半天候机时间，鸿光听说后很快联系上我，并且陪同我在济南参观了山东博物馆与辛弃疾纪念馆。他告诉我已经从青海师范大学通过博士论文答辩后毕业，并且已经顺利地被浙江水利水电学院录用、引进。闻此，我很为鸿光这样一个有志青年终于梦圆身披博士服并且成为高校教师感到高兴，在济南半日里相谈甚欢。

杨鸿光的博士论文题目是《宋代川峡四路风俗地理研究》，应该说这是一个算不上很新却很值得深入研究的选题。宋代四川，因地理环境与文化水平差异，其社会风俗呈现出斑斓多彩的地域性特征，在民间信仰方面也是多神并存，“杂祠淫祀”现象十分突出。成都府路、利州路经济地理条件优越，成都平原与汉中平原早在战国中期即为秦国所兼并，纳入中华文化进程与范围，社会风俗相对开明；潼川府路地处川中西蜀与巴渝之间过渡地带，文化风俗带有巴蜀兼有的特征，诗书礼仪与夷风蛮俗并存；夔州路所辖夔、渝、忠、万、开等长江三峡地区因地处高山峡谷与沿江地带，距成都府、兴元府两大文化中心空间距离遥远与偏僻，风俗简陋，文教不倡，巫风盛行，至南宋时期犹流行“杀人祭鬼”“信巫不信医”等古老陋俗，表现出很大程度上的原始性与自然神灵崇拜。宋代四川社会风俗的丰赡性与差异性在洪迈《夷坚志》、陆游《老学庵笔记》、范成大《吴船录》及诸多宋人笔记中都有记载，仅仅《夷坚志》中关于巴蜀风俗与信仰的资料就多达130余条，历史资料不可谓不丰赡，这为学者研究宋代四川社会风俗提供了深入全面的先决条件，不过就这一领域耕耘的深度与广度而言并不尽如人意。美国学者韩森（Valerie Hansen）《变迁之神——南宋时期的民间信仰》是西方学者研究宋代风俗与民间信仰的名著，但研究重点区域在江南，对四川社会着墨不多。近年来学者关注与探讨宋代社会风俗渐多，但大多属于个案、专题或宋代某一时段的研究，从历史社会地理空间分布及变迁角度全面、系统地研究宋代社会风俗的著作尚不多见，杨鸿光的《宋代川峡四路风俗地理研究》一书有承前启后的意义，较之前哲时贤的相关研究无疑大大地跨越了一步。

风俗作为文化地理最显特色的文化因子可以从各个学科加以研究，可以是民俗学的，可以是社会学的，可以是区域文化史的，也可以是历史地理学的。杨鸿光在博士论文基础上修改而成的《宋代川峡四路风俗地理研究》一书以两宋四川“风俗地理”作为专题研究对象，从历史文化地理学的空间分布与变迁视角对宋代四川社会风俗进行了较为系统的梳理与分析，有几个节点研究、把握得很好：第一，从四川盆地自然地理环境出发讨论其与社会风俗生成的关系，开门见山，切入到位。第二，专题讨论风俗事象，对非风俗事象不予讨论，主题集中。第三，关于宋代川峡四路民风（群体性格）地理的研究，属于一大创新亮点。以往的历史文化地理研究中，地域民众性格的形成及其特点、意义一直处于被忽略的角落，目前流行的历史地理概论一类教科书也基本上不涉及此问题。实际上这一问题很早就引起史家重视，司马迁在《史记》中多次提及区域民众性格问题，如说秦地关中民风“厚重”、江南多地民风“剽轻”，并且强调民风、民性对社会治乱有重要的影响作用。我在西南大学给历史地理硕、博士讲课时也多次阐释“地域性格”即某地民众的群体性格在区域历史地理中的存在及意义，鼓励青年学者关注并致力于此。该书梳理总结了川峡地区各区域之间的民风样态和群体性格特征，并划定了三大民风区，无疑是一学术创新。第四，除了重点研究宋代四川的梓潼神、二郎神等大宗神祇崇拜，还独具慧眼，对东岳神在宋代川蜀地区的流行做了个案研究，探讨了东鲁之神在西蜀兴盛的现象及其原因，从而丰富了对四川民间信仰风俗的研究；也从个案角度，以点代面，有效展现了宋代川峡四路地区的神明信仰样板。当然，《宋代川峡四路风俗地理研究》一书在风俗地理研究中还有不少小节点不乏新发现与创获，限于篇幅，就不在这里一一道及了，相信是书出版以后，读者会不难发现与体会。

如果说从大的方面来看此书有什么缺陷，个人认为是书对宋代士大夫在四川地区推行的移风易俗问题关注不够。诚然，《宋代川峡四路风俗地理研究》的主旨是以研究宋代四川风俗地理的空间分布与变迁为己任，但实际上研究风俗地理还有一个不可忽略的价值取向，那就是移风易俗问题。研究风俗地理的社会目的是探讨风俗的形成与演变，梳理风俗中的病理制约因素，从而更好地扬优抑劣，为社会进步服务。这里提出这一问题，供作者参考。

总之，《宋代川峡四路风俗地理研究》是近年来我国历史风俗地理研究的一项重要成果，尽管尚不完善，但其创新性与超越性值得肯定。鸿光正值学术盛年，希望以此书出版为契机，再接再厉，在区域历史文化地理研究中取得更大成绩。断断续续写下一些回忆与感想，权当为序。

马　强

2025 年 8 月 2 日于重庆北碚

目 录

绪　论

第一节　研究目的和意义

风俗，是人们在社会生活中世代传承、相沿成习的生活模式，是一个社会群体在语言、行为和心理上的集体习惯。东汉应劭在《风俗通义序》中说："风者，天气有寒暖，地形有险易，水泉有美恶，草木有刚柔也。俗者，含血之类，像之而生。故言语歌讴异声，鼓舞动作殊形，或直或邪，或善或淫也。圣人作而均齐之，咸归于正，圣人废则还其本俗。"① 显然，作者在这里强调了"风"与形胜相关的自然属性，而"俗"更多地展现为一种行为习惯，这种行为习惯与教化休戚相关。班固在《汉书·地理志》中云："凡民函五常之性，而其刚柔缓急，音声不同，系水土之风气，故谓之风；好恶取舍，动静亡常，随君上之情欲，故谓之俗。"② 从中可以看出，"风"显然与自然环境的影响是分不开的，而"俗"更多的是与以上率下的社会主流意识形态相关联，是人为可以影响的，这与应劭的观点大体类似。班固最终认为，圣王统领天下，必用正统思想移其本而易其末，以调和天下，达到"王教成"的目的。历代帝王极其重视风

---

① 〔汉〕应劭撰，吴树平校释：《风俗通义校释》，天津：天津人民出版社，1980 年，第 1 页。

② 《汉书》卷 28 下《地理志下》，北京：中华书局，1962 年，第 1640 页。

俗的变迁，因为潜移默化的风俗影响人文环境的良恶，关乎统治的稳定，正所谓“化人易代，谓美教化，移风俗”[①]。古代帝王巡守，很大程度上是视察一地的民风，以此判断统治局面的兴衰：“见诸侯，问百年，太师陈诗，以观民风俗。命市纳贾，以观民好恶。山川神祇有不举者为不敬，不敬者削以地。宗庙有不顺者为不孝，不孝者黜以爵。变礼易乐者为不从，不从者君流。改衣服制度为畔，畔者君讨。”[②] 可见大到观念意识，小到服饰制度，都为君王所关心和重视，风俗往往就是基层统治成效的具体表现。

《大辞海》在不同卷次为“风俗”词条给出了不同的定义，首先《哲学卷》给出的是：人类在物质文化、精神文化和社会生活各方面的传统。一种在长期历史发展中逐渐形成的社会现象和世代相传的文化现象。具有民族性、人类共通性、历史性、地方性、传承性、变异性等特征。一个民族的风俗，集中反映了该民族的共同心理素质。[③] 这一概念强调了风俗的社会学、政治学属性。从此概念可以看出，风俗首先是一种文化现象，既有纵向的历史传承性，又有横向的民族、地域差异性。而《民族卷》给出的定义则为：风俗亦称“流俗”，并常与“习惯”合称“风俗习惯”。人类社会相沿积久而形成的社会风尚、礼仪、习俗等的合称。是人类在长期的社会生活中形成的关于生老病死、衣食住行乃至俗信、巫卜、禁忌等内容广泛、形式多样的行为规范。[④] 这一定义让风俗的概念更加具体鲜活起来，强调了风俗的风土性，体现了风俗的外延之广、影响之深，与人们的生活须臾不离，似更有烟火气息。总体来讲，风俗是囊括人们生产生

---

① 黎翔凤撰，梁运华整理：《管子校注·霸言》，北京：中华书局，2004 年，第 463 页。

② 〔清〕陈立撰，吴则虞点校：《白虎通疏证》卷 6《巡狩》，北京：中华书局，1994 年，第 289 页。

③ 《大辞海·哲学卷》，上海：上海辞书出版社，2015 年，第 170 页。

④ 《大辞海·民族卷》，上海：上海辞书出版社，2012 年，第 504 页。

活、行为规范、思想观念等各个方面且长期稳定的一种文化现象。

而与之相近的另一个概念是民俗。民俗则是民间的风俗，是一个国家或民族中广大民众所创造、享有、传承的生活文化。钟敬文先生认为，民俗是中下层民众创造的物质和精神文明总和，有别于官方，属于民间文化的一部分。民俗一旦形成，就成为规范人们行为、语言和心理的一种力量。他将民俗大致分为四个部分，即物质民俗、社会民俗、精神民俗和语言民俗。[①] 而高曾伟主编的《中国民俗地理》又将民俗分为七大类，即包括吃穿住行的生活民俗，涵盖农业、商业的生产民俗，婚丧嫁娶的礼仪民俗，传统节日、农事节气的岁时民俗，氏族、家庭的社会民俗，民间信仰、禁忌的信仰民俗和娱乐游戏、体育竞技等游艺的文艺民俗。[②] 可以说，民俗的范畴既有物质文明的内容，又有精神文明的内容。综上，本书不囿于民间风俗，在研究分类时借鉴民俗学对民俗分类的方法，概念仍用风俗地理。且研究的对象，包括风俗定义里绝大多数事象，虽不能一一触及，但衣食住行、行为习惯、人生仪礼、民间信仰、岁时节庆这些最能体现风俗的几大板块都将作为本书的考察对象加以研究。

本书的学术价值主要体现在以下几个方面：一是在唐宋变革论的大背景之下，考察川峡四路在风俗方面的表现，国家在风俗治理方面所采取的政策；二是试图展现宋代川峡四路的风俗与其他地区的差异性，以及川峡四路内部各风俗事象的空间差异；三是试图展现北宋到南宋三百多年时段中川峡四路风俗的变迁；四是着力剖析宋代川峡四路风俗时空差异背后的深层次原因；五是鉴于以往研究或集中于通代一地之风俗，或集中于断代某单一事象之风俗，而断代全景风俗的研究较少，特别是于宋这样一个大变革时代和川峡四路这样一个特殊地区相结合的风俗研究未见，为本书留下了学术探讨的空间。

---

① 参见钟敬文主编：《民俗学概论》，上海：上海文艺出版社，1998年，第1—6页。

② 高曾伟主编：《中国民俗地理》，苏州：苏州大学出版社，1996年，第2页。

宋代作为中国古代承上启下的变革时代，无论是政治体制、经济模式还是社会思潮都发生了巨大变化。内藤湖南的唐宋变革论认为宋代是近世的开端，门阀贵族独占的政治特权不再被承认，农民由佃户变为自由民，人民从被束缚于土地上的制度中解放出来，受地主的人格约束程度降低。新的土地占有制度和租佃制度，形成了新的社会经济结构。以新的社会经济结构为政治和精神基础，又出现了新的上层建筑，包括哲学宗教、文学艺术、风俗习惯都出现了相应的变革。[①] 从文化史的角度看，陈寅恪先生的中国文化“造极于赵宋之世”的观点被广为认可，宋代的三百年是一个文化上整理与重构的时代。科举方面“取士不问家世”，教育方面“广开来学之路”，社交方面“所交不限士庶”，文学方面从“雅”到“俗”，这些都可视作宋代划时代变革的明证。[②] 商品经济的蓬勃发展及经济重心的南移、货币经济的繁盛，潜移默化中使得社会风尚革故鼎新，展现出异彩纷呈的多重面相。宋代人们的世态风情、生活习尚、民间流俗，无不在发展变化中呈现许多新的特色，显得比前代更加绚丽多姿。[③] 经过唐末五代的乱世，人们也普遍认识到道德精神对于调和社会群体乃至社会发展的重要作用，教化治理被时代凸显出来，宋人迎来了面向社会生活的新时代。[④] 而辽、金、西夏的长期环伺，又使得赵宋王朝始终存有战争危机，官方和民间都未在思想上达到彻底的松弛和安乐。南渡以后，相对势均的宋金对峙又为社会经济文化的发展营造了相对安宁的和平环境，这些大势都会对时人的社会心理造成一定影响，进而催生出苟且偷安、及时行乐、奢靡享乐的社会风俗。谢和耐认为蒙古入侵前夜，中华文明在许多方面都处

---

① 朱瑞熙：《宋代社会研究·前言》，郑州：中州书画社，1983 年，第 1 页。

② 张邦炜：《蓄之既久　其发必厚——读王曾瑜新著〈宋朝阶级结构〉》，《宋史研究通讯》1997 年第 1 期。

③ 朱瑞熙等：《辽宋西夏金社会生活史·前言》，北京：中国社会科学出版社，1998 年，第 2—3 页。

④ 张雪红：《试论宋代社会教化的新特征》，《河南大学学报》（社会科学版）2010 年第 1 期。

于辉煌顶峰。正因为宋代处在这样一个时代，其风俗对后世中国产生了深远影响，而这样的影响在中国的不同区域展现得又不尽相同。

从整个社会背景看，宋代重文轻武国策的确立，使文人士大夫得到厚待，他们在精神和物质上都相对富足，人格的独立使得士大夫的忠义之气得以彰显，经济上的充裕刺激了官宦阶层对物欲方面的追求。同时，社会经济的发展为时代风尚的勃兴打下坚实的基础，农业、手工业、商业都大大超过前代，城市经济出现变革性发展，由于人口的扩张，坊市格局被打破，店、肆等商业活动场所激增，越来越多的农产品被卷入市场，繁荣的小城镇发展起来，组成了地方商业之网[1]，宋代经济出现井喷式发展，整个宋代社会面貌呈现出有别于前代的质的飞跃，这无疑为风俗的形成演变带来新的契机。理学的勃兴和儒释道三教的融合，使宋代民众的思想更加多元，迎合大众心理的民间信仰发展开来，民众的精神世界异彩纷呈。葛兆光认为，唐宋以后中国士大夫阶层与底层民众在宗教思想及生活情趣上的差异，比不同宗教信仰者之间的教派差异更为深刻。[2] 流行于当时的文化风尚，包括信仰巫术、婚丧礼仪等习俗所涵盖的思想已与士大夫所倡导的儒家传统思想产生巨大差异，但正统思想仍在无孔不入地渗入民众意识。[3] 这就说明此一时期，精英文化和通俗文化开始分离，出现了所谓的“大传统”与“小传统”。而风俗又在上层调控中不断变化，“古今风俗之变，常必由俭以入奢，而其变之渐，又必由上以及下”[4]。如信仰风俗方面，官方会将自己认可的意识形态寓于默许的祭祀对象中，用祠祭名单的变动表达一种官方立场，赋予其道德和伦理意义，并将祭祀合法性的权力

---

① 漆侠：《宋代经济史》，上海：上海人民出版社，1987 年，第 28 页。

② 葛兆光：《道教与中国文化》，上海：上海人民出版社，1987 年。

③ 范立舟：《南宋全史：思想、文化、科技和社会生活卷》卷上，上海：上海古籍出版社，2015 年，第 279 页。

④ 〔汉〕毛苌传述，〔宋〕朱熹辨说：《诗序》，北京：中华书局，1985 年，第 22 页。

垄断，象征和暗示一种中央对地方、官方对民间、主流对边缘的控制，以实现政治权力对世俗生活的整合。[①] 所以，宋代信仰风俗的变化一直存在多种力量的角力，是官民互动下寻求平衡的结果。

由于国家的治乱与风俗的美恶休戚相关，所以统治者无不对风俗的治理尤为重视。“入境观其风俗”[②] 成为地方官到任一方的首要任务，正所谓“古有采诗之官，王者所以观风俗，知得失”[③]。风俗需要官方的引导和调控，善习良俗自然得到官方的提倡和褒奖，而某些陋俗、恶俗的出现也会因影响一方的稳定，为统治者所警惕和革除，如宋代的杀人祭鬼、弃医信巫、不举子等行为即恶俗之代表。所以，历来统治者都会责令地方官出台相关政策，对一地之风俗给予治理和匡正，使风俗趋同于统治阶级的思想，以便美风俗、兴教化、淳民风，巩固其封建统治。那么考察风俗在地理空间上的变迁与异同就显得颇有意义。

之所以选择川峡四路地区，是基于以下几个方面的考虑。从自然地理方面来看，宋代川峡四路的地形四塞封闭、自成系统。全区包括四川盆地、秦巴山地等地貌单元，其中四川盆地自西向东又分为成都平原、川中丘陵和川东平行岭谷三个部分。特别是今天的四川地区，山川秀丽，物产丰富，自秦汉以来就在全国占有重要的经济地位，素享有“天府之国”的美誉。《华阳国志》称赞汉晋时期的益州“土地沃美，人士俊乂，一州称望”[④]。优越的地理条件和经济条件，使四川成为中国经济开发最早的地区之一。唐玄宗、唐僖宗都曾入蜀避难。唐末五代中原混战，四川地区则较为安定，中原衣冠士族和广大民众纷纷入蜀定居，使其成为避难福

---

① 葛兆光：《中国思想史》第二卷，上海：复旦大学出版社，2009年，第257页。

② 〔清〕王先谦撰，沈啸寰、王星贤点校：《荀子集解·考证下》，北京：中华书局，1988年，第36页。

③ 《汉书》卷30《艺文志》，北京：中华书局，1962年，第1708页。

④ 〔晋〕常璩撰，刘琳校注：《华阳国志校注》卷3《蜀志》，成都：巴蜀书社，1984年，第254页。

地。这为宋代四川经济的进一步发展奠定了必要的基础。[①] 再者，巴蜀文化源远流长，内涵丰富，作为中国文化多元一体格局中的一枝奇葩，璀璨的巴蜀文化始终散发着独特的魅力。自西汉蜀守文翁创建石室学宫，实行儒家教化，使蜀地民风丕变以来，巴蜀地区一度成为儒学发达地区，以至比隆齐鲁。且巴蜀地区还是“仙道”的发源地，东汉张陵在蜀中创立“天师道”；佛教传入中国后，巴蜀地区也是其重要的传播区域。[②] 这样一个在中国历史上经济、文化、思想、宗教都独具特色的区域，其风俗的流变颇有代表性。特别是蜀郡在战国末已为秦地，北接秦文化，虽有蛮夷之风而与荆楚吴越有别，而且蜀地算是在南北之间，其风俗的变迁在南方各地区中最早。[③] 这也让四川风俗中原化程度更高，具有南方其他地域难以比拟的先人一步的优势。

从行政区划方面来看，早在汉晋时期，常璩在《华阳国志》中就将巴蜀地区分为巴志、汉中志、蜀志、南中志加以记述，可见此一区域已被时人当作一个整体来考量。而川峡四路是咸平四年（1001）宋朝将原有的西川路、峡路分为益、利、梓、夔四个一级行政区的总称，益州路行政中心在益州，今四川成都；梓州路行政中心在梓州，今四川三台，南宋初期迁到今四川泸州；利州路行政中心在利州，今四川广元，北宋晚期迁到今陕西汉中；夔州路行政中心在夔州，今重庆奉节。在此之后，川峡四路这一区域基本稳定沿袭下来，但各路名称在不同历史时期稍有变动。如嘉祐四年（1059）益州升为成都府，益州路遂改为成都府路；重和元年（1118）梓州升为潼川府，则梓州路改为潼川府路，但辖境不变。唯南宋

---

① 贾大泉：《宋代四川经济述论》，成都：四川省社会科学院出版社，1985年，第1页。

② 参见舒大刚、万本根：《整理巴蜀文献 传承优秀文明——〈巴蜀全书〉序》，傅增湘原辑，吴洪泽补辑：《宋代蜀文辑存校补》，重庆：重庆大学出版社，2014年，第4页。

③ 周振鹤：《从“九州异俗”到“六合同风”——两汉风俗区划的变迁》，《中国文化研究》1997年第4期。

绍兴十四年（1144）将利州路分为东西两路，后又纳入了秦凤路和京西南路部分州县，则辖境较北宋为大。但川峡四路大体的行政管辖区域没有太大变化，大致包括今四川大部，重庆，陕西汉中秦岭以南、安康以西地区和陇东南地区，以及贵州的安顺、贵阳、遵义、铜仁等区域。本书所涉区域则以南宋时最大范围的“川峡四路”为准，以《中国历史地图集》南宋嘉定元年（1208）为基准年所绘川峡区域为本书认定的“川峡四路”最终定型范围。[①] 但在表述具体事件时，则使用当时该路府的区划名称。因“四川”即“川峡四路”的简称[②]，为了表述简洁，本书在行文过程中，有时也用“四川路”或“四川地区”直接指代“川峡四路”。

从经济发展状况来看，川峡四路既有沃野千里的平原，又有山高水深的峡谷山区，各民族杂居，生产方式多样，良好的农业基础和相对平稳的政治环境，使得这一区域经济发展良好，特别是川西成都府路、汉中盆地及梓州路遂宁府等河谷地带（俗称“坝子”）的生产都有相当的发展，堪与两浙等路比美[③]，川峡四路（四川）与两浙路（江南）成为宋代最主要的两大经济区，所谓“扬一益二”正在于此。当时的川西地区，不仅经济条件优渥，而且战略地位紧要，是宋廷经略西南各少数民族进退有据的要地，蜀中名士文同便说：“今海内之蕃域号为至重者，举莫若吾之全蜀。壤土衍沃，民俗丰夥。外之则八国种落赖之以绥辑，内之则四道郡邑倚之以康靖。”[④] 但放眼整个川峡四路地区，其自然经济条件也不尽相同，各有其特点。成都府路得都江堰灌溉之利，土地肥沃，江河众多，农业发达，物产丰富，是“天府之国”的核心区，自然经济条件居四路之首；

---

① 谭其骧主编：《中国历史地图集》第 6 册，北京：中国地图出版社，1982 年，第 69—70 页。

② 《中国历史大辞典 · 历史地理卷》，上海：上海辞书出版社，1996 年，第 220 页。

③ 漆侠：《宋代经济史》，上海：上海人民出版社，1987 年，第 44 页。

④ 〔宋〕文同：《送赵大资再任成都府诗序》，《成都文类》卷 22，北京：中华书局，2011 年，第 462 页。

梓州路（潼川府路）主要是川中、川南的丘陵地貌，此一区域农桑业发达，有井盐之利，应为成都府路之外经济条件最好的区域，自然经济条件居四路次席；利州路大体为川北广大地区，其间崇山峻岭，间有谷地、小型盆地，亦有一定比例的农业，同时坐镇传统意义上的川陕“蜀道”，存在一定比例的商业，自然经济条件应在四路之中排第三；而夔州路，地处川东，自古为巴蜀门户，但土地贫瘠，山峡纵横，生存条件险恶，是川峡四路中经济发展最落后的地区。不同的自然经济基础，势必造就不同的人文形态和风俗类型，有必要深入进行空间的风俗地理研究。

此外，不同时期的移民也为四川路提供了充沛的人口红利，为川峡四路地区的经济文化发展注入了不竭的动力。北宋初期，王全斌平蜀，将大量军事移民带入四川路，北方籍各省官吏入川任职也为四川路源源不断地输入了中原文化。到了南宋，川峡四路北部成为宋金、宋蒙对峙的前线，具有秦岭、大巴山屏障的四川路又成为北方民众躲避兵燹之灾的天然乐土，部分陕西、甘肃、荆湖人民流入川峡地区。移民入川主要走两条路，一自关中翻越秦岭经汉水谷地入盆地，二自荆襄向西溯汉水谷地入陕南而后入盆地。[①] 外来人口的流入，必定对固有风俗文化带来冲击，形成风俗习尚的变化。并且这一移民群体中并非只有普通平民，蒙文通说：“中国之世族盛于晋唐，而蜀独盛于两宋。”[②] 说明移民群体中，上层大族亦在其列。同时，南宋政治核心区由北方向南方的转移，也使得广大南方区域在国家政治经济中的地位上升，从东南地区向西南为官经商之士渐多。宋代川峡四路丰富的人力资源，既是当时该地区经济发展的重要原因，又是其经济发展的重要反映。以上一系列政治经济因素的影响，使得川峡四路地区在宋代成为较为安定且繁华的经济发达地区，加之复杂的地形和多样

---

① 葛剑雄主编：《中国移民史》第 4 卷，福州：福建人民出版社，1997 年，第 370 页。

② 蒙文通：《〈华西大学图书馆四川方志目录〉序》，《蒙文通文集》第 4 卷《古地甄微》，成都：巴蜀书社，1998 年，第 108 页。

的气候条件为川峡四路经济文化的发展提供了丰厚的物质基础，也为各族民众形态各异的生活方式、民风民俗的形成创造了必不可少的条件。同时，由于城市经济的繁荣，宋代市民阶层不断壮大。城市人口的激增和城市行业的扩大，使市民和农民成为各种物质文化和精神文化的消费者，各种节庆活动和习俗应运而生，成都的繁华程度甚至不亚于北宋的开封和南宋的临安，是为西南一大巨邑。生活于其中的人们必然相应地创造出不同于中原的、独具特色的区域文化和地域风俗。而川峡四路内部之风俗，也因自然环境与人文环境的不同呈现出差异。考察宋代川峡四路风俗文化地理，对于了解中华民族的多元文化结构及各种文化的交融渗透颇具意义和价值。

另外，在宋代，地方志、笔记、日记、游记等社会史、文化史相关史料也有所增加，我们可以从中看到在官修史料中所看不到的丰富多彩的社会实态。在这些存世的史料中，不论是正史、地理总志抑或是私家笔记，都留有较为丰富的反映当时风俗的相关内容。如南宋两部著名的地理总志《舆地纪胜》和《方舆胜览》中，均设“风俗形胜”条，无疑为了解一地的风俗提供了最为直接的史料。而像《夷坚志》《癸辛杂识》《鸡肋编》《铁围山丛谈》《萍洲可谈》等文人笔记，也记载了大量一时一地的风土人情、奇闻轶事，对了解当时的风俗大有助益。通过对比、梳理这些宋代的风俗史料，可以分门别类地探讨宋代衣食住行等生活风俗，也可窥见婚丧嫁娶等礼仪风俗，还可考察宗教信仰、民间禁忌等信仰风俗。总之，风俗作为一个万花筒，内涵丰富而庞杂，笔者欲搜爬这些散落在文献中的宋代川峡四路风俗史料，勾勒出宏观的宋代川峡四路风俗图景，进而尝试划分风俗区，以期呈现宋代川峡四路风俗地理的概貌。

第二节 国内外研究现状及发展趋势

对于风俗、民俗理论和历史的研究，历代学者多有关注，近代以来亦不乏其著。清末民初学者张亮采《中国风俗史》认为要理解并改良当时的风俗，不可不先述古俗。书中将黄帝以前至明朝的历史分为浑朴、驳杂、浮靡、由浮靡而趋敦朴四个时代，希望通过分析总结古俗，“正风俗以正人心，或亦保存国粹者之所许也”。[①] 该书在社会风俗史研究领域有开拓之功。钟敬文主编的《中国民俗史》六卷本按先秦、汉魏、隋唐等时间顺序，全景式展现了中国民俗形成、延展与传承的演进过程。[②] 高曾伟主编的《中国民俗地理》是我国民俗地理学系统研究的尝试，全书对中国的民居、饮食、服饰、农业生产、民间信仰等民俗的形成和发展过程、主要类型、分布规律，以及与地理环境的关系进行了专题研究，同时将我国划分为七个民俗地理区，并扼要阐述了各区的主要特点，是我国第一部中国民俗地理学著作。[③] 周振鹤的《从“九州异俗”到“六合同风”——两汉风俗区划的变迁》无疑是历史风俗地理研究中的一篇经典文章，他指出风俗会出现同一性与分异性的变迁反复，文中采用两《汉书》的材料，以地方官移风易俗的工作分析了部分地区的风俗变迁，认为经过两百年的移风易俗过程，西汉后期原有的八方殊俗渐渐趋于六合同风的单一化形态，密集多元的风俗文化区已经消失。最后阐明移风易俗不是一时之事，地方官的教化只是墨渍式的，只有移民才能席卷式地改变风俗，自然环境也是促使风俗同一的条件之一。[④] 王素珍的《差异与美恶：

---

① 张亮采：《中国风俗史》，北京：中国人民大学出版社，2013 年。

② 钟敬文主编：《中国民俗史》，北京：人民出版社，2008 年。

③ 高曾伟主编：《中国民俗地理》，苏州：苏州大学出版社，1996 年。

④ 周振鹤：《从“九州异俗”到“六合同风”——两汉风俗区划的变迁》，《中国文化研究》1997 年第 4 期。

风俗的地理区划与价值评判》指出风俗与地理有直接的关系，并且风俗有美恶、厚薄之分，可以相互转化，为官者、为政者有移风易俗、辨风正俗的责任。[①] 李铁婷的《〈汉书·地理志〉风俗观念探析》一文探讨了班固的风俗观，认为《汉书·地理志》主要从“水土之风气”、“君上之情欲”和王道教化三个方面论述了其对风俗的影响，为后世风俗观念的形成和发展奠定了基本框架。[②]

区域历史文化地理研究，难以绕开对风俗地理的考察，作为观察地方文化的重要因子，风俗的传承演变最为治文化地理者所重，这方面的研究亦著述甚丰。如卢云的《汉晋文化地理》从诸多文化因子中抓取了汉晋时期极具时代特征的学术文化、滨海宗教、婚姻形态、音乐文化四个方面进行着重研究，很好地展现了此一时期的文化地理分布特点，几为断代历史文化地理的开山之作。[③] 周振鹤主著的《中国历史文化区域研究》专辟一编介绍风俗文化区，分别对秦汉风俗地理、清代陕西婚俗地理和中古郡望郡姓地理做了考察研究。[④] 蓝勇的《西南历史文化地理》除了研究其他文化因子，还全面梳理总结了西南地区的饮食、服饰、民居、丧葬等历史民俗文化，是西南区域文化地理研究的集大成之作。[⑤] 张晓虹在《文化区域的分异与整合——陕西历史地理文化研究》中同样以大量篇幅分析了陕西地区包括婚俗、葬俗、岁时节庆、民间信仰等在内的风俗地理现象。[⑥] 另外，张伟然、朱海滨、刘锡涛在对湖北、湖南、浙江、江西进行的文化地理考察中，也都或多或少涉及所研究地区风俗地理的概貌；以上

---

① 王素珍：《差异与美恶：风俗的地理区划与价值评判》，张勃主编：《中国人的风俗观与移风易俗实践》，北京：中国社会科学出版社，2016 年，第 28—40 页。

② 李铁婷：《〈汉书·地理志〉风俗观念探析》，《武陵学刊》2018 年第 3 期。

③ 卢云：《汉晋文化地理》，西安：陕西人民教育出版社，1991 年。

④ 周振鹤主著：《中国历史文化区域研究》，上海：复旦大学出版社，1997 年。

⑤ 蓝勇：《西南历史文化地理》，重庆：西南师范大学出版社，1997 年。

⑥ 张晓虹：《文化区域的分异与整合——陕西历史地理文化研究》，上海：上海书店出版社，2004 年。

著作体例大体相类，都会对风俗专辟一章，甚至分上下两编，分析其区域特征和地域差异。[①] 同时，部分研究文化地理的硕博论文，也都对相应区域和民族的风俗做了系统考察，如赵天改对明代以来的河南[②]、李智君对河陇[③]、杨林军对纳西族[④]的研究，都是这类研究的有益尝试。

具体到宋代风俗的研究，往往寓于宋代社会生活史、宋代地域文化的研究之中。近年来此类研究蔚然成风，这方面的代表作有：林正秋的《宋代生活风俗研究》对两宋社会文化、生活习俗的各个方面做了逐一展现和深层次探究，填补了两宋文化风俗研究的空白。[⑤] 程民生的《宋代地域文化》开篇第一章便分析了宋代南北方各地的风俗特点及影响，并对各地风俗加以比较研究，还对宋代的乡土观念和地域偏见做了梳理总结。[⑥] 朱瑞熙等著《辽宋西夏金社会生活史》从饮食、服饰、居住、交通、婚育等多个方面探讨了10至13世纪辽宋西夏金并立时代的社会生活，不仅谈中原，也涉及四周诸族人民，描绘了一幅多姿多彩的历史风俗画卷。[⑦] 徐吉军等著《中国风俗通史·宋代卷》集众多专家智慧，将宋代风俗做了重新分类与整合，从物质生活和精神生活诸多层面的风俗事象入手，探讨了宋代风俗的基本特征和演变规律。[⑧] 法国学者谢和耐的《南宋社会生活

---

① 张伟然：《湖北历史文化地理研究》，武汉：湖北教育出版社，2000年；《湖南历史文化地理研究》，上海：复旦大学出版社，1995年。朱海滨：《近世浙江文化地理研究》，上海：复旦大学出版社，2011年。刘锡涛：《宋代江西文化地理研究》，陕西师范大学博士学位论文，2001年。

② 赵天改：《明代以来河南历史文化地理研究（1368—1949）》，复旦大学博士学位论文，2011年。

③ 李智君：《边塞农牧文化的历史互动与地域分野——河陇历史文化地理研究》，复旦大学博士学位论文，2005年。

④ 杨林军：《明至民国时期纳西族文化地理研究》，西南大学博士学位论文，2013年。

⑤ 林正秋：《宋代生活风俗研究》，北京：中国商业出版社，1997年。

⑥ 程民生：《宋代地域文化》，开封：河南大学出版社，1997年。

⑦ 朱瑞熙等：《辽宋西夏金社会生活史》，北京：中国社会科学出版社，1998年。

⑧ 徐吉军等：《中国风俗通史·宋代卷》，上海：上海文艺出版社，2001年。

史》聚焦的南宋代表性城市临安（今杭州），对临安的人口、消防、交通、岁时节令、城市生活等方面逐一考察，以点带面，描绘南宋的社会生活。[①] 另有两部专门研究临安的论著，于南宋风俗多有所涉，林正秋的《南宋临安文化》以临安为例还原南宋，作者前半部分介绍了南宋临安的文化机构、设施及文学艺术，后半部分则涉及饮食、娱乐、体育技艺等社会风俗。[②] 徐吉军的《南宋都城临安》除了介绍临安建置、人口构成，也对临安的都市经济和文化娱乐等方面进行了论述，为窥探南宋风俗打开了一扇窗口。[③] 范立舟、徐吉军的《南宋全史：思想、文化、科技和社会生活卷》是为《南宋全史》的文化卷部分，该书对南宋的思想文化、文学艺术、社会生活和风俗等方方面面做了系统归纳和梳理，不失为当下研究南宋社会生活史领域的前沿力作。[④] 韩颖的《宋代休闲生活初探》以“休闲生活”为切入点，着重探讨了宋代节庆、旅游、体育等方面的休闲生活，为全面认识宋代社会生活提供了一个娱乐休闲侧面。[⑤] 直接针对宋代风俗进行研究的有：田海润的《南宋地理杂记中的地域民俗比较》将有关于南宋时期临安和广西的五部杂记进行了解构，从这些杂记中所记关乎社会生活和民俗风情的材料出发，比较了临安和广西两地的民俗差异。[⑥] 王忠敬的《南宋地方志与风俗观的变迁——以南宋地方志〈风俗门〉为中心的考察》从方志编纂角度出发，认为南宋地方官和士人重视“风俗”的地方书写，在编纂地方志过程中，突出崇文尚学、忠孝节义等观念的提

---

① ［法］谢和耐著，马德程译：《南宋社会生活史》，台北：中国文化大学出版部，1982 年。

② 林正秋：《南宋临安文化》，杭州：杭州出版社，2010 年。

③ 徐吉军：《南宋都城临安》，杭州：杭州出版社，2008 年。

④ 范立舟、徐吉军：《南宋全史：思想、文化、科技和社会生活卷》，上海：上海古籍出版社，2015 年。

⑤ 韩颖：《宋代休闲生活初探》，山东师范大学硕士学位论文，2011 年。

⑥ 田海润：《南宋地理杂记中的地域民俗比较》，华中科技大学硕士学位论文，2018 年。

倡，为地方社会推行教化服务。[①]

近年来，学界以宋代文人行旅笔记考察宋代社会风俗的硕博论文渐成一种范式，如陆宇清的《〈入蜀记〉之南宋民俗研究》从陆游的笔记《入蜀记》切入，对全书所涉及的风土人情、行旅交通、宗教信仰等民俗做了考察。[②] 马寅的《陆游入蜀（乾道六年—淳熙五年）研究》专门对陆游入蜀期间当地的社会经济生活做了研究，其中专辟一节论述了陆游所见巴蜀地区的社会民俗。[③] 陈百华的《范成大“三录”之南宋社会研究》通过梳理范成大出蜀之《吴船录》、入桂之《骖鸾录》、北使之《揽辔录》中所记见闻和社会事象，剖析和展现了南宋社会民众的生活世界。[④] 温玉珍的《〈岭外代答〉与南宋广西民俗》根据《岭外代答》对南宋广西民俗的记录，对其所反映的民俗事象进行梳理和分析，并对周去非的民俗思想做一阐释和考究。[⑤]

风俗在展现不同面相的同时，也需要地方官不时地纠偏和匡正，以适应统治阶级的需要。美其风俗、移风易俗是考核地方官政绩的一个重要方面，所以，通过劝谕教化等途径干预地方风俗的变化亦成为地方官员的一大政务。因此，对宋代基层治理方面的研究亦是风俗研究的一大方向，史学界前贤也多有论述。杨建宏的《论宋代官方谕俗文与基层社会控制》一文以谕俗文为窗口，窥探宋代官方对基层社会的控制，认为通过谕俗文这样一种近乎宣传的方式，将正统合乎礼的官方思想灌输到民间，能够劝谕基层社会摒弃各种陋俗行为，实现政府与民众的有效对接，达到加强基

---

① 王忠敬：《南宋地方志与风俗观的变迁——以南宋地方志〈风俗门〉为中心的考察》，《中国地方志》2017 年第 8 期。

② 陆宇清：《〈入蜀记〉之南宋民俗研究》，上海师范大学硕士学位论文，2006 年。

③ 马寅：《陆游入蜀（乾道六年—淳熙五年）研究》，重庆师范大学硕士学位论文，2011 年。

④ 陈百华：《范成大“三录”之南宋社会研究》，华中科技大学硕士学位论文，2008 年。

⑤ 温玉珍：《〈岭外代答〉与南宋广西民俗》，广西民族大学硕士学位论文，2012 年。

层社会控制的目的。[1] 陈慧的《宋代风俗政策若干问题研究》以统治集团倡良俗、除陋俗的风俗政策为研究对象，对宋代的“以忠孝正风俗”、打击“不举子”、摒除“淫祠”三个问题的施政策略做了分析研究。[2] 张颖的《宋代地方官与风俗变易研究——以福建路为例》聚焦于地方官施政这一影响地方风俗变易的重要一环，以宋代福建路为地域范围，通过考察地方官员风俗治理过程中的措施和影响因素，对这种政治实践与风俗变易的官民互动过程做了探究。文章认为官方风俗价值观的推行不是强行灌输，而是多重因素下官民相互影响的结果。[3] 赵宝红的《宋代的风俗治理之策》认为宋代统治者对风俗的重要作用深有体会，移风易俗呈现出从皇帝、宫廷和大臣做起，从首都做起等特点，并用儒家礼制和法律制度加以约束，用注重教育、培养人才等手段加以巩固和长治。[4] 张雪红指出就宋代的社会精神治理而言，统治者提出的“右文”“崇儒”的治国方略，士大夫的目光向下，大众文化领域的开辟，使得教化在形式和内容上较之以往的精神钳制与规劝松动，宋代教化更多地面向大众日常生活，对缓解社会矛盾起了积极作用。[5] 刘泳斯的《论宋代的“杀人祭鬼”》指出宋代“杀人祭鬼”现象以南方最为严重，当时将这种异端巫术称为“南法”，该风气不仅与蛮夷的原始巫风有关，还与宋代商品经济发达，人们希望通过血祭邪神而暴富的心理有关。文章认为宋代官方力图通过儒释道的教化和颁布政令、法律等措施，对其进行严厉打击，将此类案件的发生减少到最低限度。[6] 李小红的《宋代“信巫不信医”问题探析》认为医巫不分有

① 杨建宏：《论宋代官方谕俗文与基层社会控制》，《湖南社会科学》2006 年第 3 期。

② 陈慧：《宋代风俗政策若干问题研究》，河北大学硕士学位论文，2006 年。

③ 张颖：《宋代地方官与风俗变易研究——以福建路为例》，河南大学硕士学位论文，2020 年。

④ 赵宝红：《宋代的风俗治理之策》，《兰台世界》2011 年第 3 期。

⑤ 张雪红：《传播与转型：走向生活世界的宋代社会教化研究》，华东师范大学博士学位论文，2010 年。

⑥ 刘泳斯：《论宋代的“杀人祭鬼”》，《国学学刊》2020 年第 2 期。

其历史渊源，但时至宋代仍有此陋俗，主要有民众认识水平低下、受到巫医的欺骗和恐吓、民间医药事业不发达三个方面的原因。[①] 台湾学者黄宽重以县为基点，以中央与地方的互动为视角，考察了政府公权力与地方势力在维护治安、掌控财权等方面的运作变化，认为南宋以后的中国基层社会存在地方精英、地方官员、基层武力与胥吏三股势力。[②] 日本学者佐竹靖彦在唐宋变革论背景下，考察了宋代社会基层治理问题，认为宋代乡村制是由地主主导的错落自治的体制。[③] 平田茂树等编的《宋代社会的空间与交流》辑录了多位日本宋史研究一线学者的论文，着眼于日常空间，分别对宋代政治网络、思想文化网络、社会网络等专题进行分析，观察丰富多彩的社会实态；通过对中国社会多个侧面的探讨，勾勒宋代在中国社会中所处的位置，展现进入这样一个非常有活力的时代的传统中国社会的全貌。[④] 欧美学者对于宋朝的关注不囿于军政史、制度史研究的传统领域，而更喜欢关注社会、思想、文化等方面。德国学者迪特·库恩在其书《儒家统治的时代：宋的转型》中认为宋代士大夫群体的崛起，让中国社会重回“儒家时代”，这种意识的觉醒渗透入社会各阶层的观念意识当中，士大夫精英阶层的成长对宋代生活情趣和审美观念的改变起到一定作用，深刻影响着礼俗的变化，也决定着中国社会的精神面貌。另外，应对宋代的经济文化在当时世界所处的地位给予高度评价。[⑤] 而美国学者包弼德用“斯文”指代儒家的复兴，认为时至宋代，世族让位于士大夫阶层，贵族

---

① 李小红：《宋代“信巫不信医”问题探析》，《四川大学学报》（哲学社会科学版）2003 年第 6 期。

② 黄宽重：《从中央与地方关系互动看宋代基层社会演变》，《历史研究》2005 年第 4 期。

③ ［日］佐竹靖彦：《唐宋變革の地域的研究》，东京：同朋舍，1990 年。

④ ［日］平田茂树、远藤隆俊、冈元司编：《宋代社会的空间与交流》，郑州：河南大学出版社，2008 年。

⑤ ［德］迪特·库恩著，李文锋译：《儒家统治的时代：宋的转型》，北京：中信出版社，2016 年。

政治向士大夫与统治者共治天下的范式转型。商业获得了前所未有的发展，更多的人参与到公共生活当中，平民兴起，市民社会形成。[①]

此外，有部分文艺学研究成果从文艺美学角度对宋代风俗美学做了阐释。如刘若斌的《宋代民俗文化审美研究》在民俗文化审美理论架构下，对宋代民俗的文化特征、审美哲学进行分析，剖析宋代民俗文化的审美意蕴，认为宋代审美情趣发生转变，以俗为雅，崇文婉约。[②] 罗娅齐的《宋人都市笔记中的宋代审美文化研究》虽从美学角度切入，但也反映了当时的风俗文化，展现了宋人的社会风貌和风俗形态，并对宋代都市的生活情趣、文化心理做了探讨。[③]

而聚焦到川峡四路地区的风俗文化研究，学界亦有一定程度的积累。鉴于风俗是个较为笼统和庞杂的概念，实际包含社会生活的方方面面，现从各个不同风俗事象的研究成果入手，分类加以概述。在衣食住行的生活风俗方面，蓝勇、陈姝的《历史时期中国甜食的空间格局及其成因研究》从地域空间展开尝试，对历史时期中国甜食发展的地域空间格局进行梳理，分析出不同级别的食甜区，并认为食甜分布与糖作物分布、区域气候等有明显关系，食甜重心往往与经济文化重心重合。文章指出从三国到宋，蜀地嗜糖。[④] 张茜也梳理了四川地区嗜甜的饮食风俗，指出甜味调味品的使用是川菜形成“清鲜醇浓并重”这一风味特点的主要原因之一。[⑤] 周志强以清代为断代，对四川饮食文化进行具体研究，反映这一时段该区

---

① ［美］包弼德著，刘宁译：《斯文：唐宋思想的转型》，南京：江苏人民出版社，2017 年。

② 刘若斌：《宋代民俗文化审美研究》，山东师范大学博士学位论文，2015 年。

③ 罗娅齐：《宋人都市笔记中的宋代审美文化研究》，云南大学硕士学位论文，2017 年。

④ 蓝勇、陈姝：《历史时期中国甜食的空间格局及其成因研究》，《云南大学学报》（社会科学版）2019 年第 6 期。

⑤ 张茜：《甜味调味品与川菜的风味特点——兼论四川地区嗜甜的饮食风俗》，《中国调味品》2015 年第 12 期。

域人地关系的变迁，但对宋代四川饮食只做追溯式陈述。[1] 蒋英的《川西各民族饮食文化研究》主要对长期生活在川西的藏族、彝族、羌族等少数民族的饮食文化变迁做了考察，认为各民族由于生存环境、生产方式、宗教信仰的不同，表现出饮食习惯的差异性，这种差异也反映了民族性格和思维方式的不同，而川西少数民族的饮食习俗和汉族的饮食习俗在相互交融和彼此影响中共同发展。[2] 褚艳的《民国四川汉族女性服饰风俗演变研究》对民国时期四川社会女性服饰风俗做了介绍和分析，认为民国时期服饰风俗发生本质改变的根源是等级制度的衰落与男女服饰的平等，不过守旧势力的阻碍使得城乡、贫富间的服饰风俗差异显著，而女性也有符合其各自身份的服饰表现。[3] 韩永飞、田俊峰的《宋代四川楼式建筑的社会性考察》从营造主题、景观构造、功能表达等方面考察了宋代四川的诸多楼式建筑，认为楼作为城市景观具有社会属性，其选址、塑造蕴含了政治、经济、文化功能，为地方社会的构建发挥了不少作用。[4] 在信仰风俗方面，杨宗红以《夷坚志》为中心，考察了南宋四川的民间信仰、科举及下层民众经济活动等世间百象。[5] 康文籍的《宋代四川地区民间信仰研究——以祠庙为中心》聚焦于四川地区的祠庙神祇，从民间信仰的体系构成、时空分布发展特点等角度进行分析，探讨了宋代四川地区民间信仰所呈现的特点。[6] 赵锡成的《宋代成都地区民间祠神信仰研究》对宋代成都府路的祠神信仰做了梳理考察，文章避重就轻，除了关注四川地区较为兴

---

① 周志强：《清代四川地区食物消费地理研究》，西南大学硕士学位论文，2018 年。

② 蒋英：《川西各民族饮食文化研究》，中央民族大学博士学位论文，2010 年。

③ 褚艳：《民国四川汉族女性服饰风俗演变研究》，西华师范大学硕士学位论文，2017 年。

④ 韩永飞、田俊峰：《宋代四川楼式建筑的社会性考察》，《文史杂志》2020 年第 6 期。

⑤ 杨宗红：《〈夷坚志〉所见南宋四川的民间信仰与民生》，《求索》2016 年第 9 期。

⑥ 康文籍：《宋代四川地区民间信仰研究——以祠庙为中心》，西南大学硕士学位论文，2009 年。

盛的梓潼神和二郎神，着重留意只在较小范围产生影响的祠神，并不落窠臼地在祠神信仰活动及国家对民间祠神控制等方面展开论述。[①] 在节庆游艺风俗方面，詹子林考察了宋代成都节庆旅游的风俗，将宋代成都旅游线路、旅游地逐一做了考证，一定程度上反映了宋代成都的岁时节庆风俗。[②] 张芷萱对蜀中游乐的“浣花”与“遨头”两个概念做了考察，认为“浣花”是肇始于前蜀、兴盛于宋的四月十九日游浣花溪活动，谓之“大游江”，与二月二日的“小游江”相对。而“遨头”则是对与民遨乐的太守的美称。文章还认为因势利导顺应民俗是治理蜀地的关键，不可轻易违“好游”民愿，一罢了之。[③] 在礼仪风俗方面，张俊强的《清代四川汉族地区婚姻习俗及其区域差异研究》探讨了清代四川汉族地区在缔结婚姻时的一些习俗及其区域差异，文章首先以纵向顺序将婚姻事前、事中、事后三个阶段的婚俗加以梳理，又横向对川东、川北和川西、川南的婚俗加以比较研究，最后分析了存在婚俗区域差异的原因。[④] 刘良军的《四川方志汉族婚俗词语文化义研究》则是就晚近以来四川地区的婚俗、婚制做一考察，该文最大的特点是运用语言学方法对婚俗词语加以分析，透过词语来窥探婚俗文化。[⑤] 代文迪的《四川宋墓研究》从考古学视角考察了宋代四川地区墓葬的分期、类型、石刻图像及墓葬特点，认为四川宋墓有此特点一方面是受道教文化影响显著，另一方面吸收了中原文化中宋金砖雕墓的内容。[⑥] 郭的非的《四川崖墓的渊源》认为穴居现象和人们的精神崇拜

---

① 赵锡成：《宋代成都地区民间祠神信仰研究》，四川师范大学硕士学位论文，2016年。

② 詹子林：《宋朝成都文化地理专题研究》，暨南大学硕士学位论文，2011年。

③ 张芷萱：《蜀中游乐之“浣花”与“遨头”》，《杜甫研究学刊》2018年第3期。

④ 张俊强：《清代四川汉族地区婚姻习俗及其区域差异研究》，西南大学硕士学位论文，2013年。

⑤ 刘良军：《四川方志汉族婚俗词语文化义研究》，四川师范大学硕士学位论文，2008年。

⑥ 代文迪：《四川宋墓研究》，兰州大学硕士学位论文，2017年。

是崖葬习俗在四川地区广泛流行的原因，四川多山的环境和发达的水系为崖葬这种丧葬方式提供了可能，同时此种葬俗也是对四川地区多用石的葬俗的继承。[①] 总论类介绍四川风俗的成果有：王元林的《重庆直辖市建置溯源——兼析巴蜀地域差异》以重庆直辖为契机，梳理了巴文化区历史上的建置沿革，分析了历史上以川西成都为中心的蜀文化与川东重庆为中心的巴文化风格上的不同，认为历史上巴蜀分治的时间要远长于巴蜀合治。明清以前，蜀地经济强于巴地，而明清以后重庆经济地位则优于成都。[②] 潘家德的《近代四川民俗变化研究》以民国为时间段，论述了四川地区饮食、服饰、居住、婚姻、丧葬、信仰等典型民俗事象的演变。[③]

从目前研究来看，通代的风俗史研究基本限于蜻蜓点水式的面面俱到，缺乏深层次和地理空间差异性的比较研究。而具体到宋代风俗，倾向于以偏概全，囿于文献资料多寡，研究临安、开封这样的都市较多，其他区域较少，往往以都城文化代替整个时代的风俗文化。而宋代其他路州，如川峡四路，应区别于两宋都城形态的风俗文化，特别是夔州路、利州路、梓州路这些经济发展相较成都平原的益州路为缓的地区，有待于进一步发掘研究。而对于川峡地区的风俗研究，由于明清方志资料宏富，研究时段上以明清时期为多，宋代相对较少。应当讲，对于川峡四路地区的风俗研究，单项风俗事象的研究有之，其他断代的风俗研究有之，但针对宋代川峡四路全貌的风俗地理研究未见，笔者不揣浅陋，想做一尝试。总之，以上前贤之作，虽然侧重点各有不同，时代跨度不一，但对本书的写作都具有一定参考价值。

① 郭的非：《四川崖墓的渊源》，《成都大学学报》（社会科学版）2019 年第 1 期。

② 王元林：《重庆直辖市建置溯源——兼析巴蜀地域差异》，《中国历史地理论丛》1998 年第 1 期。

③ 潘家德：《近代四川民俗变化研究》，成都：四川大学出版社，2017 年。

第三节 研究内容与创新

本书在前人研究基础之上，深入探讨了宋代川峡四路地区的各类风俗事象和风俗区域差异，尝试划定风俗区和风俗亚区，探寻其变化特征和影响其形成的因素，为断代文化地理的研究做出有益的探索。第一章首先对宋代川峡四路的自然地理特征、行政区划沿革及风俗渊源做了回顾和梳理，对风俗区分区原则进行了阐释和说明。第二章首先对宋廷治蜀的背景大势做了交代，后从宏观层面就有宋三百年间，统治者如何在蜀地开展风俗治理和如何利用教化措施匡正世风做了总体论述和铺陈。自第三章起，直至第七章，本书分别对生活风俗、民风、民间信仰风俗、婚丧礼仪风俗、岁时节庆风俗五大风俗事象做了专题考察。第三章生活风俗地理，从吃、穿、住、行四个方面加以论述，充分展现川峡四路在这四类单项风俗事象上的特征和差异。第四章探究川峡四路的民风地理，利用传世文献对该地区民风、民性方面吉光片羽的记载，论证川峡四路各地域之间的民风特征与群体性格差异，并划分民风区。第五章就民间信仰风俗地理加以考察，既总结了全域民间信仰的总体特征，又加入个案研究，最终以川峡地区最具代表性神明划分信仰民祀区。第六章探讨了川峡四路婚丧风俗地理，婚姻和丧葬作为人生的重要节点，其所体现的礼仪风俗具有深厚的社会化内涵。该章分两节分别介绍婚嫁风俗与丧葬风俗，每一节皆为总分形式，先概述川峡四路此类风俗事象的全貌和特点，再分述川峡地区内部婚丧风俗的地域差异，最终划定婚俗区与丧葬俗区。第七章考察了岁时节庆风俗，通过对历史文献的爬梳，钩沉出川峡四路地区在节令风俗上的异同，找出每个区域内具有代表性的节令样板加以论述，并以此划定岁时节庆风俗区。同时，就宋代川峡四路地区独具特色的游艺娱乐风俗做专项研究，如宴游、博戏等，尽可能多地还原宋代该区域特色时俗，丰富该章研究层次。第八章对川峡四路总体风俗区划做了总结和特征分析，并对形成此种风俗区划的原因做了探究。

本书的创新之处具体体现在以下几个方面：第一，之前有学者关注西南地区文化地理研究，内容涉及川峡四路地区，但该研究空间为整个西南地区，时段为通代，研究事项聚焦于文化因子，而非单独风俗因子。而本书在研究时段上锁定有宋一代，空间范围上限定宋代川峡四路，无涉云南、黔南等西南地区。且只讨论风俗事象，对文化地理中的非风俗事象不予讨论。针对性更强，聚焦更专一，类似的断代风俗地理研究尚不多见。本书在考察每一单项风俗时，皆划定单项风俗区与亚区，不仅是对单项风俗地理研究的有益尝试，也为文末划定综合风俗区提供了有力支撑。第二，本书第四章关于宋代川峡四路民风地理的研究，属于一大创新点。民风，即某地民众的群体性格。在过往的历史文化地理研究中，有学者对湖南、江西等省份的民风地理有所考察，但关于其他省域的文化地理研究著作中对此多不着墨。而巴蜀地域辽阔，民风亦复杂多样，区域差异性很大，尚且存在讨论空间。本书对此深入探究，梳理总结了川峡四路各区域之间的民风样态和群体性格特征，并划定了三大民风区，具有一定学术创新价值。第三，在第五章第二节中，本书对东岳神在宋代川蜀地区的流行做了个案研究，探讨了东鲁之神在西蜀兴盛的原因，得出相应结论。这一切入口较为新颖，不仅丰富了民间信仰风俗章节的研究层次，也从个案角度，以点代面，有效展现了宋代川峡四路地区的神明信仰样板。第四，第七章对岁时节庆风俗地理的考察是之前文化地理研究论著里比较薄弱的环节，本书在岁时节庆风俗分区上有一定创新性。值得一提的是，该章第二节第三小节中川峡四路采制杂药的药俗研究，几无前贤问津，也可视为较为新颖的研究尝试。

本书所依据的史料仍以主流传世文献为主。在史部有正史、别史、诏令、地理总志、地方志、岁时书等；在子部采用了大量宋人笔记、类书；

在集部利用了大量宋人文集、诗集、墓志铭，充分参阅了《全宋文》《全宋诗》等大部头宋代基础史料，以及历代川蜀地方贤达编纂的《全蜀艺文志》《成都文类》《宋代蜀文辑存》《宋代蜀诗辑存》等地方艺文史料，从中挖掘反映宋代川峡四路地区风俗事象的有益信息。

当然，本书在撰写过程中也不可避免地存在一些不足。比如述多论少，对史料的解读尚不深入、全面，无法从更高层面驾驭史料；对川峡四路风俗分区原则的界定仍欠妥当，值得进一步思考；对川峡四路风俗地理的时空差异性，包括区与区之间的关系、区域内部之间的关系阐释不够充分，仍有值得开拓的空间；没能在更宏大的视角下审视川峡四路的风俗变迁，没有与其他相邻区域做横向比较研究，以便更好地回应唐宋变革论在地方风俗表象上的呈现和内涵；在占有史料方面尚有欠缺，若下大气力搜爬，进一步深入挖掘地方史料，或可钩沉出更为精妙、扎实的一手资料。囿于当前学力和识见，仅能将拙著呈现如此，所留遗憾，将作为将来继续努力的方向。

第一章　宋代川峡四路自然地理与风俗概貌

探究一方的风俗变迁，首先必然要了解此一地方的地理环境和风俗的继承渊源，地理环境决定了生长在其间的人们拥有的基本的物质资料和生存要素，风俗渊源则反映了风俗的历史传承性特征，只有掌握了这两类时空信息，进一步的讨论才不至于成为无本之木。川峡四路地区有着复杂多样的地貌环境、别具一格的气候特征、分合不定的政区沿革、源远流长的风俗文化，本章将逐一分述，为后续风俗事象的深入探讨做一铺垫。

第一节　川峡四路自然地理特征

川峡四路这一片区从今天的行政区划来看，是分属于四川、重庆、陕西南部和贵州北部等地的集合，幅员广大。从自然地貌来看，亦包含多个地貌单元，主体是四川盆地和秦巴山地。首先说秦巴山地，其在关中以南，位于四川盆地北缘的秦岭与大巴山之间，两山夹一川的地势结构比较明显，秦岭与大巴山的西部为汉中盆地，东部为安康盆地。其中汉中盆地由汉水干支流沿岸的一系列冲积盆地串联而成，长约 100 千米，宽 5—25 千米，物产丰富，有“鱼米之乡”之称。

四川盆地位于秦巴山地以南，面积约 18 万平方千米，四周被海拔约 1000—3000 米的大凉山、邛崃山、岷山、大巴山、巫山和云贵高原环绕，盆地底部海拔只有300—700米。四川盆地又被华蓥山和龙泉山分为三部分，其中青藏高原东缘的龙门山与龙泉山之间是成都平原；西起龙泉山，东到华蓥山的部分，是为川中丘陵；华蓥山以东则是由十余条东北—西南走向的山地和谷地所组成的川东平行岭谷。这其中以最西端的成都平原自然条件最为优越，土地肥沃，河渠稠密，有著名的都江堰水利工程，自古以来素有“天府”之称，正所谓“蜀地山四维，益州平如掌”[①]。特别是成都周边地区，土地沃饶，有“大旱不旱，蜀有彭、汉”[②] 之古谚。川中丘陵地块单元则以丘陵广布、溪沟纵横为其显著特征，大部分地区经嘉陵江、涪江、沱江及其支流切割后，地表丘陵起伏，沟谷迂回，海拔一般在250—600米之间。川东平行岭谷位于四川盆地东缘，面积约5.3万平方千米，山川与河流呈同一方向依次排列，地表褶皱紧密，是世界上较为显著的褶皱山地带。整个川峡四路的南端，也就是今贵州中北部地区，已溢出四川盆地，属于云贵高原东北部，有大娄山、乌蒙山、苗岭广布其间。这一区域山岭纵横，地表崎岖，俗有“地无三里平”之说，在宋代主要居住着僚、夷等少数民族，长期属于羁縻之地。川峡地区与外部的联系主要通过东、北两个孔道进行。从北部出川要经秦巴山地，需过剑门关，翻越崇山峻岭，与关中发生联系，即传统意义上的“难于上青天”之蜀道。此路在大安军三泉县有所分岔，既可经兴元府直抵京兆府，东达开封；亦可北上凤州、天水军一带，沟通西北。而向东出川，则要驾驭长江三峡的峡滩之险，过川东门户夔门，顺江而下至千里之外的吴越江南。无怪乎熙宁年间，原州临泾县令鲜于师上言朝廷在利州和夔州两路置帅，以巩固西蜀的战略后方地位。[③] 利州栈道和夔州三峡之隘是极为重要的入川要道，

---

① 许将：《运司园亭诗》，《成都文类》卷7，北京：中华书局，2011年，第134页。

② 〔宋〕祝穆撰，祝洙增订，施和金点校：《方舆胜览》卷54《彭州》，北京：中华书局，2003年，第962页。

③ 〔宋〕吴曾：《能改斋漫录》卷9《利夔路置帅维蜀之险》，《全宋笔记》第5编第3册，郑州：大象出版社，2012年，第267页。

所谓“蜀有剑门、瞿唐之阻”[①] 正在于此。对于川峡四路的军事地位，南宋乐雷发曾有一句精辟的概括：“三边形势全凭蜀，四路封疆半是山。”[②] 川蜀在全国山川形势中的重要地位是不言自明的。

从大尺度的气候条件来看，北宋处于较温暖的时期，首都开封连续多年出现暖冬，而到北宋末至南宋中期，即1100年以后，中国气候转入寒冷阶段，寒潮不断出现，以致南方多地荔枝冻死。[③] 就川峡四路而言，总体属于亚热带季风气候，冬暖、春早、夏热、秋雨，多云雾，少日照，垂直高差大，气候类型多，区域差异明显。川西的成都平原气候温润，雨量充足，适合农作物生长。冬季并无严寒，正所谓“蜀雪古来少，天云今始同”[④]。而川东峡谷地带阴晴不定，冬天有酷寒，夏日有酷暑。陆游在夔州过冬时，“面裂愁出门，指直但藏袖”[⑤]，牢骚满腹地说，谁言三峡热，冬天不也有如此凛冽的气候；范成大过恭州时亦抱怨“毒热如炉炭燔灼……热亦不可逃”[⑥]，气候条件相对川西恶劣。而川峡四路北部又相当于今陕西南部、甘肃东南部地区，属于北温带和亚热带季风气候的过渡地带，少数地区干旱少雨，日照相对川中为长，具备一定的大陆性气候特征。

就人口构成而言，对宋代川峡四路人口构成造成最直接影响的，即唐

---

① 〔宋〕洪迈：《容斋随笔》卷1《地险》，《全宋笔记》第5编第5册，郑州：大象出版社，2012年，第18页。

② 〔宋〕乐雷发：《送丁少卿自桂帅移镇西蜀》，〔清〕邓显鹤编纂，欧阳楠点校：《沅湘耆旧集前编》卷24，长沙：岳麓书社，2007年，第386页。

③ 满志敏：《中国历史时期气候变化研究》，济南：山东教育出版社，2009年，第215—231页。

④ 〔宋〕郭印：《十二月十三日喜雪二首》，《全宋诗》卷1669，北京：北京大学出版社，1998年，第18687页。

⑤ 〔宋〕陆游：《剑南诗稿》卷2《雪中卧病在告戏作》，《陆游集》，北京：中华书局，1976年，第54页。

⑥ 〔宋〕范成大：《吴船录》卷下，《范成大笔记六种》，北京：中华书局，2002年，第214页。

末五代丧乱之后，避乱蜀中的北方移民。在经历了安史之乱和黄巢起义之后，晚唐政权进入风雨飘摇阶段，之后的五代藩镇割据，战乱频仍。这便促使一部分中原百姓和失意文人选择避乱于南方，而此时相对安宁且富庶的蜀汉成为极具吸引力的选择。唐玄宗和唐僖宗的两次避难蜀中则充分说明了这一点，其带头作用客观上为普通民众的逃难做了最好的示范。这其中以关中与河南的移民为主，关中几乎一有动荡，则有民众自发入蜀。唐末五代军阀混战时期，又有军人随军队从北边和东边两个方向撤入蜀中，留驻为民。此一时期，蜀汉的移民数量仅次于江南，居南方各区域第二。[1] 同时，黄巢起义军在江淮地区的战事，又使荆襄之民被迫西迁，地接荆楚的川峡地区自然成为避难之地。人是文化的载体，这种人员的流动势必带来风俗文化的侵入，比如利州路金州就因接纳荆楚移民，在岁时节庆、生产方式等风俗上带有楚地烙印，“其俗多猎山伐木，深有楚风”[2]。而成都因接纳了大批落难文人，其尚文的文化生态得到进一步提升。司马光曾说：“是时唐衣冠之族多避乱在蜀，蜀主礼而用之，使修举故事，故其典章文物有唐之遗风”[3]，虽仅反映上层社会的一个侧面，但足见移民对风俗的影响。

第二节　川峡四路政区沿革

《禹贡》将天下分为九州之域，其中“华阳、黑水惟梁州”“黑水、西河惟雍州”“荆及衡阳惟荆州”。而此三州与宋代的川峡四路有关，四

① 参见葛剑雄主编：《中国移民史》第 3 卷，福州：福建人民出版社，1997 年，第 330—336 页。

② 〔宋〕王象之撰，李勇先校点：《舆地纪胜》卷 189《金州》，成都：四川大学出版社，2005 年，第 5556 页。

③ 《资治通鉴》卷 266《后梁纪一》，北京：中华书局，1956 年，第 8685 页。

路以梁州之域为主，夹杂以雍州和荆州的少部分区域[①]，可以说川峡四路是“禹贡九州”论的三州结合体。春秋时期，川峡四路基本为巴国、蜀国全境加之散布于两国之间的苴、充、庸等较小的方国领域。秦一统四海后，设三十六郡，其中位于成都平原及川中丘陵的蜀郡、汉中盆地的汉中郡和处在川东褶曲山地及嘉陵江流域的巴郡基本是后世川峡四路的主体范围。汉武帝元封五年（前106）设立十三刺史部，益州刺史部范围与宋代川峡四路较为吻合，其中巴郡、蜀郡、汉中郡、武都郡为核心区域，而犍为郡、越嶲郡、牂柯郡北部盖为宋代川峡四路的南端。有学者认为，在此一时期，巴、蜀在益州刺史部的观念之下有渐成一体的趋势，因为《汉书》将巴、蜀、广汉并称为一个地理文化单元。[②] 魏晋南北朝时期，益州北部诸郡基本贴近宋代川峡四路范围，这一区域包括武都郡、汉中郡、阴平郡、梓潼郡、汶山郡、广汉郡、东广汉郡、蜀郡、汉嘉郡、犍为郡、巴郡、涪陵郡、巴西郡、巴东郡。隋代又重归郡县二级制，“蜀郡、临邛、眉山、隆山、资阳、泸川、巴东、遂宁、巴西、新城、金山、普安、犍为、越嶲、牂柯、黔安，得蜀之旧域”[③]。此外，汉川、西城、房陵、清化、通川、宕渠、汉阳诸郡实属宋代利州路和夔州路的部分府州境。唐贞观年间设十道，显而易见，剑南道北部、山南道西部、陇右道南部为川峡四路境；开元年间设十五道，将山南道分东西两道，则剑南道北部、山南西道、陇右道南部继续沿袭该地域的行政区划。

宋代，为分割事权，中央设复式路制，但主要以负责财政的转运司路制为行政区划看待。北宋乾德三年（965），宋平后蜀，得到益州凡四十六州府，遂置西川路，路治在成都。开宝六年（973）又分置峡路，治奉

---

① 《宋史》卷89《地理志五》，北京：中华书局，1977年，第2230页。

② 黄博：《谣言、风俗与学术：宋代巴蜀地区的政治文化考察》，成都：巴蜀书社，2018年，第4页。

③ 《隋书》卷29《地理志上》，北京：中华书局，1973年，第830页。

节。此两路几乎可以看作是以嘉陵江流域为中线将四川盆地分为了两大部分，东部即以夔州为中心的川江水道、川东、鄂西一带，西部则是以成都为中心的川西平原及周边地区。之后，西川路屡有分合，太平兴国二年（977），宋又分西川路为东、西两路。太平兴国七年（982），又废掉东川路，将东川再次并归西川。至道三年（997），仍分西川、峡路两路。直至咸平四年（1001）三月，宋正式将川、峡两路分成益、梓、利、夔四路，“益州路总益、绵、汉、彭、邛、蜀、嘉、眉、陵、简、黎、雅、维、茂、永康凡十五州、军，梓州路总梓、遂、果、资、普、荣、昌、渠、合、戎、泸、怀安、广安、富顺凡十四州、军、监，利州路总利、洋、兴、剑、文、集、壁、巴、蓬、龙、阆、兴元、剑门、三泉、西县凡十五州、府、军、县，夔州路总夔、施、忠、万、开、达、渝、黔、涪、云安、梁山、大宁凡十二州、军、监”[①]。至此，迄于宋代末年，川峡四路转运司路辖区趋于稳定，几无变化。只有路的名称有所改变，嘉祐四年（1059）益州升为成都府，益州路遂改为成都府路，重和元年（1118）梓州升为潼川府，则梓州路改为潼川府路，辖境不变。

到南宋时期，个别路拆分，辖境得以扩容。绍兴十四年（1144），利州路分为东西两路，利州东路多出了原属于京西南路的金州，利州西路多出了原属于秦凤路的沔、阶、成、凤、西和五州。并且部分州的名称有所变化，如政和四年（1114）戎州改称叙州，政和五年（1115）遂州升为遂宁府，淳熙十六年（1189）恭州升为重庆府等，但州境无有出入。总体来看，南宋末政区定型为：成都府路领成都、崇庆、嘉定三府，眉、彭、绵、汉、邛、黎、雅、茂、简、威、隆十一州，永康、石泉二军；潼川府路领潼川、遂宁二府，果、资、普、昌、叙、泸、合、荣、渠九州，长宁、怀安、广安三军，富顺一监；利州路领兴元、隆庆、同庆三府，

---

① 《续资治通鉴长编》卷 48，咸平四年三月辛巳，北京：中华书局，1979 年，第 1052—1053 页。

利、金、洋、阆、巴、沔、文、蓬、龙、阶、西和、凤十二州，大安、天水二军；夔州路领重庆、咸淳、绍庆三府，夔、达、涪、万、开、施、播、思八州，云安、梁山、南平三军，大宁一监。[①] 以上即川峡四路从先秦至宋末的行政区划沿革。

第三节　川峡四路风俗渊源

川峡四路大部即为上古时期的巴蜀之地。巴为春秋战国时期的巴国，其人也是华夏族的一支，其内部又分为濮、赍、苴、共、奴、獽、夷等蛮。巴人勇武善战，能歌善舞。《华阳国志·巴志》说“其民质直好义，土风敦厚，有先民之流”，并且“重迟鲁钝，俗素朴，无造次辨丽之气”。[②] 可见巴人较为朴实忠厚，做事不太灵活，不善言辞。战国时巴、蜀二国并居于今四川盆地两端，公元前316年，秦惠文王先伐蜀后灭巴，吞并巴蜀故地，继而设立郡县，是为巴郡、蜀郡。秦灭汉兴后，汉高祖平定天下的队伍中有一部分为巴人赍民，他们在帮助高祖夺取天下后获准归乡，这些人天性劲勇，锐气善舞。[③] 而蜀是生存在四川盆地西缘的一个古老部族，蜀王有蚕丛、柏濩、鱼凫、望帝，直至鳖灵即位，号曰开明帝，开创开明王朝。蜀人起初居岷江上游，应是具有氐、羌人的血统，后望帝杜宇教民务农，逐渐带领蜀人移居到自然环境更加优越的成都平原。蜀人虽早期便与中原有联系，但风俗、语言与内地的华夏部族不甚相同。蜀与巴同年被秦所灭，至汉代才迎来发展机会，即李冰守蜀以后，开凿都江堰，“灌溉三郡，开稻田。于是蜀沃野千里，号为‘陆海’。……水旱从

① 《宋史》卷89《地理志五》，北京：中华书局，1977年，第2210—2226页。

② 〔晋〕常璩撰，刘琳校注：《华阳国志校注》卷1《巴志》，成都：巴蜀书社，1984年，第28页。

③ 〔晋〕常璩撰，刘琳校注：《华阳国志校注》卷1《巴志》，成都：巴蜀书社，1984年，第37页。

人，不知饥馑，食无荒年，天下谓之‘天府’也”[①]，这是蜀地开发史上具有划时代意义的一环。汉景帝末年，庐江人文翁守蜀，立学开教，使蜀地学子俗好文刻，比隆齐鲁。正如王应麟所说：“巴蜀广汉被文翁之化，变讥刺为文章”[②]，此为蜀地文化上的开山之举，从此蜀人得以开化兴文。但此一时期，儒学在蜀地并未像中原和齐鲁那样得到普遍传播，蜀地人的道德观念也未明显受到儒家教化的约束，故《汉书·地理志》也说：“未能笃信道德，反以好文刺讥，贵慕权势。”[③] 所以产生了像司马相如这样虽文才卓著，却以琴挑卓文君的风流才子。富足安逸的生活，加之兴文教之后思想上的独立与开化，使得蜀人的性格比内地之人更加乐观和开放，以致“俗不愁苦，而轻易淫泆，柔弱褊阸”[④]。这种豁达、乐天的处事做派为蜀人性格打下了千年不变的基调。

此外，盆地外围还有两个地区，在地缘上与巴蜀不可分割。一是北面的汉中谷地，位于秦岭和大巴山之间，汉水自西向东流过，域内多小盆地、丘陵和低山。其北有陈仓、褒斜、傥骆、子午谷等道越秦岭与关中相连，其南有金牛、米仓、荔枝等道与川中相接。自古至今，汉中都与巴蜀唇齿相依，是抵抗北方部族进犯的第一道防线。汉中郡地大体上分两部分，东部包括今陕西安康地区和湖北郧阳地区，西部即今陕西汉中地区。汉中郡东部春秋时曾被楚国所吞并，而西部则是蜀的附庸。由于汉中地区为盆地地貌，故与蜀地一样，土地肥沃，气候温暖，雨量充沛，并且物产也比较丰富。相近的经济条件，使得汉中与蜀地风俗相类。二是汉中西北部的汉代武都郡范围，大体处于西秦岭南麓、成徽盆地和嘉陵江上游地

---

① 〔晋〕常璩撰，刘琳校注：《华阳国志校注》卷3《蜀志》，成都：巴蜀书社，1984年，第202页。

② 〔宋〕王应麟：《玉海》卷17《汉地分风俗本末　风俗辑论》，《景印文渊阁四库全书》第943册，台北：台湾商务印书馆，1986年，第418页。

③ 《汉书》卷28下《地理志下》，北京：中华书局，1962年，第1645页。

④ 《汉书》卷28下《地理志下》，北京：中华书局，1962年，第1645页。

区。这一区域在宋代虽与汉中地区同属于利州路管辖范围，但武都则更加临近天水，风俗与天水高上气力、民俗质木的民风“颇似焉”①。

隋代行政区划为郡县二级制，宋川峡四路主体大概为隋的岷蜀诸郡和汉巴诸郡。《隋书·地理志》对该区域风俗做了精辟的概括，首先是汉川以下诸郡，大致相当于宋代利州路范围，即川北大片区域，“汉中之人，质朴无文，不甚趋利。性嗜口腹，多事田渔，虽蓬室柴门，食必兼肉。好祀鬼神，尤多忌讳，家人有死，辄离其故宅。崇重道教，犹有张鲁之风焉”②。这里面传达的信息量较大，总体来看应总结为三点：一是质朴且不好学，二是比较在意口腹之欲，三是好鬼神、崇尚道教。而在武都、汶山这些区域，因为地近氐羌，当地人的性格“尤劲悍，性多质直。皆务于农事，工习猎射，于书计非其长矣”③。可以看出，稍带有西北的勇武剽悍之风，读书并不是他们的强项。而纵观蜀郡、巴西、巴东这些巴蜀旧地，“其风俗大抵与汉中不别。其人敏慧轻急，貌多蕞陋，颇慕文学，时有斐然，多溺于逸乐，少从宦之士，或至耆年白首，不离乡邑。人多工巧，绫锦雕镂之妙，殆侔于上国。贫家不务储蓄，富室专于趋利。其处家室，则女勤作业，而士多自闲，聚会宴饮，尤足意钱之戏。小人薄于情礼，父子率多异居”④。从这条记载来看，虽说巴蜀这一核心片区风俗大抵与“汉中不别”，但我们还是能从中看出不小的差异，即巴蜀诸郡之人较汉中之人聪敏，并且好文学，而这与汉中之人“质朴无文”形成鲜明的对比。再者巴蜀之地手工业、商业都有所发展，当地人有精明的商业头脑和超前的消费意识，富人趋利，士人闲散好游，喜欢娱乐，挥金似土。这样加以比较则可以看出，四川盆地中南部地区要比北部汉中片区的经济社会发达。汉中区域则人性更古朴，经济模式更单一，依然以传统农业为主。

---

① 《汉书》卷28下《地理志下》，北京：中华书局，1962年，第1646页。
② 《隋书》卷29《地理志上》，北京：中华书局，1973年，第829页。
③ 《隋书》卷29《地理志上》，北京：中华书局，1973年，第829—830页。
④ 《隋书》卷29《地理志上》，北京：中华书局，1973年，第830页。

唐代时川峡四路地区分属剑南东、西道，山南西道及山南东道的一部分。从剑南西道说起，益州的风俗，《太平寰宇记》引《蜀记》云：“刚悍生其方，风谣尚其文。”又言：“然地沃人骄，奢侈颇异，人情物态，别是一方。”① 剑南西道其他州，如彭州、汉州、永康军等地则风俗与益州同，可见西川之民开始有了骄奢的特点，这也是汉代以来一脉相承的风气。总体来讲此地待人接物等习俗大概与中原不甚一样，别具一格。剑南东道许多地方风俗也与益州同，如梓州、富国监、陵州等。绵州因有賨人，仍沿袭了劲勇锐气而善舞的古风，遂使绵州风俗稍显不同。果、阆二州在嘉陵江沿岸，因历史上也为賨人居住之地，风俗自成单元，民风也具有賨人的性格特点。同样因少数民族聚居而风俗迥异的还有剑南东道的荣州，荣州“夏人少，蛮僚多。男不巾栉，女衣斑布。姓名颠倒，不知礼法”②，表现出与中原不一样的穿衣风俗和礼法观念。剑州与龙州又同属一个风俗体系，谓之“然山高水峻，人多瘤痴聋，盖山水之气使然”③，强调了自然环境对风俗的影响。

川南的泸州风俗则与以上府州截然不同，彼时的泸州主要居住着夷僚等少数民族，不管从耕作方式还是衣着服饰，抑或是丧葬习俗来看，都与汉族有很大差别，“地无桑麻，每岁畬田，刀耕火种。其夷僚则与汉不同，性多犷戾而又好淫祠，巢居岩谷，因险凭高，著斑布，击铜鼓，弄鞘刀。男则露髻跣足，女即椎髻横裙”④。显然，因民族成分不同，该地与四川盆地中北部的府州分属不同的风俗体系，附近的富顺监风俗大抵如此。稍

---

① 〔宋〕乐史撰，王文楚等点校：《太平寰宇记》卷 72《剑南西道一 · 益州》，北京：中华书局，2007 年，第 1461 页。

② 〔宋〕乐史撰，王文楚等点校：《太平寰宇记》卷 85《剑南东道四 · 荣州》，北京：中华书局，2007 年，第 1699 页。

③ 〔宋〕乐史撰，王文楚等点校：《太平寰宇记》卷 84《剑南东道三 · 龙州》，北京：中华书局，2007 年，第 1682 页。

④ 〔宋〕乐史撰，王文楚等点校：《太平寰宇记》卷 88《剑南东道七 · 泸州》，北京：中华书局，2007 年，第 1740 页。

处泸州以北的昌州，虽也遍布僚人，居住风俗和丧葬风俗及姓氏都与中原迥异，但“有夏风，有僚风”[①]，从这即可看出，越往北，华夏之风越强烈，而越往南，则是夷风浓郁的另一番天地。

再看山南西道和山南东道的一部分。首先是兴元府，即汉中郡，此为汉中盆地的核心区域，汉江穿境而过，自古以来土地肥沃，气候温和，兴元府的风俗自然也与环境相得益彰，显得温良质朴，“汉川土地宽平，泉源清洁，俗多淳谨，不尚浮华”[②]。可以看出，这与成都的机巧安逸完全不同，与盆地南部泸州的夷僚之风更是差之千里。而其北部的凤州等地，也就是今天陇东南这一区域，由于深居高山险谷，交通更加闭塞，其风俗状况和经济条件更加鄙陋，以致不产桑麻，妇女不事耕织，日用的布帛和盐酪都要仰仗他郡。[③] 与其接壤的兴州（今陕西略阳）与凤州风俗相类，由于山高水峻，人多居山上，所以“种植甚微，惟以负贩为业，礼乐之道未之闻”[④]。可见此一区域由于自然条件不佳，生存状态比较原始，文教事业更无从谈起，但民风或与兴元府一样比较质朴。而相对较西的文州则“土风习俗半杂氐羌”[⑤]，这很容易理解，时至今日，这一区域仍是羌族同胞的聚居地。至于今重庆地界的合州、渝州，只要是汉族人群风俗皆大体一样，但在边界乡村有僚户者则有着明显差异，这与泸州的情况相似，实为民族不同导致的风俗迥异。

盆东地区的开州、达州、渠州属于宋代夔州路地界，其风俗即为明显

---

① 〔宋〕乐史撰，王文楚等点校：《太平寰宇记》卷 88《剑南东道七・昌州》，北京：中华书局，2007 年，第 1747 页。

② 〔宋〕乐史撰，王文楚等点校：《太平寰宇记》卷 133《山南西道一・兴元府》，北京：中华书局，2007 年，第 2611 页。

③ 〔宋〕乐史撰，王文楚等点校：《太平寰宇记》卷 134《山南西道二・凤州》，北京：中华书局，2007 年，第 2627 页。

④ 〔宋〕乐史撰，王文楚等点校：《太平寰宇记》卷 135《山南西道三・兴州》，北京：中华书局，2007 年，第 2643 页。

⑤ 〔宋〕乐史撰，王文楚等点校：《太平寰宇记》卷 134《山南西道二・文州》，北京：中华书局，2007 年，第 2632 页。

的巴人之俗，开始逐渐带有楚人好鬼信巫的色彩，“重田神，春则刻木虔祈，冬即用牲解赛，邪巫击鼓以为淫祀”[①]。而夔州的风俗更是与峡州相同，直接可视作楚俗，“剽悍巧猾。……士女事麻楮，不事蚕桑，男子刀耕火种，不知文学。其信巫鬼，重淫祀”[②]，这便直言了夔州与荆楚之地峡州风俗的同源性。川江水道的其他州军，如万州、忠州、梁山军等风俗虽有细小的差别，但也大类于此。

有宋一代，至《宋史·地理志》总结川峡四路的风俗时，有如下评述：“川峡四路，盖《禹贡》梁、雍、荆三州之地，而梁州为多。天文与秦同分。南至荆、峡，北控剑栈，西南接蛮夷。土植宜柘，茧丝织文纤丽者穷于天下。地狭而腴，民勤耕作，无寸土之旷，岁三四收。其所获多为遨游之费，踏青、药市之集尤盛焉，动至连月。好音乐，少愁苦，尚奢靡，性轻扬，喜虚称。庠塾聚学者众，然怀土罕趋仕进。涪陵之民尤尚鬼俗，有父母疾病，多不省视医药，及亲在多别籍异财。汉中、巴东，俗尚颇同，沦于偏方，殆将百年。孟氏既平，声教攸暨，文学之士，彬彬辈出焉。”[③] 从中基本可以判定几点认识：一是川峡四路是古代九州之域中梁、雍、荆三州的结合体，以梁州为主，雍州部分即陇东南区域，而荆州部分即巴东夔州路地区；二是基于蜀锦的名扬天下，所以认定该区域丝织业发达，土地膏腴；三是人性方面喜游重享乐。这其实着重反映的是益州路（成都府路）的实态，而巴东夔州如前文所述，还处于信巫不信医的楚俗大环境中。但总体来讲，经过宋朝一统后的百年经略，川峡四路文教事业都有所发展，人才较之以往更是迭代辈出。以上便是川峡四路历代至宋的风俗概况。

---

① 〔宋〕乐史撰，王文楚等点校：《太平寰宇记》卷137《山南西道五·开州》，北京：中华书局，2007年，第2671页。

② 〔宋〕乐史撰，王文楚等点校：《太平寰宇记》卷147《山南东道六·峡州》，北京：中华书局，2007年，第2861页。

③ 《宋史》卷89《地理志五》，北京：中华书局，1977年，第2230页。

第四节　川峡四路风俗区分区原则

风俗作为文化的一部分，在分区过程中也势必要参考文化地理学中对文化区分区的理论和方法，既要考虑以风俗要素为指标的形式文化区，又要兼顾以行政区划为指标的功能文化区和以人们主观认同为导向的感觉文化区。只有将其综合考量，才可能划定川峡四路的风俗地理版图。前文已将川峡四路地区的自然地理特征、政区沿革和风俗渊源做了大体的梳理总结。应该讲，从此一区域最早的地方志《华阳国志》来看，宋代川峡四路地区基本囊括在该书前三卷《巴志》《汉中志》《蜀志》所表区域之中。《巴志》所言各郡县基本涵盖川东地区，《汉中志》所言各郡县基本涵盖川北陕南一隅，而《蜀志》则表蜀中成都平原腹地。这便为此一区域三分天下的格局奠定了历史基础。回溯地理地貌，剑门关以北的川北地区是秦巴山地和汉中盆地，蜀中地区则是优渥的成都平原，而巴山、渠江以东则是层峦叠嶂的川东平行岭谷，似乎风格迥异的三个自然地理单元也自动对应《华阳国志》三卷次所分之法。再从行政区划来看，众所周知，川峡四路即益州路（成都府路）、梓州路（潼川府路）、利州路、夔州路的合称。不可否认的是，政区对文化要素有一定的整合作用，长期稳定的政区往往就是某种文化区的间接表现。[①] 但就川峡四路此一区域的风俗区而言，并不能简单将其与行政区的边界完全重合。如茂州、威州在行政区划上虽属于益州路辖地，但按自然地理单元来看已属青藏高原边缘，人口构成以羌等少数民族为主，民风彪悍勇武，风俗习尚与成都平原汉族地区大为不同，且边禁甚严，与汉族交流沟通十分有限，划入蜀中风俗区则较为牵强，归入相邻的川北风俗区则更为合适。又如利州路南部的阆州，梓州

---

① 张伟然：《中古文学的地理意象·前言》，北京：中华书局，2014 年，第 7 页。

路腹地的果、遂、普、资等州则因地近川西，风俗习尚更倾向于蜀中，则划入蜀中风俗区较为合理。其实，历史上位于四川盆地中心点的遂宁一带本身就是东西两川的分界线，梓州路横亘在两川之间，若以文化风俗分区，终难逃被分割的宿命。最后，先秦巴与蜀的概念深入人心，千年以来一直存在，巴与蜀的文化有本质的区别。这种既存在于域内居民心目中，又得到域外人群广泛认可的感性认识，就是感觉文化区的分区原则。[①] 从这一角度说，起码以巴文化为代表的川东地区和以蜀文化为代表的蜀中地区在风俗文化分区上应该天然分开。蒙文通先生便认为，合川、射洪之间是巴、蜀接境处，很可能涪江就是界水，以西为蜀地，以东是巴地。[②] 而事实证明，直至宋代，涪江至少是西川与东川的亚区界，而更往东的“巴界”显然与“蜀中”存在更为显著的异质文化。另外，司马迁在《史记》的《楚世家》中说楚怀王“取武关、蜀、汉之地”，张守节在《正义》中又进一步补充道：“蜀，巴蜀；汉中，郡也”[③]，可见巴蜀与汉中在当时是一个平级的地域概念。由此观之，宋时利州路北部的川北地区即当时汉中郡的主要辖地。

所以，无论从哪个角度来论，川峡四路地区的风俗区划，首先应当分为川北、蜀中和川东三大区域。这里应该特别指出的是，现今川南、黔北地区，即当时的梓州路南部地区本书并未再单列分出，理由是这一广大区域分布着大量西南地区羁縻州，民族构成上仍以僚等少数民族为主，即便是靠近蜀中的泸、叙地区也不例外，范成大便说：“泸、叙对江即夷界。”[④] 而少数民族在风俗上更具趋同性，所以将此归入川东风俗区一并

① 周尚意、孔翔、朱竑编著：《文化地理学》，北京：高等教育出版社，2004 年，第 229 页。

② 蒙文通：《巴蜀古史论述》，成都：四川人民出版社，1981 年，第 23 页。

③ 《史记》卷 40《楚世家》，北京：中华书局，1982 年，第 1725—1726 页。

④ 〔宋〕范成大：《吴船录》卷下，《范成大笔记六种》，北京：中华书局，2002 年，第 213 页。

考察。换言之，本书界定的川东风俗区，一般情况下涵盖了现今意义上的川东和川南两大区域。

川峡四路三大风俗区是本书风俗分区的一个基本架构，但具体到不同风俗事象要素之间，可能会有边界此消彼长的盈缩。同时，考察不同风俗要素时，各大区内部的差异则通过风俗亚区进一步体现。综上，三分法即本书展开川峡四路风俗地理论述的基本分区原则。

第二章　宋廷经略川峡四路的政策与措施

有宋一代，儒家纲常思想再次重归社会主流，朝廷摒弃“跋扈”的武将，逐渐任用通过科举考试进入仕途的文官治理天下。这些宋儒士大夫，维护封建礼教，推行道德一统，注重对社会基层的教化，使社会风俗得以深刻改变。“风俗”一度通过“教化”得以匡正，二者则像一对因果一样，相辅相成。对于此中之关系，嘉靖《云阳县志》曾有这样一段精辟的论述：“倡之有本，移之有机，堤防之有具。教化其本也，利导其机也，纪纲法制其具也。本弗端则末流，机弗豫则力弗易，具弗张则溃裂弗可御”，对教化所起的引导、规范作用做了阐发。对于教化之于风俗的作用，则进一步说明：“其本在于敦教化以立纪纲。宋儒曰：朝廷有教化，而后天下有风俗。”[①] 既然风俗如此之要，那么它也必然会是唐宋变革的题中之义，张邦炜先生认为，当前关于“唐宋变革”问题的热议，其中之一的可喜现象是史学界探究的范围早已不局限于经济基础与阶级斗争，而是涉及经济、政治、文化及社会生活诸多领域的方方面面。[②] 那么风俗作为文化生活的重要组成部分，势必也是唐宋变革大势中不可忽视的重要一环。社会经济的全面发展，以及各种文化宗教的深度整合，为风俗演变

① 嘉靖《云阳县志》卷上《风俗》，《天一阁藏明代方志选刊》第 66 册，上海：上海古籍书店，1982 年。

② 张邦炜：《“唐宋变革论”的首倡者及其他》，《中国史研究》2010 年第 1 期。

提供了可能，新旧风俗的激荡更替成为中国历史分水岭时期的别样风景，地方风俗亦如洪流中的浪花独具魅力。

第一节　宋廷治蜀的背景大势

五代丧乱，赵宋崛起，宋太祖赵匡胤在总结前世经验基础之上，认识到先易后难是其夺取天下的明智之选，故决定先取南方，后集中力量进攻北方割据势力。而西川之地又是南方居建瓴位置的锁钥，取西川而占有财富，为之后的统一战争积蓄物质基础是历来谋天下者的一贯做法。在军事战争胜利以后，如何扭转五代以来颓废的世风和败坏的道德风尚，重构封建伦常成了摆在赵宋王朝面前的历史任务，唯有重振社会秩序，光大先儒的道德规范，才可能维护和巩固新生的封建政权。[①] 由于北方少数民族政权长期给予的巨大压力，宋廷加强中央集权、加大对地方的控制力度不仅是吸取唐末藩镇割据的历史教训，也是与这种现实处境相关联的。随着北方地区不断成为失地，宋廷加强了对南方地区的开发，包括政治的控制、经济的开发，也包括风俗的改变。[②] 缘何川峡地区备受中央政府重视呢？“唯蜀地大人众，统兵治民，控制戎夷，跨带万里，天下之陆海，国家之外府”[③]，这就促使中央政府不敢忽视对川峡地区的武备警觉。

众所周知，宋代是一个高度中央集权的封建王朝，这是宋代开国君主吸取安史之乱及唐末藩镇割据的历史经验后的必然选择。宋太祖建国之初，便将禁军的统兵权集中到自己手中，又通过枢密院掌握调兵权，同时用文臣取代武将执掌边务，将各州的强兵升为禁军，使地方厢兵徒有虚

---

① 郭学信：《时代迁易与宋代士大夫的观念转变》，《文史哲》2000 年第 3 期。

② 皮庆生：《宋代民众祠神信仰研究》，上海：上海古籍出版社，2008 年，第 19 页。

③ 〔宋〕张俞：《送田府公人觐序》，《成都文类》卷 22，北京：中华书局，2011 年，第 458 页。

名。应该说，宋朝统治者对军事指挥权掌控得相当牢固，不容王朝疆土有任何动乱之虞。但恰恰在川峡四路地区，于宋初太祖、太宗、真宗朝的几十年中，有三次民变被激发，中央政权对四川颇为警惕，甚至朝中的舆论大肆宣传的是四川乃乱民丛生的危险地带[①]，可见“蜀人乖乱”[②] 并非妄言。再者“川峡蛮落甚多，大抵好为骚动”[③]，这意味着经略川峡四路地区，使其由乱到治，是宋朝统治阶层需要下大气力解决的当务之急。其实在平蜀之初，宋廷便注意到蜀地的特殊性，推行一套政策组合拳力求川峡地区的稳定。宋军进驻成都后，太祖赵匡胤曾命搜访“怀才挺操，耻仕伪庭者”，表现出广纳贤才的姿态，并且对“前代祠庙咸加营葺”。[④] 太祖还特别提起“先贤丘垄，不得樵采；古来庙宇，咸与修崇”[⑤]，以示对史上先贤的尊崇和对正统思想的赓续。同时，太祖命收缴后蜀时期的图书法物，以正视听；对孟昶奢靡的作风大加斥责，并身体力行提倡节俭之风。[⑥] 这一系列动作，再配合经济上的减税之策，无疑有力地维护了北宋初期川峡地区的稳定。太祖曾诏：“朕自下巴、邛，继行恩宥，务去烦苛之政，俾苏疲瘵之民。”[⑦] 这种与民休息的姿态很好地缓和了社会矛盾，为进一步掌握意识形态打下了民意基础。

但特殊的地理位置决定了“从来蜀地称难制”[⑧]，有宋一代，宋廷一

---

① 李禹阶、唐春生主编：《宋代巴蜀政治与社会研究》，成都：巴蜀书社，2012 年，第 36 页。

② 〔宋〕袁燮：《絜斋集》卷 4《论蜀札子一》，《景印文渊阁四库全书》第 1157 册，台北：台湾商务印书馆，1986 年，第 37 页。

③ 《宋史》卷 294《苏绅传》，北京：中华书局，1977 年，第 9810 页。

④ 《续资治通鉴长编》卷 6，乾德三年正月丁酉，北京：中华书局，1979 年，第 146 页。

⑤ 〔宋〕宋太祖：《平蜀曲赦》，《全宋文》卷 4，第 1 册，上海：上海辞书出版社，合肥：安徽教育出版社，2006 年，第 80 页。

⑥ 《续资治通鉴长编》卷 7，乾德四年五月甲戌，北京：中华书局，1979 年，第 171 页。

⑦ 《宋会要辑稿》刑法 2 之 1，上海：上海古籍出版社，2014 年，第 8281 页。

⑧ 〔宋〕张咏著，张其凡整理：《张乖崖集》卷 3《再任蜀川感怀》，北京：中华书局，2000 年，第 24 页。

直都表现出对治蜀的忧虑，似对川峡地区的大局稳定颇不放心。这首先是因为蜀地离中央悬远，如后来南宋袁燮便说："国事之可忧者莫如蜀，外障之难防者亦莫如蜀，何者？其地至远也"①，远则意味着鞭长莫及，政令难畅。所以宋廷一直对蜀地加意掌控，防患于未然。具体来说，为避免信息传达上的滞后，宋廷长期给予一些重要官员"便宜行事"的特权，以确保地方官能够快速处理紧急事务。② 另外，从宋廷对川峡地区兵器的严苛管制上亦可窥得一斑。至道二年（996）太宗下诏曰："川峡诸州民家先藏兵器者，限百日悉送官，匿不以闻者斩"③，试图牢牢控制基层稳定。出于安全考虑，资州知州刘述曾上言禁止边民砍伐山林，他认为蜀之边境多与番界相接，深山峻岭、大林巨木可成为护卫蜀中的屏障，一旦夷人在边地长期活动，频繁出没，则八寨防托形同虚设。④ 可见臣僚对边地夷人的戒备用心。景德年间，夔州路转运使薛颜等进言："川峡戍兵等素不阅习，内夔、施最近蛮境，请各付戎器，时加练训"⑤，得到宋真宗的应允。泸州知州郑昭度发现当地人好使用一种数十步外可伤人命的飞梭，或为地方治安一大隐患，也紧急上奏朝廷严加禁止。⑥ 即使是一面指挥军队发号施令的铜鼓，在宋初的川峡地区，也只允许夷人在其夷界自行使用，不许汉人到夷地贩卖⑦，这应与铜鼓作为军事器具的特殊属性有关。直至英宗治平年间，渝州仍是"州界滨带獠夷，种人喜乘间内侵"，知州

① 〔宋〕袁燮：《絜斋集》卷4《论蜀札子二》，《景印文渊阁四库全书》第1157册，台北：台湾商务印书馆，1986年，第39页。

② 粟品孝：《宋朝在四川实施特殊化统治的原因》，《西华大学学报》（哲学社会科学版）2012年第2期。

③ 《宋史》卷5《太宗本纪二》，北京：中华书局，1977年，第100页。

④ 《宋会要辑稿》刑法2之131，上海：上海古籍出版社，2014年，第8360页。

⑤ 《续资治通鉴长编》卷57，景德元年闰九月癸亥，北京：中华书局，1980年，第1261页。

⑥ 〔宋〕郑昭度：《乞禁泸州民家私置飞梭奏》，《全宋文》卷305，第15册，上海：上海辞书出版社，合肥：安徽教育出版社，2006年，第145页。

⑦ 《宋会要辑稿》刑法2之14，上海：上海古籍出版社，2014年，第8289页。

辛有终不得不“悉召巡检县尉还本廨，使番汉不得相扰，但远斥候、缉器备、严训练而已”，致使夷人在其任期内再无犯境者。[①] 可以说至少至北宋中期，宋廷一直保持对川东、南地区夷僚的高度警备。至于川西，由于国朝初期的几次民变，朝廷对此区域更为敏感。即使是娱乐活动，也会引起地方官的高度警觉，如川西民间社火兴盛，但如果某些活动具有潜在隐患，于地方安定不利，就会引来官方的一纸禁令。益州知州李士衡便曾上言：“永康军村民社赛，用棹刀为戏，望行禁止”[②]，获得宋廷的应允。直至政和年间，宋廷对川峡地区社火的规模、制式都尤加关注，徽宗曾下诏曰：

> 访闻川峡民庶因飨神祇，引拽簇社，多红黄罗为伞扇，僭越无度，理当禁止。可检会近降不许装饰神鬼队仗指挥，内添入“民庶社火不得辄造红黄伞扇及彩绘以为祀神之物（纸绢同）”。犯者以违制论，所属常切觉察。[③]

这种颜色的使用和仪仗的规模，似对皇权构成威胁，这于统治者来说是绝不允许的。甚至于成都大慈寺的门楼斜廊安设了鸱尾，因其为宫殿的一种装饰构件，也被认为是一种僭奢无度、有煽民之嫌的行为。[④] 可见终北宋一代，朝廷对川峡四路地区颇为敏感和忌惮。实际上直到南宋，在蜀地任职的官员依然对民间社火一类的大规模聚集颇为反感，执意禁绝以防意外之变。度正在任职怀安军期间，对奉神者参加社火时“被之以黄衣赭袍，

---

① 〔宋〕苏颂：《职方郎中辛公墓志铭》，《全宋文》卷1348，第62册，上海：上海辞书出版社，合肥：安徽教育出版社，2006年，第112—113页。

② 《宋会要辑稿》刑法2之11，上海：上海古籍出版社，2014年，第8287—8288页。

③ 《宋会要辑稿》刑法2之71，上海：上海古籍出版社，2014年，第8322页。

④ 《宋会要辑稿》刑法2之65、66，上海：上海古籍出版社，2014年，第8318页。

奉之以龙床黄伞”的行为深为警觉和不满，在他看来，其间“或有奸人萌其非心，妄意大事”的话，很容易顷刻之间起“非常之变”，必须严加禁约，防微杜渐之意相当明显。[①] 正如余蔚所指出的那样，特殊的自然环境和易于分裂的历史传统，使川峡地区较宋代以首都开封为中心的中原地区及北宋政府的离心力更强，从而使宋廷对它有先入为主的成见并加意防范。[②]

在选官任人方面，宋廷对川峡四路也表现得尤为谨慎，提出了一些具体的限制要求，“令文武官任川、峡职事者，不得以族行，元从及仆使以自随者，具姓名报枢密院给券”[③]，以致朝廷还操心官员随从的名额数量。西蜀初定之时，“成都帅例不许将家行”，因为“蜀土轻剽易为乱”，特别是李顺之乱后，“川峡选官多惮行”。[④] 宋廷还对领兵入蜀的将官颇为忌惮，直至真宗朝，“自今文武官授川峡任，其家属有所依而辄携赴者，请不许首罪”[⑤]，才在入川官员随行家属上放宽政策。仁宗庆历以后，天下乂安，“甲诸帅府，复得与家俱行”[⑥]。从以上可以看出，自宋平蜀之后，北宋前期朝廷选派官员入川都加意斟酌，尽量使官员减少亲信数额，以防止其在蜀培养自己的裙带势力。在庆历之后，文彦博知益州时，宋朝对川峡的选官仍颇为慎重，文彦博认为：“西川近年以来，生齿繁庶，比祥符中数倍，全藉长吏安辑，稍不得人，即烦朝廷西顾”，突出了官吏在治理

---

① 〔宋〕度正：《性善堂稿》卷6《条奏便民五事》，《景印文渊阁四库全书》第1170册，台北：台湾商务印书馆，1986年，第192页。

② 余蔚、任海平：《北宋川峡四路的政治特殊性分析》，《历史地理》第17辑，上海：上海人民出版社，2001年，第153页。

③ 《续资治通鉴长编》卷6，乾德三年二月庚申，北京：中华书局，1979年，第149页。

④ 《宋史》卷307《凌策传》，北京：中华书局，1977年，第10128页。

⑤ 《续资治通鉴长编》卷84，大中祥符八年正月戊戌，北京：中华书局，1985年，第1914页。

⑥ 〔宋〕叶梦得撰，宇文绍奕考异，侯忠义点校：《石林燕语》卷7，北京：中华书局，1984年，第101页。

西川中的重要作用。文氏继而提出自己的选官标准，“差官须是历任内无私罪，升朝后有举主，年甲未高者，方得差任”[①]，从资历、年龄、名声等方面做了具体建议，可见宋廷对川峡地区治理的重视和区别对待。此外，宋廷一直秉持真宗朝对这一区域派遣官员时反复强调的评判标准，“遣使巴蜀，廉察风俗、官吏能否”[②]，可见被派往川峡地区的官员是否有匡正风俗的综合施政能力实为统治者所关心的。而且，地方大员在向朝廷举荐基层官员时，亦看中其熟悉风俗事项的程度。张方平曾两次向朝廷举荐官员，皆提到熟悉风俗的重要性。他在举荐张颙由雅州改任嘉州知州时，提到的很重要的一点原因是“（张颙）处事详允，在雅州已习知蛮夷气俗”[③]；而在举荐李大临任益州通判时又说：“益州与诸郡不同，全要谙悉人情，通其风俗。大临既是土人，足以详究民间细务。”[④] 可见在张氏看来，熟悉风俗对于施政一方来说是不可或缺的能力。直至北宋中期，蜀地的选官任吏依然牵动最高统治者的神经。仁宗就曾敕张方平曰：“坤维一隅，二蜀为大，慎择良守，时谓才难。”仁宗认为治蜀人才难得，进而表示“朕意欲抚御弹压，以宽西顾”[⑤]，总是流露出抚慰为先、宽简为尚的政策倾向，无意刺激蜀民。英宗甚至具体到吏治的选拔也要亲自指示，他敕诏赵抃说：“蜀远在西南，最要部也。朕常患吏不能究宣德泽，以被于远民，故其择守，非慈良简重者不以命之。”[⑥] 也就是说，宋廷总担心

---

① 〔宋〕文彦博：《乞选差川峡州郡知州奏》，《全宋文》卷642，第30册，上海：上海辞书出版社，合肥：安徽教育出版社，2006年，第153页。

② 《宋史》卷6《真宗本纪一》，北京：中华书局，1977年，第116页。

③ 〔宋〕张方平：《乐全先生文集》卷30《奏张颙知嘉州》，《宋集珍本丛刊》第5册，北京：线装书局，2004年，第579页。

④ 〔宋〕张方平：《乐全先生文集》卷30《举李大临》，《宋集珍本丛刊》第5册，北京：线装书局，2004年，第579页。

⑤ 〔宋〕宋仁宗：《仁宗赐张方平父老借留奖谕诏》，《全蜀艺文志》卷26，北京：线装书局，2003年，第692页。

⑥ 〔宋〕宋英宗：《英宗赐赵抃父老借留奖谕诏》，《全蜀艺文志》卷26，北京：线装书局，2003年，第693页。

自己的官方意识不能被蜀地民众所接受，甚至造成误解。可见赵宋诸帝认为多择宽简良吏为其做好抚慰宣化工作，使当地百姓无后顾之忧才是最为重要的政务。总之，对于川峡地区的选官，宋代最高统治者颇为上心，可谓大费一番脑筋。

宋廷不仅在意川峡地区军政体系、选官制度的部署和建构，还着意加强意识形态、社会治安、民间舆情方面的干预，以期迅速用儒家传统意识形态武装川峡地区民众的头脑，使其成为遵纪守法的顺民。在人心未宁之际，任何有可能挑战正统的行为皆为官方所不容。乾德六年（968）辛仲甫知彭州时，有不法之徒欲借长春节宴集之日作乱，辛氏敏锐地发现了苗头，在出城巡视时察觉壕中草深，容易藏伏寇盗，遂令放火烧之，一时“凶党疑谋泄，有自首者。禽百余人，尽斩之”[①]。即使是“潜行诳惑”的小民，宋廷亦“宜令长吏严加警察，有讹言动众、情理切害者，斩讫以闻”[②]，不可谓不严。应该看到，北宋初年，平定未久的川峡四路地区社会治安不容乐观，当时成都寇盗横行的现象仍很严重，知州王曙便采取非常手段，严刑峻法，“贼盗赃无轻重，并戮之。不数月盗贼屏息”[③]，直至将成都治理得夜不闭户。他与张咏被当地人合称为“前张后王”，以纪念其为蜀中安定所做的贡献。与此同时，川峡北部洋州、金州等地的社会状况也相差无几，蜀寇平日便“贼势方张”，新到任州守赵温瑜不听下属劝阻，先是“单骑遂行”，在气势上压倒贼寇，给百姓和贼寇传递一种“强守来”的信号，到任后迅速制定方略，有计划地实施打击，“修御备，军声益振，贼闻之遁去”。[④] 各路州守的铁腕手段逐渐为全蜀换来太平之势。

① 《宋史》卷266《辛仲甫传》，北京：中华书局，1977年，第9179页。

② 司义祖整理：《宋大诏令集》卷213《令西蜀警察诏》，北京：中华书局，1962年，第808页。

③ 〔明〕陈循等纂修：《寰宇通志》卷61《四川等处承宣布政使司》，玄览堂丛书续集影印明景泰间刻本。

④ 〔宋〕苏颂：《朝散大夫累赠户部侍郎赵公墓志铭》，《全宋文》卷1348，第62册，上海：上海辞书出版社，合肥：安徽教育出版社，2006年，第115页。

另外，北宋初川峡四路地区谣言迭出，妖孽频现，人心惶惶。例如，真宗年间，益州民间有谣言说，有白头翁午后食人儿女，一郡之地都嚣然。到了晚上，路无行人。出知益州的张咏当机立断，“既而得造讹者戮之，民遂帖息”①，用铁腕手段斩断谣言源头，有力维护了社会稳定。对于妖言惑众、非法聚集之举，宋廷也紧急下诏，鼓励检举，坚决打击，“益、梓、利、夔路民夜聚晓散，传习妖法，能反告者赏钱五万，以犯者家财充”②。兴州三泉县和剑、利等州还有所谓白衣师邪教流行，亦被宋廷严厉禁绝。③ 仁宗时，梓州有一妖人名叫白彦欢，能依鬼神作法以诅咒人至死。审理案件时因死者没有伤，难以定罪，但审刑院详议官梁适认为此种恶行更为卑劣，将作法者处死。④ 可见宋廷对于川峡地区蛊惑视听之举采取的是零容忍的态度，绝不助长妖风邪气。至和元年（1054）适逢甲午，蜀中有传言说“岁在甲午，蜀且有变”。仁宗恐有变故，不敢怠慢，亲自选用程戡知益州。程戡到达任所后，不避嫌疑，缮城浚池，以备不虞，并严禁蜀人妖言惑众，蜀中政局得以稳定。⑤

当然，对于不同突发事件的处理，宋廷也并未一概采用严刑酷法，而是权衡利弊加以区别对待。比如在平定王小波、李顺起义和王均兵变等一系列叛乱过程中，宋廷逐渐学会刚柔并济，即对“被李顺胁从诖误之人，咸与惟新，一切不问”⑥，表现出对不明事理从众者的宽容。朱昂在处理渠州妖贼李仙的作乱时，亦是“自余果、合、渝、涪四州民连结为妖者一

① 《宋史》卷293《张咏传》，北京：中华书局，1977年，第9801页。

② 《宋会要辑稿》刑法2之21，上海：上海古籍出版社，2014年，第8294页。

③ 《宋会要辑稿》刑法2之14，上海：上海古籍出版社，2014年，第8290页。

④ 〔宋〕佚名：《道山清话》，《全宋笔记》第2编第1册，郑州：大象出版社，2006年，第94页。

⑤ 《宋史》卷292《程戡传》，北京：中华书局，1977年，第9756页。

⑥ 司义祖整理：《宋大诏令集》卷217《两川为李顺注误者沉潜薮泽者令诸路招携诏》，北京：中华书局，1962年，第827页。

切不问，蜀民遂安”①，避免了因打击面过大所导致的人人自危。当时剑州外多寇，简州知州郭守文便“悉招来集附”②，让其为我所用，并不过多刺激这些非法之徒。可以说宋廷治蜀之策宽严并济，既有铁腕又有怀柔，且时刻提防一切可能引发骚动的民间舆论，运用娴熟的政治手段极力维护川峡地区的稳定。总体来看，宋廷在平蜀后的前三十年对其是歧视与掠夺，而后转变为安抚与防范，尽可能地将祸端消弭于无形，使川峡地区承平无事。③ 特别是咸平四年（1001）将川峡地区划分为四路，正是基于政治安全方面的考量，使其相互掣肘，每一路都无法占尽割据的全部条件，分路成为川峡由乱变治的分水岭，此后几十年间，蜀地再无大规模的叛乱民变发生。④

第二节　世道人心的风俗之治

相比于政治经济等硬手段，风俗潜移默化的软作用不可轻视。对一地风俗的观察、引导甚至纠偏，是中央政府维护其统治的重要一环。百废待兴之下的蜀地治理，不仅要有武力保障，还应“攻心为上”，运用高超的政治智慧感化人心，使民心安稳、世风端平。

在宋初蜀地被纳入新朝的很长一段时间里，蜀中百姓皆民心浮动、人言啧啧，蜀人常被宋廷视作心怀不轨的潜在叛民。能否扭转这一局面，争取蜀民真心归附，考验着施政者的智慧。这其中以张方平治蜀

① 《续资治通鉴长编》卷14，开宝六年春正月己卯，北京：中华书局，1979年，第296页。

② 《宋史》卷259《郭守文传》，北京：中华书局，1977年，第8999页。

③ 李禹阶、唐春生主编：《宋代巴蜀政治与社会研究》，成都：巴蜀书社，2012年，第138页。

④ 余蔚、任海平：《北宋川峡四路的政治特殊性分析》，《历史地理》第17辑，上海：上海人民出版社，2001年，第161页。

期间的做法最为典型。仁宗至和元年（1054），张方平奉命出知益州，他一改旧思路，抛弃成见，以人为本，取得了良效。张方平认为“民无常性，惟上所待。人皆曰蜀人多变，于是待之以待盗贼之意，而绳之以绳盗贼之法。重足屏息之民，而以砧斧令。于是民始忍以其父母妻子之所仰赖之身，而弃之于盗贼，故每每大乱”，戴着有色眼镜施政过严，势必造成一种官逼民反的恶性循环。于是张方平将心比心，“以齐、鲁待蜀人，而蜀人亦自以齐、鲁之人待其身”[①]，用礼教来感化人，并不是一味地用武力来威胁平民，最终收到奇效。无独有偶，吕公弼在治理成都时，则施以宽政，前任地方官为政严苛，“民有轻犯则移乡，甚者或配徙内地，终身不复还”，而吕公“阅其籍，移乡者即释之，配内地者奏而贷还之，而一切镇以宽简，人心大安”。[②] 可见人性化的施政，是维护一方安定行之有效的措施。张乖崖知成都时，“每断事，有情轻法重，情重法轻者，必为判语，读以示之”[③]。蜀人将这种特殊案例结集成册，作为劝诫民众敦风俗、笃孝义的行为指南。类似的事情还发生在北宋名臣赵瞻身上，他在知威州时，发现威、茂二州杂夷僚而难治，不仅合二州于汶川建新郡，而且编纂记述辖地风土人情的《西山别录》，成为熙宁年间朝廷经略西南的重要参考资料。[④] 何耕在任潼川路提点刑狱时，“作谕民诗四十二篇，语平易而教化寓焉，郡邑家有其书”[⑤]，类似于如今的普法宣传，再有强暴犯法者，父老乡亲都会责问他

---

① 〔宋〕苏洵：《张益州画像记》，《全宋文》卷927，第43册，上海：上海辞书出版社，合肥：安徽教育出版社，2006年，第166页。

② 〔宋〕范镇：《吕惠穆公公弼神道碑》，《全宋文》卷871，第40册，上海：上海辞书出版社，合肥：安徽教育出版社，2006年，第288页。

③ 〔宋〕江少虞：《宋朝事实类苑》卷9《名臣事迹》，上海：上海古籍出版社，1981年，第103页。

④ 〔宋〕范祖禹：《同知枢密院赵公神道碑铭》，《全宋文》卷2152，第99册，上海：上海辞书出版社，合肥：安徽教育出版社，2006年，第4页。

⑤ 〔宋〕周必大：《朝请大夫知潼川府何君耕墓志铭》，《全宋文》卷5176，第232册，上海：上海辞书出版社，合肥：安徽教育出版社，2006年，第290页。

“不读何公诗乎？”当事人往往自惭而知悔。而有的偏远之地的地方官甚至不把百姓当人看待，像巴州恩阳县，赴任该地的官员“鄙夷其民，多笞辱虐使之”，直到常珪任县令，才“以文法辨告，教以亲爱和易之道。亦时时观游，与士人讲习为文章，以顺其俗，民大安业”[①]，用温和的方式教育规劝，使当地的风化得以彻底改观。对于危害性不大的风俗，某些地方官则用以身作则的方式来感化和教导，取代一禁了之的粗暴干预。如在成都府郫县任县令的许希道，初到郫县，发现“郫人侈于游观”，他到任后则“教以节用，而亦不废其俗”[②]，既将风俗向好处引导，又不至于处理过激引发官民矛盾。以上地方官的有效施政，皆为扭转川峡地区的风俗面貌打下了基础，由此可见风俗的治理需要长久的感化引导，而绝非令行禁止这么简单。

北宋真宗后期至仁宗朝，川峡地区局势日趋稳定，经济社会发展逐渐恢复，富庶的天府本色又得以重现，但这又滋生了新的社会风气问题。当时的益州之地，既富庶又远离政治中心，天高皇帝远，吏治腐败，政治生态堪忧，“蜀地远民弱，吏肆为不法，州郡公相馈饷”[③]。北宋能臣辛仲甫初知彭州时，太祖便叮嘱道：“蜀土始平，轻侈之俗未革。尔有文武才干，是用命尔。”[④] 可见当地奢风积习之深。当时蜀地州郡官员每日忙于酒食相馈，迎来送往，很多人倾家荡产也要上下钻营。当时在不少衙门前则设有厨传，供应过客食宿，实际是一种变相腐败。直至赵抃任益州转运使

---

① 〔宋〕毕仲游撰，傅惠成点校：《西台集》卷12《常承议墓志铭》，《西台集（外三种）》，上海：上海古籍出版社，2016年，第201页。

② 〔宋〕范纯仁：《范忠宣公文集》卷12《许驾部墓志铭》，《宋集珍本丛刊》第15册，北京：线装书局，2004年，第463页。

③ 《宋史》卷316《赵抃传》，北京：中华书局，1977年，第10322页。

④ 《续资治通鉴长编》卷9，开宝元年六月辛巳，北京：中华书局，1979年，第203页。

后，对此深恶痛绝，他“身帅以俭，不从者请以违制坐之，蜀风为之一变”[①]，用铁腕手段整顿了官场风气，使蜀地的奢靡之风不至于成上行下效之势。之后赵抃又对奸吏痛下杀手，以致“穷城小邑，民或生而不识使者，抃行部无不至，父老喜相慰，奸吏竦服”[②]，不仅使社会风气丕变，还整顿了吏治。但终北宋一世，蜀地的奢风都是伴随着商品经济的发展客观存在的，即便到北宋末年的哲宗朝，川峡地区仍是“西蜀繁富，风俗华侈，摸石、药市等会，士女骈集，竞为奢僭”[③]。但每任地方官都与这种风气作相应的斗争。时任成都府路提点刑狱的北宋官员丰稷，大兴简俭之风，则“一时会遇，灯火萧然，蜀人叹服，其俗顿革，争写为图画，以为宴集奢侈之戒”[④]，很好地扭转了这种社会风气。

众所周知，淫祀为不符合国家典制要求的非法之祀，淫祀的泛滥不仅有伤风化，也对一地的社会治安构成威胁，常被统治者视为亟待铲除的毒瘤。程濬在蜀地任职时，尤其厌恶淫祀，力主禁绝，“彭人有为灌口神娶妇者，潭人有祭张太保神者，皆讹作乱俗，一惩以法，邪风为之变”[⑤]。赵抃任成都转运使时，成都地区“所部诸州，每年有游惰不逞之民，以祭赛鬼神为名，敛求钱物。一坊巷至聚三二百人，作将军、曹吏、牙直之号，执枪刀、旗幡、队仗，及以女人为男子衣，或男子衣妇人衣，导以音乐百戏，三四夜往来不绝”[⑥]。如此大张旗鼓地祭祀鬼神、聚集惑众，显

---

① 〔宋〕苏轼撰，孔凡礼点校：《苏轼文集》卷17《赵清献公神道碑》，北京：中华书局，1986年，第519页。

② 《宋史》卷316《赵抃传》，北京：中华书局，1977年，第10322页。

③ 〔宋〕李朴：《丰清敏公遗事》，《全宋笔记》第2编第8册，郑州：大象出版社，2006年，第131页。

④ 〔宋〕李朴：《丰清敏公遗事》，《全宋笔记》第2编第8册，郑州：大象出版社，2006年，第131页。

⑤ 〔宋〕吕陶：《太中大夫武昌程公墓志铭》，《全宋文》卷1611，第74册，上海：上海辞书出版社，合肥：安徽教育出版社，2006年，第73页。

⑥ 《续资治通鉴长编》卷192，嘉祐五年十二月壬申，北京：中华书局，1985年，第4653页。

然是影响社会运行的不稳定因素。赵抃明文禁止，但因积习日久，难以禁绝，最后只能上奏宋廷，中央下诏明令，严惩首领，将其驱逐出川，才使这一风气得以扭转。另外，“蜀俗轻浮”，常有人伪造祥瑞，制造异端假象以混淆视听。程伯温知汉州时，有人在竹筒中写上“君王万岁”；中元节设宴开元寺，又有人高喊“佛光见”，显然是不法之人想借骚乱之机行不可告人之事，均被程伯温识破并予以禁止。[①] 川西少数民族聚集地同样淫祀泛滥，如嘉定府峨眉县，“县夷多淫祠，仲复悉废之”[②]，有赖于县令吴仲复的及时禁绝。总之，地方官对意识形态的有效管控，既是维护一方治安的内在要求，又是匡正风俗的先决条件和必要措施。

两宋年间，地方官不仅通过行政举措对风俗加以治理，有的还用自己名儒高贤的身份对地方风俗加以影响。如魏了翁知汉州期间，汉州事物繁剧，“了翁以化善俗为治”，后又徙任眉州，仍然用自己理学名家的身份影响地方风俗。他一至眉州，即“争试以事，乃尊礼耆耇，简拔俊秀，朔望诣学宫，亲为讲说，行乡饮酒礼，增贡士额，复蟆颐堰，筑江乡馆，利民之事，知无不为。士论大服，俗为之变”[③]，深刻改变了民风士风，重振儒学，使文教事业得以改善和发展。又如富顺监知监虞夷简，“以崇化善俗为务，禁科敛，赈贫窭，储药石以济民”[④]，也是将移风易俗作为施政的首要任务，这些举措得到了魏了翁的称赞。另外，不仅在职官员，贬谪官员亦发挥余热，其于官场不幸却成贬地之幸。像黄庭坚贬谪入蜀期间，积极开堂讲学，提携后辈青年学人，一时“蜀士慕

---

① 〔宋〕程颐：《先公太中家传》，《全宋文》卷1758，第80册，上海：上海辞书出版社，合肥：安徽教育出版社，2006年，第350页。

② 嘉靖《四川总志》卷13《嘉定府》，《北京图书馆古籍珍本丛刊》第42册，北京：书目文献出版社，1996年，第249页。

③ 嘉庆《四川通志》卷151《人物志九·人物九》，成都：巴蜀书社，1984年，第4556页。

④ 嘉靖《四川总志》卷8《叙州府》，《北京图书馆古籍珍本丛刊》第42册，北京：书目文献出版社，1996年，第161页。

从之游，讲学不倦，凡经指授，下笔皆可观”[①]，深刻影响了他所谪居的黔州、戎州、泸州等地的风气，使其地文明进程加速衍进，以致明人都说：“涪翁重诗书，礼乐之泽渐渍至今。”[②] 可见这种大儒泽被一方的作用是极其深远的。

除了这些士大夫精英，深刻影响地方风俗的还可能是具有一定威望的地方乡贤。黄宽重先生指出，宋代乡居的士人，虽然在仕途上荣枯有别，但对乡里都有着共同的关怀，他们不仅是地方的表率，在推动各项事业的同时，还肩负有教化的责任。[③] 如眉州彭山人的冯损之，祖上为长乐郡大族，五代时随先人入蜀，他“举进士不第，退而讲学诲人”[④]，发挥一名地方贤达的作用。黄庭坚在贬谪到戎州之后，也曾遇到这样两位名叫王复之和廖成叟的乡贤，此二人在地方教化中起到了不可低估的作用。他在为廖氏所写的墓志铭中说道：“（成叟）事父母孝敬，有古人所难。邃于经术，善以所长开导人子弟，以为师保。能以财发其义，四方之游士以为依归。”从中可见，廖氏不仅自身为乡里榜样，还善于教导子弟。对于另一位贤达王复之，当地人也是说其“褒善贬恶，人畏爱之，激浊扬清，常倾一坐”[⑤]，人们对其既敬又爱，遇见难以处理之事，常找其倾诉，寻求解决之策。此等人物无疑是地方社会基层稳定器，对于淳厚风俗起着潜移默化的积极作用。

---

① 《宋史》卷444《黄庭坚传》，北京：中华书局，1977年，第13110页。

② 嘉庆《四川通志》卷61《舆地志六十·风俗一》，成都：巴蜀书社，1984年，第2186页。

③ 黄宽重：《从中央与地方关系互动看宋代基层社会演变》，《历史研究》2005年第4期。

④ 〔宋〕吕陶：《净德集》卷26《长乐冯先生墓志铭》，《景印文渊阁四库全书》第1098册，台北：台湾商务印书馆，1986年，第209页。

⑤ 〔宋〕黄庭坚：《南园遁翁廖君墓志铭》，《全宋文》卷2336，第108册，上海：上海辞书出版社，合肥：安徽教育出版社，2006年，第87页。

第三节　崇文重孝的教化措施

风俗良恶有别，不可任其发展，需要用教化的方式来引导。所谓教化，就是儒家所提倡的政以体化，即“教以效化，民以风化”，是通过上行而化成以下。《礼记·经解》：“故礼之教化也微，其止邪也于未形。”[①] 教化虽无形，但在匡正世风人心方面可发挥春风化雨的微妙作用。而从长远来看，教育才是扭转风俗的根本所在。

北宋初年，宋廷对川峡地区的管控重在维护稳定，防止产生新的民变和分裂，文教事业无暇顾及，蜀中士人对新政权也持观望态度，不愿应试为官，皆选择明哲保身，“蜀去乱未久，俗未甚盛，仁人志士，多以退静相高，于荣利无所慕”[②]。所以，整个巴蜀地区文风萎靡，读书应试者寥寥无几。但好在益州路地区文教素来兴盛，有其优良的传统，田况曾说：“蜀自西汉，教化流而文雅盛。相如追肩屈、宋，扬雄参驾孟、荀。其辞其道，皆为天下之所宗式。故学者相继，谓与齐鲁同俗。”[③] 只是到了唐末五代时期，战乱不止，斯文失坠。正如苏轼所言：“自五代崩乱，蜀之学者衰少，又皆怀慕亲戚乡党，不肯出仕。”[④] 宋一统后，蜀地文教事业在原有基础上得到恢复和发展，特别是乖崖公张咏知益州期间重视文教，注意发现人才并加以培养，扭转了蜀中士人“不乐仕进”的地方观念，使士风一振，“蜀士知向学，而不乐仕宦。咏察郡人张及、李畋、张逵者

---

① 〔清〕孙希旦撰，沈啸寰、王星贤点校：《礼记集解》卷 48，北京：中华书局，1989 年，第 1257 页。

② 〔宋〕吕陶：《净德集》卷 26《吴府君墓志铭》，《景印文渊阁四库全书》第 1098 册，台北：台湾商务印书馆，1986 年，第 210 页。

③ 〔宋〕田况：《进士题名记》，《成都文类》卷 30，北京：中华书局，2011 年，第 578 页。

④ 〔宋〕苏轼撰，孔凡礼点校：《苏轼文集》卷 16《苏廷评行状》，北京：中华书局，1986 年，第 497 页。

皆有学行，为乡里所称；遂敦勉就举，而三人者悉登科，士由是知劝”[①]。这种树立榜样所起到的表率作用是不可估量的。到北宋太平兴国年间，益州路地区登科的进士已经为数不少，天圣、景祐中，“其数益倍”；庆历六年（1046）到皇祐元年（1049），从一榜18人涨到一榜24人。这还不算其他州来到蜀地求学登第的人。田况感慨道：“岂非世化恰隆，人随而兴乎?”[②] 可见北宋中叶仁宗时期，成都乃至周边的地区教育已较为昌盛。有学者通过统计进一步得出，北宋时期川峡四路的进士数量仅次于两浙、福建等江南地区，已超江西路，位居全国第四，这足以说明北宋时期川峡四路地区已是出产士人群体的重要文化区。[③] 这都是数十年匡正风俗、大兴文教后所带来的结果。宋人彭戢在《元祐府学给田记》中说：“开导化源，以谓治必本于教化，而教化之行必本诸学校，故增置学官，棋布海内。其保养润泽之仁，足以远继菁莪之乐育矣!”[④] 可见兴教化、倡学风，风俗自然淳厚。

不仅是文教自古皆盛的益州路地区，川峡四路其他地区也逐渐重视文教事业。南宋绍兴二十三年（1153），吴兴人沈该出知夔州，选“高明爽垲”之地，重建州学，为夔州文教事业的发展做出贡献。徐粹中在《重建州学记》中便说：“世无不可成之材，亦无不可善之俗。舄卤之地，可使为良畴；九夷之陋，可使为洙泗”[⑤]，高度认可了沈该兴文教而齐风俗之举。而在利州路，文同知兴元府期间，亦注重教育，把兴教设学作为规

---

① 《宋史》卷293《张咏传》，北京：中华书局，1977年，第9801页。

② 〔宋〕田况：《进士题名记》，《成都文类》卷30，北京：中华书局，2011年，第578页。

③ 魏恩燕：《试论宋代川峡四路科举人才的分布——以〈宋登科记考〉为中心》，贵州师范大学硕士学位论文，2018年。

④ 〔宋〕彭戢：《元祐府学给田记》，《成都文类》卷30，北京：中华书局，2011年，第580页。

⑤ 〔宋〕徐粹中：《重建州学记》，《全蜀艺文志》卷36，北京：线装书局，2003年，第1017页。

饬风俗的重要手段。他认为利州一路人才虽不次于两川，但文教事业不管是硬件设施还是软件师资方面都有待改进，“本路兴、洋、利、文、龙等州，虽有进士，徒具名尔。其人亦尝自患所居僻陋，难得师友”，随即建设学宫，补充教授。这样一来，“所贵一府五州之人，悉得就近修学。不三二年，当尽变此俗，灿然与天下士人相侔矣”①，可见地方官在改变一地风俗上的良苦用心。这些也都被百姓看在眼里，像嘉定年间知蓬州仪陇县的席芾，“莅政严明，兴学劝农，邑人颂之”②。很多情况下，地方官还以劝学诗的形式来激发一地的向学之风，比如川东云安监，以盐利著称，当地有“不出贵人只出井”的民谚，“土人用是不以仕进为业，唯货利之从”③。为扭转这一风俗，地方官王日翚作劝学诗云：

公侯宁有种，自致唯斯文。独学乃孤陋，师友须隆亲。又当听我语，既学须能勤。不勤如不学，勤学始成身。穷兮世巨儒，达兮国名臣。唯患学不至，学必无沈沦。如不学为名，不如复煎熏。十室有忠信，见者希能遵。会观积岁后，俊造来闾阊。一成诗礼乡，举充观国宾。④

晓之以理，动之以情，勉励当地学子知书达礼，力主变贪利之风为衣冠之俗。之所以宋兴以后朝廷将教育提升到一个显著的位置上来，就是官方想通过儒家的伦理纲常实现国家对于基层的控制，通过学校或书院等形式大力培养拥护统治者秩序、尊奉正统的人才，进而通过人才影响社会，净化

---

① 〔宋〕文同：《奏为乞置兴元府府学教授状》，《全宋文》卷1099，第51册，上海：上海辞书出版社，合肥：安徽教育出版社，2006年，第32—33页。

② 正德《蓬州志》卷8《名宦》，明正德十三年（1518）刻本。

③ 〔宋〕王日翚：《云安监劝学诗并序》，《全蜀艺文志》卷10，北京：线装书局，2003年，第261页。

④ 〔宋〕王日翚：《云安监劝学诗并序》，《全蜀艺文志》卷10，北京：线装书局，2003年，第263页。

地方风气，达到规范基层社会秩序的目的。

同时，宋代川峡地区的官员还注重修缮孔庙与县学，借以弘扬儒家仁礼思想，倡教兴学。文同便提出“天下无难治，善治其本而已，本正而天下治矣。宋有天下，郡邑祠庙春秋祭祀，尊本以教民，养才以备用，为治百有余岁，而太平过古者，此其明效也”①。他认为只要民众遵从圣人之制，见贤思齐，则郡邑将不难治理，重点在“尊本”。成都温江县原有宣圣庙久坏，为民众所诟病。县令自讼曰：“斯庙之坏，斯民之病，非吏之罪而谁之罪”，可见地方官将教化之责视为分内之事。于是皇祐元年（1049），地方官开始积极动用财政修复文庙。当庙修旧如新，金碧辉煌之时，县令复曰：“斯庙也，示民有本也。”② 何为示民之本？即尊尊亲亲的儒家正统思想。因为有了文庙这种实物载体的呈现，则这种思想可物化以形，起到示范熏染的“示民”作用。邓至在《双流县重修文宣王庙碑阴记》中也表达了这种思想，对于文庙的建筑规模，他认为“壮丽”与“湫隘”并不只是楼宇本身的差异，而直接关系到“是致风俗亦从而厚薄”，可见重修文庙并不只是宣扬政绩的面子工程，而是有涉风俗教化的深刻命题。在双流县重修文庙落成之日，邓至也是无不感叹：“庸被采者之详观，亦以验风俗之丕变肇基于此乎！”③ 仍是将文庙的修建当作淳化风俗的基本。

直接兴教设学，自然更是对民风教化的最有效干预，是改善风俗的治本之策。像普州这样文风较为昌盛的州，实际上宋初学风并非如此。在此之前“普人鲜知学”，益州人彭乘知普州后，大力推进教育事业，“（彭）

① 〔宋〕文同：《永泰县新修圣庙记》，《全宋文》卷1107，第51册，上海：上海辞书出版社，合肥：安徽教育出版社，2006年，第152页。

② 〔宋〕张俞：《温江县宣圣庙记》，《成都文类》卷31，北京：中华书局，2011年，第608—609页。

③ 〔宋〕邓至：《双流县重修文宣王庙碑阴记》，《成都文类》卷31，北京：中华书局，2011年，第610页。

乘为兴学，召其子弟为生员教育之"[①]，才使普州风俗面貌为之一新。昌州起初也是邑人不知学，梁子中任昌州永川县令时，"延他郡文学之士为之师"[②]，引邻郡学风浸染当地。程伯温知汉州时，亦是"大兴州学，亲视敦勉，士人从化者甚众"[③]，皆是通过文教来塑造、改变一地之风气。另外，作为在儒学举行的一种敬老仪式，乡饮酒礼虽然稍显繁文缛节，但对于明长幼之序有积极的教化意义。宇文师献在知绵州时，便倡导"行乡饮酒礼，使敦长幼之节"[④]，使士风丕变。

在儒家正统思想体系中，与文教并行不悖的便是对孝道的维护。在川峡地区，宋廷不遗余力地推行儒家正统思想，倡导以孝治天下，尤其重视对"别籍异财"行为的打击，以此来体现对传统孝道的捍卫。所谓"别籍异财"，就是在祖父母或者父母在世的情况下，自立门户，私储财产。这被看作是挑战家中长者权威、不利于家族团结的不孝之举。这种现象在西川及山南诸州较为普遍，宋廷要求地方官予以申戒之，违者论如律。[⑤]这种行为在唐代就是被严令禁止的，违者被处以"徙三年"的法律制裁。至宋代，此律不仅被承袭，且更加严苛。特别是对于某些新平定地区，为更有效地彰显天子权威，深度干预世风旧俗，打击"别籍异财"被统治者所重，川峡地区正是这样一个特殊地区。乾德六年（968），太祖便下诏详陈此一做法的良苦用心：

---

① 《宋史》卷298《彭乘传》，北京：中华书局，1977年，第9899页。

② 〔宋〕李降：《梁子中墓志铭》，傅增湘原辑，吴洪泽补辑：《宋代蜀文辑存校补》卷40，重庆：重庆大学出版社，2014年，第1338页。

③ 〔宋〕程颐：《先公太中家传》，《全宋文》卷1758，第80册，上海：上海辞书出版社，合肥：安徽教育出版社，2006年，第350页。

④ 〔宋〕张栻著，杨世文点校：《新刊南轩先生文集》卷41《宇文史君墓表》，《张栻集》，北京：中华书局，2015年，第1387页。

⑤ 《续资治通鉴长编》卷9，开宝元年六月癸丑，北京：中华书局，1979年，第203页。

> 厚人伦者莫大于孝慈，正家道者无先于敦睦。况犬马尚能有养，而父子岂可异居？有伤化源，实玷名教。近者西川管内及山南诸道，相次上言：百姓祖父母在者，子孙别籍异居。诏到日，仰所在长吏明加告谕，不得更习旧风，如违者并准律处分。[①]

开宝年间，太祖又下诏："诏川峡诸州察民有父母在而别籍异财者，论死"[②]，量刑极重。当然这种高压之制在太宗年间得到了摒除，相应律法也得到了减轻[③]，但由此可见统治者对川峡地区倡导慈孝风俗的重视。其深层用意是取缔"别籍异财"从而使家庭的关系和谐稳定，进而促成社会的稳定。维护家族宗法中家长的权威，亦是在暗示全体臣民要维护君主的权威，服从统治者的管理。自古忠臣出孝门，提倡孝道与培育尽忠的臣民是内在统一的。

具体到地方，面对有孝行之人，政府则极力旌表，以树立榜样。顺庆府岳池县人周八行，事亲纯孝，亲死后，他守丧的庐墓方圆五里降下甘露，地方官遂"赐帛旌表"[④]。另外像汉州人陈敏政五世同居，郫县人刘才七代俱行孝这样的"道德模范"，朝廷皆予以旌表。[⑤] 对累世同居的表彰，体现了宋廷对传统人伦观念和儒家尊亲礼制的认可，无疑也是为社会风尚向孝治天下的模式发展树立风向标。同时，地方官也用一定的言行来劝勉民众尽孝。薛奎在知益州时，成都有民妇讼其子不孝，告其子不赡养自己，薛奎便自己出资给该子，并戒曰："'若复失养，吾不贷汝矣！'其

---

① 司义祖整理：《宋大诏令集》卷198《禁西川山南诸道祖父母父母在别籍异财诏》，北京：中华书局，1962年，第730页。

② 《宋史》卷2《太祖本纪二》，北京：中华书局，1977年，第30页。

③ 《宋史》卷4《太宗本纪一》，北京：中华书局，1977年，第71页。

④ 万历《四川总志》卷10《郡县志·顺庆府》，明万历刻本。

⑤ 天启《新修成都府志》卷24《孝义列传》，《中国地方志集成·四川府县志辑》第1册，成都：巴蜀书社，1992年，第357页。

母子遂如初。"[①] 像这样用实际行动来帮扶、劝勉当事人的行为，更容易感化人，使行孝之风感染乡里。

以上，便是宋代川峡四路风俗形势的总体背景，从下一章开始，本书将按照具体风俗事象，就川峡四路各项风俗加以分析考察，并最终得出相应结论。

① 《宋史》卷286《薛奎传》，北京：中华书局，1977年，第9631页。

第三章　宋代川峡四路生活风俗地理

生活风俗是以满足人们生存需要为目的的日常民俗。它表现在饮食、服饰、居所、出行等方面，是某一时代一个地域传统文化观念的外化。[①]宋代物质生活精细雅致，为后世称道，达到了中国封建社会的一个高峰。民间虽不可能像官宦之家在生活品质上那样考究，但也不乏地域特色，亦存在一些相沿成习的生活习惯、行为方式。本章将聚焦于生活风俗中最具代表性的衣食住行四大表征，以此作为反映生活风俗的四大要素因子，来窥探宋代川峡四路生活风俗地理的基本面相。

第一节　川峡四路的饮食风俗

一、川峡四路的食材概况

民以食为天，饮食在人们日常生活中占据首要位置。宋代川峡四路地区自然环境温润，生态良好，物产丰富，为饮食提供了多样性的食材。不管是蔬菜、水果还是肉食，宋代川峡四路地区都有较为丰富的资源供民众选用。特别是川西的成都府路地区，有“蜀地温良”之谓，冬日种瓜春

① 参见钟敬文主编：《民俗学概论》，上海：上海文艺出版社，1998 年，第 73 页。

日可熟[①]，且“水田多，山田少，又有渠堰灌溉”[②]，显然是天然的宜农之地。郭声波先生曾指出，丰沛的降水和多样的地形，使得四川种植业特别发达，农作物品种特别丰富，加之各少数民族在农业文化上的交融，使四川成为得天独厚的宠儿。[③] 并且，蜀中的菜品颇为优质，陆游便曾说“新津韭黄天下无，色如鹅黄三尺余。东门彘肉更奇绝，肥美不减胡羊酥”[④]，以致陆游还乡故土后，仍然怀念成都的美食。当时的川峡腹地，蔬果资源相对比较丰富，正如宋代遂宁人杨甲所描绘的家乡充满烟火气的生活场景那样：“小县相笼合，蒙蒙数百家。果蔬争晚市，樵牧乱晴沙。”[⑤] 这种农贸繁荣的商品经济形态，应是宋代川峡地区民众日常的真实写照。

（一）蔬果米粮食俗

川西平原地区土地肥沃，气候温和，不仅利于蔬菜的生长，还利于蔬菜的保存。大中祥符五年（1012），真宗告诫诸路要趁着丰收之年，多储备粮食，以备凶年，专门提到“蜀中储蓄甚鲜，陈尧叟曰：‘两川地皆肥饶，而民不务储蓄，或小歉，则有以蔬芋充食。’”[⑥] 这反映了宋代川峡四路地区蔬菜资源丰富，民众食之求鲜，可随食随取，不必过多储藏。苏轼在《春菜》一诗中也夸耀“北方苦寒今未已，雪底波棱如铁甲。岂如吾蜀富冬蔬，霜叶露芽寒更茁。久抛菘葛犹细事，苦笋江豚那忍说”[⑦]，道出了家乡蜀地冬季蔬菜品种丰富，饱经霜雪后芽叶更加壮实耐久。又如

---

① 〔明〕冯应京：《月令广义》卷4《春令》，明万历陈邦泰刻本。

② 〔宋〕汪应辰：《御札问蜀中旱歉画一回奏》，《全宋文》卷4765，第214册，上海：上海辞书出版社，合肥：安徽教育出版社，2006年，第363页。

③ 郭声波：《四川历史农业地理》，成都：四川人民出版社，1993年，第137页。

④ 〔宋〕陆游：《剑南诗稿》卷24《蔬食戏书》，《陆游集》，北京：中华书局，1976年，第670页。

⑤ 〔宋〕杨甲：《灵泉山中》，《成都文类》卷3，北京：中华书局，2011年，第62页。

⑥ 《续资治通鉴长编》卷77，大中祥符五年正月乙酉，北京：中华书局，1980年，第1751页。

⑦ 〔清〕王文诰辑注，孔凡礼点校：《苏轼诗集》卷16《春菜》，北京：中华书局，1982年，第790页。

王十朋在夔州的立春时节，便可“蔬盆杂蒿韭，一箸异乡味”[①]，可见川东冬季亦存有丰富的蔬菜。

关于蔬菜资源，宋代川峡四路堪称“库府”，普通百姓皆能掌握一定的蔬菜种植技术，有的菜田还颇具规模，像陆游在过绵州道时看到的便是“园畦棋局整，坡垄海涛翻”[②] 的景象，这也只是川峡地区农产品丰富的一个缩影。人们日常馔食之品种更是不胜枚举，现列举最具代表性之一二予以说明。宋代川峡地区流行一种菜名为诸葛菜，类似于蔓菁。这种菜属于野菜，叶厚多歧差，开紫色花但没有光泽，可生吃也可煮食，非常容易采摘，而且冬天其根部也可锄出来食用。[③] 由于种植容易，又可充饥，所以蜀汉时期，诸葛亮在行军过程中曾让士兵种植以作军粮，因此得名。宋人李石有诗曰：

> 郡圃锄荒雪，家山劚浅沙。只今诸葛菜，何似邵平瓜。小摘情何厚，长斋气自华。官烹与私炙，随处即生涯。[④]

道出了此菜是既上得宴席又可下入百姓之家的优质菜品，如今基本用作制作榨菜的原材料。宋代蜀地还有一种名菜曰元修菜，也称巢菜或苕菜，其实就是野豌豆。蜀中以之入馔已有近千年历史，因苏东坡有故人巢元修，尝致其种于黄冈下，所以该菜得名“元修菜”。当时如苏轼、陆游等名士

---

① 〔宋〕王十朋：《谷日立春》，《全宋诗》卷 2037，北京：北京大学出版社，1998 年，第 22858 页。

② 〔宋〕陆游：《剑南诗稿》卷 3《行绵州道中》，《陆游集》，北京：中华书局，1976 年，第 87 页。

③ 〔宋〕高承撰，〔明〕李果订，金圆、许沛藻点校：《事物纪原》卷 10《诸葛菜》，北京：中华书局，1989 年，第 549 页。

④ 〔宋〕李石：《方舟集》卷 3《诸葛菜》，《宋集珍本丛刊》第 43 册，北京：线装书局，2004 年，第 404 页。

都较钟情于此菜，其应是口味极佳，有广泛的受众。[①]《山家清供》还给出了烹饪方式，并肯定了苏东坡的烹调方法："苗叶嫩时，可采以为茹。择洗，用真麻油熟炒，乃下盐、酱煮之。春尽，苗叶老则不可食。坡所谓'点酒下盐豉，缕橙芼姜葱'者，正庖法也。"[②] 南宋眉州籍名臣家铉翁曾北上燕京，使元和谈，被软禁于河间时正赶上立春，感念故乡旧事，便说道："西州旧俗，每当立春前后，以巢菜作饼互相招邀，名曰东坡饼。顷在燕尝有诗云：'西州最重眉山饼，冬后春前无别羞。今度燕山试收拾，中间惟欠一元修。'"[③] 家铉翁认为元修菜南方有之，燕中无此种。

川峡四路地区还有一种比较有特色的蔬菜，名曰"真珠菜"。此菜"戎泸等州有之，生水中石上，翠缕纤蔓首贯珠，蜀人以蜜熬食之，或以醯煮，可行数千里不腐也"[④]，可知这种菜有用蜜熬和用醋煮两种烹饪方式，并且防腐性极佳，可作长途旅行必备之物。宋祁赞此菜"植根水中，端若串珠，皿而瀹之，可以代蔬"[⑤]。黄庭坚在蜀为官多年，对馔事颇有心得，在与友人的书信交往中曾谈及真珠菜的一种做法："真珠菜净濯，去腥气，入葱白数寸，椎姜一块，椒数粒，沸汤绰过，研五味齑醋，食之甚佳"[⑥]。他还在《绿菜赞》中说："芼以辛咸，宜酒宜餗。"[⑦] 这种菜既

---

① 参见蓝勇：《西南历史文化地理》，重庆：西南师范大学出版社，1997年，第271页。

② 〔宋〕林洪撰，乌克注释：《山家清供》卷上《元修菜》，北京：中国商业出版社，1985年，第38页。

③ 〔宋〕家铉翁：《则堂集》卷6《九日登瀛台》，《景印文渊阁四库全书》第1189册，台北：台湾商务印书馆，1986年，第357页。

④ 〔宋〕宋祁：《益部方物略记》，《景印文渊阁四库全书》第589册，台北：台湾商务印书馆，1986年，第104页。

⑤ 〔宋〕宋祁：《景文集》卷47《真珠菜赞》，《景印文渊阁四库全书》第1088册，台北：台湾商务印书馆，1986年，第426页。

⑥ 〔宋〕黄庭坚：《山谷老人刀笔》卷11《答泸帅王补之》，《宋集珍本丛刊》第26册，北京：线装书局，2004年，第362页。

⑦ 〔宋〕黄庭坚：《山谷别集》卷3《绿菜赞》，《宋集珍本丛刊》第26册，北京：线装书局，2004年，第131页。

是下酒好菜，也是日常配饭的佳肴。

笋作为一种至鲜的山货，深受人们的喜爱，从古至今从未停歇。川峡四路地区山高林密，不乏竹笋这种优质食材。黄庭坚贬谪戎州时对苦笋偏爱有加，他说“南园苦笋味胜肉”①，又称赞其“僰道苦笋，冠冕两川”②，虽然笋略带苦味，但“甘脆惬当，小苦而反成味；温润缜密，多啖而不疾人”③，有力地反驳了蜀人认为苦笋不可食的论点，可见戎州苦笋应是慰藉了黄氏的口腹。文同知洋州期间不仅善于画竹，还善于食竹，偶与妻子入水边多竹的筼筜谷，烧笋而食。苏东坡就曾赋诗打趣道：“汉川修竹贱如蓬，斤斧何曾赦箨龙。料得清贫馋太守，渭滨千亩在胸中”④，调侃这位表兄馋于吃竹，把相当于千户侯财富的竹林全吃到肚子里去了，以致清贫。恭州巴县人冯时行更是对笋不吝赞辞，他在《食笋》一诗中说道：

> 锦箨初开玉色鲜，烹苞菹脯尽称贤。绝能加饭非无补，浪说冰脾苦不便。一日偶无慵下箸，四时都有不论钱。寒儒气味都休问，准拟凌风作瘦仙。⑤

将笋可用各种方式烹饪，既能下饭又价值低廉的优势一一道来。蜀人不仅善食竹笋，还善于烹饪棕笋。所谓棕笋，就是棕榈树尚未开放的

---

① 〔宋〕黄庭坚著，任渊等注，黄宝华点校：《山谷诗集注》卷12《从斌老乞苦笋》，上海：上海古籍出版社，2003年，第309页。

② 〔宋〕祝穆撰，祝洙增订，施和金点校：《方舆胜览》卷65《叙州》，北京：中华书局，2003年，第1130页。

③ 〔宋〕黄庭坚：《苦笋赋》，《全蜀艺文志》卷2，北京：线装书局，2003年，第58页。

④ 〔清〕王文诰辑注，孔凡礼点校：《苏轼诗集》卷14《筼筜谷》，北京：中华书局，1982年，第676页。

⑤ 〔宋〕冯时行：《食笋》，《全宋诗》卷1937，北京：北京大学出版社，1998年，第21636页。

花苞，其外形鼓起如鱼腹，苞中有排列密集的淡黄色形似小米的花蕾，如鱼腹之卵，故又称为“木鱼子”。苏东坡说此物“味如苦笋而加甘芳。蜀人以馔佛，僧甚贵之，而南方不知也”①，可见此为蜀中特产，他地闻所未闻，且多作供养佛所用。《山家清供》给出的烹饪方法是“剥椶鱼蒸熟，与笋同法。蜜煮酢浸，可致千里。蜀人供物，多用之”②，可知此物与笋的吃法略同，以蒸食为上，且经过蜜制醋腌后可以长久保存。

在主食方面，宋代成都流行一种火米，实际上是一种经过加工处理过的米，“蜀稻先蒸而后炒，谓之‘火米’，可以久积，以地润故也”③。范成大有诗云“成都火米不论钱”④，可见火米在当时是较为易得的，有所谓“日三餐稻米火米不等”⑤ 之说。在川峡四路北部也有较为独特的粮食作物，比如“长腰米”，此米产自汉水上游，属于“汉上米之绝好者”。谚云：“长腰粳米，缩项鳊鱼。皆言其好也。”苏轼在与文同的唱和诗中也说：“劝君多拣长腰米，消破亭中万斛泉。”⑥ 范成大在峡路的畬田中也见过这种米，且曰“长腰匏犀瘦，齐头珠颗圆”⑦，点明了此米狭长圆净的特点。此外，有些地方还将米改换吃法，比如巴州便有一种叫米膏饼的

---

① 〔清〕王文诰辑注，孔凡礼点校：《苏轼诗集》卷33《椶笋》，北京：中华书局，1982年，第1756页。

② 〔宋〕林洪撰，乌克注释：《山家清供》卷下《木鱼子》，北京：中国商业出版社，1985年，第97页。

③ 〔宋〕陈师道：《后山谈丛》卷5，《全宋笔记》第2编第6册，郑州：大象出版社，2006年，第111页。

④ 〔宋〕范成大：《石湖居士诗集》卷18《离堆行》，《范石湖集》，上海：上海古籍出版社，1981年，第248页。

⑤ 同治《嘉定府志》卷6《风俗》，清同治三年（1864）刻本。

⑥ 〔清〕王文诰辑注，孔凡礼点校：《苏轼诗集》卷14《瀼泉亭》，北京：中华书局，1982年，第671页。

⑦ 〔宋〕范成大：《石湖居士诗集》卷16《劳畬耕》，《范石湖集》，上海：上海古籍出版社，1981年，第217页。

主食，用茶叶和米膏制作，先烤再煮，后放入瓮器中捣制。[①] 虽言饼，但大概是近似于糍粑一类的米粉制品。

除了稻米，麦在整个川峡地区亦有一定比例的种植，像岷山之南的龙州一带即盛产麦，宋人吴泳有诗赞道："爰采麦矣岷之阳，麦秀蕲兮登我场。岐岐而生自天产，两两而并维星祥"[②]，一派麦收景象。春日的利州更是"两岸骚骚麦尾黄"[③]，而宋人晁公溯在离别川东的江津县时也看到"两岸麦离离"[④] 的场景，可见川峡四路的麦作并不稀缺。又如巴东地区还种食一种燕麦，《蜀中广记》引《巴志》曰："三峡两崖土石不分之处，皆种燕麦。春夏之交，黄遍山谷，土民赖以充食。"[⑤] 应该讲，至南宋末年，能够过冬的小麦在四川盆地种植已相当普遍。[⑥] 由麦而生的面食也在蜀中有所流行，比如每到青城山道会，沿街百姓便会搭建简易的屋棚，卖些茶果点心等小食品，其中便有卖饼的小贩[⑦]，说明面食已进入蜀中百姓的日常。像馄饨这种精致面食也并不鲜见，张乖崖便有"蜀中盛暑食馄饨"[⑧] 的轶事。长期任职于川峡地区的宋人洪咨夔也曾专门写诗吟咏蜀中

---

① 〔宋〕祝穆撰，祝洙增订，施和金点校：《方舆胜览》卷68《巴州》，北京：中华书局，2003年，第1187页。

② 〔宋〕吴泳：《瑞麦歌》，《全宋诗》卷2941，北京：北京大学出版社，1998年，第35051页。

③ 〔宋〕洪咨夔：《四月壬午发利州》，《全宋诗》卷2891，北京：北京大学出版社，1998年，第34500页。

④ 〔宋〕晁公溯：《新刊嵩山居士文全集》卷6，《宋集珍本丛刊》第45册，北京：线装书局，2004年，第609页。

⑤ 〔明〕曹学佺撰，杨世文校点：《蜀中广记》卷64《蜀中方物记第六》，上海：上海古籍出版社，2020年，第677页。

⑥ 郭声波：《四川历史农业地理》，成都：四川人民出版社，1993年，第164页。

⑦ 〔宋〕洪迈撰，何卓点校：《夷坚丙志》卷4《饼店道人》，北京：中华书局，1981年，第391页。

⑧ 〔宋〕释文莹：《玉壶清话》卷4，《全宋笔记》第1编第6册，郑州：大象出版社，2003年，第122页。

的荠菜馄饨："嫩劚苔边绿，甘包雪里春。萧家汤是祖，束叟饼为邻"[①]，可见当时面食馄饨已是蜀中一大美馔。但在川峡地区内部小尺度范围里，各地的米麦种植占比并不相同，宋人项安世在入普州时便说"田中有麦元无米，自比昌州却可怜"，并且自注曰："普州田虽多，不若昌州之出米。"[②] 可见昌、普二州虽相邻，但米麦的种植结构有一定差异。总体来看，整个川峡地区仍是以稻米为主食，即使是川峡北部的汉中地区，也因盆地的气候温和，呈现"稻畦连陂翠相属"[③] 的景象。相较而言，麦作则不占主流，黄庭坚在川东时便感叹："黔江风俗虽陋，然鸡鱼雁鹜，亦足盘箸；粱米有黄白二种，不减北方，想亦可居；但难得面，亦想觉盘箸索漠耳"[④]，从中反映出南方米多面少的主食结构。

另外，宋代川峡地区还产一些药食同源的粮食作物，如薏苡仁，由于其有利肠胃、消水肿、除湿健脾等功效，当时士大夫都以食此物相尚，"蜀中巴蓬间甚多，士大夫以此相馈遗，杂之饮食间也"[⑤]。王十朋知夔州期间，被炎热的瘴气所侵袭，导致两条大腿浮肿，"百药竟未治"，此时他采用了一种食疗偏方，"或言薏苡良，可以作粥糜"。[⑥] 陆游晚年归浙思蜀，还念叨"流匙抄薏饭"[⑦]，自觉老来馋得可笑，想必薏苡仁是当时流

---

① 〔宋〕洪咨夔：《平斋文集》卷 4《荠馄饨》，《宋集珍本丛刊》第 74 册，北京：线装书局，2004 年，第 801 页。

② 〔宋〕项安世：《入普州》，《全宋诗》卷 2374，北京：北京大学出版社，1998 年，第 27319 页。

③ 〔宋〕吴泳：《汉中行》，《全宋诗》卷 2941，北京：北京大学出版社，1998 年，第 35048 页。

④ 〔宋〕黄庭坚：《答逄兴文判官》，《全宋文》卷 2293，第 105 册，上海：上海辞书出版社，合肥：安徽教育出版社，2006 年，第 220 页。

⑤ 〔宋〕张世南：《游宦纪闻》卷 5，《全宋笔记》第 7 编第 8 册，郑州：大象出版社，2016 年，第 64 页。

⑥ 〔宋〕王十朋：《食薏苡粥》，《全宋诗》卷 2037，北京：北京大学出版社，1998 年，第 22866 页。

⑦ 〔宋〕陆游：《剑南诗稿》卷 17《思蜀》，《陆游集》，北京：中华书局，1976 年，第 501 页。

行于川峡地区，具有保健作用且味道佳美的重要主食。

同时，川峡地区副食品资源丰富。比如有一种名曰佛豆的豆，可为佐食，“豆粒甚大而坚，农夫不甚种，唯圃中莳以为利，以盐渍食之，小儿所嗜”①。实际上佛豆即蚕豆，亦称作安豆或胡豆，秋种春敛。② 因为得种子于羌戎，蜀人亦称其为戎菽。黄庭坚在戎州时有诗云：“豆粥能驱晚瘴寒，与公同味更同餐。安知天上养贤鼎？且作山中煮菜看”③，指的就是蚕豆所煮之粥，可见其不仅美味，还有驱寒之功效。同时在唐宋时期，蜀人特别善于在烹饪过程中使用豆豉汁，其作为一种调料可以很好地激发食物的鲜味，增进食欲。如《事物绀珠》载，蜀地有一种待客的上品名曰甲乙膏，“蜀人二月以豉杂黄牛肉作，非上客不献”④。虽说黄牛肉本身就是颇为珍贵的食材，但各地皆有，反而“豉杂”则反映出蜀中特有的烹饪技法和食俗特色。无独有偶，在吃笋的过程中，蜀人亦善用豉汁，有种巴竹笋，八九月生，刚长出地数寸，蜀人便“鬻以苦酒豉汁浸之，可以就酒及食”⑤，再次体现出蜀人对豉汁味道的迷恋，可以说豉汁是宋代川食中非常重要的一种副食佐料。在众多副食中，尤以蜀中所产芋头最为著名，品种较多，是人们终岁可食的佳品，特别是在成都附近的犀浦，“出芋圆而佳，与他产异”⑥。比较普遍的是一种小型的魁芋，江南称为“土

① 〔宋〕宋祁：《益部方物略记》，《景印文渊阁四库全书》第589册，台北：台湾商务印书馆，1986年，第103页。

② 〔明〕方以智：《通雅》卷44《植物木》，《景印文渊阁四库全书》第857册，台北：台湾商务印书馆，1986年，第833页。

③ 〔宋〕黄庭坚著，任渊等注，黄宝华点校：《山谷诗集注》卷13《答李任道谢分豆粥》，上海：上海古籍出版社，2003年，第325页。

④ 〔明〕黄一正：《事物绀珠》卷14《食部》，明万历间吴勉学刻本。

⑤ 〔清〕张澍：《蜀典》卷6《风俗类·巴竹笋》，清道光十四年（1834）武威张氏安怀堂刻本。

⑥ 〔明〕曹学佺撰，杨世文校点：《蜀中广记》卷64《蜀中方物记第六》，上海：上海古籍出版社，2020年，第678页。

卵”，而“两川多食之”。[1] 最为上品的要数赤鹯芋，“蜀芋多种，鹯芋为最美，俗号赤鹯头芋”[2]。蜀中的芋头种植广泛，“槿心倾浓露，芋叶翻微风”[3]，随处可见。并且芋头是蜀地餐桌常品，连陆游免官之后，也是“学煮云堂芋糁羹”[4]。汉州的芋头还被视为抵御荒年和战乱的法宝，正所谓“大乱不乱，蜀有广汉。大荒不饥，蜀有蹲鸱”[5]。在蜀汉之地，芋头甚至被看作民众的资产。除了芋头，成都地区的百姓还喜种萝卜，并称之为“葵子”，此物能解麦毒，起到消食的作用，当地居民有的当年种芋三十亩，则次年便种萝卜三十亩，其成为日常饮食的必备之物。[6] 总体来讲，川东、川南的蔬菜品种要少于川西，特别是夔州路在川峡四路中自然条件最差，有“夔子国侧耕地荒”[7] 之说，蔬菜品种则略显单调。黄庭坚在戎州时接受了一位友人送来的白茄，便感激万分：“戎州夏畦少蔬供，感君来饭在家僧。”[8] 夏季菜地都不丰饶，冬日的菜品可想而知。

而由于川峡地区河网密布，生态环境良好，水产资源丰富，水产品又成了川峡之民餐桌上的常客。临水而居的百姓往往捕鱼而食，花蕊夫人曾有诗言：“傍池居住有渔家，收网摇船到浅沙。预进活鱼供日料，满筐跳

---

① 〔宋〕惠洪：《冷斋夜话》卷4，《全宋笔记》第2编第9册，郑州：大象出版社，2006年，第46页。

② 〔宋〕宋祁：《益部方物略记》，《景印文渊阁四库全书》第589册，台北：台湾商务印书馆，1986年，第102页。

③ 〔宋〕范成大：《晓诣三井观》，《成都文类》卷5，北京：中华书局，2011年，第95页。

④ 〔宋〕陆游：《饭保福》，《成都文类》卷5，北京：中华书局，2011年，第96页。

⑤ 〔宋〕祝穆撰，祝洙增订，施和金点校：《方舆胜览》卷54《汉州》，北京：中华书局，2003年，第966页。

⑥ 〔宋〕周密撰，吴企明点校：《癸辛杂识前集·葵》，北京：中华书局，1988年，第41页。

⑦ 〔宋〕魏了翁：《重校鹤山先生大全文集》卷1《送程左史骧以右撰知夔州分韵得重字》，《宋集珍本丛刊》第76册，北京：线装书局，2004年，第638页。

⑧ 〔宋〕黄庭坚著，任渊等注，黄宝华点校：《山谷诗集注》卷13《谢杨履道送银茄四首》，上海：上海古籍出版社，2003年，第333页。

跃白银花”[①]，描绘了蜀中渔民日常打鱼的情景。绵州则是“绵州江水之东津，鲂鱼泼泼色胜银。渔人漾舟沉大网，截江一拥数百鳞”[②]，可见川中渔业资源的丰富。利州路兴州有一种鱼，名曰嘉鱼，出产于大丙、小丙山的石穴中，雅州亦有之，“蜀人甚珍其味”[③]。这种鱼肉质极其鲜美，并且自带盐味，“肉白如玉，其味自咸，盖食盐泉也”[④]。此鱼在达州春社之前出穴，秋社即归，鱼头上有黑点，俗谓照映星象相感而成。[⑤] 嘉州的渔业甚是有名，像该州的临江溪，“溪鱼肥，人多资以为食”[⑥]。此外，川峡地区还有不少稀有水产，如“蜀有魶鱼，善缘木，有声如啼儿”[⑦]，这也就是今天的大鲵，俗称娃娃鱼。不仅是鱼类，川蜀的水生植物食材也较为丰富，陆游在《双头莲·呈范至能待制》的词中尽道锦里繁华，他叹道：“纵有楚舵吴樯，知何时东逝。空怅望，鲙美菰香，秋风又起。”[⑧] 这其中“鲙”是鲙鱼，肉质细嫩，味道鲜美；而“菰”则是一种水生植物，嫩茎称“茭白”，果实为“菰米”，可煮食。在西蜀地区，水生的荇菜应该也是时人餐桌上的常客，“斗鸭整群翻荇叶，乳乌无数堕松花”[⑨]。蜀东地区

---

① 〔后蜀〕花蕊夫人：《花蕊夫人逸诗》，《全蜀艺文志》卷7，北京：线装书局，2003年，第160页。

② 〔宋〕祝穆撰，祝洙增订，施和金点校：《方舆胜览》卷54《绵州》，北京：中华书局，2003年，第972页。

③ 〔宋〕宋祁：《益部方物赞》，《全蜀艺文志》卷44，北京：线装书局，2003年，第1361页。

④ 〔清〕张英等：《渊鉴类函》卷441《鳞介部五》，清光绪同文书局石印本。

⑤ 〔宋〕祝穆撰，祝洙增订，施和金点校：《方舆胜览》卷59《达州》，北京：中华书局，2003年，第1041页。

⑥ 嘉靖《四川总志》卷13《嘉定府》，《北京图书馆古籍珍本丛刊》第42册，北京：书目文献出版社，1996年，第245页。

⑦ 〔宋〕范镇：《东斋记事》卷5，《全宋笔记》第1编第6册，郑州：大象出版社，2003年，第226页。

⑧ 〔宋〕陆游：《渭南文集》卷50《双头莲·呈范至能待制》，《陆游集》，北京：中华书局，1976年，第2482页。

⑨ 〔宋〕文同：《丹渊集》卷8《邛州东园晚兴》，《景印文渊阁四库全书》第1096册，台北：台湾商务印书馆，1986年，第598页。

同样如此，南宋项安世便说“楚船西上蜀东圻，莼滑芹香水半围”[①]，从楚地一入蜀地东缘，便能见到水生蔬菜连片丛生的景观。这里的“莼”是莼菜，“芹”想必是水芹，皆为“水八仙”中的水生蔬菜。全蜀历来不缺水生食物，正如范成大在蜀州看到的“湖中多小菱”[②]，应是这一地区的普遍景象。由此可知，宋代的成都平原河网密集，生态良好，水生鱼类繁多，水生植物繁茂。

宋代川峡四路地区不仅蔬菜品种丰富，水果亦是品类繁多。特别是荔枝，为蜀中果品最为常见者，范成大顺江而下过涪州时便说：“自眉、嘉至此，皆产荔枝。”[③] 他认为唐朝时进贡给杨贵妃的荔枝即涪州所产，只是品类不多，而闽中的荔枝为天下第一。但川峡地区丰产荔枝是不争的事实。黄庭坚在万州时就曾感叹：“僧缘蚕麦去，官数荔支来。”[④] 在叙州宜宾县西百里处的定夸山，“山坡荔枝连袤”[⑤]。黄庭坚在戎州咏荔枝的诗作不止一首，还有“六月连山柘枝红”“六年怊怅荔支红”[⑥] 等，反映了当时荔枝果熟时的盛景，说明荔枝这种果品在宋代川峡四路地区广为种植，是人们比较常见又乐食的一种水果。王十朋任夔州太守时，拾到荔枝核还想自己种植一番，“海味正思瑶柱美，夔门又见荔枝红。炎方入贡自妃子，郡圃欲栽如白公”。他在《六月一日》的诗中说：“天遣西来意，端令啖

---

① 〔宋〕项安世：《送任梅叔赴州教授》，《全宋诗》卷 2373，北京：北京大学出版社，1998 年，第 27291 页。

② 〔宋〕范成大：《吴船录》卷上，《范成大笔记六种》，北京：中华书局，2002 年，第 192 页。

③ 〔宋〕范成大：《吴船录》卷下，《范成大笔记六种》，北京：中华书局，2002 年，第 215 页。

④ 〔宋〕黄庭坚著，任渊等注，黄宝华点校：《山谷诗集注》卷 14《万州下岩》，上海：上海古籍出版社，2003 年，第 351 页。

⑤ 〔宋〕王象之撰，李勇先校点：《舆地纪胜》卷 163《叙州》，成都：四川大学出版社，2005 年，第 4942 页。

⑥ 〔宋〕黄庭坚著，任渊等注，黄宝华点校：《山谷诗集注》卷 13《次韵任道食荔支有感三首》，上海：上海古籍出版社，2003 年，第 331 页。

荔枝。”又作诗云：“荔枝初熟饤（盛放食品）金盆，手擘轻红子细看。”[①] 嘉州亦产荔枝，吴中复有诗“莫爱荔子红，岁作嘉州孽”[②]。泸州的荔枝亦鲜美，刘望之觉得像泸戎这样蛮荒的地方，荔枝简直是为地方增光之物，“泸戎瘴疠窟，闽粤山水乡。如何产此物，灿然照炎荒”[③]。到南宋晚期汪元量过戎州时，仍是“锦荔戎州第一奇，大如鸡子压枝垂”，且相对于夔州路和梓州路的品质更显上乘，正是“泸戎颗颗甜如蜜，夔梓累累味薄酸”。[④]

又比如简州则是“土地肥美，有山林蔬食果实之饶”[⑤]。广安军的紫梨津润可口，成一方佳品，“广安有梨数种，食而滓者为下，入口即化者为上”[⑥]。当地人并不以梨的大小论品质，认为梨经过霜后采摘才能达到更好的口感。当然，蜀中有些水果中看不中吃，虽品相诱人，却无法食用。比如何耕在任成都郡丞时便遇到一种樱树的果实，“本大实小，其熟猥多，鲜红可爱，而苦不可食，虽鸟雀亦弃之”[⑦]，品尝后，何耕亦哭笑不得。宋祁在知成都期间，对蜀中的水果多有记载，在他笔下的枇杷是“有果产西裔，作花凌早寒。树繁碧玉叶，柯叠黄金丸。上都不可寄，咀味独长叹”[⑧]，道出西蜀枇杷的特征。而石榴则是“移植自西南，色浅无

---

① 〔宋〕王十朋：《拾荔枝核欲种之戏成一首》《六月一日》《食荔枝》，《全宋诗》卷 2037，北京：北京大学出版社，1998 年，第 22864—22865 页。

② 〔宋〕祝穆撰，祝洙增订，施和金点校：《方舆胜览》卷 52《嘉定府》，北京：中华书局，2003 年，第 937 页。

③ 〔宋〕刘望之：《荔枝》，《全宋诗》卷 2046，北京：北京大学出版社，1998 年，第 22985 页。

④ 〔宋〕汪元量：《戎州》，《全宋诗》卷 3668，北京：北京大学出版社，1998 年，第 44039 页。

⑤ 〔宋〕王象之撰，李勇先校点：《舆地纪胜》卷 145《简州》，成都：四川大学出版社，2005 年，第 4295 页。

⑥ 〔宋〕王象之撰，李勇先校点：《舆地纪胜》卷 165《广安军》，成都：四川大学出版社，2005 年，第 4994 页。

⑦ 〔宋〕何耕：《苦樱赋并序》，《成都文类》卷 1，北京：中华书局，2011 年，第 17 页。

⑧ 〔宋〕宋祁：《枇杷》，《成都文类》卷 10，北京：中华书局，2011 年，第 220 页。

媚质"[①]，说明当地石榴品相与口感俱优。果州的黄柑久负盛名，一度成为贡品，名扬天下，邵伯温有诗云："果州多黄柑，初比橘柚贱。一朝贡神州，妙极天下选。"[②] 与之齐名的是阆州的柿子，洪咨夔咏二果曰："果柑微似温生乳，阆柿多于处着霜"[③]，可见果州之柑味道香甜温润，阆州之柿随处可见。除了水果，蜀中的干果首推天师栗，此物"生青城山中，他处无有也，似栗，味美，惟独房为异，久食已风挛"[④]，说明其具有一定宽中理气的作用，可治脘腹胀满，是蜀地一大特产，文同称其"蜀部名果中，推之为上选"[⑤]。

（二）茶酒饮品食俗

有宋一代饮茶之风炽盛，上至帝王将相，下至寻常百姓，茶在人们日常生活中扮演着不可或缺的角色。而川峡四路地区亦是宋代茶叶的主要产区之一，一度"天下茶皆禁，唯川峡、广南听民自买卖"[⑥]。特别是蜀中，茶叶不仅产量大，而且品质优，"蜀之产茶凡八处，雅州之蒙顶、蜀州之味江、邛州之火井、嘉州之中峰、彭州之堋口、汉州之杨村、绵州之兽目、利州之罗村。然蒙顶为最佳也"[⑦]。雅州蒙山"常阴雨，谓之漏天。产茶，极佳，味道如建品"[⑧]。文同也不吝赞美之词曰："蜀土茶称盛，蒙

---

① 〔宋〕宋祁：《淡红石榴》，《成都文类》卷10，北京：中华书局，2011年，第220页。

② 〔宋〕邵伯温：《观进黄柑》，《全宋诗》卷1193，北京：北京大学出版社，1998年，第13488页。

③ 〔宋〕洪咨夔：《次李绵州和丁兴元韵》，《全宋诗》卷2892，北京：北京大学出版社，1998年，第34520页。

④ 〔宋〕宋祁：《益部方物略记》，《景印文渊阁四库全书》第589册，台北：台湾商务印书馆，1986年，第102页。

⑤ 〔宋〕文同：《丹渊集》卷3《天师栗》，《景印文渊阁四库全书》第1096册，台北：台湾商务印书馆，1986年，第570页。

⑥ 《文献通考》卷18《征榷考五》，北京：中华书局，2011年，第505页。

⑦ 〔宋〕范镇：《东斋记事》卷4，《全宋笔记》第1编第6册，郑州：大象出版社，2003年，第223页。

⑧ 〔宋〕晁说之：《晁氏客语》，《全宋笔记》第1编第10册，郑州：大象出版社，2003年，第127页。

山味独珍。”[①] 宋祁称赞生邛州、眉州山中的甘露茶曰：“有香味若饴云。”[②] 当时的茶叶贵白，苏东坡就曾表达过这种观点，但“独绵州彰明县茶色绿”[③]，成一方之特产。该地的绿茶自唐代起便自成一格，白居易诗有句“渴尝一盏绿昌明”便指此茶。至南宋时期，蜀茶品质虽稍逊于东南诸茶，但亦有传世名茶存在，“然蜀茶之细者，其品视南方已下，惟广汉之赵坡、合州之水南、峨眉之白芽、雅安之蒙顶，土人亦珍之”[④]。此处便列举了诸多蜀中名茶，其中如合州水南茶，产于铜梁山，“色白甘腴，俗谓之水茶，甲于巴、蜀”[⑤]，是为蜀茶四大珍品之一。川茶不仅是经济作物，还被赋予了政治使命。由于处于龙州、茂州、威州等地的少数民族嗜茶如命，宋代多将茶视为羁縻边地的政治筹码。所谓“养生茶作命”[⑥] 正讲的是当地羌人之俗。川峡地区的茶法相对灵活，谋求便民的同时亦服务于边地的稳定，“内有雅州、永康、绵州、龙州等一带近边地分，昨因放行通商，遂与戎人交易，每年所市茶数不可胜计”[⑦]。抛开经济因素，可见当地戎人有明显的饮茶习俗，茶叶需求量旺盛。夔州路产茶量小质劣，宋廷自开国以来并不予以禁榷，忠州、达州、合州等地都有一定量的土茶产出以满足当地人的日常饮用需要。[⑧] 此地区的茶，一个特点是制

---

① 〔宋〕文同：《丹渊集》卷8《谢人寄蒙顶新茶》，《景印文渊阁四库全书》第1096册，台北：台湾商务印书馆，1986年，第600页。

② 〔宋〕宋祁：《甘露茶赞》，《全宋文》卷523，第25册，上海：上海辞书出版社，合肥：安徽教育出版社，2006年，第41页。

③ 〔宋〕吴曾：《能改斋漫录》卷15《绵州绿茶》，《全宋笔记》第5编第4册，郑州：大象出版社，2012年，第160页。

④ 《文献通考》卷18《征榷考五》，北京：中华书局，2011年，第515页。

⑤ 〔宋〕王象之撰，李勇先校点：《舆地纪胜》卷159《合州》，成都：四川大学出版社，2005年，第4818页。

⑥ 〔宋〕李新：《羌俗》，《全宋诗》卷1256，北京：北京大学出版社，1998年，第14184页。

⑦ 《宋会要辑稿》食货30之29，上海：上海古籍出版社，2014年，第6670页。

⑧ 〔宋〕李心传：《建炎以来朝野杂记·甲集》卷14《夔州茶》，《全宋笔记》第6编第7册，郑州：大象出版社，2013年，第248页。

作工艺比较简陋，甚至可以说较为粗糙，如大宁监有辣茶，“土人以茱萸煎茶饮之，可以辟岚气”[①]，只因其味道辛辣，主要用来抵御瘴气。显然此茶基本属于驱寒解表的粗茶，应品相不佳。另一特点是多以饼状发酵茶和半发酵茶为主，像“南平县狼猱山茶黄黑色，渝人重之，十月采贡”[②]，此等色泽黑黄的茶应为发酵茶。而黄庭坚被贬谪黔州期间，得川中名品都濡茶相赠友人，“都濡月兔两饼，施州八香六饼，试将焙碾尝”[③]，此种茶为饼状乌龙茶，应为半发酵茶，可见川东、川东南地区的茶叶多质量略次，且以经过加工炮制的发酵茶为主。综上，蜀茶品种繁多，口味多样，且品质具有稳定性，行销各地时其口味少受时空变化的影响，宋人晁载之就曾说：“惟蜀茶南走百越，北临五湖，皆自固其芳香，滋味不变，由此尤可重之。”[④] 这也是蜀茶在宋代茶业中具有重要地位的原因之一。

川峡四路地区，特别是蜀地，自古多产名酒，时至今日仍是中国白酒的核心产区。若为宋代的川峡地区画一幅白酒地图，则处处皆美浆，每一路都有几个府州可以拿出自己的招牌酒。蜀人酿酒方法很是奇特，近乎随意和任性，“蜀人每食之余，不问何物，皆投于一器中，过三月方取食，谓之百日浆，极贵重之，非至亲至家，不得而享也”[⑤]，就地取材之法，或可得自然天成之物。因酿酒的原材料并不昂贵，有些地方喝酒则是寻常之事，如“云安酒浓曲米贱，家家扶得醉人回”[⑥]，这种酒以去外壳的小麦仁酿成，有清香味，一盏则使人微醺，黄庭坚也赞此酒曰：“酒名淘米

---

① 〔宋〕王象之撰，李勇先校点：《舆地纪胜》卷181《大宁监》，成都：四川大学出版社，2005年，第5265页。

② 〔宋〕乐史撰，王文楚等点校：《太平寰宇记》卷136《山南西道四·渝州》，北京：中华书局，2007年，第2660页。

③ 〔宋〕黄庭坚：《答从圣使君》，《全宋文》卷2292，第105册，上海：上海辞书出版社，合肥：安徽教育出版社，2006年，第214页。

④ 〔宋〕晁载之：《续谈助》卷5，清光绪归安陆氏刻十万卷楼丛书本。

⑤ 〔宋〕庄绰撰，萧鲁阳点校：《鸡肋编》卷下，北京：中华书局，1983年，第118页。

⑥ 〔宋〕范成大：《石湖居士诗集》卷16《夔州竹枝歌九首》，《范石湖集》，上海：上海古籍出版社，1981年，第220页。

出云安。”[①] 成都府郫县有郫筒酒，它是一种用竹筒酿造的酴醾酒，当地人先把大竹掏空，留一面作底，后将春酿倒入竹筒，然后用藕丝和蕉叶包好，便“信宿馨香达于外”[②] 了，深受人们喜爱。虞集便曾叹曰“赖得郫筒酒易醉，夜深冲雨汉州城”[③]，借酒一展文士的洒脱。说到汉州，此地生产一种叫鹅黄的美酒，可以说冠绝蜀中。唐代杜甫对其甚是喜爱，宋代该酒仍被文人雅士所推崇，被认为是蜀中名酒第一，陆游便曾说：“叹息风流今未泯，两川名酝避鹅黄。”[④] 范成大又词云：“系船沽酒碧帘坊，酒满胜鹅黄。”[⑤] 彼时鹅黄酒蜀中无能及者，以致后来索性用鹅黄泛指美酒了。方夔冬日夜不能寐，拿它来暖身，“寒欺驼褐吟肩耸，暖入鹅黄醉面酡”[⑥]。川峡地区不仅普通酒品类繁多，西蜀还盛产一种蜜酒。在绵竹武都山有个叫杨世昌的道士，“善作蜜酒，绝醇酽”，苏东坡还专门为其作了一首《蜜酒歌》，称赞此酒是“蜂为耕耘花作米”，玉醴金浆，暗自生香。[⑦] 其实蜀中不仅产蜜之花资源丰富，其所产之竹也可制蜜，据《蜀都碎事》载：“蜀有竹蜜蜂，好于野竹上结窠，与蜜并绀色可爱，甘倍于常蜜。”[⑧] 这也可能是蜀中盛产蜜酒的原因之一。

---

① 〔宋〕黄庭坚著，任渊等注，黄宝华点校：《山谷外集诗注》卷1《和答孙不愚见赠》，上海：上海古籍出版社，2003年，第528页。

② 〔宋〕范成大：《吴船录》卷上，《范成大笔记六种》，北京：中华书局，2002年，第188页。

③ 〔元〕虞集：《代祀西岳至成都作》，《全蜀艺文志》卷22，北京：线装书局，2003年，第609页。

④ 〔宋〕陆游：《剑南诗稿》卷3《游汉州西湖》，《陆游集》，北京：中华书局，1976年，第89页。

⑤ 〔宋〕范成大：《朝中措·又》，《全宋词》，北京：中华书局，1965年，第1613页。

⑥ 〔宋〕方夔：《富山遗稿》卷8《夜坐》，《景印文渊阁四库全书》第1189册，台北：台湾商务印书馆，1986年，第432页。

⑦ 〔清〕王文诰辑注，孔凡礼点校：《苏轼诗集》卷21《蜜酒歌并叙》，北京：中华书局，1982年，第1115—1116页。

⑧ 〔清〕陈祥裔编，王斌、靳雅婷校注：《蜀都碎事校注》卷1，成都：西南交通大学出版社，2017年，第52页。

再看川南，嘉州大佛峡盛产一种白酒，颇有名声，苏轼在《送张嘉州》一诗中说“颇愿身为汉嘉守，载酒时作凌云游”[①]，指的就是当地这种名酒。陆游任职嘉州时，也对此酒赞不绝口：“公事无多厨酿美，此身端不负嘉州”[②]，可知此白酒可能是当地人日常佐餐饮用的佳酿。此外，嘉州还产一种竹叶所酿的浊酒，南宋项安世所言“沧湖居士楚江皋，劝我嘉州竹叶醪”[③]，说的正是该酒。川东夔州巫山县人则习惯饮用一种白色的甜酒，冯时行说“闻道巫山县，秋深好白醪”[④]，“白醪”即指这种度数很低的糯米甜酒。而川南戎州因盛产荔枝，其味甜郁芬芳，故酿有一种名酒曰荔枝绿，因原材料为绿色，所以酿出的酒呈碧绿色。黄庭坚有诗云“王公权家荔支绿，廖致平家绿荔支。试倾一杯重碧色，快剥千颗轻红肌”[⑤]，认为此酒一杯下肚，畅快通泰，是戎州第一。宋人张能臣在其著作《酒名记》中将北宋时期各地名酒目录做一总结，其中涉及川峡地区，可视为一个不完全统计：

> 三州：成都府忠臣堂，又玉髓，又锦江春，又浣花堂。梓州琼波，又竹叶清。剑州东溪。汉州帘泉。合州金波，又长春。渠州葡萄。果州香桂，又银液。阆州仙醇。峡州重麋，至喜泉。夔州法醽，又法酝。[⑥]

---

① 〔清〕王文诰辑注，孔凡礼点校：《苏轼诗集》卷32《送张嘉州》，北京：中华书局，1982年，第1709页。

② 〔宋〕祝穆撰，祝洙增订，施和金点校：《方舆胜览》卷52《嘉定府》，北京：中华书局，2003年，第942页。

③ 〔宋〕项安世：《次韵新泸南张安抚送行》，《全宋诗》卷2372，北京：北京大学出版社，1998年，第27277页。

④ 〔宋〕冯时行：《就得胜寨遣人入巫山买酒》，《全宋诗》卷1937，北京：北京大学出版社，1998年，第21626页。

⑤ 〔宋〕黄庭坚：《山谷正集》卷7《廖志平送绿荔支为戎州第一，王公权荔支绿酒亦为戎州第一》，《宋集珍本丛刊》第25册，北京：线装书局，2004年，第340页。

⑥ 〔明〕陶宗仪等编：《说郛》卷94《酒名记》，《说郛三种》，上海：上海古籍出版社，1988年，第4337页。

这里的“锦江春”“琼波”“银液”等应都是酒名，可谓名目繁多，虽今天已无法具体考证这些白酒香型、用料等特质，但宋代川峡地区名酒荟萃的史实可窥一斑。

（三）特色食俗

宋代川峡地区在饮食风俗上也存在比较罕见之处，这体现在食材的猎奇上。张世南从成都回夔门官所的路上，舟过眉州时，见人在水滨钓虾蟆，这里的“虾蟆”，其实就是蛤蟆。张世南好奇上前询问，钓者云“‘市间以为珍味’，乃知成都人最贵重。以料物和酒炙之，曰‘炙蟾’”①，可见当时的成都人竟然好烤蛤蟆这一口，真可谓为口腹之欲无所不猎其奇。成都人郭印还写过一首《食虾蟆诗》：

渔童网罩入市卖，痱磊成串不论钱。
有客殷勤劝我食，犀箸未下嫌腥膻。
煎膏软玉定虚语，猘犬所伤或可痊。
天生此物苦无用，污秽陂池宜弃捐。②

从中可知蛤蟆是当时市场上非常便宜的食材，虽味道古怪，不是所有人都能接受，但应有一定药用价值，可治疗疮疖一类的疾病，所以有一定食疗功效。蛤蟆除了烤着吃，还有一种吃法是裹上春芽煎着吃，黄庭坚就曾回忆道：“巴人漫说虾蟆培，试裹春芽来就煎”③，展现出蛤蟆在川峡地区的多种吃法。蜀人善食蛤蟆也是因为南方水田沟壑众多，梅尧臣在《贻妄

① 〔宋〕张世南：《游宦纪闻》卷 2，《全宋笔记》第 7 编第 8 册，郑州：大象出版社，2016 年，第 40 页。

② 〔宋〕郭印：《食虾蟆诗》，《全宋诗》卷 1667，北京：北京大学出版社，1998 年，第 18670 页。

③ 〔宋〕黄庭坚：《邹松滋寄苦竹泉橙曲莲子汤三首》，《全宋诗》卷 991，北京：北京大学出版社，1998 年，第 11410 页。

怒》一诗中先说“南方食虾蟆，密捕向清畎”，又言“西蜀亦取之，水田名谷犬”[①]，这里的“谷犬”即蛤蟆的别名，可见川蜀田间的水沟小壑为这种食材提供了广阔的生存空间。

除了这类水中蛙虫，某些哺乳类走兽也难逃蜀人的口腹之欲。如宋祁在《益部方物赞》中便记载了一种叫玃的大猴，出自邛、蜀间，与猿猱无异，但性不躁动，肌质丰腴，蜀人炮蒸以为美味。[②] 除了走兽，飞禽亦是宋代蜀人的盘中物，永康军因鹧鸪繁多，当地人发明了一种香煎鹧鸪的吃法，苏辙就曾忆道：“官闲幸可乐，记买鹧鸪煎”[③]，对此美食无限怀念。此外，蜀人还对鸠肉偏爱有加，喜配以芹菜为脍，苏轼有诗云：“泥芹有宿根，一寸嗟独在。雪芽何时动，春鸠行可脍。”[④] 坡公在自注中也明说蜀人贵用芹芽，杂之以鸠肉而食。周必大在《鸠芹诗》中也说：“蜀人缕鸠为脍，配以芹菜。”[⑤] 这样芹菜的清香则与嫩滑的鸠肉相互浸润，使味道更加鲜美。这种被周必达称为“弄巧而成”的荤素搭配，无形中成就了一道蜀中名菜。

此外，川峡地区还有一些饭羹较有特色，如广安军有一种用鸭肉做的美食，名为“金羹玉饭”[⑥]，想来不禁让人垂涎。“金羹”即鸭肉，而所谓“玉饭”，只因广安所产稻米珠圆玉润，故而得名。总之，这是一道类似于今日高端蛋炒饭的精致美食。蜀中还有一种叫“自然羹”的羹

---

① 〔宋〕梅尧臣：《贻妄怒》，《全宋诗》卷254，北京：北京大学出版社，1998年，第3061页。

② 〔宋〕宋祁：《益部方物赞》，《全蜀艺文志》卷44，北京：线装书局，2003年，第1361页。

③ 〔宋〕苏辙著，曾枣庄、马德富校点：《栾城集》卷2《送家定国同年赴永康掾》，上海：上海古籍出版社，1987年，第48页。

④ 〔清〕王文诰辑注，孔凡礼点校：《苏轼诗集》卷21《东坡八首·其三》，北京：中华书局，1982年，第1080页。

⑤ 〔宋〕周必大：《二老堂诗话·鸠芹诗》，明津逮秘书本。

⑥ 〔宋〕王象之撰，李勇先校点：《舆地纪胜》卷165《广安军》，成都：四川大学出版社，2005年，第4994页。

汤，是一位道人用鱼鳞和鱼的肠胃所做，汁如淡水，味道香美。此种羹汤应是有增强人免疫力的功效，食羹人在次年的疫情中皆得幸免。[①] 此外，川峡西北部少数民族地区还有一些颇具民族特色的糕点，如文州的“羌人旄牛酥绝美”[②]，此物定是在川峡四路汉族聚集区所无法品尝到的美食。而川峡南部叙、泸二州以南的僚蛮部人所食更奇异，“饮食喜啖蝌蚪”[③]，可谓匪夷所思。并且，蜀人在口味上追求兼味，某些怪味、奇味多为当地人所好，蓝勇便指出，蜀人自古喜欢腐臭物。[④] 早在战国时期，《吕氏春秋》便载蜀人之作羊腊，以臭为美。[⑤] 宋代“益州人取鹿杀而埋之地中，令臭，乃出食之”[⑥]，这种食物名曰鹿殇，可见食臭之俗在川峡之地有一定传统。

二、川峡四路食俗地域差异

（一）川西食俗区

汉晋以来，蜀人“好辛香”[⑦] 的口嗜是众所周知的事实，这种辛香之味来自花椒、姜、茱萸三大辛香料，且四川是世所公认辛辣口味的核心

---

① 〔宋〕陶穀：《清异录》卷下《馔羞门》，《全宋笔记》第1编第2册，郑州：大象出版社，2003年，第101页。

② 〔宋〕江休复：《江邻幾杂志》，《全宋笔记》第1编第5册，郑州：大象出版社，2003年，第154页。

③ 〔明〕曹学佺撰，杨世文校点：《蜀中广记》卷36《蜀中边防记第六》，上海：上海古籍出版社，2020年，第377页。

④ 蓝勇：《中国川菜史》，成都：四川文艺出版社，2019年，第38页。

⑤ 许维遹撰，梁运华整理：《吕氏春秋集释》卷14《本味》，北京：中华书局，2009年，第313页。

⑥ 〔清〕张澍：《蜀典》卷6《风俗类·鹿殇》，清道光十四年（1834）武威张氏安怀堂刻本。

⑦ 〔晋〕常璩撰，刘琳校注：《华阳国志校注》卷3《蜀志》，成都：巴蜀书社，1984年，第175页。

区。[①] 同时，这种重口味反映在蜀人尚荤腥上，这个“荤”其实并不是如今天所指的肉类食物，而是用其本义，指葱、蒜、韭等具有辛臭气味的刺激性蔬菜，而“腥”则指鱼蟹等水产品。范成大任四川制置使时，认为巴蜀人好食生蒜，臭不可近。范公戏称自己为食蒜者所熏，遂题诗一首对此进行抱怨：“南餐灰荐蛎，巴馔菜光荤。幸脱蒌藤醉，还遭胡蒜熏。”[②] 因范成大有过岭南从官经历，任桂林府知府，岭南一带喜食槟榔，包裹上蒌叶的槟榔容易让人产生醉意，而他庆幸自己调任蜀中得以逃离，却又被蒜气所熏。此中戏谑成分为多，但可以反映出当时巴蜀人的一种饮食风尚，那就是尚荤。

除了尚辛香、荤腥，宋代川西地区其实还有食甜的倾向。孟元老在《东京梦华录》中记开封美食里有西川乳糖、狮子糖，由砂糖和牛乳混合而成，“惟蜀川作之”。此物多由四川籍商人贩卖于京城，特别是造型别致的狮子糖，既好看又好吃，还可经受长途贩运，“冬至前造者色白不坏”，深受汴京百姓喜爱。[③] 遂宁一带出产一种砂糖，东坡在送友人川籍僧人圆宝回四川时，曾赋诗一首送行，其中提到“冰盘荐琥珀，何似糖霜美”[④]，这里的“琥珀”即糖色，而“糖霜”即经过工艺熬制出的白砂糖。刘望之对此糖的制作工艺有所简述：“其法榨蔗成浆，宁以瓮缶，列闲屋

---

① 蓝勇：《中国饮食辛辣口味的地理分布及其成因研究》，《人文地理》2001 年第 5 期。

② 〔宋〕范成大：《石湖居士诗集》卷 16《巴蜀人好食生蒜，臭不可近。顷在峤南，其人好食槟榔合蛎灰。扶留藤，一名蒌藤，食之辄昏然，已而醒快。三物合和，唾如脓血可厌。今来蜀道，又为食蒜者所薰，戏题》，《范石湖集》，上海：上海古籍出版社，1981 年，第 226 页。

③ 〔宋〕孟元老撰，邓之诚注：《东京梦华录注》卷 2《饮食果子》，北京：中华书局，1982 年，第 78 页。

④ 〔清〕王文诰辑注，孔凡礼点校：《苏轼诗集》卷 24《送金山乡僧归蜀开堂》，北京：中华书局，1982 年，第 1269 页。

中，阅冬而后发之，成矣。”[①] 可见该糖成型需要有一个越冬的发酵过程。黄庭坚在戎州时也曾收到遂宁友人寄来的这种糖，“远寄蔗霜知有味，胜于崔浩水精盐”[②]，可知此糖晶莹剔透，是如今绵白糖的前身。遂宁府也大概因出产此糖而当地民众具有嗜甜的口味。《蜀中广记》引《魏略》云：“新城孟太守道蜀猪豚鸡鹜味皆淡，故蜀人作食喜煮饴蜜以防味。”[③] 此虽是魏晋时期的说法，但足见蜀人食甜由来已久，主要因为用糖能把味道锁住，起到提鲜之用。苏辙有诗云：“蜀人不信秦川好，食蔗从梢未及甘。”[④] 也就是说，当时秦地关中的甘蔗从头吃到尾也没尝到甜，所以蜀人不念秦川好，反之如果“及甘”即吃到甜，某地便是好，由此可见当时蜀人对嗜甜口味的追捧。另外，众所周知，江南吴地素好甜口，南宋高倅曾送给洪咨夔几只醉蟹，洪氏食罢吟道：“无肠公子醉乡徒，风味元来蜀似吴”[⑤]，亦可以佐证宋代蜀地有食甜之风尚。

（二）川东食俗区

川东大体指夔州路所辖的长江沿线各府州，因坐拥大江，川东食俗区体现出重原鲜味的特点，表现为好食鱼、重汤食、善蒸法。先说“鲜”，由于水资源丰富，川东当地人食用鱼类比较多，比如万州便是“土地多泉，民赖鱼罟”[⑥]。三峡之人更是以食鱼为日常，像大鲵这种鱼类，“峡中

---

① 〔宋〕刘望之：《遂宁糖冰赋并序》，《全宋文》卷4895，第221册，上海：上海辞书出版社，合肥：安徽教育出版社，2006年，第99页。

② 〔宋〕黄庭坚：《又答寄糖霜颂》，《全宋文》卷2331，第107册，上海：上海辞书出版社，合肥：安徽教育出版社，2006年，第358页。

③ 〔明〕曹学佺撰，杨世文校点：《蜀中广记》卷58《蜀中风俗记第四》，上海：上海古籍出版社，2020年，第617页。

④ 〔宋〕苏辙著，曾枣庄、马德富校点：《栾城集》卷2《五郡》，上海：上海古籍出版社，1987年，第40页。

⑤ 〔宋〕洪咨夔：《高倅送糟蟹破故纸芽口占以谢》，《全宋诗》卷2891，北京：北京大学出版社，1998年，第34499页。

⑥ 〔宋〕祝穆撰，祝洙增订，施和金点校：《方舆胜览》卷59《万州》，北京：中华书局，2003年，第1043—1044页。

人能食之，先缚于树，鞭出白汁，以去其毒，乃烹焉”[①]。像黔州地区，黔江、涪陵江穿境而过，水域辽阔，更是“日日江鱼入馔来”[②]。而且由于夔州路沿长江之民善于养鸬鹚这种食鱼游禽，所以捕鱼作业极为方便。人们用绳将其喉咙卡住，小鱼作为犒赏它的食物，大鱼则被人所笑纳。有人谓“蜀之渔家养鸬鹚十数只，日得鱼可数十斤”[③]，这是所言不虚的。而此水禽又被称作“乌蛮鬼”，“川峡路人家多供祀乌蛮鬼，以临江故顿顿食黄鱼耳”[④]。可知在“乌蛮鬼”的帮助下，川东食鱼为家常便饭。同时，川东饮馔更重汤食，甚至喜用汤来佐饭[⑤]，应该是追求汤所带来的鲜美味道。陆游曾有诗言：“未论索饼与饡饭，最爱红糟并缹粥。”[⑥] 这里的“饡饭”就是一种汤泡饭，可见这种以汤打底的川东美食给陆游留下了深刻记忆。而“原”则体现在一种烹饪方式上，即善蒸食，川东食俗善用蒸法，以最大限度地保留食物的原味。像“夔俗，作蒸裹燋糖为节物”[⑦]，这虽是小春节令的一种节日食品，但可以窥见川东地区对蒸这一烹饪技法的热爱。又如陆游辗转川东入蜀时说“蒸鸡最知名，美不数鱼蟹”[⑧]，可见蒸制食物的鲜美。如今广安地区的川东肉八碗则全部为蒸菜，可视作对

① 万历《三峡通志》卷5《峡志杂录》，《稀见重庆地方文献汇点》（上），重庆：重庆大学出版社，2013年，第162页。

② 〔宋〕祝穆撰，祝洙增订，施和金点校：《方舆胜览》卷60《绍庆府》，北京：中华书局，2003年，第1057页。

③ 〔宋〕范镇：《东斋记事·佚文》，《全宋笔记》第1编第6册，郑州：大象出版社，2003年，第234页。

④ 〔宋〕惠洪：《冷斋夜话》卷4，《全宋笔记》第2编第9册，郑州：大象出版社，2006年，第50页。

⑤ 余云华：《从川人爱汤食俗说开去》，《文史杂志》1992年第5期。

⑥ 〔宋〕陆游：《剑南诗稿》卷17《冬夜与溥庵主说川食戏作》，《陆游集》，北京：中华书局，1976年，第483页。

⑦ 〔宋〕陈元靓撰，许逸民点校：《岁时广记》卷37《小春·作燋糖》，北京：中华书局，2020年，第681页。

⑧ 〔宋〕陆游：《剑南诗稿》卷9《饭罢戏作》，《陆游集》，北京：中华书局，1976年，第239页。

古代饮食文化的一种传承。这种尚蒸法的习俗或受东临楚文化的影响，因为早在战国时期，“吴楚多用牛酪和蒸鼎食”[①]，而现在的湖北亦是全国闻名的蒸食之乡。另外值得指出的是，在崇尚蒸法的同时，川东地区可能还有食酸的口味倾向，虽然蓝勇等认为唐宋时期巴蜀食酸并不明显[②]，但恐怕在川峡地区内部存在食酸的空间差异，黄庭坚“蜀人凡果蔬皆渍之醯以为蒸馀”[③] 的说法便为例证。“醯”即醋，将食材全部浸泡在醋中再蒸制，至少能说明当地人对酸味比较喜爱。这是黄庭坚被贬川东涪黔一带的所见所记。他继而被贬至戎州后，在致信泸州安抚使王献可的信中，又多次描述自己做饭善用醋的情景，并说“酒、醋极为用”[④]，这很可能是其一路西贬至戎泸之前从黔涪地区养成的饮食习惯。

第二节 川峡四路的服饰风俗

一个朝代的服饰风俗，受限于大时代背景下的整体文化风尚，一般地域性差异并不明显。像宋代男子常戴幞头、穿襕衫，女子着襦袄、百裥裙，此为整个有宋一代的服饰特色。而处于整个时代背景之下的川峡四路地区，其服饰风俗也不会太过迥异于中原或者说京城的主流样式，仅仅存在一些细小的差别和地域特色，有时候“服”之间的差异不如“饰”的差异明显，若着意进行分区，可能川峡四路之内汉族地区与少数民族地区服饰的差异更具说服力。本节便就这些细小的特色和汉夷之别做一考察。

---

① 〔清〕胡文英注：《屈骚指掌》卷4《大招》，北京：北京古籍出版社，1979年，第236页。

② 蓝勇、唐敏：《历史时期中国酸食空间分布及成因研究》，《云南大学学报》（社会科学版）2020年第4期。

③ 〔宋〕黄庭坚：《山谷别集》卷11《杂论》，《宋集珍本丛刊》第26册，北京：线装书局，2004年，第207页。

④ 〔宋〕黄庭坚：《山谷老人刀笔》卷11《答泸帅王补之》，《宋集珍本丛刊》第26册，北京：线装书局，2004年，第361页。

一、蜀中盆地汉族服饰风俗区

从现有史料来看，宋太祖较为在意戒奢倡简，对整个王朝的服饰制度，常站在风俗习尚上行下效的高度考量。建国伊始，宋太祖曾与大臣议论衣着的习尚，并为杜绝奢风，下诏禁止服饰用金，《宋会要辑稿》载：

> 三年五月十八日，臣僚言："臣闻治道之要在正风俗，而风俗之别则有二焉，曰民俗，曰士俗。民俗不正，士俗救之；士俗不正而欲正其在民者，不可得也。厥今之正风俗，莫先销金（补）〔铺〕翠之饰。窃见近日以来，街坊贾人公然货鬻，倡优下妾恣为服饰。以至游手之徒为左道之奉，迎神祠佛，千百为群，装侈队仗，曳地为衣，金翠夺目。臣推其本，弊不在民，实缘士夫之家狃于豪贵之习，服用华侈，则下而民俗得以转相视效。乞申严法禁首饰，士夫犯者痛罚，虽贵不赦，告者立赏，虽多不吝。若此，则士俗既正，民俗不正者未之有也。"从之。①

赵匡胤自己也身体力行，同时要求官员在衣着上一切从简，以致"升朝官，每岁诞辰、端午、初冬赐时服，止于单袍，太祖讶方冬犹赐单衣，命易以夹服。自是士大夫公服，冬则用夹"②。可见在此之前，官员冬日的朝服皆为单衣。同时，受程朱理学的思想束缚，宋代的服饰也趋于简朴、拘谨。总体来讲，宋代的衣风以简朴、实用格调为主，颜色淡雅、清新，川峡地区作为宋土一隅也不能例外，现仅就该区域较为特色的服饰予以分述。

"饰"有时比"服"更能体现地域差异，比如宋代蜀中地区流行高

① 《宋会要辑稿》刑法 2 之 133，上海：上海古籍出版社，2014 年，第 8361 页。

② 〔宋〕王辟之：《渑水燕谈录》卷 5，《全宋笔记》第 2 编第 4 册，郑州：大象出版社，2006 年，第 54 页。

髻，早在后蜀孟昶末年，妇女竞治发为高髻，号“朝天髻”。[①] 这种发髻是从后脑分束两股，然后反搭在头顶，伸向额头，在宋代非常流行。从上面的史料来看，此风很可能兴起于蜀中，宋诗人王沂孙的《一萼红·翦丹云》词也曾说到“吴苑双身，蜀城高髻，忽到柴门”[②]，可见高髻发式流行于当时的蜀地，以致“至今蜀中效之”[③]，此后数百年皆为四川地区妇女主流发式。南宋时陆游在蜀中临邛看到的是“小妇髻鬟高一尺”[④]，未出嫁的小姑娘则是“江头女儿双髻丫”[⑤]，髻的数目稍有不同，双髻较单髻更显俏皮可爱。而在夔州路长江沿岸陆游观察到的女子发饰则是“未嫁者率为同心髻，高二尺，插银钗至六只，后插大象牙梳如手大”[⑥]，虽和蜀中的梳发造型略有不同，但高髻之尚大率如此，高高隆起的发髻在当时应为女性头饰的风尚。蜀人在梳妆中还使用一种养护神品，即夏枯草，这种草生在蜀郡的山谷之中，三四月开花作穗，五月便枯，“今蜀人用以煎水，盥面不皱”[⑦]，真可谓宋代的护肤品。利州路人还有用金龟子作首饰的习俗，“（金虫）出利州山中。举体绿色，光若金，里人取以佐妇人钗鐶之饰云”[⑧]。

---

① 《宋史》卷65《五行志三》，北京：中华书局，1977年，第1429页。

② 〔宋〕王沂孙撰，吴则虞笺注：《花外集》，上海：上海古籍出版社，1988年，第62页。

③ 雍正《四川通志》卷45《艺文》，《景印文渊阁四库全书》第561册，台北：台湾商务印书馆，1986年，第564页。

④ 〔宋〕陆游：《丰桥旅舍作》，《全蜀艺文志》卷16，北京：线装书局，2003年，第418页。

⑤ 〔宋〕陆游：《浣溪女》，《全蜀艺文志》卷22，北京：线装书局，2003年，第606页。

⑥ 〔宋〕陆游：《入蜀记》卷6，《全宋笔记》第5编第8册，郑州：大象出版社，2012年，第214页。

⑦ 〔明〕曹学佺撰，杨世文校点：《蜀中广记》卷64《蜀中方物记第六》，上海：上海古籍出版社，2020年，第684页。

⑧ 〔宋〕宋祁：《金虫赞》，《全宋文》卷523，第25册，上海：上海辞书出版社，合肥：安徽教育出版社，2006年，第49页。

再说冠饰，前蜀王朝末期，蜀中民众争相戴小帽子，仅仅盖住头顶，低头即掉，称为“危脑帽”。前蜀后主王衍骄奢淫逸，却独喜欢戴大帽微服出游，民间百姓通过大帽子就能认出他来，于是他命令全国都戴大帽。[①] 王衍在朝拜永陵时，还“自为尖巾，士民皆效之”[②]。王衍对蜀中冠饰风俗的影响还不止于此，他在宫中召集宫伎游戏时，自己戴一个锥形小尖巾，让卿士都与他一样；还命令宫伎穿道服，戴莲花冠，髽然其髻，号称“别一家之美”，又让其用胭脂将两颊涂红，号曰“醉妆”，国人皆仿效之。而在川峡北部的深山地区，为纪念诸葛亮，山民则有头缠白布的习俗，“山谷间民皆冠白巾，以为蜀人为诸葛孔明服，所居深远者，后遂不除”[③]，后世谓之戴天孝。由于此一区域是蜀国北伐的主要战场，虽上距三国时期已过七八百年，人们仍然保留着这种头饰风俗，说明圣贤名臣对一方风俗的影响往往颇为深远。

许倬云先生曾言：宋人衣着，闲居衫袍，宽博舒适；工作服则短衣束带、半长裤管，行动自如。[④] 可见宋人对着装场合的考究，且服饰以适用为宜，这也从一个侧面反映出宋为近世开端的文明程度。以男士为例，帽和衫是最常见的服饰搭配，且以轻便为尚。宋代眉州人唐庚有诗云“短帽轻衫信马行”[⑤]，这种短帽与轻衫可能备受当时士大夫所喜爱，陆游也有

---

① 〔明〕曹学佺撰，杨世文校点：《蜀中广记》卷55《蜀中风俗记第一》，上海：上海古籍出版社，2020年，第594页。

② 〔宋〕吴处厚：《青箱杂记》卷7，《全宋笔记》第1编第10册，郑州：大象出版社，2003年，第231页

③ 〔宋〕叶梦得：《避暑录话》卷下，《全宋笔记》第2编第10册，郑州：大象出版社，2006年，第317页。

④ 许倬云：《万古江河——中国历史文化的转折与开展》，上海：上海文艺出版社，2006年，第201—202页。

⑤ 〔宋〕唐庚：《眉山诗钞·春日杂兴》，《宋诗钞》，北京：中华书局，2015年，第1407页。

词作曰“短帽轻衫，夜夜眉州路”①。宋代文人士大夫都喜戴帽，尤以纱帽最为常见。晁补之过汤村，在古寺拜访旧友，有诗云“故人聆我足音喜，纱帽相逢坐东庑”②，直接用“纱帽”指代自己与朋友。陆游亦说：“乌帽翩翩白纻轻，摩诃池上试闲行。”③ 士大夫对于帽子是比较看重的，以此作为区别于庶人的标志。陆游曾记述了一段与父亲的对话，回忆曾祖父日常起居时的着装，当问到曾祖闲居时是否也戴帽子，陆游父亲答曰：“前辈平居往来，皆具袍带，惟出游聚饮，始茶罢换帽子、皂衫，已为便服矣。衫袍下，冬月多衣锦袄，夏则浅色衬衫，无今所谓背子者。致仕则衣道服，然著帽。大抵士大夫无露巾者，所以别庶人也。”④ 他还举例说，王安石骑驴往来也都是着衫、帽。绍圣、元符间，士大夫大概都是如此，因为“皂衫，士人家居常服……凉衫，士人许用”⑤。可见，身着衫、头戴帽是宋代士大夫较为普遍的装束。另外，行旅之时戴帽亦可起到遮阳的作用，所谓“短帽障赤日”⑥ 正在于此。蜀地还流行一种华阳巾，又名隐士帽。文彦博在给太师杜衍的寄赠诗中便道“华阳山相遗巾法，蜀国乌纱学制成”⑦，以华阳巾相赠，表达对杜衍高洁淡泊性情的赞誉。南宋陆游

---

① 〔宋〕陆游：《渭南文集》卷49《蝶恋花·离小益作其三》，《陆游集》，北京：中华书局，1976年，第2469页。

② 〔宋〕晁补之：《鸡肋集》卷14《汤村逢陈安性》，《景印文渊阁四库全书》第1118册，台北：台湾商务印书馆，1986年，第505页。

③ 万历《四川总志》卷34《诗四·夏日过摩诃池》，明万历刻本。

④ 〔宋〕陆游撰，孔凡礼点校：《家世旧闻》卷上，北京：中华书局，1993年，第176页。

⑤ 〔宋〕谢维新：《古今合璧事类备要外集》卷35《服饰门》，《景印文渊阁四库全书》第941册，台北：台湾商务印书馆，1986年，第634页。

⑥ 〔宋〕陆游：《剑南诗稿》卷3《鼓楼铺醉歌》，《陆游集》，北京：中华书局，1976年，第71页。

⑦ 〔宋〕文彦博：《华阳巾》，《成都文类》卷10，北京：中华书局，2011年，第218页。

在游青城山长生观时也提到“先生乌角巾”[1]，这种帽饰是葛制黑色有折角的头巾，也常为隐士所戴，大概与华阳巾区别不大。在鞋方面，汉州、遂州出产一种苓根靸鞋。叙州地处川南，竹资源丰富，出产一种柔韧性极好的慈竹丝，可编制竹麻屦。[2]

着装在一定程度上反映阶层差异，宋代虽然商品经济得到很大发展，但商人地位仍然很低，如果能有为官的机会，则多数人宁可弃商入仕。当时成都“士人家子弟，无贫富皆著芦心布衣，红勒帛狭如一指大，稍异此，则共嘲笑”[3]，可见这种芦心布衣已不单是一种衣着，而是“士人家子弟”的身份象征，尺寸的微小差异都可能昭示出血统的纯正性，这一穿衣风俗已俨然成为一种习尚。而一般的乡野百姓，自给自足的梭织布应是衣着的主要材质。当时的川西蚕桑业发达，如临邛，未出阁的姑娘“常随阿母供桑麻”，以致家家“当户夜织声咿哑”[4]，呈现“梭声轧轧当户织”[5] 的景象。川西地区多以麻布作为衣服的主要布料，像峨眉县“村媪聚观行绩布，野翁迎拜跽燃蒿”[6]，当地出产一种符文布，妇女人人织麻，边走边织，这从一定程度上反映了当时民众的衣着材质。而其样式，宋代川峡四路地区汉族民间妇女的着装，以交领衣和襕裙为主，这在四川大足

---

① 〔宋〕陆游：《剑南诗稿》卷 8《小憩长生观饭已遂行》，《陆游集》，北京：中华书局，1976 年，第 219 页。

② 〔明〕曹学佺撰，杨世文校点：《蜀中广记》卷 68《蜀中方物记第十》，上海：上海古籍出版社，2020 年，第 730 页。

③ 〔宋〕陆游：《老学庵笔记》卷 9，《全宋笔记》第 5 编第 8 册，郑州：大象出版社，2012 年，第 103 页。

④ 〔宋〕陆游：《剑南诗稿》卷 8《浣花女》，《陆游集》，北京：中华书局，1976 年，第 221 页。

⑤ 〔宋〕陆游：《丰桥旅舍作》，《全蜀艺文志》卷 16，北京：线装书局，2003 年，第 418 页。

⑥ 〔宋〕范成大：《峨眉县》，《全蜀艺文志》卷 16，北京：线装书局，2003 年，第 407 页。

的摩崖石刻中有所展现。[①] 从川南某些岩穴墓中也可看到当时妇女的衣饰大多上身穿襦衫，下身装束为裙、裤，这是宋代妇女较为普遍的装束。[②] 而当时蜀地的士人阶层着装则更注重舒适与便利，比如当时蜀地流行一种叫背子的罗纱衣，又称“半臂”，上半身类似于短袖褂，下半身是宽大的通体长裙，男女皆宜，可作为常服，亦可作为礼服。宋祁在举办宴会的时候，“偶微寒，命索半臂”[③]，这里的“半臂”便是背子，在当时可谓士人竞服。此服装大概如今日之披肩，常做抵御微寒用。其实早在隋唐时期，益州就善于用锦来织造半臂背子，作为贡品进贡皇室所用。[④] 可见此种服装为蜀地一大特产，符合当时人的审美情趣，为一时所尚。

从衣料材质上看，宋代四川盆地是全国丝织物重要产区，特别是成都府路的成都锦院所产蜀锦以质地优良、品种繁多名扬天下，像成都便产九壁锦、单丝罗、杼衫缎、交梭纱等优质的丝帛制品[⑤]，自晚唐时期便是“夜机挑处雨灯寒，舞衣转转求新样”[⑥]，丝织业发达且引领时尚。而这些高级丝织品主要供皇室和官僚集团消费和享用，正如宋人冯山所言：“川峡上供物帛无虑数百万，悉归于中帑以供天子用度”[⑦]，足见蜀产高档衣料在宋朝的特殊地位，而这些用名贵丝帛所制的服饰对于寻常百姓来说则是遥不可及的。对于一般民众来说，日常最易被选作制衣材料的依然是

---

① 沈从文、王孖：《中国服饰史》，西安：陕西师范大学出版社，2004 年，第 115 页。

② 霍巍、黄伟：《四川丧葬文化》，成都：四川人民出版社，1992 年，第 239 页。

③〔元〕费著：《岁华纪丽谱》，《巴蜀丛书》第 1 辑，成都：巴蜀书社，1988 年，第 103 页。

④《旧唐书》卷 174《李德裕传》，北京：中华书局，1975 年，第 4513 页。

⑤〔宋〕乐史撰，王文楚等点校：《太平寰宇记》卷 72《剑南西道一 · 益州》，北京：中华书局，2007 年，第 1463 页。

⑥〔唐〕郑谷：《蜀锦二首》，天启《新修成都府志》卷 34《艺文志》，《中国地方志集成 · 四川府县志辑》第 1 册，成都：巴蜀书社，1992 年，第 478 页。

⑦〔宋〕冯山：《上言六事封事》，傅增湘原辑，吴洪泽补辑：《宋代蜀文辑存校补》卷 23，重庆：重庆大学出版社，2014 年，第 732 页。

布，而蜀中亦产有款式多样的布匹，以供普通人的穿衣之需。这其中川峡地区各地所产布匹又多有不同，《蜀中广记》引《太平寰宇记》中的土贡条信息总结道：汉州有弥牟布；有交梭布，即双紃布；有纻布，纻犹丝也。益、绵、汉三州有高杼布。果、剑、邛州有丝布。涪、阆、壁州有连头布，即獠布。黔州出竹布。昌州、泸州、荣州出斑布。昌州、静州出筒布，也叫橦布。[①] 这一陈述大体将川中主要的丝布产出地做了勾勒，丝布产地虽与当地人的衣着用料不可能完全吻合，但一地主产某种材质的布料，根据就近便利的原则，其应为当地人制衣的首选布料。所以，以上区域的布料差异，亦可视作衣着风俗的差异之一来考察。可以看出，宋代以汉州为中心的川西地区大多生产纻布，纻布即用苎麻纤维织成的布。唐宋时期川峡地区是全国麻类物品的主要产地，苎麻种植业比较兴盛，只是到了宋代后期，苎麻种植开始衰落，而后从川西逐渐转移到川东。[②] 不过，仍可认为这种纻布是宋代川峡地区衣装的重要材料。而川东、南的黔、荣、泸等州，则因竹资源相对丰富，当地少数民族掌握用竹纤维织布的技术，故出产竹布。而酉阳是“织斑布以为衣”[③]，此“斑布”便是色彩中夹杂着别种颜色，如斑竹纹路的一种粗织布。又如当时的绵州诸县邑，各有特产，谓“绵州八子”，其中巴西县则以产纱闻名，“巴西纱一匹重二两，妇人制夏服，甚轻妙”[④]，可以想见这是一种特别凉爽的衣料，适合制作夏天所穿的衣服。

总体来讲，在衣料使用方面，川西地区养蚕产丝，虽不可能人人着丝，但可选择的衣服材质更多样，像丝布等皆有丝质成分。而川峡东部则不尽

---

① 〔明〕曹学佺撰，杨世文校点：《蜀中广记》卷68《蜀中方物记第十》，上海：上海古籍出版社，2020年，第729页。

② 郭声波：《四川历史农业地理》，成都：四川人民出版社，1993年，第221页。

③ 嘉靖《四川总志》卷14《酉阳宣抚司》，《北京图书馆古籍珍本丛刊》第42册，北京：书目文献出版社，1996年，第282页。

④ 〔宋〕吴曾：《能改斋漫录》卷15《绵州八子》，《全宋笔记》第5编第4册，郑州：大象出版社，2012年，第161页。

然，其气候水热条件不适宜养蚕，民间衣料全赖布衣，如黔州“阴雨多晦，草木少润，少有蚕，县人多衣布”[①]，受制于自然条件明显。而同为川东的施州衣饰风俗则为“男至老不裹头，女衣花布”[②]。范成大在由吴入蜀过川东之时，不止一次在诗文中描述了平民妇女光脚着布裙的素日形象，如“入峡初程风物异，布裙跣妇总垂瘤”[③]，又如“翠盖立严妆，青裙行跣足”[④]，这里的“青裙”也就是青色的布裙，是宋代川东地区妇女的主要装束。西至资州一带，“拾薪溪女卷青裙”[⑤] 亦是劳作妇女的日常形象。

蜀地之所以有如此丰富的衣料资源及发达的织锦业，宋人吕大防认为与其地处中国西南，卦位为坤有关。他在《锦官楼记》中说“坤有致养致役之意”，而川蜀的风俗亦是如此，所以才有不知疲倦的机工，产出织文锦绣、穷工极巧的布锦衣被于天下，“以供四方之服玩”，这便是以养育万物为己任的坤象所表现出来的结果。[⑥] 但不管如何，宋代川峡地区织造业繁盛、服饰款式多样是不争的事实，这在便利时人生活的同时，也满足了人们的精神需要，无疑成为构成物质生活风俗图景的靓丽元素。

---

① 同治《增修酉阳直隶州总志》卷19《风俗志》，《中国地方志集成·四川府县志辑》第48册，成都：巴蜀书社，1992年，第760页。

② 万历《三峡通志》卷5《峡俗从谈》，《稀见重庆地方文献汇点》（上），重庆：重庆大学出版社，2013年，第160页。

③ 〔宋〕范成大：《石湖居士诗集》卷19《恭州夜泊》，《范石湖集》，上海：上海古籍出版社，1981年，第268页。

④ 〔宋〕范成大：《石湖居士诗集》卷16《蚤晴发广安军，晚宿萍池村庄》，《范石湖集》，上海：上海古籍出版社，1981年，第226页。

⑤ 〔明〕杜应芳辑：《补续全蜀艺文志》卷10《晚次资中》，明万历十七年（1589）刻本。

⑥ 〔宋〕吕大防：《锦官楼记》，《成都文类》卷26，北京：中华书局，2011年，第528页。

二、边缘山地少数民族服饰风俗区

由于“蜀自岷山、沫、若水外，即为夷境”①，所以川峡四路地区存在广大的少数民族聚居区，如川南的戎州便是，可谓“乱山围古郡，市易带群蛮”②。少数民族的着装显然有别于汉族，常常是“髽髻诡服”“椎髻跣足，凿齿穿耳”③。苏辙在戎州所见到的，也是“兀兀头垂髻，团团耳带镮”④。他们衣着的主要材质是绯布、羊皮、莎草⑤，原始色彩浓重。南平蛮的女子装束为“妇人横布二幅，穿中贯其首，号曰‘通裙’。美发髻，垂于后。竹筒三寸，斜穿其耳。贵者饰以珠珰”，男子为“左衽，露发，徒跣”。⑥ 邛部州的女子则“裙不过胫”⑦，体现了少数民族服装不受中原礼教约束的特点。陆游所见的蛮人装束更加极端：“蛮人持至泸、叙间卖之……（蛮人）剧呼大笑，声如野兽，宛转毡上，其意甚乐。椎髻獠面，几不类人，见人亦不顾省。时方五月中，皆被毡毳，臭不可近。”⑧ 随着时代的进步，某些地方的僚人也开始穿布衣，如富顺监的土僚“其俗尚多不巾而髽，近始服青布”⑨；

---

① 〔宋〕范謩：《分弓亭记》，《成都文类》卷27，北京：中华书局，2011年，第535页。

② 〔清〕王文诰辑注，孔凡礼点校：《苏轼诗集》卷1《戎州》，北京：中华书局，1982年，第11页。

③ 〔宋〕祝穆撰，祝洙增订，施和金点校：《方舆胜览》卷65《叙州》，北京：中华书局，2003年，第1130页。

④ 〔宋〕苏辙著，曾枣庄、马德富校点：《栾城集》卷1《戎州》，上海：上海古籍出版社，1987年，第3页。

⑤ 〔宋〕晏殊：《晏元献公类要》卷8《梓州路》，清钞本。

⑥ 《文献通考》卷328《四裔考五》，北京：中华书局，2011年，第9031页。

⑦ 〔明〕曹学佺撰，杨世文校点：《蜀中广记》卷34《蜀中边防记第四》，上海：上海古籍出版社，2020年，第351页。

⑧ 〔宋〕陆游：《老学庵笔记》卷3，《全宋笔记》第5编第8册，郑州：大象出版社，2012年，第37页。

⑨ 〔宋〕王象之撰，李勇先校点：《舆地纪胜》卷167《富顺监》，成都：四川大学出版社，2005年，第5049页。

川东黔州的居民以蛮僚为多，衣着“少有蚕丝，人多衣布”①。大概到南宋后期，部分少数民族在衣着上有向汉族靠拢的趋势。

威州、茂州的氐、羌族服饰与川南少数民族又有所不同，比如威州已地处高寒的青藏高原边缘，因保暖的需要，所以“衣褐羊皮鞯鞑，妇人多带金花，串以瑟瑟，穿悬珠以为饰”②。厚重的皮质着装配以珠光宝气的金色饰物，几类于今天色彩斑斓的藏族服饰。

第三节　川峡四路的居住风俗

建筑是凝固的艺术。民居的材质、样式、风格一定程度上反映着时代的变迁。同时，居住风俗的差异也体现了不同地域之间自然与人文的特点。宋代川峡四路地区生态良好，经济社会发展较前代为优，虽受制于生产力水平，民众居住条件不可能摆脱封建农业社会的居俗窠臼，但某些地方性居住风俗仍颇具特色，值得探究。现将这一区域分为蜀中盆地汉族居住风俗区与边缘山地少数民族居住风俗区分述之。

一、蜀中盆地汉族居住风俗区

（一）泛蜀内陆亚区

该居住风俗区包括川峡四路大部，既含川北，又含川西和川南，是宋代川峡四路汉族民居形式的主要呈现区域。宋代川西地区自然生态良好，仍保持着绿意葱翠的原始生态景观，居民生活其中自是恬静悠然。范成大

① 〔宋〕王象之撰，李勇先校点：《舆地纪胜》卷176《黔州》，成都：四川大学出版社，2005年，第5147页。

② 〔宋〕王象之撰，李勇先校点：《舆地纪胜》卷148《威州》，成都：四川大学出版社，2005年，第4432页。

过青城山地界时，眼见“道左右多幽居，流水淙琤，修竹弥望”①，一派田园风光。川西地区因为多年没有兵燹之灾，所以“居民屋室如法，有承平气象”②，可见当时即便是在村庄，人们的民居规划得也都较有条理。不仅如此，蜀中人居环境也较为清幽，常为“修竹三间屋，清泉二顷田”③，成都周边更是“郊外人家阴绿槐”④。而且在居室周围，人们还会种植花卉以装点门庭，特别是一些瑞草，“蜀人多种之，庭槛蔓延”⑤。宋代成都地区则有种植蜀葵的风俗，宋祁就曾赞这种花：“红白相嗣繁，色钝香亦浅。相对庭户间，俗尚焉能免?”⑥ 可见此花在蜀中民居周边的普及度非常之高。花草之外，成都附近楠木亦种植颇多，“其枝叶亦森修可玩，成都人家庭院多植之”⑦。这种良木，叶子错落有致，互相回避，多有谦让之意，所以“蜀人谓之让木”⑧，说明广植此树有其教育与修身寓意。同时，蜀人还喜栽植木樨花，也就是桂花，且与冬青相间植，而植冬青是“贵其有岁寒不改之节”，司马相如称其为女贞，故植冬青也或许是蜀为文君故里的缘故。⑨ 而在隆州，则是“城壕寨屋偏栽柳，市井人家却种桑”⑩，柳与桑在

---

① 〔宋〕范成大：《吴船录》卷上，《范成大笔记六种》，北京：中华书局，2002 年，第 189 页。

② 〔宋〕范成大：《吴船录》卷上，《范成大笔记六种》，北京：中华书局，2002 年，第 192 页。

③ 〔宋〕张孝祥：《山居》，《全蜀艺文志》卷 22，北京：线装书局，2003 年，第 609 页。

④ 〔宋〕范纯仁：《范忠宣公文集》卷 3《又和暮春蚕市》，《宋集珍本丛刊》第 15 册，北京：线装书局，2004 年，第 392 页。

⑤ 〔宋〕宋祁：《益部方物略记》，《景印文渊阁四库全书》第 589 册，台北：台湾商务印书馆，1986 年，第 102 页。

⑥ 〔宋〕宋祁：《蜀葵》，《成都文类》卷 10，北京：中华书局，2011 年，第 221 页。

⑦ 〔明〕陆深：《蜀都杂抄》，《巴蜀丛书》第 1 辑，成都：巴蜀书社，1988 年，第 345 页。

⑧ 〔宋〕江休复：《江邻幾杂志》，《全宋笔记》第 1 编第 5 册，郑州：大象出版社，2003 年，第 147 页。

⑨ 〔宋〕邵博：《邵氏闻见后录》卷 29，《全宋笔记》第 4 编第 6 册，郑州：大象出版社，2008 年，第 206 页。

⑩ 〔宋〕汪元量：《汪水云诗》卷 1《隆州》，《宋集珍本丛刊》第 90 册，北京：线装书局，2004 年，第 548 页。

中国古代都有其特殊寓意，汪诗反映的应是当地一种关涉居住景观的风俗。总之，蜀地民宅讲究花木点缀，所取草木皆有象征意义。除却植物，蜀人还善于饲养动物。由于宋代川峡地区生态良好，居民宅前屋后常有蛇出没，威胁人的生命安全，而鹅粪可杀蛇，所以“蜀人园池养鹅，蛇即远去”[①]，此概为古人从经验中得来的生活智慧，亦可视作一种居住习惯。相较于乡野民居的恬淡，都市的房屋则显得绚丽而华贵，像成都这样大都市的房屋还有一定的装饰，并且色彩艳丽明快，比如陆游看到成都有的市肆为鲜翠的红紫铺[②]。这种色彩上的变化和装饰细节上的追求就是城乡之间建筑风格的差异。

即便此一时期存在一些精致的民居，但不可否认茅屋仍是宋代川峡地区民间的主要居住形式。如川南的泸、叙地区，苏东坡夜泊叙州牛口驿时有诗云：“朔风吹茅屋，破壁见星斗。”[③] 苏辙在与张耒的诗中也提到“茅庐半破蜀江边”[④]，可知大多数平民的居舍还是较为破败的。这种民居形式即便在西南大都市成都亦不例外，成都府双流县亦是“万花织篱凡几曲，绣屏处处围茅屋”[⑤]。范镇在游览昭觉寺后，感叹“登眺见田舍，衡茅半不完”[⑥]，目之所及，也是百姓稀稀落落的衡门茅屋。南宋绍兴年间，汉中地区成为宋金逐鹿的战场，由于兵燹频仍，百姓的居住条件颇为简陋，“兴元府兵

---

① 〔宋〕苏轼：《仇池笔记》卷上《鹅有二能》，《全宋笔记》第1编第9册，郑州：大象出版社，2003年，第205页。

② 〔宋〕陆游：《老学庵笔记》卷8，《全宋笔记》第5编第8册，郑州：大象出版社，2012年，第93页。

③ 〔清〕王文诰辑注，孔凡礼点校：《苏轼诗集》卷1《夜泊牛口》，北京：中华书局，1982年，第9页。

④ 〔宋〕苏辙著，曾枣庄、马德富校点：《栾城集》卷9《次韵张耒见寄》，上海：上海古籍出版社，1987年，第206页。

⑤ 〔明〕曹学佺撰，杨世文校点：《蜀中广记》卷5《蜀中名胜记第五》，上海：上海古籍出版社，2020年，第55页。

⑥ 〔宋〕范镇：《游昭觉寺》，《成都文类》卷5，北京：中华书局，2011年，第83页。

乱以来，城内生荆棘，官舍民居皆茅屋”①。可见宋代川峡四路不管是北部的兴元府，还是蜀中繁华的成都及南部的泸州，茅屋仍为居住宅第的主要形式，甚至很多时候百姓则是就地取材，依势而建，“犹有竹下屋，依然柴作门”②。

包伟民曾指出，唐宋之际，中国古代城市建筑用材水准改善，茅檐草屋有逐步被砖瓦屋舍所取代的趋势。③ 宋代川峡地区亦不例外，虽茅屋仍占主流，但也一度存在官方劝谕民众弃茅易瓦的趋势，如川陕诸州屯兵“草茅覆屋，连接官舍，颇致延火，宜令自今坏者，渐易以瓦”④。川北剑州的郡县多在两山之间，“民架竹为茅屋，依山而居，故多火灾”，郭皋知剑州时，则“教民易以瓦，官为陶瓦贷贫民，不费而革，自是无火患”。⑤ 可见宋代川峡民居以防火为契机，存在一个弃茅易瓦的过程。同时，瓦屋也能很好地抵御风雨，赵抃任成都转运使时，就曾主持修葺成都府西楼西北隅的圆通庵，他“命工用楩楠瓦甓易而新之”⑥，使起初覆茅的庵房升级为瓦房。这说明只要条件允许，宋代修建瓦房的技术是较为成熟的。南宋人洪咨夔在过利州时，看到的则是“茅檐半瓦荫垂杨”⑦，有些茅屋已换成茅瓦参半。而兴元府则是“一城之中，民屋错比，连甍接

① 〔宋〕熊克：《中兴小纪》卷 35，《景印文渊阁四库全书》第 313 册，台北：台湾商务印书馆，1986 年，第 1143 页。

② 〔宋〕关耆孙：《游东屯》，《全蜀艺文志》卷 15，北京：线装书局，2003 年，第 385 页。

③ 包伟民：《宋代城市研究》，北京：中华书局，2014 年，第 389 页。

④ 《宋会要辑稿》刑法 2 之 11，上海：上海古籍出版社，2014 年，第 8287 页。

⑤ 〔宋〕范祖禹：《朝奉郎郭君墓志铭》，《全宋文》卷 2153，第 99 册，上海：上海辞书出版社，合肥：安徽教育出版社，2006 年，第 21—22 页。

⑥ 〔宋〕赵抃：《西园圆通颂》，《全宋文》卷 889，第 41 册，上海：上海辞书出版社，合肥：安徽教育出版社，2006 年，第 282 页。

⑦ 〔宋〕洪咨夔：《四月壬午发利州》，《全宋诗》卷 2891，北京：北京大学出版社，1998 年，第 34500 页。

宇”[1] 的景象，可见瓦屋之普及。川东的万州亦是“瓦屋仄石磴”[2]。川南地区的瓦屋鳞次栉比，颇有气势，站在泸州城南的宝山上“下瞰城郭，万瓦鳞集，两江合流”[3]。应该讲，瓦屋是当时一种较普遍的居住形式。瓦的材质也不限于土陶瓦，有些宗教建筑竟有铁瓦殿和铜殿[4]，以示肃穆与庄严。

房屋之外，起居所用的物品也可作居住风俗附带考察。当时蜀中一些小家什颇具特色，比如吕陶就曾描写别人送他的一个竹枕，防暑提神，廉价易得，“不夸雕琢略磨砻，溪叟持来赠野翁。冰雪易侵毛发际，尘埃难到梦魂中。消除暑愠宜无价，安养慵闲似有功。富贵人家应笑我，水晶新样极玲珑”[5]，可见此物为居家安眠的佳品。不仅有竹枕，还有竹床，文同便在夏日午后休憩后说道：“昼睡忽过午，好风吹竹床”[6]，可见当时这种竹床也是川峡地区颇具特色的室内家具。

（二）川东南临水亚区

自叙、泸二州至夔州的川东南临江地区，民居形态呈现出与泛蜀内陆地区不同的特点，此间的民居以吊脚楼和板屋两种形式为主。宋代干栏式建筑技艺已日趋成熟，如川南便有干栏式吊脚楼。范成大过叙州时，看到

---

① 〔宋〕文同：《丹渊集》卷34《奏为乞修兴元府城及添兵状》，《景印文渊阁四库全书》第1096册，台北：台湾商务印书馆，1986年，第755页。

② 〔宋〕范成大：《石湖居士诗集》卷16《万州》，《范石湖集》，上海：上海古籍出版社，1981年，第221页。

③ 〔宋〕祝穆撰，祝洙增订，施和金点校：《方舆胜览》卷62《泸州》，北京：中华书局，2003年，第1086页。

④ 〔明〕曹学佺撰，杨世文校点：《蜀中广记》卷11《蜀中名胜记第十一》，上海：上海古籍出版社，2020年，第128页。

⑤ 〔宋〕吕陶：《竹枕》，《全宋诗》卷667，北京：北京大学出版社，1998年，第7795页。

⑥ 〔宋〕文同：《闲乐》，《全宋诗》卷434，北京：北京大学出版社，1998年，第5325页。

的景象是“对江诸夷皆重屋”[①]，这种重屋就是依山而建、错落有致的吊脚楼。重庆府同样有此景象，“皆重屋累居，结舫水居五百余家”[②]，不仅存在吊脚楼，还有以船为家的水上人家。而板屋又是此一地区民居的一大特色。仁宗嘉祐四年（1059），苏轼守母丧毕，九月与弟苏辙侍父苏洵自蜀回京，冬日舟经三峡，他看到夔州地区的民居样式风格是“板屋漫无瓦，岩居窄似庵”[③]，可知长江两岸的山区居民，因取木材较易，建造板屋为多。这其实是巴人“好群伐树木作板”[④]的传统所致，但这种板屋十分简陋，屋顶并无瓦覆盖，而且当地仍不乏凿壁隐居山岩之人。成都双流人郭印，在过夔州巴峡时，感慨此地风物与蜀地大不相同，他用略带兴奋的口吻说：“城居板作屋，江汲地无井。”[⑤]这种木板所造房屋与川西的瓦屋有所不同。但在黔州地区这种情况又有所改观，黄庭坚曾感叹：“（黔州）但比施、夔间，却多瓦屋。梗楠豫章，千尺之材，倒卧涧壑，与岁月共尽，盖绝无工匠到此。”[⑥]房屋覆瓦，大多建筑竹材闲置。总体来看，为了与川东岭谷沟壑纵横的山地地形相适应，川东地区的民居较川西普遍高大，木架结构较为粗犷，从晁公溯说达州“邑屋壮大”[⑦]便可得知。由于川东山高峡深，居民的房屋多建在山间，受制于逼仄的地势，居住空间

① 〔宋〕范成大：《吴船录》卷下，《范成大笔记六种》，北京：中华书局，2002年，第212页。

② 〔宋〕王象之撰，李勇先校点：《舆地纪胜》卷175《重庆府》，成都：四川大学出版社，2005年，第5117页。

③ 〔清〕王文诰辑注，孔凡礼点校：《苏轼诗集》卷1《入峡》，北京：中华书局，1982年，第33页。

④ 〔宋〕李昉等编：《太平广记》卷426《巴人》，北京：中华书局，1961年，第3472页。

⑤ 〔宋〕郭印：《夔州一首》，《全蜀艺文志》卷16，北京：线装书局，2003年，第412页。

⑥ 〔宋〕黄庭坚：《与张叔和通判》，《全宋文》卷2292，第105册，上海：上海辞书出版社，合肥：安徽教育出版社，2006年，第209页。

⑦ 嘉庆《四川通志》卷61《舆地志六十·风俗一》引晁公溯《风土记》，成都：巴蜀书社，1984年，第2188页。

相对狭窄，穷苦百姓可谓比屋相邻，拥挤不堪，楼钥有诗云："益梓尚有繁盛风，夔峡穷民几比屋。"[①] 黔州亦是"人户星居，道路崎岖，多阻崖壁"[②]，印证了"夔峡之间，大山深谷，土地硗确，民居鲜少"[③] 的事实。这些建在山间的房屋多汲水困难，民众生活颇为不便。宋人赵彦之便见"官居民庐，皆在山麓。凿地数百尺而不及泉，故市无井，里无医。……饮诸瀼水，而苦滓秽；引之涧谷，而惧虺毒"[④]，不仅居住条件恶劣，卫生条件亦堪忧。当然，这一区域也不可能完全没有茅屋存在，区位稍西的忠州地势则平缓许多，如北宋苏辙看到的忠州则是"茅屋竹篱三四家"[⑤]，而南宋项安世所见更是全无蔽塞的另一番景象："耕凿林庐满四山，人家境象极宽闲"[⑥]，茅庐可谓掩映在群山之中，反映出当地民众的人居环境较夔峡已相当舒雅。所以这一地区大概是山民居茅茨，而近水之民则以板屋为主。

二、边缘山地少数民族居住风俗区

以民居风俗而论，汉族与少数民族在各个历史时期都有较为明显的差异。在宋代川峡四路地区，四川盆地边缘分布有多支少数民族。他们的居住风格可分为两个亚区，一是以威州、茂州的羌人所居石楼为代表的威茂亚区，二是以川南、川东南夷僚所居树、洞为代表的黔泸亚区。

---

① 〔宋〕楼钥：《送王粹中教授入蜀》，《全宋诗》卷 2538，北京：北京大学出版社，1998 年，第 29364 页。

② 〔宋〕王象之撰，李勇先校点：《舆地纪胜》卷 176《黔州》，成都：四川大学出版社，2005 年，第 5147 页。

③ 〔宋〕度正：《重庆府到任条奏便民五事》，《全宋文》卷 6865，第 301 册，上海：上海辞书出版社，合肥：安徽教育出版社，2006 年，第 80 页。

④ 〔宋〕赵彦之：《北客赋》，《全蜀艺文志》卷 2，北京：线装书局，2003 年，第 43—44 页。

⑤ 〔宋〕苏辙著，曾枣庄、马德富校点：《栾城集》卷 1《竹枝歌》，上海：上海古籍出版社，1987 年，第 6 页。

⑥ 〔宋〕项安世：《忠州》，《全宋诗》卷 2372，北京：北京大学出版社，1998 年，第 27265 页。

（一）威茂亚区

威茂亚区除了威、茂二州，其实还包括西山野川诸部和雅州天全县等邛崃山以西的青藏高原结合部地带。此一区域多为夷、羌等少数民族居住地，民居形式与汉族大不相同，多以碉堡状石楼为主。相传诸葛亮征羌时，每十里作石楼，以便战鼓之声可以相互传应，“今夷人效之，所居悉以石为楼”[①]。像威州诸番亦是“日务涉猎，夜宿碉房”[②]，有所谓“碉房绝岭”[③]之称，可见此种建筑形式的普及程度。当然，真正的原因应与石楼坚厚的特质便于御寒和军事防御有关，《方舆胜览》载：“夷俗叠石为礫以居，如浮图数重门。内以梯上下：货藏于上，人居其中，畜圂于下。高二三丈者谓之笼鸡……十余丈者谓之碉；亦有板屋、土屋者。”这段记载详细描述了川西少数民族住宅的结构和功能，而“旋碉墨蚁轻……据崄石为城”[④]正体现出碉楼的这种防御优势。更为重要的是，以汶川为分界点，存在一条民居风俗地理的分界线，“自汶川以东，皆有屋宇，不立碉礫。豹岭以西，皆织毛毯盖屋，如穹庐”[⑤]，豹岭即岷山岭，显然以岷山为界，东部为汉族居住风俗区，西部则为夷、羌等少数民族居住风俗区。

（二）黔泸亚区

此一区域包括川峡四路南部及川东、川东南大片山地地区，生活于其中的少数民族居住条件仍较为原始。条件较好的是住上与汉族民

① 〔明〕曹学佺撰，杨世文校点：《蜀中广记》卷56《蜀中风俗记第二》，上海：上海古籍出版社，2020年，第604页。

② 〔明〕曹学佺撰，杨世文校点：《蜀中广记》卷32《蜀中边防记第二》，上海：上海古籍出版社，2020年，第340页。

③ 嘉靖《四川总志》卷15《天全六番招讨使司》，《北京图书馆古籍珍本丛刊》第42册，北京：书目文献出版社，1996年，第286页。

④ 〔宋〕李新：《羌俗》，《全宋诗》卷1256，北京：北京大学出版社，1998年，第14184页。

⑤ 〔宋〕祝穆撰，祝洙增订，施和金点校：《方舆胜览》卷55《茂州》，北京：中华书局，2003年，第981页。

众相同的干栏式房屋，如南平蛮的居住方式是“人楼居，梯而上，名为‘干栏’”[1]。干栏居以下部架空的桩柱得名，与上部房屋的结构形制并无确定关系。这种房屋结构很可能也是上层住人，下层放牲畜，像欧阳修所说的“一室之间上父子而下畜豕”[2]虽是指夷陵地区，但可以想见与其毗邻的施州、夔州等地在居住类型上与之不会相差太远。北宋戎州通判熊本也言“夷人居栏栅”[3]，范成大曾在泸州“小住危阑把一杯”[4]，可见这种建筑形式在戎泸等川南少数民族地区颇为盛行。在以今重庆主城为核心的巴渝地区，深山之中的少数民族还有住在树上的情况，“今渝之山谷中有狼猛，乡俗构屋高树，谓之阁阑”[5]。像黔州、泸州等地，夷、僚等少数民族聚居，许多仍以聚落形式居住，甚至“杂居溪洞”[6]、“散处崖穴”[7]，可以说是“山冈是居”[8]，较为原始。北至富顺监这一区域，也是“夷居半岩壁”[9]。邛部州的少数民族居住条件稍好一点，但也甚为简陋，“群居竹篱板舍，不事修饰”[10]。川南

① 《文献通考》卷328《四裔考五》，北京：中华书局，2011年，第9031页。

② 〔宋〕欧阳修著，李逸安点校：《欧阳修全集》卷39《夷陵县至喜堂记》，北京：中华书局，2001年，第563页。

③ 〔宋〕熊本：《乞以南平名军奏》，《全宋文》卷1047，第48册，上海：上海辞书出版社，合肥：安徽教育出版社，2006年，第269页。

④ 〔宋〕范成大：《石湖居士诗集》卷19《泸州南定楼》，《范石湖集》，上海：上海古籍出版社，1981年，第266页。

⑤ 〔明〕曹学佺撰，杨世文校点：《蜀中广记》卷57《蜀中风俗记第三》，上海：上海古籍出版社，2020年，第607页。

⑥ 〔宋〕王象之撰，李勇先校点：《舆地纪胜》卷176《黔州》，成都：四川大学出版社，2005年，第5147页。

⑦ 嘉靖《四川总志》卷14《酉阳宣抚司》，《北京图书馆古籍珍本丛刊》第42册，北京：书目文献出版社，1996年，第282页。

⑧ 〔宋〕晏殊：《晏元献公类要》卷8《梓州路》，清钞本。

⑨ 〔宋〕韩绛：《送周知监二首》，《全宋诗》卷394，北京：北京大学出版社，1998年，第4842页。

⑩ 〔明〕曹学佺撰，杨世文校点：《蜀中广记》卷34《蜀中边防记第四》，上海：上海古籍出版社，2020年，第351页。

少数民族中较好一些的民居也并非没有，当地也有与汉族相同的茅屋形式，如叙州“然夷、汉杂处，蓬户茅檐”[①]；北宋名将林广领兵讨伐泸州蛮乞第时，乞第仓皇逃遁，留下茅屋数间[②]，但这毕竟不是川南少数民族的主要居住形式。

第四节　川峡四路的出行风俗

古代人出行绝非易事，除了充足的旅资支持，还要冒各种风险，如山路的险峻崎岖之苦、水路的覆舟溺亡之险，以及遭遇极端天气、猛兽袭击和强盗土匪等种种横祸的威胁。可以说，古人远行是一种不确定性极高的带有冒险性质的活动。所以有人才感叹曰：在家千日好，出门一日难。宋代虽然经济较前代有长足发展，但毕竟为生产力不发达的封建社会，行旅一事在各方面仍困难重重。川峡四路地区地势复杂，崇山阻隔，大江横贯，北有难于上青天的蜀道，东有夔门天下险的长江，可谓“江形诘曲千回折，岭路崚嶒万屈盘”[③]，人们在出行上仍面临诸多挑战。该地域出行风俗也千差万别，蕴含诸多值得探究之处。本节即将出行风俗分为陆路与水路两大部分加以区别考察。

一、蜀中陆路出行风俗区

（一）出行环境

古时陆地行旅，一大忌惮便是山乡野兽横行，给行旅之人带来很大危

---

① 〔宋〕祝穆撰，祝洙增订，施和金点校：《方舆胜览》卷65《叙州》，北京：中华书局，2003年，第1130页。

② 《续资治通鉴长编》卷393，元祐元年十二月戊戌，北京：中华书局，1992年，第9556页。

③ 〔宋〕石介著，陈植锷点校：《徂徕石先生文集》卷4《送冯司理之任彭州》，北京：中华书局，1984年，第53页。

险，且各种基础设施也是徒有其表，多半是“林深足豺虎，路废空亭邮”[①]。如《茅亭客话》便说到宋初未克蜀之前，剑州、利州之间虎暴尤甚。“商旅聚徒而行，屡有遭搏噬者。……彭蜀近山镇县，暴兽成群，农家不敢放牧及出门采樵，行旅共苦之。”[②] 这种状况，入宋之后并无改观，“蜀峡山谷深夐，鸷兽成群，行人不敢独来往”[③]。巴州的情况亦是，“旁郡境多虎暴，农者不敢朝暮耕，商旅俟众而后行”[④]，县令侯可带领村民制造器械，大范围扑杀，才将虎患平息。陆游在入川途中也对虎患心有忌惮，路上走得小心谨慎，“委身饿虎蹊，心寒道上迹”[⑤]，诗人对路上因发现虎爪印而预示的随时可能出现的危险瑟瑟生畏。即便是入蜀上任的官员，亦将入蜀之路视作畏途。不外乎时人西望蜀道兴叹曰“长蛇并猛虎，杀人吮血，毒气何腥膻”[⑥]，着实令人不寒而栗。

对于士子来说，川陕之间的蜀道往往是赴京省试的必经之路，但此路也同样凶险。《夷坚志》便记载成都人杨起与乡人任皋一同进京赴试，出大散关遇见伥鬼，任皋被虎所食的事。[⑦] 故事虽颇具神怪色彩，但也能从中反映出当时蜀道常存猛兽的状况。金州、洋州之间的驿路也很萧条，人烟稀少，每十里置一驿铺。南宋时一饶风驿铺卒夜幕时分送公文时便在路

---

① 〔宋〕冯山：《安岳冯公太师文集》卷4《送蒲安行诚之秘丞兴州签判》，《宋集珍本丛刊》第14册，北京：线装书局，2004年，第759页。

② 〔宋〕黄休复：《茅亭客话》卷1《虎盗屏迹》，《全宋笔记》第2编第1册，郑州：大象出版社，2006年，第9页。

③ 〔宋〕洪迈撰，何卓点校：《夷坚支丁》卷5《蜀梁二虎》，北京：中华书局，1981年，第1005页。

④ 〔宋〕程颢：《华阴侯先生墓志铭》，《二程集·河南程氏文集》卷4，北京：中华书局，1981年，第504页。

⑤ 〔宋〕陆游：《剑南诗稿》卷3《畏虎》，《陆游集》，北京：中华书局，1976年，第67页。

⑥ 〔宋〕郭祥正：《蜀道篇送别府君吴龙图》，《全蜀艺文志》卷21，北京：线装书局，2003年，第573页。

⑦ 〔宋〕洪迈撰，何卓点校：《夷坚丙志》卷3《黄花伥鬼》，北京：中华书局，1981年，第382页。

旁遇虎，虎有攫噬意。[1] 这再次说明宋代川峡四路陆路行旅多虎患的事实。刘望之在叙州傍水人家停船夜泊时，还说“小市常忧虎”[2]，有人烟的小集市尚且如此，可见当时虎患之甚，显然是威胁行旅之人安全的主要隐患。不仅凶猛的动物对人身行旅构成威胁，有时某些不明来历的动植物亦给出行带来潜在的危险，“川峡间有一种恶草，罗生于野，虽人家庭砌亦有之，如此间之蒿蓬也，土人呼为薮麻。其枝叶拂人肌肉，即成疮炮，浸淫溃烂，久不能愈”[3]。而某些带毒的小蚊，同样给行人带来莫名的危险，如“峡江至蜀，有蟆子，色黑，亦能咬人，毒亦不甚”[4]，足见出入川峡的路途之凶险。

川峡四路的陆路交通以险峻著称，特别是利州路地区所谓的蜀道，在古代其难行程度是人所共知的，唐代李白即写有《蜀道难》予以证明，宋代时蜀道依然给行旅之人带来许多困难。北宋名臣邓润甫有诗云：“南山千里雪，剑阁万盘溪。夜宿星边驿，朝行石上溪。”[5] 可见晓行夜宿以应对复杂的地形是走蜀道的常态。除了常规的剑门蜀道，利州西路地区的高山深谷也并非坦途，宋人张舜民曾感叹：“凡自岷州趋宕州，沿水而行，稍下行夫山中，入栈路，或百十步复出，略崖崄崟，不可乘骑。必步至临江寨，得白江，至阶州须七八日。其所经皆使传所不可行”[6]，亦可见路

① 〔宋〕洪迈撰，何卓点校：《夷坚支丁》卷 5《饶风铺兵》，北京：中华书局，1981 年，第 1006 页。

② 〔宋〕刘望之：《诗二首》，《全宋诗》卷 2046，北京：北京大学出版社，1998 年，第 22985 页。

③ 〔宋〕张邦基：《墨庄漫录》卷 7，《全宋笔记》第 3 编第 9 册，郑州：大象出版社，2008 年，第 90 页。

④ 〔宋〕李昉等编：《太平广记》卷 479《舍毒》，北京：中华书局，1961 年，第 3946 页。

⑤ 〔宋〕邓润甫：《道中咏怀奉寄利州冯允南使君》，《全宋诗》卷 620，北京：北京大学出版社，1998 年，第 7393 页。

⑥ 〔宋〕张舜民：《画墁录》，《全宋笔记》第 2 编第 1 册，郑州：大象出版社，2006 年，第 212 页。

途之险恶。且当时还有“蜀道多山鬼”[1]之说，行走山路过程中蹊跷离奇之事时有发生，无疑给行旅者平添一定的心理负担。

陆路交通还要考虑季节因素，因为“川峡道厄塞，多瘴疠。它时使者行部，多不以春夏出”[2]。像较为偏远的黔州之地，因经济发展比较落后，出行其间的配套设施几乎无从谈起，“路途阔远，亦无馆舍。凡至宿泊，多倚溪岩，就水造餐，钻木出火”[3]，可谓风餐露宿，异常艰苦。唐人戴叔伦行至涪州附近时，叹道：“毒瘴含秋气，阴崖蔽曙天。路难空计日，身老不由年。”[4]虽是唐代记载，但气候这种长时段的地理要素在入宋后应该几无改观。路况的恶劣也是行旅的一大障碍，陆游在涪州看到的仍是“官道近江多乱石，人家避水半危楼”[5]的景象，可见至南宋涪州交通条件还是不好，即使官道也是乱石遍野，无人维护。即便有驿站，也多年久失修，破败不堪，晁公溯在过乐温道借宿新峰驿时，看到“颓垣生秋草，庭庑亦已荒”[6]。毗邻长江的万州也好不到哪里去，“槎牙鸟道没人烟，狼虎交横马不前”[7]，一旦遭遇连阴雨，便是“正怯冲泥傍险行”[8]，真可谓

---

① 〔宋〕郭彖：《睽车志》卷4，《全宋笔记》第9编第2册，郑州：大象出版社，2018年，第212页。

② 〔宋〕沈辽：《张司勋墓志铭》，《全宋文》卷1729，第79册，上海：上海辞书出版社，合肥：安徽教育出版社，2006年，第252页。

③ 〔宋〕王象之撰，李勇先校点：《舆地纪胜》卷176《黔州》，成都：四川大学出版社，2005年，第5147页。

④ 〔明〕杜应芳辑：《补续全蜀艺文志》卷13《渐至涪州先寄王员外》，明万历十七年（1589）刻本。

⑤ 〔宋〕陆游：《剑南诗稿》卷10《涪州》，《陆游集》，北京：中华书局，1976年，第269页。

⑥ 〔宋〕晁公溯：《新刊嵩山居士文全集》卷6《乐温道中》，《宋集珍本丛刊》第45册，北京：线装书局，2004年，第611页。

⑦ 〔宋〕汪元量：《万州》，《全宋诗》卷2668，北京：北京大学出版社，1998年，第44038页。

⑧ 〔宋〕黄庭坚著，任渊等注，黄宝华点校：《山谷诗集注》卷14《万州太守高仲本宿约游岑公洞而夜雨连明戏作二首》，上海：上海古籍出版社，2003年，第350页。

凄凉无助、险象环生。而遇酷暑夏日，官道又无遮阳之处，所谓“中人薄暑遽如许，觅树依凉无好阴”① 正反映了此中情形。但是也有特例，有的地方官会在任内整修道路，开展绿化，如辛仲甫在知彭州时发现“州少种树，暑无所休”，便“课民栽柳荫行路”。② 其孙辛有终移知益州新都县期间也有类似善政，打通了县域的阡陌交通，又“课民植槐、柳、杂果于两旁，未几木阴茂密，邑居便之”③。当然，遇有良吏施予惠政从而改善交通状况的情形毕竟是少数。

关于行旅住宿，当时可能还存在一种借宿的住宿形式，民间有人在特定地点留有空房，旅客自行居住，类似于现今的自助旅舍。南宋项安世在合州弃舟登陆后，便有一次这样的居住体验，他在诗中写道：

> 此土有善俗，江湖人未知。过门随所谒，借宅总相宜。阒静疑无主，餐眠遂及时。客宾俱自爱，不敢坏藩篱。④

“此土”自然是合州，作者认为这种空屋借宿形式是极其舒适便利的，只要“客宾俱自爱”，不破坏房主的物品，则是与人方便的一大善俗。当然，如果旅资尚可或身兼官职，能住进驿舍，则是另一番模样。陆游行至成都府近郊弥牟镇，住进驿舍，不仅可以小酌一杯以解乏，且享受到的待遇是“邮亭草草置盘盂，买果烹蔬便有余”⑤，这当然也可能是大城市周

---

① 〔宋〕洪咨夔：《发阆州》，《全宋诗》卷 2891，北京：北京大学出版社，1998 年，第 34500 页。

② 《宋史》卷 266《辛仲甫传》，北京：中华书局，1977 年，第 9179 页。

③ 〔宋〕苏颂：《职方郎中辛公墓志铭》，《全宋文》卷 1348，第 62 册，上海：上海辞书出版社，合肥：安徽教育出版社，2006 年，第 112 页。

④ 〔宋〕项安世：《自合州出陆所至例借宅宿食略无龃龉闻两川皆然至利夔路则断断不可矣》，《全宋诗》卷 2371，北京：北京大学出版社，1998 年，第 27247 页。

⑤ 〔宋〕陆游：《弥牟镇驿舍小酌》，《全蜀艺文志》卷 16，北京：线装书局，2003 年，第 415 页。

边的驿舍才能具备的便利条件。若换作大安军所在的川北地区，则是“小驿孤灯早闭门”[①]，甚至“市井萧条似破村”[②]，一派颓败之象，给投宿带来很大不便。

（二）出行工具

从出行的交通工具来说，川峡地区山路崎岖，驴自然成为重要的交通工具，陆游那句“细雨骑驴入剑门”[③] 自不必说，潘大临有诗云“蜀山骑驴不回首”[④]，刘克庄亦说“诗句骑驴游蜀后，情怀赋鹏吊湘余”[⑤]，可见，要穿越逶迤的蜀道，驴是行旅坐骑极佳的选择。《邵氏闻见录》曾三言两语讲述了一则故事，说某人入川为官，“妻子乘驴，某自控，儿女尚幼，共以一驴驮之”[⑥]。这本是一则廉洁故事，但从侧面反映出川峡行旅素惯骑驴的事实。应该讲，走剑门蜀道，可将驴瘦小灵活的特点发挥得淋漓尽致。洪咨夔就曾夸赞剑外之驴：“远近关梁接，高低阁栈通。琅珰鸣铎里，谁识木牛功。”[⑦] 说明骑驴过津梁栈道游刃有余，不会有人再想用木牛流马之类的笨重交通工具。除了驴，蜀地还产一种便于骑行的小马，“成都府出小驷，以其便于难路，号为蜀马”[⑧]。当年范镇受到薛奎赏识，与薛

---

① 〔宋〕陆游：《三泉驿舍》，《全宋诗》卷 2156，北京：北京大学出版社，1998 年，第 24311 页。

② 〔宋〕汪元量：《兴元府》，《全宋诗》卷 2668，北京：北京大学出版社，1998 年，第 44039 页。

③ 〔宋〕陆游：《剑南诗稿》卷 3《剑门道中遇微雨》，《陆游集》，北京：中华书局，1976 年，第 84 页。

④ 〔宋〕潘大临：《浯溪》，《全宋诗》卷 1189，北京：北京大学出版社，1998 年，第 13437 页。

⑤ 〔宋〕刘克庄：《后村先生大全集》卷 5《武冈叶使君寄诗次韵》，《宋集珍本丛刊》第 80 册，北京：线装书局，2004 年，第 737 页。

⑥ 〔宋〕邵伯温撰，李剑雄、刘德权点校：《邵氏闻见录》卷 17，北京：中华书局，1983 年，第 188 页。

⑦ 〔宋〕洪咨夔：《平斋文集》卷 4《剑外驴》，《宋集珍本丛刊》第 74 册，北京：线装书局，2004 年，第 803 页。

⑧ 〔唐〕李匡乂：《资暇集》卷中《蜀马》，北京：中华书局，1985 年，第 15 页。

家子弟共同求学于薛奎府第，范镇便是“乘小驷至铜壶阁下”[①]。由于身材矮小，这种马显然负重并不理想，冯山便曾感叹“小马轻舆蜀道难”[②]，并且“不耐寒苦，劣于西北远甚”[③]，这种马虽不甚完美，但仍可视为川峡地区特有的一种交通工具。

而在城市之中，富家子弟则可坐车。“成都诸名族，妇女出入，皆乘犊车。惟城北郭氏车最鲜华，为一城之冠，谓之‘郭家车子’。”[④]这种犊车在蜀中为一时之尚，宋人梅挚在描绘蜀中踏青景象时，有诗云“人游宝历青丝骑，路隘土桥金犊车”[⑤]，足见其在当时是比较排场的出行工具。此外，宋代巴蜀地区女性出行还流行一种叫兜子的交通工具，又曰兜笼，“巴蜀妇人所用，乾元以来，蕃将多著勋于朝，兜笼易于檐负”[⑥]，后来还流行于京师，有取代车舆之势，乘坐比较舒适，盖为轿子的前身。陆游在成都时冬日打猎归来，乘坐一种用油涂饰车壁的车子，“乌丝阑展新诗就，油壁车迎小猎归”[⑦]。川峡地区还流行一种小车即木牛流马，民间称为江州车子，大概是因为诸葛亮当年在江州发明了此车的缘故。[⑧] 这种车还有大小之别，“蜀中有小车，独推，载

---

① 〔宋〕祝穆撰，祝洙增订，施和金点校：《方舆胜览》卷51《成都府》，北京：中华书局，2003年，第917页。

② 〔宋〕冯山：《安岳冯公太师文集》卷11《蜀公和》，《宋集珍本丛刊》第14册，北京：线装书局，2004年，第779页。

③ 〔宋〕陈均编，许沛藻等点校：《皇朝编年纲目备要》卷19《神宗皇帝》，北京：中华书局，2006年，第470页。

④ 〔宋〕陆游：《老学庵笔记》卷2，《全宋笔记》第5编第8册，郑州：大象出版社，2012年，第26页。

⑤ 〔宋〕梅挚：《踏青》，《成都文类》卷9，北京：中华书局，2011年，第190页。

⑥ 〔宋〕高承撰，〔明〕李果订，金圆、许沛藻点校：《事物纪原》卷8《兜子》，北京：中华书局，1989年，第405页。

⑦ 〔宋〕陆游：《剑南诗稿》卷11《雪中感成都》，《陆游集》，北京：中华书局，1976年，第326页。

⑧ 〔宋〕高承撰，〔明〕李果订，金圆、许沛藻点校：《事物纪原》卷8《小车》，北京：中华书局，1989年，第405页。

八石，前如牛头；又有大车，用四人推，载十石。盖木牛流马也”①。

（三）出行习惯与仪式

在一些出行仪式上，川峡地区自有规矩。比如送客，当时成都有送客到新津的习俗，因新津为府河与金马河合流岷江之处，所以“成都及此郡送客毕会”②。这也导致此地旅店业兴盛，“邑中借居，僦舍皆满，县人以为盛”③。此外，成都万里桥也是一处辞行送客的胜地，宋代一般自蜀东去之人皆在此登舟，何耕便有诗云“万里桥边水，朝宗入去吴”④，点出万里桥是成都水陆交通的一个重要起点。当然，如果依依惜别，想再送君一程，则可送到嘉州，“蜀中送客至嘉州归尽”⑤，这就可以与亲友留宿一夜以话别。另外，成都城东南府河与南河交汇的合江亭，亦是自唐代以来送友的宴饯之地，此处往往商舟渔艇汇集，人们多在此设酒送友。⑥ 而说到酒，则是宋代川峡地区送客风俗上不可或缺的道具，人们多喜好把酒相送，并作诗以赠。范成大就曾在慈姥岩与友人“酌别”，“诗成酒尽肠亦断，休唤佳人唱《渭城》”⑦，寄托不舍之情。陆游在送谭德称离成都时，不忘“惟仗诗酒宽无聊”，既

---

① 〔宋〕陈师道：《后山谈丛》卷5，《全宋笔记》第2编第6册，郑州：大象出版社，2006年，第111页。

② 〔宋〕范成大：《吴船录》卷上，《范成大笔记六种》，北京：中华书局，2002年，第193页。

③ 〔宋〕范成大：《吴船录》卷上，《范成大笔记六种》，北京：中华书局，2002年，第193页。

④ 〔宋〕何耕：《春日五首》，《成都文类》卷9，北京：中华书局，2011年，第196页。

⑤ 〔宋〕范成大：《吴船录》卷下，《范成大笔记六种》，北京：中华书局，2002年，第214页。

⑥ 〔宋〕吕大防：《合江亭记》，《成都文类》卷43，北京：中华书局，2011年，第836页。

⑦ 〔宋〕范成大：《石湖居士诗集》卷18《慈姥岩与送客酌别，风雨大至，凉甚。诸贤用中岩韵各赋饯行诗，纷然擘笺。清饮终日，虽无丝竹管弦，而情味有余》，《范石湖集》，上海：上海古籍出版社，1981年，第253页。

打发时间，又为友人送上“祝君好去事明主”① 的美好祝愿。刘望之在出发成都前，即使有些失意憔悴，也是“落拓平生载酒行”②。冯山在送友人赴任兴州签判时，也说“看君晓装发，送客尊酒重”③，把设酒饯行看成送别友人非常重要的礼节仪式。“客舍莫辞先置酒”④，可见“将行进酒”是彼时彼地一大风尚。川峡地区在出行到达目的地后，还有喝软脚酒的习俗，意为让旅途疲惫的双脚能够放松下来得到休息。当时川籍资州诗人李石便有“往来莫便轻泥涂，软脚有酒为君沽”⑤ 的诗句表达对远行友人的惦念。送行时除了酒这个道具，最“抢镜”的便是花。宋人临行还有折花以赠的风尚，往往是“折花随酒记行筹”，而川峡地区此风尤盛。成都周边因为海棠花绚烂妍丽，送行多折海棠见赠，范纯仁有诗云：“乡人折赠情尤重，肯与群花一等看。”⑥ 黄庭坚过巫山时，友人宋楙宗也是折花相送，遂有“插花倾酒对阳台”⑦ 之句。文彦博早年在为一位姓时的郎中送行时说“金酒折芳枝，从此三巴俗”⑧，“三巴”泛指川东巴郡一带，而“折芳枝”自然是折花相赠。看来川峡之地确有出行折花相送之

---

① 〔宋〕陆游：《剑南诗稿》卷 6《临别成都帐饮万里桥赠谭德称》，《陆游集》，北京：中华书局，1976 年，第 157 页。

② 〔宋〕刘望之：《发成都》，《全蜀艺文志》卷 16，北京：线装书局，2003 年，第 412 页。

③ 〔宋〕冯山：《安岳冯公太师文集》卷 4《送蒲安行诚之秘丞兴州签判》，《宋集珍本丛刊》第 14 册，北京：线装书局，2004 年，第 759 页。

④ 〔宋〕王象之撰，李勇先校点：《舆地纪胜》卷 154《潼川府》，成都：四川大学出版社，2005 年，第 4640 页。

⑤ 〔宋〕李石：《方舟集》卷 2《赠杨尉送湫水》，《宋集珍本丛刊》第 43 册，北京：线装书局，2004 年，第 399 页。

⑥ 〔宋〕范纯仁：《范忠宣公文集》卷 3《和阎五秀才折海棠见赠》，《宋集珍本丛刊》第 15 册，北京：线装书局，2004 年，第 393 页。

⑦ 〔宋〕黄庭坚著，任渊等注，黄宝华点校：《山谷诗集注》卷 12《行次巫山宋楙宗遣骑送折花厨酝》，上海：上海古籍出版社，2003 年，第 293 页。

⑧ 〔宋〕文彦博著，侯小宝校注：《文潞公诗校注》卷 7《送时郎中》，太原：三晋出版社，2014 年，第 429 页。

俗，而文潞公此举便从的是三巴旧俗。

同时，宋代川峡地区还有祭行神的习俗，这其中金马碧鸡神是最为有名的。如“蜀客南行祭碧鸡”[①]，此“碧鸡”源自一典，即西汉时期汉宣帝让王褒去益州迎请金马、碧鸡之神，而王褒最终未能应命，客死他乡，后来“碧鸡”遂成为在西南地区有一定影响的民间信仰，因与使者有关，或多或少具有行旅保护神的属性。此诗虽是唐人张籍所作，但宋人对出行祭碧鸡的习俗仍有沿袭，又因王褒为蜀资中人，至宋代其故里仍有金马碧鸡神祠。[②] 宋代成都治内有金马坊，坊侧有祠，当朝就被赐额“昭应”，因为蜀地自古便有天马传说，在成都附近还有安葬天马的马冢[③]，而天马日行千里，或让蜀人暗许为一种行神属性。后金马与碧鸡共坊合流，成为人们出行所共祭的神灵。像宋人李流谦送樊姓漕运使移师泸南时则云“碧鸡坊中驻千骑，裁诗饯送双旌行”[④]，显然为讨吉利，大部人马在碧鸡坊开拔出师。又如苏轼任职汴京时，思念家乡，归心似箭，便咏道：“似知金马客，时梦碧鸡坊”[⑤]，多有祈祷乡土之神佑其平安归家之意。另外，古人应对自然的能力有限，出行时对恶劣天气非常忌惮，夏怕酷暑，冬惧严寒，往往出行之前祈神保佑有良辰相伴。夏季的川峡腹地酷暑难耐，行人多盼雨送凉，洪咨夔在赴龙州任上曾有诗云：“涪山信有灵，送客六月

---

① 〔唐〕张籍：《送蜀客》，《全蜀艺文志》卷 20，北京：线装书局，2003 年，第 537 页。

② 〔宋〕李石：《方舟集》卷 2《题金马碧鸡神祠》，《宋集珍本丛刊》第 43 册，北京：线装书局，2004 年，第 394 页。

③ 〔明〕曹学佺撰，杨世文校点：《蜀中广记》卷 59《蜀中方物记第一》，上海：上海古籍出版社，2020 年，第 632 页。

④ 〔宋〕李流谦：《送樊漕移帅泸南》，《全宋诗》卷 2115，北京：北京大学出版社，1998 年，第 23896 页。

⑤ 〔清〕王文诰辑注，孔凡礼点校：《苏轼诗集》卷 36《凝祥池》，北京：中华书局，1982 年，第 1944 页。

雨。晓行如深秋，午憩无点暑。”[①] 想必这是其祈祷当地神灵后求得的宜行天气。而走南闯北的商人，身携货物与钱款，对平安顺遂的渴望更甚，所谓“行商再拜祈神休”[②] 正在于此，说明其对行神是一拜再拜。此外，南宋绍兴年间的蜀道还流行一位号称“草鞋大王”的行路之神。该神起初只是由于千年古木荫可庇一亩之地，让南来北往的行旅之人有歇脚休息之处，树梢挂满换下的草鞋，结果被一个士人误打误撞戏封为“草鞋大王”。后终因其诚，为负重前行者“送五里”，感动上天，授其为神，得以享祀一方。[③] 从中可以看出，川峡四路地区出行确存在拜行神之俗。

二、川东水路出行风俗区

（一）出行环境

川峡四路地区水网纵横，从西向东分布有岷江、沱江、涪江、嘉陵江等河流，它们都是黄金水道——长江的支流，均可通航。长江贯穿东西两川，由于陆路蜀道难于上青天，而选择水道进出川则显得尤为便利。溯流而上，直达川西平原的成都，顺流而下，则出夔门而达荆楚甚至东吴。这其中位于夔州路的三峡水道，也可称作川江水道，则成了进出川的必经之地，自古文人雅士穿梭蜀地无不往来于此，所以此段水道的出行环境状况最能反映川峡出行风俗的概貌。

李白曾说：“巴水急如箭，巴船去如飞。”[④] 宋时此种情景变化不大。川江水道自古多急流险滩，其中巫峡为川东门户，又以险著称，范成大初

---

① 〔宋〕洪咨夔：《发龙州》，《全宋诗》卷 2892，北京：北京大学出版社，1998 年，第 34522 页。

② 〔宋〕韩驹：《陵阳集》卷 2《题大姑山》，《景印文渊阁四库全书》第 1133 册，台北：台湾商务印书馆，1986 年，第 779 页。

③ 〔宋〕刘昌诗撰，张荣铮、秦呈瑞点校：《芦浦笔记》卷 4《草鞋大王事》，北京：中华书局，1986 年，第 33 页。

④ 〔唐〕李白：《巴州》，《全蜀艺文志》卷 5，北京：线装书局，2003 年，第 103 页。

入巫峡叹曰："束江岸欲合，漱石水多漩。"[①] 最让范成大感到无奈的是，巫峡阴晴不定，水文条件因天气的变化显得极其复杂，"今朝水长不知数，没尽山根苍石堆"，而没掉的石堆则是"东矶西矶尽如削，大滩小滩俱若雷"[②]，可谓暗藏杀机、危机四伏。不仅江水湍急，江中还有一些嗜血生物危及行路人的生命，一旦落水，凶多吉少，"蛟鳄从来患，风波自古愁"[③]。这样的水路行旅条件，不得不让行路人做一些有预见性的准备，以做到有备无患，陆游归蜀时便"亦分作三船"[④]，以备在船只触礁的情况下能够及时替代，可见行走峡路水道之不易。

夔州山峻峡险，是宜船不宜马之地。"蜀江之险，天下共知……马性善惊，闻滩声汹涌，必致跳跃……有覆溺之患。"[⑤] 行船多要靠当地人做向导，"峡江船，须土人晓水势行之"[⑥]。但是夔之为州资源又极为匮乏，修驿站和造船对于地方财政来说都捉襟见肘。汪应辰说："创于沿江荒凉之地，撙办添造船雇人之费，动以万计，风涛沉水之患，亦未保其必无，不知何苦为是纷纷也"[⑦]，可见三峡行旅之艰。行人途中往往也难觅酒家

① 〔宋〕范成大：《初入巫峡》，《全蜀艺文志》卷9，北京：线装书局，2003年，第216页。

② 〔宋〕范成大：《石湖居士诗集》卷16《自巫山遵陆以避黑石诸滩，大雨不可行，泊驿中一日，吏士自秭归陆行者亦会》，《范石湖集》，上海：上海古籍出版社，1981年，第218页。

③ 〔宋〕宋肇：《峡口》，《全蜀艺文志》卷9，北京：线装书局，2003年，第236页。

④ 〔宋〕陆游：《老学庵笔记》卷2，《全宋笔记》第5编第8册，郑州：大象出版社，2012年，第21页。

⑤ 〔宋〕汪应辰：《汪文定公集·附录》，《宋集珍本丛刊》第46册，北京：线装书局，2004年，第137页。

⑥ 〔宋〕江休复：《江邻幾杂志》，《全宋笔记》第1编第5册，郑州：大象出版社，2003年，第168页。

⑦ 〔宋〕汪应辰：《汪文定公集·附录》，《宋集珍本丛刊》第46册，北京：线装书局，2004年，第137页。

投宿，只能“飘摇随水宿”[①]，继续在船上过夜。

（二）出行工具

宋代的川峡地区，尤其是成都，已是“水陆辐辏，商贾所萃”的一方都会，不管是吴蜀之间的商贸行旅，还是四路内部的人员往来，借助纵横其间的大小水道操舟而行，是当时人非常普遍的交通方式。蜀地之船因其自然、水文等特征，有着相较于其他地方船只所不同的设计特点。这种船往往设计得船板薄，船身轻，首尾小，船底阔似鱼腹，非常适应在窄而曲、多激流险滩的川江上航行，俗称蜀船。南宋项安世有诗云“小立江风见蜀船，绣旗朱幔鼓声喧”[②]，指的正是这种船。川江之上还使用一种便利的小艇，“轻波飐鸭头，小艇翔燕尾”[③]，这种燕尾轻舟，轻盈灵活，速度较快。另一种是“片帆风力微”[④] 的单帆小船，行动方便，利于调转船头，躲避激流险滩。以上以灵巧为特点的船型应是载客之舟的主要形式。而由于商品经济的需要，川峡地区载重万斛的大船亦有之，何耕在《虚舟》一诗中道：“君不见江皋车马纷相送，巨艑峨峨船载重。西南使者解官归，水浅着沙牵不动。”[⑤] 这样的船应为大型货船，有的是用巨大的楠竹所造，所谓“巴船百丈，下汉为笪”[⑥]，极为庞大。

（三）出行习惯与仪式

水路行旅亦有祭祀神灵以保平安的风俗，尤其在由水路入蜀的峡江一

---

① 〔宋〕李石：《寒食》，《全宋诗》卷1987，北京：北京大学出版社，1998年，第22290页。

② 〔宋〕项安世：《江山见新知阆州李著作舟至》，《全宋诗》卷2372，北京：北京大学出版社，1998年，第27268页。

③ 〔宋〕邵博：《云安下偶成》，《全蜀艺文志》卷9，北京：线装书局，2003年，第239页。

④ 〔宋〕晁公溯：《合江舟中作》，《全蜀艺文志》卷8，北京：线装书局，2003年，第187页。

⑤ 〔宋〕何耕：《虚舟》，《成都文类》卷8，北京：中华书局，2011年，第167页。

⑥ 〔宋〕黄庭坚：《对青竹赋》，《全蜀艺文志》卷2，北京：线装书局，2003年，第57页。

带，流传有开船之前祭拜长年三老的习俗，长年三老即艄公，也叫梢师，宋祁说“蜀人谓梢师为长年三老”[①]，是对船工的一种尊称。陆游在峡江乘舟入蜀时，平旦开船前，便见“舟人焚香祈神”[②]，以求神能对“陂泽深阻，虎狼出没”的前路予以保护。其实他们所祭之神，很可能就是前辈船工，因为杜甫曾言“长年三老遥怜汝，捩舵开头捷有神”[③]，峡江一带很可能对德高望重且技法娴熟的故去船工有种自然的崇敬，像宋时陆游所见的船工也是念念有词曰“告红头须小使头长年三老，莫令错呼错唤”，显然是祈祷成神的前辈船工可以护佑相送，使小舟安澜无虞，可见此为一种类似于行业神崇拜的行神奉祭。此外，水边岸上的神祇也被行人多有祭祀，长此以往，该祠神亦具行神之职。陆游在泸州合江县时夜泊舟中，不忘登岸拜谒当地的西凉神，他说：“我虽不识神，知是山水人。不敢持笏来，裋褐整幅巾。”[④] 虽然陆游并不知这是何方神圣，但也表现出对神的谦恭，甚至注意到服饰的细节，不敢有些许怠慢。另外，人们出行必占卜，以图吉利，“折竹占行日，吹箫赛水神”[⑤]，一代文人名士陆游在旅途中尚且如此笃信神灵，遑论一般山野村夫。又如泸州合江县江岸有登天王庙，相传祭祀的是平蜀有功的前秦名将吕光，“舟人至县，皆上谒”[⑥]，或以鱼为享，无鱼用腌制的鲊。旅人如此虔诚，无非是希望其能保佑行旅平

---

① 〔宋〕宋祁：《宋景文公笔记》卷中《考古》，《全宋笔记》第1编第5册，郑州：大象出版社，2003年，第61页。

② 〔宋〕陆游：《入蜀记》卷5，《全宋笔记》第5编第8册，郑州：大象出版社，2012年，第202页。

③ 〔清〕黄生撰，徐定祥点校：《杜诗说》卷12《拨闷》，合肥：黄山书社，1994年，第462页。

④ 〔宋〕陆游：《剑南诗稿》卷10《夜泊合江县月中小舟谒西凉王祠》，《陆游集》，北京：中华书局，1976年，第267页。

⑤ 〔宋〕陆游：《剑南诗稿》卷2《移船》，《陆游集》，北京：中华书局，1976年，第46页。

⑥ 〔宋〕范成大：《吴船录》卷下，《范成大笔记六种》，北京：中华书局，2002年，第213页。

安。太宗淳化年间，招安使雷有终派嘉州士人辛怡显出使南诏，过泸水时也需致祭，方可登舟，此俗据说源自诸葛亮征讨南中时的忠告。所以时人“遣本部军将赍金龙二条、金钱三十文，并设酒脯，请先祭享而渡”[①]，祭品有钱有酒，不可谓不厚重。可见在某些特殊水域，渡水致祭是川峡地区民众自古遵循的重要环节。

此外，季节也是行船渡水之人不可忽视的重要因素。古人应对自然的能力低，出于安全的考虑，在可能的情况下，行船多择季节而行。仍以泸水为例，“泸水源出曲罗，两峰有杀气，暑月旧不行”[②]，所以，早在三国时期，当地人渡泸水都尽量避开夏季，旨在规避蜿蜒复杂的险滩，万不得已之下才会铤而走险。同样，在川江行舟，亦有冬夏之别。南宋项安世在送一胡姓友人赴任黎州时也说道：“江南客子赋西征，冬月川江似砥平。”[③] 这是说冬季的川江水道相对安澜，换句话说，如若选择多雨的夏季溯江而上，大概则是水急滩险的另一番景象，恐难遇“似砥平”的通航条件。可见为保安全，在寄希望于神明的同时，出行者也会尽量择时。不过有的人会直接祈愿江神顺风以助，南宋袁说友在卸任四川安抚制置使的归舟上便道：“料得江神知我意，明朝好赠一帆风”[④]，直接向神索要一帆风顺的安澜之旅，可见这种行舟求神的思想还是根深蒂固的。如果说上文多反映的是官家和文人士大夫的行舟拜神之举，那么下面这则史料则直接反映了普通百姓的祭行之俗，洪咨夔在《送范漕赴召》中很直白地写道：

---

① 〔宋〕洪迈：《容斋随笔》卷 4《南夷服诸葛》，《全宋笔记》第 5 编第 5 册，郑州：大象出版社，2012 年，第 62 页。

② 〔明〕杜应芳辑：《补续全蜀艺文志》卷 3《僰道谣》，明万历十七年（1589）刻本。

③ 〔宋〕项安世：《送胡黎州》，《全宋诗》卷 2373，北京：北京大学出版社，1998 年，第 27295 页。

④ 〔宋〕袁说友：《有感》，《全宋诗》卷 2580，北京：北京大学出版社，1998 年，第 29984 页。

嘉州过尽又涪州，到处须判十日留。汲媪畲翁遮道拜，东风未定莫行舟。[1]

可见在川江沿线，不管是汲水的老妇还是耕地的老翁，出行前皆要拜得东风。旅人或船家向大自然或者上天祈祷适合行舟的风力，未有顺风顺水的合适条件，甚至要让客船停留十日之久。另外，峡江一带的民众在发船时讲究击鼓相送，迎船归来亦是如此，宋人李石便有诗云："峡江之人走云雨，送船迎船闻叠鼓。"[2] 这里的"叠鼓"就是轻快的击鼓声，鼓有振奋之意，想必这也是为行船顺利、无灾无难而壮胆祈福。

小　结

物质生活风俗首先是为了满足人们的生存需要产生的，但随着社会的发展、分工的细化和阶层的演进，其内涵又变得日趋丰富。不管是衣食还是住行，皆能体现出民族性、阶级性和地域性，是一种观念的外化。就宋代川峡四路而言，各项物质生活风俗一是体现自然条件的差别，二是体现民族文化的差异。从食俗上看，蜀中所处的成都平原地区，自然条件良好，相应的物产更加丰富，各种蔬菜水果品类繁多，食物精致考究。反观川东、川南一些地方受制于相对贫瘠的土地，农业开发不充分，食材相对蜀中则没有那么丰富，相应的食俗要简陋粗俗一些。而就着装风俗来看，此为一种大尺度下的时代性风尚，地域差异不大，主要体现在汉夷之别。比如川峡四路的广大汉族聚居地区着装风俗与整个宋代其他汉族地区着装

① 〔宋〕洪咨夔：《平斋文集》卷4《送范漕赴召》，《宋集珍本丛刊》第74册，北京：线装书局，2004年，第802页。

② 〔宋〕李石：《舟中示开并寄圆》，《全宋诗》卷1986，北京：北京大学出版社，1998年，第22283页。

风俗基本同步：男士喜戴巾帽，穿凉衫；女子梳高髻，穿青裙。除个别地区的发饰与中东部地区有别，其他着装其实与他路并无本质区别。反倒是汉族与少数民族之间着装差异巨大。由于文化传统的不同，居住在川峡四路边缘的少数民族多“左衽跣足”，衣服材质善用皮革，显然是一派异族风情，这与现今的汉族与少数民族传统服饰的差异是同一道理，并不难理解。居住风俗方面，整个川峡地区，茅屋仍为主要形式，条件好的人家会有瓦屋。特别是成都地区还注意居住环境的营造，善植花草以饰门庭。而川东、川南等地，因潮湿的地理环境则喜好修建干栏式吊脚楼，又因山区多产巨木，川东夔峡地区也有板屋出现。总之，居住风俗既受自然条件所限，也是民族观念的一种体现。最后对于出行风俗来说，陆路和水路在工具上首先具有差异性，陆路出川多骑驴或者蜀马，便于应付崎岖的山路蜀道。而水路出川则乘小艇、蜀船，亦是便于躲避三峡的激流暗礁。在仪式上，陆路、水路皆有祭行神的风俗，这是与当时人们的认识水平相统一的。只是在一些细节上，某地或某一群体之人有一些诸如折花相送、把酒相送、击鼓相迎的出行程式习惯。总之，纵观宋代川峡四路的物质生活风俗，既无法脱离宋这样一个时代的生产力局限性，又体现出不同于全国其他地区的区域特征，是生产发展和观念演进的集中反映。

第四章 宋代川峡四路民风地理

民风是一地之人气质、性格的概括，也可以说是某一区域内居民的群体性格。历代正史地理志，仅有《汉书》《隋书》《宋史》等几部记载有一地之风俗，这其中民风在风俗表述中一般最先提及。宋代川峡四路地域广大，既包括巴又包含蜀，还涉及今贵州北部地区，但仍以巴蜀为主体。考察宋代川峡四路民风，可先从巴蜀民风追溯。那么，下面主要根据《舆地纪胜》和《方舆胜览》两部宋代地理总志，来考察一下宋代四川各路之民风。

第一节 蜀中民风区

蜀中片区主要指古蜀国核心区，今四川成都附近一带，是一个以成都平原为主要地貌的区域，包括西蜀的成都府、眉州、隆州等府军，和东蜀的资州、普州、昌州等地，北及阆州，南达嘉州。此片区不仅涉及成都府路，还涉及潼川府路和利州路部分地区，笔者定义其为蜀中，属于川峡四路最为核心、经济社会最为发达的地区。其民风近古，学风浓郁，民众遵纪守法，总体来讲民风较为淳厚。以眉州为例，苏轼曾说：“吾州之俗，有近古者三。其士大夫贵经术而重氏族，其民尊吏而畏法，其农夫合耦以相助。盖有三代、汉、唐之遗风，而他郡之所莫及也。”[①] 虽不免有吾爱吾乡的成分，但大体可信。现再提炼数个该区域民风特性逐一考察之。

一、多产俊义之士

宋代蜀中地区具有多产俊义之士的民风特点。蜀地文教有优良的传统，特别是川西平原地区，社会经济条件良好，受教育程度较高，地灵而人杰。这里的“俊”应指具有才学的俊杰，“义”应为深明大义、讲求民族大义之意，而俊义之士，应是两种品格兼而有之的人。

首先来看北宋成都一个名不见经传的读书人郝逢，北宋咸平年间，蜀中贼乱，贼寇杀守臣，占郡城，招徕读书人为其所用。这时素日看似性格怯懦的成都儒生郝逢则被盗寇掠去，并威胁若不从则杀之。郝逢摆出一副不与合作的态度，“词气刚愤，不可屈挠”，最终盗寇无奈，只得将其释放。[②] 一个羸弱的读书人，在此种险恶条件下，仍能坚守气节，不被威武所屈，不得不说骨子里确有血性和节义。而如郝逢这样在大是大非面前立场坚定的蜀中之人绝非个例。又如南宋孝宗年间的右丞相赵雄，资州人，自幼受过良好的教育，机敏果敢。对于收复中原，他在面见孝宗时表明的态度是“极论恢复”。在出使金朝过程中，赵雄不卑不亢，与金世宗据理力争。即便遭到金臣多次呵斥，也凛然无畏。“雄既见金主，争辨数四。其臣屡喝起，雄辞益力，卒得请乃已，金人谓之‘龙斗’。”[③] 这种颇带火药味的外交场面，很直观地反映了蜀人赵雄人杰才俊的品格。再如彭州人赵彦呐，年轻时登四川类试第，可谓“少以材称”。南宋开禧二年

---

① 〔宋〕苏轼撰，孔凡礼点校：《苏轼文集》卷 11《眉州远景楼记》，北京：中华书局，1986 年，第 352 页。

② 〔宋〕黄休复：《茅亭客话》卷 7《郝逢传》，《全宋笔记》第 2 编第 1 册，郑州：大象出版社，2006 年，第 54 页。

③ 《宋史》卷 396《赵雄传》，北京：中华书局，1977 年，第 12073 页。

(1206)，吴曦叛宋降金，“以禄禧伪守夔，彦呐结义士杀之，遂显名”[1]。赵彦呐此举不似一般文弱书生所为，反映出蜀人学可为俊彦、战可杀不义的英武之气。同一时期，权知大安军的成都人杨震仲也是“蚤负气节”之人，吴曦叛后招降于他，杨震仲断然拒绝，并称“若首从其招，则诸郡风靡矣。顾力不能拒，义死之”[2]，表示绝不能开此不忠之口，而后自己饮毒而死。又像毕生力主抗金，被誉为“忠义勋名，为中兴第一”[3] 的汉州绵竹人张浚，以及处事皆为国家计，“苟利社稷，死生以之”[4]，被魏了翁称作“禀姿粹夷，操行刚正，临节见义，凛不可夺”[5] 的果州南充人游仲鸿，更是蜀中自不必说的俊义之士代表。以上之人无论官民，虽境遇各不相同，但临事多从大义出发，从某种意义上讲，每个人都在各自身上流露出了“士多俊义”的蜀地民风。

二、好学尚文

蜀中好学之风以西蜀为盛，隆州虽土地贫瘠，只有井盐之利，但“家贫而好学”“颇慕文学”[6]。而眉州自不必说，“学者独盛”，文化气息相当浓厚。以“三苏”和史家李焘为代表的眉州文人群体一度叱咤整个宋代文坛，以致政和御笔“西蜀惟眉州学者最多”，且家家重视书籍和教育，“其民以诗书为业，以故家文献为重。夜燃灯诵声，琅琅相闻”[7]。成都周

---

① 《宋史》卷413《赵彦呐传》，北京：中华书局，1977年，第12399页。

② 《宋史》卷449《杨震仲传》，北京：中华书局，1977年，第13228—13229页。

③ 〔宋〕岳珂：《桯史》卷12《张贤良梦》，《全宋笔记》第7编第4册，郑州：大象出版社，2016年，第307页。

④ 《宋史》卷400《游仲鸿传》，北京：中华书局，1977年，第12149页。

⑤ 〔宋〕魏了翁：《重校鹤山先生大全文集》卷15《奏论故军器监主簿游仲鸿绍熙末年建明宗社大计》，《宋集珍本丛刊》第76册，北京：线装书局，2004年，第724页。

⑥ 〔宋〕祝穆撰，祝洙增订，施和金点校：《方舆胜览》卷53《隆州》，北京：中华书局，2003年，第955页。

⑦ 〔宋〕祝穆撰，祝洙增订，施和金点校：《方舆胜览》卷53《眉州》，北京：中华书局，2003年，第946—947页。

边的彭州，昔号“小成都”，不仅城市繁华锦绣，好文风气亦不弱于大邦。南宋汪元量游此便说：“尚有遗儒头雪白，见人犹自问诗书。”[①] 利州路阆州地处嘉陵江畔，古为賨民所居，民风天性劲勇，到了宋代，则“其民恭俭而文，在西南为佳郡，不减成都”[②]。王辟之也说：“蜀虽阻剑州之险，而郡县无城池之固，民性懦弱，俗尚文学。”[③] 东至潼川府路的昌州，此种好学之风不减，昌州之民竟能做到“比屋谈经史”，在勤于稼穑的同时，还能“俗喜诗书”[④]，可见其民风之好学。

像成都华阳人王珪，从小就机敏出众，语出惊人，他的兄长王琪读到他所作的赋，也是惊叹王珪少有千里之志。后来“珪以文学进，流辈咸共推许。其文闳侈瑰丽，自成一家，朝廷大典策，多出其手，词林称之”[⑤]，可以说是一朝名副其实的大家。南宋绍兴年间，高宗见到上殿奏事的李良臣、蒲贽等蜀中干臣时，认为“极不易得”，不禁感叹“蜀中多士，几与三吴不殊”[⑥]，已承认蜀中地区的人才堪比文献之邦的江南吴地。与西蜀眉州好学之风遥相呼应的是东蜀的普州，其民“朴厚而俗美，士雅素而笃学”。应该说，当时普州“冠带之盛，与西眉并称”。这里山川秀丽，人杰地灵，“蜀东、西川论士所出，必曰眉，曰普。普居山谷间，不能当眉之属县，而人物表表，殆相颉颃”[⑦]，以致有宋一朝便出现了冯澥、刘仪

① 〔宋〕汪元量：《水云集》卷1《彭州歌》，《景印文渊阁四库全书》第1188册，台北：台湾商务印书馆，1986年，第268页。

② 〔明〕曹学佺撰，杨世文校点：《蜀中广记》卷58《蜀中风俗记第四》，上海：上海古籍出版社，2020年，第613页。

③ 〔宋〕王辟之：《渑水燕谈录》卷8，《全宋笔记》第2编第4册，郑州：大象出版社，2006年，第89页。

④ 〔宋〕祝穆撰，祝洙增订，施和金点校：《方舆胜览》卷64《昌州》，北京：中华书局，2003年，第1123—1124页。

⑤ 《宋史》卷312《王珪传》，北京：中华书局，1977年，第10243页。

⑥ 〔宋〕李心传：《建炎以来系年要录》卷111，绍兴七年六月乙卯，北京：中华书局，1988年，第1808页。

⑦ 〔宋〕王象之撰，李勇先校点：《舆地纪胜》卷158《普州》，成都：四川大学出版社，2005年，第4778页。

凤等众多普州籍文士名臣。刘仪凤更是“苦学，至老不倦”[①]，嗜书如命，并喜抄录，在任礼部侍郎兼摄秘书少监时，“凡秘府书籍传写殆遍”[②]，这种好学的性格很可能是年少时受当地学风熏染的结果。而临近的简州，更是有邹鲁之风，到南宋中叶，一郡之邦已四出状元。[③] 资州也是“山川挺秀，多产英奇”“昼经夜史，诵声不绝”[④]。而最东端的昌州则因“士大夫避地者多居焉”，亦是“又多秀民”。[⑤] 可见以成都府为中心，东及普、简、资、昌州，西达眉、隆州一带是蜀中文教最为昌盛的区域。

虽然蜀人好学的名声在外，但因为距离京城较远，他们似乎对为了入仕而奔波去赶考提不起兴趣，“庠塾聚学者众，然怀土罕趋仕进”[⑥]。宋廷注意到这一点，对四川学子给予了特殊优待。绍兴五年（1135），“始试进士于南省，惟四川即试宣抚司，自七年后，又移制置司，迄今不改”[⑦]。这虽有军政方面的考虑，但不难看出对四川类省试的区别对待。因为怕“去行在地远，恐举人赴御试不前”，绍兴二十四年（1154），高宗“诏太学及诸路并以中秋日引试，惟四川则悉用三月十五日焉”[⑧]，唯独让四川学子提前考试。后来，兵部侍郎兼祭酒杨文安考虑到“蜀士多贫，而使之

---

① 《宋史》卷389《刘仪凤传》，北京：中华书局，1977年，第11941页。

② 〔宋〕陈岩肖：《庚溪诗话》卷下，丁福保辑：《历代诗话续编》，北京：中华书局，2006年，第189页。

③ 〔宋〕王象之撰，李勇先校点：《舆地纪胜》卷158《简州》，成都：四川大学出版社，2005年，第4297页。

④ 雍正《四川通志》卷38之5《风俗》，《景印文渊阁四库全书》第561册，台北：台湾商务印书馆，1986年，第241页。

⑤ 〔明〕曹学佺撰，杨世文校点：《蜀中广记》卷57《蜀中风俗记第三》，上海：上海古籍出版社，2020年，第608页。

⑥ 《宋史》卷89《地理志五》，北京：中华书局，1977年，第2230页。

⑦ 〔宋〕李心传：《建炎以来朝野杂记·甲集》卷13《类省试》，《全宋笔记》第6编第7册，郑州：大象出版社，2013年，第212页。

⑧ 〔宋〕李心传：《建炎以来朝野杂记·甲集》卷13《诸路同日解试》，《全宋笔记》第6编第7册，郑州：大象出版社，2013年，第215页。

经三峡，冒重湖，狼狈万里”① 是为一弊，要求中央委派监考官，就地省试，宋廷也予以批准。朝廷宁可改变祖宗旧制，也要照顾这一应试人群，可见蜀地好学风气的影响力和宋廷对蜀地人才的重视。所以《宋史·地理志》总结说“孟氏既平，声教攸暨，文学之士，彬彬辈出焉”②，这应是宋代以来川峡四路兴教设学成果斐然、人才济济的真实写照。这种风气不仅浸染男性，亦惠及女性，竟有所谓“蜀多文妇，亦风土所致”③ 的说法，甚至成都周边有些少数民族的家庭妇女，亦能相夫教子，如宇文邦彦的妻子黎氏，“居家贫甚，观书略通大义，手自编抄，劝相其夫，督励诸子”④，从中可窥见当地尚文之一斑。而且好文之气还不仅限于士子阶层，蜀中市井胥吏往往也略通文墨。杨彦龄在成都时，长兄生子办三日会，衙前听差小吏献诗庆贺，警句迭出，令人称奇。杨氏次日去这些门人的居所参观，屋里并无他物，仅有韵书、杜诗、笔砚等文房用品。⑤ 不仅一般人有一定的文化修养，就连从事歌舞、戏谑之业的优伶也自称孔门弟子，演出内容颇具文化内涵，“蜀伶多能文，绯语率杂以经史，凡制帅幕府之宴集，多用之”⑥，受到达官贵人的青睐。甚至风尘女子亦非等闲，周密说“蜀娼类能文，盖薛涛之遗风也”⑦，可见蜀人好文风气之炽。相关研究也

---

① 〔宋〕李心传：《建炎以来朝野杂记·甲集》卷 13《类省试》，《全宋笔记》第 6 编第 7 册，郑州：大象出版社，2013 年，第 212 页。

② 《宋史》卷 89《地理志五》，北京：中华书局，1977 年，第 2230 页。

③ 〔宋〕陶穀：《清异录》卷下《文用门》，《全宋笔记》第 1 编第 2 册，郑州：大象出版社，2003 年，第 88 页。

④ 天启《新修成都府志》卷 27《贞烈传》，《中国地方志集成·四川府县志辑》第 1 册，成都：巴蜀书社，1992 年，第 385 页。

⑤ 〔宋〕杨彦龄：《杨公笔录》，《全宋笔记》第 1 编第 10 册，郑州：大象出版社，2003 年，第 150—151 页。

⑥ 〔宋〕岳珂：《桯史》卷 13《选人戏语》，《全宋笔记》第 7 编第 4 册，郑州：大象出版社，2016 年，第 318 页。

⑦ 〔宋〕周密撰，张茂鹏点校：《齐东野语》卷 11《蜀娼词》，北京：中华书局，1983 年，第 195 页。

显示，北宋时期川峡四路的人才主要集中于成都府路和梓州路，又以成都府路独占鳌头，科举人数远高于其他三路，且川西至川东的人才数量逐渐递减。[①] 从中也可见蜀中地区文风之盛。特别是西蜀，有崇文过度之嫌，甚至显得过于文弱，“西川自唐刘辟构逆后，久无干戈，人不习战。每岁诸道差兵屯戍大渡河，蛮旗才举，望风而溃”[②]，可见西蜀之人毫无缚鸡之力，阳刚之气尽失。

蜀中好文之风浓郁，也与唐末该地接收了相当一批关中高素质移民有关，正如蒙文通先生所说：“重以僖宗幸蜀，中原士族播迁西土，风流文物集于两川，一方人文之盛，自蚕丛启宇以来，固未有及于宋者。”[③] 这从某些细节中可见端倪。眉州名士唐庚曾为两位邑人徐夫人和史子深分别撰写墓志铭，在前者的墓志铭中，唐庚说这位徐夫人“其先京兆人，唐末避地，遂家于眉州丹棱”，其人不仅持家有方，而且“教其子问学，连年取科名”[④]，可见像徐夫人这样的唐末京兆后裔，落户蜀中与当地人结合，成家立业者应不在少数。而另一位以文学知名于乡里的史子深，也是“系出鲁国，后徙杜陵。唐末入蜀，遂家于眉”[⑤]。这只是冰山一角，实际上还有相当一部分西蜀宋人墓志铭带有“随僖宗入蜀”“五代末徙蜀”等字眼。据祝尚书研究，唐、五代从中原、关中流向蜀中的移民活动持续了一个多世纪，且这些皆是为了躲避战乱而自发的移民行为，而有能力和远见

---

① 魏恩燕：《试论宋代川峡四路科举人才的分布——以〈宋登科记考〉为中心》，贵州师范大学硕士学位论文，2018 年。

② 〔宋〕孙光宪：《北梦琐言》卷 5《闭门避蛮》，《全宋笔记》第 1 编第 1 册，郑州：大象出版社，2003 年，第 67—68 页。

③ 蒙文通：《古地甄微》，《蒙文通文集》第 4 卷，成都：巴蜀书社，1998 年，第 180 页。

④ 〔宋〕唐庚：《唐先生文集》卷 10《徐夫人墓志铭》，《宋集珍本丛刊》第 31 册，北京：线装书局，2004 年，第 671 页。

⑤ 〔宋〕唐庚：《唐先生文集》卷 10《史子深墓志铭》，《宋集珍本丛刊》第 31 册，北京：线装书局，2004 年，第 672 页。

迁徙的这部分人群往往是以知识分子和官宦世家组成的“衣冠之族”。[①]这些优秀文化血液的注入，为蜀地重塑了尚文基因，蜀人“仕进者尚少”的局面在宋代被逐渐打破。

三、豁达乐观

豁达乐观似乎是蜀人与生俱来的特质，《汉书·地理志》便说蜀人“俗不愁苦”，似乎乐观已融入了蜀人的血液，成其自带基因，加之成都平原优渥的自然条件，使得该地之人生活相对容易，便于养成安逸享乐的秉性。具体来看，这种乐观的人生态度可以表现在一些细节上，比如遇事不斤斤计较，甚至近乎厚道。宋时，陆游便举了两个例子来说明蜀人的这种厚道：一是说何耕类省试夺魁却被怀疑是在卷子上留了暗号，二是说师浑辅被其弟冒名赴省试，最终登第入仕。这两件事虽然蜀地之人尽知，却无一人去议论告发。科举决定人一生的命运，并非小事，蜀人却将两件疑似科举舞弊之事看得如此平淡，陆游不禁感叹曰：“此事若在闽浙，讼诉纷然矣。”[②] 紧接着陆游又谈一事来说蜀人的乐观豁达，事说杜起莘因为清贫俭朴，赴任不带家眷，得到宋高宗的赏识，后被擢升为谏官。张真父与他开玩笑说，其他人也是无妻妾独处，为何只有你得到提拔，该不是向皇上击鼓鸣冤去了吧。结果两人大笑，并未因此感到尴尬。官场臣僚之间往往尔虞我诈，戒心重重，能毫无芥蒂地开玩笑至此已属不易。陆游也对蜀人的豁达不无感慨：“起莘方为言事官，而真父戏之如此，虽真父豪气盖一时，亦可见向来风俗之厚。”[③] 不外乎常年在蜀为官的晁公溯有言

---

① 祝尚书：《论宋代文化中的“眉山现象”》，《四川大学学报》（哲学社会科学版）2004 年第 3 期。

② 〔宋〕陆游：《老学庵笔记》卷 3，《全宋笔记》第 5 编第 8 册，郑州：大象出版社，2012 年，第 36 页。

③ 〔宋〕陆游：《老学庵笔记》卷 3，《全宋笔记》第 5 编第 8 册，郑州：大象出版社，2012 年，第 36 页。

“巴蜀之俗喜为朋比，以阔略不事事为贤”[1]，这虽是久居官场的一句牢骚话，但反映出蜀人之间较为宽容、率性的人际关系。

北宋阆中籍名臣陈尧佐的孙子陈知雄做派豁达乐天，甚至有些放浪形骸，不拘小节。他做过将作监的主簿，后又迁至光禄寺丞，由于为人“倜傥任气节，喜赒人之急”，所以经常顶撞上司，以致仕途早早戛然而止。治平年间，宋廷有意诏其复仕，他却拒而不受，而是选择退居乡里，饮酒作诗，治宅种田，平日纵游诙谐，喜欢与人开玩笑。有一次大病，别人都以为陈知雄要死了，他却平安无事，转危为安。别人问他什么原因，他说“他人病者忧死，病而有忧，所以益病且衰也。我病即待死尔，不忧，故不衰”[2]，颇像今天战胜病魔的心理疗法。从陈知雄身上多少可以窥见蜀中之人乐天知命、豁达开朗的性格特征。

《鸡肋编》还记载了一个叫任忠厚的蜀人，并不说其人有无文采，只说其生得大高个，穿长袍不及脚踝，还患有眼疾，形象多少有些滑稽，但平日喜戏谑他人。有一次他开玩笑惹恼了朋友，朋友恶语相向，说他相貌如此仍嘲谑他人，也不反观自己的德行。任忠厚见友人怒，自己赶紧吟诗一首自嘲之：“有个官人靡恃己，著领蓝袍罔谈彼，面上带些天地玄，眼中更有陈根委。”[3] 一首夹杂着《千字文》的打油诗瞬间缓解了与友人之间的不悦。还有位叫陈克成的成都人，雍熙年间进士及第，真宗时做过刑部郎中，此人“性旷达，善谈谑，势利澹然，临终自为墓志”[4]，如此看淡名利与生死，且自作墓志铭，不可谓活得不通透。不仅如此，东西两川

---

① 〔宋〕晁公溯：《新刊嵩山居士文全集》卷29《上宰相小柬五》，《宋集珍本丛刊》第45册，北京：线装书局，2004年，第698页。

② 〔宋〕毕仲游撰，傅惠成点校：《西台集》卷13《陈水部墓志铭》，《西台集（外三种）》，上海：上海古籍出版社，2016年，第215—216页。

③ 〔宋〕庄绰撰，萧鲁阳点校：《鸡肋编》卷中，北京：中华书局，1983年，第65页。

④ 〔明〕曹学佺撰，杨世文校点：《蜀中广记》卷42《蜀中人物记第二》，上海：上海古籍出版社，2020年，第432页。

之人还常相互轻薄，互相看不起，西川人就说："梓州者，乃我东门之草市也。岂得与我耦哉？"[①] 这种自负轻蔑的语气，可能并非真正厌恶，只是逞一时之快，不过蜀人诙谐幽默之态则跃然纸上。不仅民间如此，宋代蜀中官场也时有趣事发生。华阳主簿张唐辅，某一日恰巧与并不相熟的文鉴大师一同谒见以枢密直学士主政成都的张逸，等待过程中，张唐辅竟因头痒，把自己头上的幞头解下，直接戴到了文鉴大师头上，并说"见大师头闲，遂且权顿少时"[②]，可见其幽默谐谑。从以上这些不胜枚举的诙谐蜀人来看，此种性格禀赋已非个例，应是蜀人乐观、诙谐天性所表现出来的群体性格，亦多半为一方风气使然。

四、尚奢

蜀地古来繁富，在五代孟昶时期，后蜀便因豪奢无度而亡国，遂有"蜀国富且庶，风俗矜浮薄。奢侈极珠贝，狂佚务娱乐"[③] 之句。虽然宋初太祖、太宗都提倡节俭，但承平以后，整个大宋奢侈之风依旧不减。真宗朝之后，随着商品经济的发展，成都又逐渐发展成西南一繁华都会，整个成都府路的蜀中核心区，经济条件与全国相比亦属中上，奢风再度弥漫，《太平御览》便载："蜀土富贵，时俗奢侈，货殖之家，侯服玉食，婚姻葬送，倾家竭产。"[④] 可见但凡财力达得到，富贵人家吃穿用度不惜金钱，以奢为尚，以俭为耻。张俞在送杨钧廷赴任温江时便以"邑大而赋

---

① 〔宋〕钱易：《南部新书》卷辛，《全宋笔记》第1编第4册，郑州：大象出版社，2003年，第96页。

② 〔宋〕江少虞：《宋朝事实类苑》卷67《谈谐戏谑》，上海：上海古籍出版社，1981年，第892页。

③ 〔宋〕黄休复：《茅亭客话》卷6《悼蜀诗》，《全宋笔记》第2编第1册，郑州：大象出版社，2006年，第47页。

④ 〔宋〕李昉等：《太平御览》卷471《人事部·富上》，北京：中华书局，1960年，第2165页。

烦，地坏而货殖，俗侈而诈，吏豪而奸”[①] 来告诫杨氏，侈风浓郁之地的根源难治。南宋嘉定年间，黄畴若知成都府，治蜀期间也是致力于改变成都的奢侈风气，“旧俗颇崇侈饰游，公革以俭”[②]。另外，益部多游宴，每逢节庆，太守往往带头出游、宴请[③]，显然财政支出较为铺张，劳民伤财。每年春季，成都海云寺盛况空前，锣鼓喧天，车马鼎沸，范镇说道：“春日金田欢且哗，始因民俗好纷奢”[④]，此言不虚。此俗本书将在后续章节展开论述，但应该肯定的是，宋代以成都府路为核心的蜀中地区尚奢之风炽烈。这种奢侈之风当然是建立在蜀中富庶的基础之上的，得天独厚的自然条件，使得这方水土有着天然优越的生存资料。宦游一生的蜀人李新在回到故里后，无不感叹：“某走匝天下，及还西南，乃始觉风俗恬熙，人物洁丽，饮食居寝，几华胥氏之国也。”[⑤] 这里的“恬熙”即安乐之意，而“华胥氏之国”则是传说上古时不知饥馑、如世外桃源般的富贵乡。可见宋代蜀中确实是人安业乐，有着奢侈的物质基础。

第二节　盆北民风区

该区域所指为四川盆地北部区域，大体沿盆地走势成弧状分布。从行政区划来看，包括利州路北部的成州、阶州、文州、西和州、凤

---

① 〔宋〕张俞：《送杨钧廷评赴治温江序》，《成都文类》卷 22，北京：中华书局，2011 年，第 453 页。

② 〔宋〕刘克庄：《后村先生大全集》卷 142《焕学尚书黄公神道碑》，《宋集珍本丛刊》第 82 册，北京：线装书局，2004 年，第 432 页。

③ 《续资治通鉴长编》卷 189，嘉祐四年三月己未，北京：中华书局，1985 年，第 4554 页。

④ 〔宋〕范镇：《和阎寺丞海云寺》，《成都文类》卷 5，北京：中华书局，2011 年，第 83 页。

⑤ 〔宋〕李新：《上席徽猷书》，《全宋文》卷 2885，第 134 册，上海：上海辞书出版社，合肥：安徽教育出版社，2006 年，第 1 页。

州、洋州、金州，也包括成都府路的茂州和威州。后者虽属成都府路，但在地形上已属于四川盆地西北边缘和青藏高原东缘的交界地带，民众多以羌人、戎人为主，善弓马骑射，是典型的少数民族聚居区。整个盆北民风区地近北方，地势较蜀中为高，气候较寒凉，土质亦厚，民族构成汉戎参半，其人半秦，民风多朴鲁而劲悍，遂将其划为一区，做整体考察。

一、勇悍

利州路位于川峡四路北部，西端地接秦陇，东端地近荆楚，此路民风与巴蜀核心区域有明显差异。其人多半有北方人劲勇好斗的性格特点，又因该地长期位于宋金前线，民众亦习武善射。西和州“其俗悍劲”①；汉中（兴元府）则是“其气强梁”②，而“强梁”一词就是强横凶暴之意，后世直接指出该地“尚气勇斗”③；文州直接是“其俗视吾蜀不类，颇同秦、陇”④；阶州更是“人尤悍劲，性多质直。其人半秦，多勇戆”⑤，王允中更直接指出“阶州并边，风俗尚武，人不知学，夫子庙像仅存，不庇风雨”⑥，文庙的破败不堪间接反映了该地的尚武情结；而成州则是“迫近戎、狄，修习战备，尚气力，以射猎为先”，北宋景祐元年的进士石洵

---

① 〔宋〕祝穆撰，祝洙增订，施和金点校：《方舆胜览》卷70《西和州》，北京：中华书局，2003年，第1219页。

② 〔宋〕祝穆撰，祝洙增订，施和金点校：《方舆胜览》卷66《兴元府》，北京：中华书局，2003年，第1148页。

③ 嘉靖《陕西通志》卷40《政事五・风俗》，明嘉靖二十一年（1542）刻本。

④ 〔宋〕祝穆撰，祝洙增订，施和金点校：《方舆胜览》卷70《文州》，北京：中华书局，2003年，第1226页。

⑤ 〔宋〕祝穆撰，祝洙增订，施和金点校：《方舆胜览》卷70《阶州》，北京：中华书局，2003年，第1233页。

⑥ 〔宋〕王允中：《宋故降授西上合门使新就差知镇戎军事兼管内劝农使兼管勾泾原路沿边安抚司公事武功县开国男食邑三百户上骑都尉郭公墓志铭》，《山右冢墓遗文》，太原：三晋出版社，2018年，第101页。

直说“其民质朴劲勇，有崆峒之气”[①]，这里的“崆峒之气”应指一种尚武的气概。这种民风特点自然是与此一区域地杂羌、氐有一定关系，同时由于地处深山，当地民众基本都是务农习猎，生产方式原始，也造就了该区域人群性格朴直、勇武的特点。苏轼、苏辙兄弟二人在家乡眉州有一位名叫巢谷的朋友，此人科举不第，独爱武艺，擅长弓马骑射，为此便游学于川峡北部的秦凤一带，苏辙说他“闻西边多骁勇，骑射击刺为四方冠，去游秦凤、泾原间”[②]。秦凤路地域广大，虽主体在西北，但南部就包括后来利州路的成州、凤州一带，由此也可粗知这一区域确实是民风彪悍，与西蜀的文乡眉州相去甚远，多为习武之人所慕之地。

南宋时期，此一区域亦猛将迭出。比如南宋成州人张威任天水军守，在抗金斗争中，多次击败金人，屡立奇功。“威初在行伍，以勇见称，进充偏裨，每战辄克，金人闻其名畏惮之”，并且张威作战异常勇猛，“临陈战酣，则精采愈奋，两眼皆赤，时号‘张红眼’，又号‘张鹘眼’”[③]，足见利州西路片区民风之彪悍。此外，南宋末年坚守合州钓鱼城的名将张珏即为利州路凤州人，他与主将王坚协力战守城池，致使蒙古军攻打九个月而不能下，人号为“四川虓将”[④]，“虓将”即猛将之意，亦反映出此一区域民风之勇。推而广之，考察大众群体，亦概如此。张浚在初到川陕抗金一线主持防务时，便“尤以搜揽豪杰为先务，一时气义拳勇之士争集麾下”[⑤]。反过来说，也反映了这一区域有“豪杰”和“气义拳勇之士”存在。无独有偶，南宋洪咨夔在送徐隆庆守金州的一首饯行诗中，给徐氏提

① 〔宋〕祝穆撰，祝洙增订，施和金点校：《方舆胜览》卷70《同庆府》，北京：中华书局，2003年，第1221—1222页。

② 〔宋〕苏辙著，曾枣庄、马德富校点：《栾城集》卷24《巢谷传》，上海：上海古籍出版社，1987年，第1436页。

③ 《宋史》卷403《张威传》，北京：中华书局，1977年，第12215页。

④ 《宋史》卷451《张珏传》，北京：中华书局，1977年，第13280—13281页。

⑤ 〔宋〕朱熹：《晦庵先生文集》卷95上《少师保信军节度使魏国公致仕赠太保张公行状》，《宋集珍本丛刊》第59册，北京：线装书局，2004年，第340页。

出了建设性意见："以人才为武库，以人心为金汤。"[①] 可见金州之地，人才辈出，可为"武库"，这里的"人才"显然是指能征善战的武将之材。再如洋州"好气勇斗如燕赵"[②]，"燕赵之气"自不必说是慷慨刚强的，此一区域民风与之相类。所以成、凤、洋、金等盆北各州，人性勇悍绝非浪得虚名。如果说史载名将只代表个例的话，那么民间群体更能反映一地之民风。乾道八年（1172），兴元府、洋州等地招募乡勇义士以自保，得到孝宗的首肯，权发遣利州崔渊上言曰"伏见蜀地偏在一隅，与关陇相接，故近西之民皆英气奋发，刚健敢勇"[③]，道出了此一区域民风彪悍的原因。这一点在普通百姓的事迹中也可窥见一斑，《夷坚支志》载兴元府（今汉中）一农户上山砍柴，行畬田狭径，其下为泥沼地，突遇猛虎。虽然相去丈许，但该农人"跳坐其背，以刀乱斫之"[④]，最终虎被救援者射杀，农人也因力尽惊怖而亡，但农人的胆识着实令人惊叹，无怪此地"其气强梁"[⑤]。

龙门山以西的威、茂二州为农牧交错地带，民风汉夷兼具，与成都平原的奢侈之风相异，该地之民"以耕稼畜牧为生，静约不侈"[⑥]，"虽羁蜀郡县，而不以中国之法治之"[⑦]。特别是茂州，更是"以勇悍相高，《诗》

---

① 〔宋〕洪咨夔：《用蜀行送徐隆庆守金州》，《全宋诗》卷 2892，北京：北京大学出版社，1998 年，第 34513 页。

② 〔清〕陈梦雷等辑：《古今图书集成·方舆汇编·职方典》卷 531《汉中府风俗考》，清雍正铜活字本。

③ 《宋会要辑稿》兵 1 之 35，上海：上海古籍出版社，2014 年，第 8619 页。

④ 〔宋〕洪迈撰，何卓点校：《夷坚支丁》卷 5《蜀梁二虎》，北京：中华书局，1981 年，第 1006 页。

⑤ 〔宋〕祝穆撰，祝洙增订，施和金点校：《方舆胜览》卷 66《兴元府》，北京：中华书局，2003 年，第 1148 页。

⑥ 嘉靖《四川总志》卷 3《成都府》，《北京图书馆古籍珍本丛刊》第 42 册，北京：书目文献出版社，1996 年，第 58 页。

⑦ 〔宋〕范镇：《送冯枢密还朝诗序》，《全宋文》卷 870，第 40 册，上海：上海辞书出版社，合肥：安徽教育出版社，2006 年，第 270 页。

《书》之训阙如"[1]，《太平寰宇记》也说："此一州本羌戎之人，好弓马，以勇悍相高，诗礼之训阙如也"[2]，基本将这一区域定位为"号为难理"[3]的行政片区。这一判断并非危言耸听，直至北宋神宗年间，该区域州治之外仍被羁縻州的蕃部首领统摄，其性反叛无常，肆意扰民之事时有发生，"蕃以昏夜入州，剽掠民家六畜。及入茂州，辄取货于民家，遣州将往赎之，与之讲和而誓，习以为常，民甚苦之"[4]，可见其人目无法纪，蛮横无理。相邻的威州因民族构成与之相差无几，所以民风相类，亦是"人尤劲悍，性多质直，工习射猎"[5]，这样的民风固然与开化未深的后天因素有关，但其勇悍之天性亦显而易见。

二、耿直

利州路北部地区，以现在政区划分来看属于陕西南部和甘肃东南部地区，由于处于南北方交界地带，其人略带北人的耿直气概不足为怪。像凤州地连三秦，其民则"质直好义"[6]。而茂、威两州虽地处成都府路，但由于民族构成的缘故，"六夷七羌九蛮错处之俗，犹有遗者"[7]，所以民众

---

① 〔宋〕祝穆撰，祝洙增订，施和金点校：《方舆胜览》卷55《茂州》，北京：中华书局，2003年，第981页。

② 〔宋〕乐史撰，王文楚等点校：《太平寰宇记》卷78《剑南西道七·茂州》，北京：中华书局，2007年，第1574页。

③ 〔宋〕祝穆撰，祝洙增订，施和金点校：《方舆胜览》卷55《茂州》，北京：中华书局，2003年，第981页。

④ 《续资治通鉴长编》卷274，熙宁九年四月戊戌，北京：中华书局，1986年，第6707页。

⑤ 〔宋〕王象之撰，李勇先校点：《舆地纪胜》卷148《威州》，成都：四川大学出版社，2005年，第4432页。

⑥ 〔宋〕祝穆撰，祝洙增订，施和金点校：《方舆胜览》卷69《凤州》，北京：中华书局，2003年，第1212页。

⑦ 〔宋〕洪咨夔：《平斋文集》卷21《蒲南强落致仕差知茂州制》，《宋集珍本丛刊》第75册，北京：线装书局，2004年，第189页。

也是“性多质直”[①]。这种质直的性格，于武可表现为人尤劲悍、工习涉猎，而于文则表现为耿介如石、刚正不阿。南宋时期任职监察御史的威州人谢方叔便是这样一个人。作为一个品阶不高的官员，他对皇上直言上谏，句句一针见血。他曾直言，皇帝左右的大小官员，进奏忧虑、危险、恐惧言论的人，是向皇上表达忠心者；进奏安乐、闲逸言论的人，是不忠于皇上者。凡是奏报有水旱灾荒、盗贼造反的人，一定是忠臣；而凡是奏报阿谀奉承以蒙蔽皇上的人，一定是奸臣。他对皇帝的日常也敢直言警示：“陛下享玉食珍羞之奉，当思两淮流莩转壑之可矜；闻管弦钟鼓之声，当思西蜀白骨如山之可念。”[②] 这种有可能触犯龙颜、得罪群僚的话，谢方叔直言不讳，可见其性格之耿直无畏。利州北部府州民风也较淳朴，文同知洋州时便说：“疆界甚远，而民人朴淳；牒诉不繁，而狱犴希少。比之前治，事不及于一分。”[③] 虽有歌功颂德的成分，但不得不说洋州一地确实民淳事简。这份淳朴中还自带几分庄重，“士鲜佻达，无浮丽”[④]，可以看出，整个盆北民风透出一股敦厚之感。同时，此种性格还多少带有一点偏激和执拗，像阶州之人，“忿争轻生，动辄自尽”[⑤]，可谓质直而刚烈。

相较于川峡四路其他区域而言，盆北一区之民最接近一般意义上的西北之人。而西北之人的特性，时人宋祁给出过这样一番论述：“（西北）其土高而水寒，其生物寡，其财确，其为人毅而近愚，食淡而勤生，士沉

---

① 〔宋〕王象之撰，李勇先校点：《舆地纪胜》卷148《威州》，成都：四川大学出版社，2005年，第4432页。

② 《宋史》卷417《谢方叔传》，北京：中华书局，1977年，第12510页。

③ 〔宋〕文同：《洋州谢到任表》，《全宋文》卷1099，第51册，上海：上海辞书出版社，合肥：安徽教育出版社，2006年，第21页。

④ 光绪《阶州直隶州续志》卷8《风俗》，清光绪十二年（1886）刻本。

⑤ 〔清〕陈梦雷等辑：《古今图书集成·方舆汇编·职方典》卷561《巩昌府风俗考》，清雍正铜活字本。

厚而少慧，屈之不挠。”① 虽宋祁盖指整个西北，但至少从西、阶、成、凤的川峡四路之“西北”来看，民风特性亦基本与之相符，大概一方水土的确是造就一方之人的主因。

第三节 川东民风区

川东地区大体为夔州路所辖范围，古为巴、汉、庸、蜀交错地带，人口结构复杂，民风气质多含少数民族血统中的豪勇之气，且卓尔不群，天性烂漫。

一、任侠尚气

对于这一区域，李埴在《鱼复捍关铭》中说：“其人则强毅精敏，嗜义负勇。”② 像涪州这样古代巴人核心区则是“人多戆勇”③，看似有些鲁莽之气，但此种勇是因义而发，并不是匹夫之勇。如夔州民风便是“其人豪”④，这种“豪”多少带些豪爽的侠义色彩；而达州则更直白挑明为“任侠尚气”⑤，突出了任侠的气质；忠州也是“士颇尚气”⑥，这种气被

---

① 〔宋〕宋祁：《宋景文公笔记》卷下《杂说》，《全宋笔记》第1编第5册，郑州：大象出版社，2003年，第65页。

② 〔宋〕李埴：《鱼复捍关铭并序》，《全蜀艺文志》卷44，北京：线装书局，2003年，第1331页。

③ 〔宋〕祝穆撰，祝洙增订，施和金点校：《方舆胜览》卷61《涪州》，北京：中华书局，2003年，第1067页。

④ 〔宋〕祝穆撰，祝洙增订，施和金点校：《方舆胜览》卷57《夔州》，北京：中华书局，2003年，第1008页。

⑤ 〔宋〕祝穆撰，祝洙增订，施和金点校：《方舆胜览》卷59《达州》，北京：中华书局，2003年，第1040页。

⑥ 〔宋〕祝穆撰，祝洙增订，施和金点校：《方舆胜览》卷61《咸淳府》，北京：中华书局，2003年，第1072页。

称作“尚气倜傥”[①]，而且“倜傥不群”[②]，从“倜傥”二字看，是指一种飒爽豪迈、洒脱不羁的样子，“不群”多少可以看出些桀骜不驯。看来川东尚气已是不争的事实，只是这种所尚之气不只是简单的负勇之气，而是一种行侠仗义的潇洒豪气。据说此等民风一是源自古巴国将军巴蔓子借兵平叛后，为保忠信两全，仗节死义的遗风，二是受三国时期甘宁行侠仗义品行熏染的结果。再者，此一区域濒临大江，气候差热，容易让人形成果敢泼辣的作风，早在晋代的《华阳国志》对这一区域便载：“土地山险水滩，人多戆勇。”[③]宋人袁燮也说：“巴蜀天险，民生其间，类多劲武，勇于战斗，其天性也。”[④]此奏疏写于宋金对峙时期，虽多少有战争动员的意味，且将巴与蜀混为一谈，但也可说明地理环境确对民风的塑造具有一定作用。险峻的地势容易造就人刚毅果敢的性格，而炎热的天气又使人精神萎靡而易躁，明人何宇度便指出：“重、夔四面皆山，城基少土，冬虽不寒，夏则最热，六七月间，裸体终日，瞶瞶如醉梦中。”[⑤]几如今天重庆一带，受副热带高压影响，夏日闷热，易使人的性格火暴，进而行事霸蛮，道理大体相类。所以，川东地区戆勇蛮豪、任侠尚气是其民风基调。

北宋中期爆发的张海领导的农民起义，波及京西路大部地区，义军在今陕西、湖北交界处活动，甚至一度南下至今重庆一带。在张海被镇压后，欧阳修曾上书曰：“今张海虽死，而达州军贼已近百人，又杀使臣，

---

① 嘉靖《四川总志》卷9《重庆府》，《北京图书馆古籍珍本丛刊》第42册，北京：书目文献出版社，1996年，第169页。

② 雍正《四川通志》卷38之5《风俗》，《景印文渊阁四库全书》第561册，台北：台湾商务印书馆，1986年，第238页。

③〔晋〕常璩撰，刘琳校注：《华阳国志校注》卷1《巴志》，成都：巴蜀书社，1984年，第83页。

④〔宋〕袁燮：《絜斋集》卷4《论蜀札子二》，《景印文渊阁四库全书》第1157册，台北：台湾商务印书馆，1986年，第39页。

⑤〔明〕何宇度：《益部谈资》卷上，北京：中华书局，1985年，第11页。

其势不小。”[①] 虽说义军不可能全为达州人，但其被击溃后，反而在达州一地纠集过百，卷土重来，不能不说也与当地任侠尚气的民风有一定关系。又如“渝州李光吉辈三族旁夷落”，从众千人，“凭阻逞暴，纳亡命，聚边杂，杀掳剽夺，郡县不能禁”[②]，可谓嚣张，足见川东豪侠民风之盛。此外，宋人吴曾在《能改斋漫录》中讲述了北宋末年，渝州僚人赵谂蓄意谋反伏法被诛的事。对此，吴氏评价曰：“然渝州风俗，从古如此。”[③] 他将赵谂的行为归结为风俗使然，显然是说渝州之地的民风自古便是桀骜不驯，自带反骨。《蜀中广记》更是给出了一个区域范围：“其封域，东至黔江县界二百里，西至酆都县界，南至武隆县界，各百七十里，北至忠州界百二十里，编户三里。其民悍而好斗，兵马称强，间有所调遣，辄踊跃趋赴”[④]，群体性格火暴逞强，易被煽动，似民间所称“一点就着”之秉性。而此一区域也正包含忠州、黔州等川东主要州府。

究其原因，不仅与其地“山屏水堑，险介重阻”[⑤] 的地理环境有一定关系，毕竟大山大河塑造人的劲勇之气，更多的还是川东地区在文教方面不及川西。这在吕陶给渝州知州王叔重的墓志铭中有所体现，吕陶说：“（王叔重）在渝州，不卑陋其俗，葺乡校，集诸生，躬自课试，以补不学少儒之弊。”[⑥] 正因为渝州有不学无术的“少儒之弊”，王叔重才自行办

---

① 〔宋〕欧阳修著，李逸安点校：《欧阳修全集》卷103《论澧州瑞木乞不宣示外廷札子》，北京：中华书局，2001年，第1571页。

② 〔宋〕吕陶：《太中大夫武昌程公墓志铭》，《全宋文》卷1611，第74册，上海：上海辞书出版社，合肥：安徽教育出版社，2006年，第73页。

③ 〔宋〕吴曾：《能改斋漫录》卷14《张天觉送凌戡归蜀记》，《全宋笔记》第5编第4册，郑州：大象出版社，2012年，第139页。

④ 〔明〕曹学佺撰，杨世文校点：《蜀中广记》卷39《蜀中边防记第九》，上海：上海古籍出版社，2020年，第396页。

⑤ 〔宋〕李埴：《鱼复捍关铭并序》，《全蜀艺文志》卷44，北京：线装书局，2003年，第1331页。

⑥ 〔宋〕吕陶：《知渝州王叔重墓志铭》，《全宋文》卷1613，第74册，上海：上海辞书出版社，合肥：安徽教育出版社，2006年，第94页。

学以正风俗。黄庭坚被贬黜黔州后也说："黔州风俗夸陋，士人绝不知学。"[①] 士人尚且如此，遑论平民。可见人不知学、缺乏儒学教化，是整个川东地区民风任侠尚气、好勇斗狠的重要原因。当然，这种任侠尚气，也可能与当地经济条件欠发达、人的生存压力大有关，陆游就曾说："忠州在峡路，与万州最号穷陋。"[②] 而王十朋在主政夔州时也说："夔、峡之间土狭民贫，面皆菜色，衣不蔽体，非江浙、荆湖诸路之比。"[③] 可见宋代川东地区民生比较艰苦，生活条件十分有限。在此种状况下，人往往会做些铤而走险之事，民生其间风气渐为蛮野便不足为奇了。那么，民遇棘手之事，如果不走作奸犯科之路，而走官方合法途径，则造就了当地人善讼之俗。魏了翁曾说"峡俗嚣讼"[④]，度正也说夔峡之间"风俗蕞陋，讼牒纷然"[⑤]，说明夔峡之民既顽固又好争讼，这与该地民智未开，常常受到巫觋的蛊惑也有一定关系。同时，这种人多地狭的地理环境也导致人与人之间摩擦增多，喜欢斤斤计较。[⑥] 像渠州邻山县即"俗很健讼"[⑦]。可见贫苦之地不仅让人好勇斗狠，还迫使人喜讼好争。

二、朴野

此外，这一区域还残留一些古代巴人的浪漫主义情怀，表现出朴野的

---

① 〔宋〕黄庭坚：《山谷别集》卷15《与柳毅升书》，《宋集珍本丛刊》第26册，北京：线装书局，2004年，第239页。

② 〔宋〕陆游：《老学庵笔记》卷5，《全宋笔记》第5编第8册，郑州：大象出版社，2012年，第65页。

③ 〔宋〕王十朋：《夔州论马纲状》，《全宋文》卷4619，第208册，上海：上海辞书出版社，合肥：安徽教育出版社，2006年，第216页。

④ 〔宋〕魏了翁：《中奉大夫知邛州李公骏墓志铭》，《全宋文》卷7126，第311册，上海：上海辞书出版社，合肥：安徽教育出版社，2006年，第328页。

⑤ 〔宋〕度正：《重庆府到任条奏便民五事》，《全宋文》卷6865，第301册，上海：上海辞书出版社，合肥：安徽教育出版社，2006年，第80页。

⑥ 刘锡涛：《宋代江西文化地理研究》，陕西师范大学博士学位论文，2001年。

⑦ 〔宋〕李降：《梁子中墓志铭》，傅增湘原辑，吴洪泽补辑：《宋代蜀文辑存校补》卷40，重庆：重庆大学出版社，2014年，第1338页。

气质，朴是质朴，野则可以理解为一种浪漫天性。如渠州“其人勇健，好歌舞”[①]。又如大竹县地理位置特殊，“疆域界夔梓之间，歌舞带巴渝之俗”[②]。宋人周文璞有诗云“教得巴童歌舞好，侍郎千万却归休”[③]，反映了这一区域能歌善舞的民风习尚。特别是利州路阆州、巴州所居之人为古代賨人的后代，因居渝水边，天性烂漫，喜巴渝舞。这种巴渝舞其实就是军前舞，不仅使参战者得以进行战前军事训练，还能在歌舞之中昂扬斗志、凝聚人心。所以，巴人组建的军团勇不可当、所向披靡。另外，不仅战前要歌舞，年节喜庆、祭祀祖先都要举行歌舞活动。像巴州即“安于简俭，以歌舞遨游为乐”[④]。同时，又因賨人当初为汉代的前锋，数次杀敌陷阵，所以也是“天性劲勇”[⑤]。故“刚悍生其方，风谣尚其武”[⑥] 是此一区域的真实写照。这其实与其民族构成的复杂性有密切关系，像涪州更是汇聚了四种民族的后裔，“涪俗四种：曰夏、巴、蛮、夷。夏则中夏之人，巴则廪君之后，蛮则盘瓠之种，夷则白虎之裔”[⑦]。民族构成极为复杂，相对应的民风也是瑰丽多姿，既有中原人的朴实，也具少数民族的豪放。这种民风在放任自流的情况下，或许显得野蛮彪悍，但若遇能臣稍加治理，又会变为朴野、淳厚。宋人张景宪知梁山军时，“梁山（军）介于川

---

① 〔宋〕王象之撰，李勇先校点：《舆地纪胜》卷 162《渠州》，成都：四川大学出版社，2005 年，第 4908 页。

② 嘉靖《四川总志》卷 7《顺庆府》，《北京图书馆古籍珍本丛刊》第 42 册，北京：书目文献出版社，1996 年，第 136 页。

③ 〔宋〕陈起编：《江湖小集》卷 57《怀何月湖》，《景印文渊阁四库全书》第 1357 册，台北：台湾商务印书馆，1986 年，第 454 页。

④ 嘉靖《四川总志》卷 6《保宁府》，《北京图书馆古籍珍本丛刊》第 42 册，北京：书目文献出版社，1996 年，第 122 页。

⑤ 《文献通考》卷 328《四裔考五》，北京：中华书局，2011 年，第 9028 页。

⑥ 〔宋〕王象之撰，李勇先校点：《舆地纪胜》卷 175《重庆府》，成都：四川大学出版社，2005 年，第 5118 页。

⑦ 《文献通考》卷 321《舆地考七》，北京：中华书局，2011 年，第 8763 页。

陕，民俗乖戾，至有父子异居、而杀人以祭鬼者”[①]。经过张景宪一番齐风教、严惩戒的革新，民众不敢犯。上文提到的渠州邻山县，在知县梁子中的“谆谆谕之”下，也“始变为礼仪之俗”。[②] 至南宋时，梁山军风俗“阅旬无讼”，其民已“未尝造难听之讼以溷有司，守居萧然”[③]，民风得到极大改观。晁公溯也表达了类似看法：“（梁山其民）外椎鲁而诡谲根诸中，玩易法令，若亡所惮者。及犯而刑，始惧，号呼祈免，已复如初，不迁也”[④]，一副鲁钝无知、目无法纪的形象，但一旦严加管理，则知畏惧。即便有些学问的人，也多少显得腼腆而内秀，叶梦得就曾回忆自己儿时的老师达州人乐君，说他“生巴峡间，不甚与中州士人相接，状极质野而博学纯至”[⑤]，妻子呵斥他，小儿取笑他，皆不怒，总是笑嘻嘻的，俨然一副不善与人交际却朴实无华的学究形象。所以，宋杨辅帅曾评价夔州路言：“州人淳实，土风拙朴。”[⑥] 陆游入蜀时亦曾感叹：“巴东了无一事，为令者可以寝饭于亭中，其乐无涯。”[⑦] 王十朋曾咏一诗，精辟总结了川东夔俗，认为当地人本性淳朴，加强引导、重视人治才是根本：

---

① 〔宋〕范纯仁：《太中大夫充集英殿修撰张公行状》，《全宋文》卷 1555，第 71 册，上海：上海辞书出版社，合肥：安徽教育出版社，2006 年，第 305 页。

② 〔宋〕李降：《梁子中墓志铭》，傅增湘原辑，吴洪泽补辑：《宋代蜀文辑存校补》卷 40，重庆：重庆大学出版社，2014 年，第 1338 页。

③ 〔宋〕祝穆撰，祝洙增订，施和金点校：《方舆胜览》卷 60《梁山军》，北京：中华书局，2003 年，第 1048 页。

④ 〔宋〕晁公溯：《梁山县尉厅题名记》，《全宋文》卷 4699，第 212 册，上海：上海辞书出版社，合肥：安徽教育出版社，2006 年，第 55 页。

⑤ 〔宋〕叶梦得：《避暑录话》卷下，《全宋笔记》第 2 编第 10 册，郑州：大象出版社，2006 年，第 325 页。

⑥ 嘉靖《四川总志》卷 10《夔州府》，《北京图书馆古籍珍本丛刊》第 42 册，北京：书目文献出版社，1996 年，第 194 页。

⑦ 〔宋〕陆游：《入蜀记》卷 6，《全宋笔记》第 5 编第 8 册，郑州：大象出版社，2012 年，第 217 页。

风俗无难易，治之端在人。
古夔尤易治，风俗本来淳。①

可见川东之俗虽有与生俱来的野性，但并不能掩盖淳朴的底色。纵观川东一区的民风，“任侠尚气”与“朴野”是两个高频词。

小　结

纵观宋代川峡四路民风，以益州路和梓州路为主的蜀中大部有多产俊乂之士、尚文、豁达乐观、尚奢等主要特点，这归根结底还是因该区域自然条件优渥，经济发展良好，教化昌明。“仓廪足而知礼节”，富庶的成都平原造就了蜀中这样一种乐天知命、崇学尚文的风气，商品经济的极大繁荣也为日常生活的众多奢侈之举创造了可能。反观盆北与川东，自然条件的恶劣与经济发展的滞后，使其民性格粗犷而刚烈。川北的勇悍和耿直是因地近秦陇、民近北人的一种地缘浸染。而川东的任侠尚气、天性烂漫，更多的则是少数民族血统使然，教化的缺失使豪侠风气恣意生长。这三块民风区，蜀中与川东基本对应了先秦的巴蜀之别，巴人的勇武与蜀人的文弱可以说千年未渝，至宋依然延续了这种一脉相承的民风格局。而盆北一区，从现在行政区划来看，已跳出川渝，属于陕南和甘东南地区，秦巴山地的奇伟和五方杂处的特质，让流淌着秦人血脉的邑人有着与巴蜀之人不同的秉性，所以，自然环境与移民的因素使盆北在民风上自成一区。从纵向来看，川峡地区由北及南，民风的粗犷程度有一个递减的趋势，简单来说，可以理解为利州地区最粗犷，梓州次之，益州又次之，直至成都周边所在的蜀中则风柔雨缓，偏于文弱。魏了翁在初到任汉州时说：

① 〔宋〕王十朋：《州宅杂咏 · 易治堂》，《全宋诗》卷 2036，北京：北京大学出版社，1998 年，第 22842 页。

“（汉州）旁接涪、潼之境，中居梁、益之间。民力渐殚，讵催科之敢急；土风微犷，尤教化之当先。”[①] 汉州在成都北，已显得“微犷”，需要施以教化，可见由剑门入川这条南北民风带上“强梁”程度是由北至南渐衰的。

① 〔宋〕魏了翁：《汉州到任谢表》，《全宋文》卷7053，第309册，上海：上海辞书出版社，合肥：安徽教育出版社，2006年，第58页。

第五章 宋代川峡四路民间信仰风俗地理

民间信仰是风俗事象中相当重要的内容，由于其是世界观的组成部分，且对其他风俗因子产生重要影响，人们的生活习惯和行为方式都受世界观的支配，所以考察风俗地理不能不对民间信俗予以高度重视。[①]

宋代川峡四路地区地域广大，存在诸多神灵崇拜，民间信仰较为兴盛。其中神祇多样性、前贤人物崇拜及生祠盛行、好鬼信巫为三大主要特点。多样性是指神的性质无所不包，既有天地山川、日月星辰，又有龙潭灵物、圣草仙花。前贤人物崇拜则是指该地对历代贤臣名将的崇拜，蜀地三国文化根基颇重，遂当地民众对三国人物的崇拜最为虔诚。同时在宋代生祠崇拜的大背景之下，川峡地区对当朝名宦悍将的崇拜亦较为炽烈，特别是南宋川峡北部作为抗击金元的前线，卫国武将迭出，又加深了这一区域生祠崇拜的程度。而好鬼信巫则是川东地区的一大信仰特色，近楚之便，使得巫风不散。邑人病不求医、笃信巫觋是此一区域众所周知的事实。在这些共性的前提之下，川峡地区的民间信仰也存在区域差异，尤以几种祠神信仰作为因子加以区分最为显著。本书将川峡地区分为三大民祀区，分别为川西北民祀区、川中南民祀区、川东民祀区，另有差异在亚区

① 参见张伟然：《湖南历史文化地理研究》，上海：复旦大学出版社，1995 年，第 191 页。

中体现。总体来讲，川西北以信奉灌口二郎神、梓潼君为主，川中南以射洪神信仰为主，川东又以张飞信仰和壁山神信仰为主。但此中分法也仅本着拎大放小的原则，只能说以上信仰是对应区域最为重要、最具代表性的民间信仰，次重要的民间信仰会在亚区中有相应交代，其中也不免有各信仰相互杂糅的区域，但鉴于宋代川峡地区民间信仰众多，只能以此做粗略的分区归纳，现分述如下。

第一节　川峡四路民间信仰的区域特征

一、川峡四路民间信仰的多样性

正如前文所述，川峡四路地区多大山大水，山谷纵横，江河遍布，奇特瑰丽的自然地貌造就了此一区域自古以来多神崇拜的现实。至宋代，不仅佛教、道教在此区域得到了前所未有的发展，民间信仰也在这方沃土被孕育得枝繁叶茂。据康文籍研究，四川地区大体存在自然神、鬼灵和人物神信仰三种形式[①]，这还不包括川峡四路中非四川地区的信仰形式。这其中既有古代传说人物和上古帝王的崇拜，比如盘古、巫山神女、古蜀王蚕丛之类，成都双流县便有盘古祠[②]，忠州则有祭祀大禹的古祠[③]，又有灵物信仰，比如龙神信仰。

龙神，为行云布雨之神，掌管世间云雨变化之事。龙神崇拜，应该是中国非常古老的信仰。追溯其起源，最早应是中国古代的四灵崇拜。所谓

① 康文籍：《宋代四川地区民间信仰研究——以祠庙为中心》，西南大学硕士学位论文，2009年。

② 〔明〕曹学佺撰，杨世文校点：《蜀中广记》卷5《蜀中名胜记第五》，上海：上海古籍出版社，2020年，第55页。

③ 陆游有诗云："古郡巴蛮国，空山夏禹祠。"见〔宋〕陆游：《剑南诗稿》卷10《忠州禹庙》，《陆游集》，北京：中华书局，1976年，第269页。

四灵，即麟、凤、龟、龙四种神兽。《礼记・礼运》："麟、凤、龟、龙，谓之四灵。"四灵中的龙灵，为统领水族的代表之神。川峡四路地区龙神信仰同样受邑人所追捧，祭祀龙神之处，虽以求雨之需为多，但也不乏祷求平安的普世祈愿。像后世成都锦江之上的五龙庙，祭祀的便是宋代血食于江安的龙神，当时庙名曰安济，此龙神潜于江崖之下苍暗寒碧的深潭中，"水旱疫疠，人有急难，丐休于神，随祷辄应"[①]。这种对于龙的崇拜，不仅限于龙本身，还延展为对龙女和龙所居之处的崇拜。益州城西北隅便有一座龙女祠，"每旱潦祈祷，无不寻应"[②]。此龙神来头不小，自唐代即有，自称是西山滋茂池的龙君，当年曾托梦地方官将其祠移入城门外，以便往来。宋代田况署理益州期间，重修了该龙祠并为之作记。偶遇天旱，百姓需奏乐高歌，虔诚祈祷，则大雨是夕普降。[③] 此外就是对龙潭等龙居之所的崇拜，潼川盘龙河南四十里有龙潭，"每岁旱，有祷即应"[④]。川南荣州亦有龙潭，"其水澄湛，深浅不测。岁或亢旱，邑多祈祷获应"[⑤]。永康军入山七八十里有一慈母池，水面有五色彩，投入石头、木块即升腾黑气，传为龙居之处，每遇岁旱，也是无不寻应。[⑥] 此池之龙与彭州蒙阳湫神还有姻亲关系，两神每岁一会，兴云布雨，电闪雷鸣，令人生畏。[⑦] 川峡北部的金州有一石洞，内有白石龙一条，"每旱，必往

---

① 天启《新修成都府志》卷3《祠庙》，《中国地方志集成・四川府县志辑》第1册，成都：巴蜀书社，1992年，第66页。

② 〔宋〕黄休复：《茅亭客话》卷5《龙女堂》，《全宋笔记》第2编第1册，郑州：大象出版社，2006年，第45页。

③ 〔宋〕田况：《益州增修龙祠记》，《全宋文》卷636，第30册，上海：上海辞书出版社，合肥：安徽教育出版社，2006年，第51页。

④ 嘉靖《潼川志》卷1《地理志》，钞本。

⑤ 〔宋〕王象之撰，李勇先校点：《舆地纪胜》卷160《荣州》，成都：四川大学出版社，2005年，第4856页。

⑥ 〔宋〕黄休复：《茅亭客话》卷5《慈母池》，《全宋笔记》第2编第1册，郑州：大象出版社，2006年，第44页。

⑦ 〔宋〕李昉等编：《太平广记》卷424《蒙阳湫》，北京：中华书局，1961年，第3454页。

祈请”。而东部的夔峡亦有类似的石洞，过往船只多焚香祭拜，呼龙王则水出。[①] 可见全蜀各境都有对龙神的崇拜，而其又与祈雨求水关系密切。

川峡地区关于龙的福报故事也较多，《夷坚志》记载潼州一位姓梁的冶陶人，受龙王阴佑而生意兴隆，后老龙王托梦请他为九位龙子建祠，并许其荣华福泽的故事。旧的白龙庙是“灵响寂寂”，新祠建成后，“其后以亢阳祷祈雨，不移日而降。梁之生理益富于昔云”。[②] 而简州的白龙庙所祀之神则是唐代当地邑人茹荣，其事母至孝，殁而为神。[③] 可见龙神信仰，或者说与龙相关的信仰，深刻镌入川峡四路民众的日常生活中。文同在兴元府时作《北禅龙井》一诗，诗中写道：

> 城北神龙去几年，近日人言归旧止。澄潭沈沈不可近，百步之外毛骨起。今年兴元辄愆雨，众恳问龙求滴水。香烟才上云满空，一夜滂沱遍千里。[④]

也真实地反映了川峡北部民众信仰龙神、上香祈雨的场景。这首诗也体现了龙神赐雨的高效，香烟才上便“云满空”，之后换来的是一夜的普降甘霖，可见龙神信仰的灵应性极强。

川峡地区的某些盐井之神也被视作龙神所化，如陵州的盐井在后蜀末

---

① 〔宋〕王巩：《闻见近录》，《全宋笔记》第2编第6册，郑州：大象出版社，2006年，第24—25页。

② 〔宋〕洪迈撰，何卓点校：《夷坚支甲》卷2《九龙庙》，北京：中华书局，1981年，第726页。

③ 天启《新修成都府志》卷3《祠庙》，《中国地方志集成·四川府县志辑》第1册，成都：巴蜀书社，1992年，第68页。

④ 〔宋〕文同：《丹渊集》卷13《北禅龙井》，《景印文渊阁四库全书》第1096册，台北：台湾商务印书馆，1986年，第632页。

年不产盐，被当地百姓认为是白龙随霹雳自井而出所致[1]，显然盐为白色，井为龙好居之所，则盐井之神便被附会成了一条白龙。而夔州大昌盐井中也往往有龙盘踞，或黄或白，被当地人视作盐卤的化身。[2] 总之，川峡地区与龙相关的民间信仰相当普遍，多与司水有关，龙喜好委身的洞、井之穴亦成为龙神信仰的附属元素被民众一并崇祀。

由于民间信仰的功利性，农业社会民众所关心的是风调雨顺，至于施雨者为何方神圣似乎并不那么看重，所以类似于龙神且能够司雨的神灵也能挤入信仰空间。比如成都附近许多女性祠神都有司雨职能，灵池县（今成都龙泉驿区）朱真人洞北二十里“得褚圣女祠，化迹尤异，民咸事之”[3]。同时，川峡四路地区还存在对自然洞穴的崇拜，比如万州的龙女洞、涪州的大石洞，都是水旱祈祷有应的仙洞。[4] 又如兴元府南郑县青石关一石洞深不可测，“岁旱祷雨辄应，土人谓之小南海”[5]。此洞之水源则来自利州绵谷县北的龙背洞，是地下水汇合嘉陵江而来。这些神灵作为龙神的补充，为水旱从人的美好愿望保驾护航。另外，村野小神也遍布川峡四路各地，比如苏东坡就曾记述眉州青神县有猪母佛，相传有牝猪伏诛于此，化为泉，泉里有二鲤鱼，谓之猪龙。蜀人谓牝猪为母，而立佛堂其上，故以名之。某人为父求医路过此地，被一负琴者强留一夜，结果躲过

---

① 〔宋〕释文莹：《玉壶清话》卷 3，《全宋笔记》第 1 编第 6 册，郑州：大象出版社，2003 年，第 110 页。

② 〔宋〕李昉等编：《太平广记》卷 424《盐井龙》，北京：中华书局，1961 年，第 3455 页。

③ 〔宋〕潘洞：《圣母山祈雨诗并序》，《成都文类》卷 5，北京：中华书局，2011 年，第 80 页。

④ 〔宋〕王存撰，王文楚、魏嵩山点校：《新定九域志》卷 8，《元丰九域志 · 附录》，北京：中华书局，1984 年，第 682—683 页。

⑤ 乾隆《南郑县志》卷 2《舆地下》，《中国地方志集成 · 陕西府县志辑》第 51 册，南京：凤凰出版社，2007 年，第 13 页。

了一起盗匪劫杀之灾。[1] 显然负琴者为猪母佛所化，保护了此人的性命安全。从中我们可以看出，像这种灵物信仰在川峡四路地区占据一定信仰空间。川峡四路各地的龙潭神祠、湫神祠、池神祠、潭神祠比比皆是，散布于四路的南北东西，它们多在北宋崇宁、大观年间被集中赐予封号，赐额多带“泽”“济”等寓意[2]，显示了其润泽霈霖的神职特性和朝廷对此类神灵的认可。

在自然神信仰中，天公信仰自古有之。古人往往与生俱来保持着对冥冥苍天的崇拜，天的形象则被具化为天公，“巴、蜀间，于高山顶或洁地建天公坛，祈水旱”[3]。至于这种设坛的形式，则很可能是川峡地区受道教影响较为深刻的结果。其次是对日月星辰的崇拜，比如荣州依然有对月亮的崇拜，建有明月祠，“其神如圆月，民祀以求福”[4]。除了月神，水神在中国古代极为常见。因为长江为四渎之首，而古人又认为长江发源于岷山，所以宋代成都建有祭祀长江的江渎庙，而江渎神是成都府民众所信奉的重要神灵之一。南宋袁说友便言“江四渎首，而祠实主四蜀，故渎祠为甚重，他无与”[5]，强调了江渎神主佑川蜀而他郡不可比的事实。文彦博年少时曾随父亲赴眉州为幕官，过成都时入江渎庙观画壁，祠官接之甚勤。原来，昨夜江渎神已启示祠官要洒扫祠庭，因明日有宰相过。日后文彦博确实位极人臣，他在知成都任上遭遇大旱，便斋居三日，祷于庙中，

---

① 〔宋〕苏轼：《东坡志林》卷 3《猪母佛》，《全宋笔记》第 1 编第 9 册，郑州：大象出版社，2003 年，第 61 页。

② 《宋会要辑稿》礼 20 之 120、121，上海：上海古籍出版社，2014 年，第 1051 页。

③ 〔宋〕孙光宪：《北梦琐言》佚文三《雷公箓》，《全宋笔记》第 1 编第 1 册，郑州：大象出版社，2003 年，第 243 页。

④ 〔宋〕王象之撰，李勇先校点：《舆地纪胜》卷 160《荣州》，成都：四川大学出版社，2005 年，第 4859 页。

⑤ 〔宋〕袁说友：《东塘集》卷 19《跋御赐江渎庙碑》，《宋集珍本丛刊》第 64 册，北京：线装书局，2004 年，第 455 页。

随即大雨如注，庄稼获得丰收。[1] 当时的成都官民遇水旱疾疫必祷之江渎庙，“如谒父母，十祷十应”[2]，可见神惠民有信、于民有功。另据《夷坚丙志》记载乾道元年，蜀地小溪县令买一妾，育有子女，多年之后，却在调任他处后另觅新欢，做了负心汉。妾得知后，哀怨自己身世凄苦，泣而祷于成都郊外的江渎庙，并提刀自刎以殉情。不久县令便遭报应而死，可见江渎庙灵应迅疾。[3] 正因为“神实惠于民，民奉之不忘”[4]，所以自文彦博帅蜀时起，便命刺史承祀唯谨。另外，大江发源于西蜀而朝宗于海，万里泽被，受益无穷，祭祀江神在宋代蜀人看来有一种以“节宣天地之气”的神圣性。所以正如胡宗愈所说：“盖祀事之修，备严唐制；而庙貌之盛，爰自本朝”[5]，一语道出江渎神在宋代蜀中的兴盛。江有神，泉亦有神。在隆州，隋代仁寿年间百姓避僚乱于山顶，无水而致祷，则飞泉涌出，而后此地便被视为灵地，建庙以祭。[6] 而兴元府牛头山亦有泉神祠，在南宋绍兴年间被赐额“惠济”[7]。水是人们生产生活的必备资源，尤为世人所重，祭拜江泉一类的水神可能有助于保障人们对水资源的占有和利用，可见此类水神是当时川峡地区民众所信仰的一类自然神灵。

各种山神也为川峡四路民众所崇祀，像怀安军金堂县有云顶山神，在

---

① 〔宋〕邵伯温撰，李剑雄、刘德权点校：《邵氏闻见录》卷9，北京：中华书局，1983年，第96—97页。

② 〔宋〕袁说友：《东塘集》卷19《跋御赐江渎庙碑》，《宋集珍本丛刊》第64册，北京：线装书局，2004年，第455页。

③ 〔宋〕洪迈撰，何卓点校：《夷坚丙志》卷4《小溪县令妾》，北京：中华书局，1981年，第398页。

④ 〔宋〕冯浩：《江渎庙醮设厅记》，《成都文类》卷32，北京：中华书局，2011年，第626页。

⑤ 〔宋〕胡宗愈：《江渎庙碑》，《成都文类》卷32，北京：中华书局，2011年，第627页。

⑥ 〔宋〕佚名：《锦绣万花谷续集》卷11《隆州》，《景印文渊阁四库全书》第924册，台北：台湾商务印书馆，1986年，第881页。

⑦ 《宋会要辑稿》礼20之126，上海：上海古籍出版社，2014年，第1056页。

安史之乱唐明皇幸蜀之时有护驾之功，后受到玄宗的封赐，因云顶旧城为石城，所以该山神又名石城山神。[①] 再比如巴蜀分野的界山青石山，相传汉高帝年间，巴、蜀之民便于此争辩不休，而山自裂，之后人们认为此处有青石山神，上山采石必祀之，至宋代也是“水旱祈祷颇灵验”[②]。还有潼川府盐亭县的高山神祠、果州西充县的紫崖山神祠、茂州汶川县的玉垒山神祠、施州清江县的药山神祠、泸州合江县的登天山神祠等[③]，不胜枚举。有的甚至封公配妻，如潼川府高山神祠，绍兴十七年（1147）十二月加封显济威惠普应康庇公，之后再封孚惠王，并妻曰恭懿夫人。[④] 有些山神自带自然异象，若呈现某种异象则预示吉凶，比如富顺监的圣灯山有圣灯，“灯见则封域宁谧，岁丰稔”[⑤]。

在自然界的山水神灵之外，川峡地区还存在一些花草神祇信仰，比如成都学宫便有菊花仙祠，相传为汉代宫女，嘉州士人黄棠夜读遇之，菊花仙笑告其中第，特来报喜，后黄棠果然一举登科。[⑥] 宋人洪咨夔酒醉后与友人戏道：“判取琅珰醉，赢教糊涂眠。参横梅下客，月淡菊中仙。”[⑦] 此处所指亦是成都学宫的菊花仙。而蜀州则有让资州名士李石难以摆脱的红梅仙，其从西川跟到东川，纠缠李石一年之久。[⑧] 这些花妖草仙是存在于

---

① 〔宋〕王象之撰，李勇先校点：《舆地纪胜》卷164《怀安军》，成都：四川大学出版社，2005年，第4975—4976页。

② 〔宋〕晏殊：《晏元献公类要》卷8《梓州路》，清钞本。

③ 《宋会要辑稿》礼20之104—109，上海：上海古籍出版社，2014年，第1042—1044页。

④ 《宋会要辑稿》礼20之104，上海：上海古籍出版社，2014年，第1042页。

⑤ 〔宋〕王存撰，王文楚、魏嵩山点校：《新定九域志》卷7，《元丰九域志·附录》，北京：中华书局，1984年，第669页。

⑥ 〔清〕褚人获辑撰，李梦生校点：《坚瓠余集》卷3《菊花仙》，上海：上海古籍出版社，2012年，第1297页。

⑦ 〔宋〕洪咨夔：《平斋文集》卷3《镜月酒后戏呈及甫》，《宋集珍本丛刊》第74册，北京：线装书局，2004年，第785页。

⑧ 〔宋〕洪迈撰，何卓点校：《夷坚丙志》卷2《蜀州红梅仙》，北京：中华书局，1981年，第374—375页。

当时民间的一种奇异神怪，多半流传于读书士子当中，其亦真亦幻的故事不断上演，加剧了此种神灵的神秘色彩，从而使民间的崇奉持续不断。而鉴于其具备影响科考的神力，又不得不为广大读书人所忌惮，成为流行于这一阶层的信仰现象。

二、先贤人物与当朝人物崇拜盛行

出于经略西南地方的需要，宋代建国伊始，便强调有助于王朝基业永固的忠孝思想。为使忠君意识潜移默化浸润心田，宋代对前代忠臣良将甚至当朝忠义人物推崇备至，往往大加封赐，以为后人树立道德标杆。而且成都自开宝以来就有将牧守画像绘于大慈寺阁供人瞻仰的传统，为的是“观其善足以劝，观其不善足以戒”①，以追慕前贤，并图而祭之。蓝勇认为，宋元时期，四川民间信仰对前贤的崇拜达到一个高潮。②

先贤人物信仰中既有忠君的武将，也有正直的文臣，甚至还有古代帝王。如夔州路梁山军有祭祀汉武帝的祠庙，每到祭祀日便有一二百只蝴蝶降于祠所，享其食。这些蝴蝶并不怕人，据说这是当年汉武帝的随从，若有人捉之则获病。所以，曹学佺说：“蜀之祠武帝久矣。”③ 而彭州有祭祀汉光武帝的光武庙。④ 又如石泉军，即今天的川北一带，被认为是大禹的诞辰地，每年六月六日当地会祭祀大禹。⑤ 先贤人物信仰中武将以三国时期的张飞、邓艾为代表，文臣以诸葛亮、陈子昂为典型。简州平泉县西南和绵州巴西郡皆有邓艾庙。而仅遂宁府就有颜杲卿祠、贾岛祠、司马天章

---

① 〔宋〕吕大防：《观政阁箴并序》，《全宋文》卷1573，第72册，上海：上海辞书出版社，合肥：安徽教育出版社，2006年，第213页。

② 蓝勇：《西南历史文化地理》，重庆：西南师范大学出版社，1997年，第186页。

③ 〔明〕曹学佺撰，杨世文校点：《蜀中广记》卷23《蜀中名胜记第二十三》，上海：上海古籍出版社，2020年，第241页。

④ 《宋会要辑稿》礼21之55，上海：上海古籍出版社，2014年，第1104页。

⑤ 〔明〕陈耀文编：《天中记》卷5《六月六日》，扬州：广陵书社，2007年，第156页。

祠、夏鲁奇庙、邓艾庙等先贤人物祠庙。[①]

诸葛亮名垂青史，蜀人对诸葛武侯的祭拜尤为重视，且不分民族，汉蛮皆然。“《通志》云：‘泸州宝山之泸峰有武侯庙，每岁蛮人贡马，相率拜于庙前。’宋刘光祖诗云：‘蜀人所至祠遗像，蛮徼犹知问旧碑。’”[②]反映出诸葛亮在少数民族心目中的地位尊崇。范祖禹也说“昔日南人皆稽首，至今歌舞聚夷蛮”[③]，表明诸葛武侯信仰自带的民族凝聚力。在夔州，“郡人四时香火牲牢酒醴之奉有加而不怠”[④]。应该说，对于诸葛亮的祭祀，在川峡地区普及度极高，分布极广，“历千百祀而常新，夔巫以东，泸黔以南，岷峨以西，剑栈以北，莫不家社而户稷”[⑤]，此语乃是诸葛亮祭祀遍布川峡的真实写照。据马强、吴艳研究，明清时期诸葛亮信仰集中于成都平原和四川盆地边缘一线，呈环状分布，这与诸葛亮征战南北的路线有关。[⑥]这虽是明清时期诸葛亮信仰的分布态势，但在宋代，其广布蜀地的趋势已基本形成。此外，陆游过汉州鹿头山时，还见过祭拜庞统的庙宇，名曰庞士元庙。[⑦]特别值得一提的还有曹魏名将邓艾，因其“伐蜀有大功”[⑧]，后世祭祀他的祠庙广泛存在于其入蜀行军路线的涪水中游一

---

① 〔宋〕王象之撰，李勇先校点：《舆地纪胜》卷155《遂宁府》，成都：四川大学出版社，2005年，第4676页。

② 〔明〕曹学佺撰，杨世文校点：《蜀中广记》卷16《蜀中名胜记第十六》，上海：上海古籍出版社，2020年，第171页。

③ 〔宋〕范祖禹：《太史范公文集》卷1《资中八首》，《宋集珍本丛刊》第24册，北京：线装书局，2004年，第148页。

④ 〔宋〕王十朋：《夔州新修诸葛武侯祠堂记》，《全宋文》卷4636，第209册，上海：上海辞书出版社，合肥：安徽教育出版社，2006年，第130页。

⑤ 〔宋〕洪咨夔：《平斋文集》卷32《龙州新建武侯祠堂祭文》，《宋集珍本丛刊》第75册，北京：线装书局，2004年，第301页。

⑥ 马强、吴艳：《庙宇、神像、香火：诸葛亮祭祀的泛民间化——明清时期四川武侯祠、庙的空间分布特征及原因》，《成都大学学报》（社会科学版）2013年第3期。

⑦ 〔宋〕陆游：《剑南诗稿》卷3《鹿头关过庞士元庙》，《陆游集》，北京：中华书局，1976年，第88页。

⑧ 〔宋〕晏殊：《晏元献公类要》卷8《梓州路》，清钞本。

带，如剑州、绵州、梓州、资州一线皆是邓艾庙的集中分布区域。特别是利州，“邓艾于此破蜀，至今庙貌存焉”①。由此可见，三国人物在蜀地举足轻重、影响深远，是蜀人先贤崇拜的主要对象。

而潼川府则是射洪神陆使君信仰颇盛，此信仰盖始于淳化年间，当时宋朝名臣张士逊任梓州射洪县令，当地遭遇了严重旱情，“祷于白崖山陆使君祠，遂雨”②。这一灵应事件是陆使君信仰得以兴盛的重要契机。后来张士逊三次担任宰相，凭借他的名望和影响，陆使君信仰得以广泛传播。同在射洪县的还有坐落于县东南独坐山的英显庙，祭祀唐代名臣陈子昂。③ 另外，史上著名的文坛巨匠也是备受百姓崇祀的对象，比如李白和杜甫因在剑门关一带留下歌咏蜀道的众多诗篇，所以当地人以二文豪为重，建有李杜祠并祠之。④ 曾经驻留过某地的先哲文宗也是川峡地区崇祀的对象，宋人郭印在游涪州普净院时看到“祠识伊川像，堂标鲁直书”⑤，伊川即北宋大儒程颐，鲁直即黄庭坚，二位皆在涪州有过生活经历，也被当地人祠之。而像十贤堂、三贤堂、二贤堂之类的堂庙更是遍地开花，多祭祀与该地有过交集的大儒贤者。⑥ 建设这种楼堂建筑并祀之，是为“履其迹，思其人”，以达到与先贤千古同风之目的，可见宋代川峡地区有祠祀文人先贤的风气。不外乎魏了翁言蜀地“香火家家绘象，鼙鼓村村祠

---

① 《宋史》卷264《宋琪传》，北京：中华书局，1977年，第9131页。

② 〔宋〕范镇：《东斋记事》卷4，《全宋笔记》第1编第6册，郑州：大象出版社，2003年，第219页。

③ 〔宋〕王象之撰，李勇先校点：《舆地纪胜》卷154《潼川府》，成都：四川大学出版社，2005年，第4633页。

④ 〔宋〕祝穆撰，祝洙增订，施和金点校：《方舆胜览》卷67《隆庆府》，北京：中华书局，2003年，第1168页。

⑤ 〔宋〕郭印：《游涪州普净院》，《全宋诗》卷1670，北京：北京大学出版社，1998年，第18700页。

⑥ 天启《新修成都府志》卷3《宫室》，《中国地方志集成·四川府县志辑》第1册，成都：巴蜀书社，1992年，第70页。

宇”[1]，此为当时民间的真实写照。出现这种景况，与北宋以来地方官极力推广他们的世界观，让地方秩序与国家正统建立联系是难脱干系的。[2]通过这些本身就为文人士大夫的地方官倡导，崇贤尊圣的风气与国家官方意识形态相适应，其实是国家礼仪向地方社会的一种渗透过程，对于有效控制地方起到积极作用。

此外，对当朝人物的祭祀也是宋代川峡地区民间祭祀的一大特点。他们之中，既有在战事前线为国捐躯后被朝廷加封祭祀的武将，也有造福一方的文臣。武将封神者如北宋初雅州以曹光实为首的曹氏三兄弟，因有平靖南之功，殁后被里人列三祠以事之。其三兄弟又相继共生十子，十子又全随父兄驰骋疆场建功于世，形成忠烈家族，荣耀一方，遂朝廷于祠赐号三神庙，并以十将配享。[3] 靖康初年，兵部尚书王云作为人质使金，在磁州被当地百姓拥杀，为国捐躯。很快他便在家乡果州西充成为紫崖山神，“次年庙食于紫崖，赐利应庙，今封灵显继善公”[4]。由于王云神格英爽如生，一度“以忠介公显于东土，北兵临江不敢犯”[5]，起到捍大患、有功于民的作用，高宗继而敕封其为忠显公，并纳入国家祀典。又如南宋抗金名将吴玠为阻击金兵南下、保全宋室，立下赫赫战功，左宣教郎杨朴上书曰：“玠保全四川之功不可忘，愿特诏有司，与玠立庙，荣以封爵，使蜀

---

① 〔宋〕魏了翁：《水调歌头 · 虞简州生日》，《全宋词》，北京：中华书局，1965年，第2395页。

② 〔英〕科大卫、刘志伟：《宗族与地方社会的国家认同——明清华南地区宗族发展的意识形态基础》，《历史研究》2000年第3期。

③ 〔宋〕王象之撰，李勇先校点：《舆地纪胜》卷147《雅州》，成都：四川大学出版社，2005年，第4403页。

④ 〔宋〕王象之撰，李勇先校点：《舆地纪胜》卷156《顺庆府》，成都：四川大学出版社，2005年，第4707页。

⑤ 〔宋〕吴泳：《鹤林集》卷11《顺庆府西充县利应庙神封忠显公制》，《宋集珍本丛刊》第74册，北京：线装书局，2004年，第378页。

人岁时祠之。”[①] 于是，高宗诏建忠烈庙，祀吴玠于仙人关。由于“（吴玠）德及生灵，而民心之所爱慕者，必生立其祠”[②]，故百姓对其也是自发的崇祭，“既没几三十年，蜀人庙祀之如一日”[③]。又如果州团练使韩崇岳在守城抗金中战死，孝宗乾道四年（1168）便立庙赐额，建忠勇庙。[④] 而泸州的昭忠庙则是祭祀抗金名将杨存中，杨存中于乾道二年（1166）去世，淳熙年间便得赐额。此类当朝战死的名将，庙宇赐额多带“忠”字，国家以此强调忠君要义和对功臣的尊崇，为后来者树立忠君报国的道德标杆。像雷有终，亦有才略，因平蜀寇最有功，封为宣徽使，死后“人为立祠”[⑤]。此种祠庙虽史料显示为民间自立，但与当时国家封赐的舆论引导难脱干系。高宗、孝宗两朝这种战时高频次的造神运动，更多是为了强化忠君爱国思想，以巩固政权，保卫国土。[⑥]

对当朝人物的崇拜，在宋代已成为一种趋势，特别是在地方有善政的良吏，生时便被立生祠，殁后更被祭拜。这在官员上任之初便有所体现，吕陶在《净德集》中说“成都旧风，凡奉使来者绘像天庆之仙游阁”[⑦]，开启了一种尊崇的模式。并且画像放置的位置还颇为讲究，蜀籍的官员绘于玉局观，外籍的官员绘于仙游阁。唯二的特例便是乖崖公张咏和张方

① 〔宋〕李心传：《建炎以来系年要录》卷134，绍兴十年正月甲午，北京：中华书局，1988年，第2148页。

② 〔宋〕胡世将：《宋忠烈吴公祠记》，嘉靖《徽郡志》卷8《艺文志》，《中国地方志集成·甘肃府县志辑》第36册，南京：凤凰出版社，2008年，第181页。

③ 〔宋〕汪应辰：《荐吴拐札子》，《全宋文》卷4766，第214册，上海：上海辞书出版社，合肥：安徽教育出版社，2006年，第390页。

④ 《宋会要辑稿》礼21之60，上海：上海古籍出版社，2014年，第1106页。

⑤ 〔宋〕吴处厚：《青箱杂记》卷1，《全宋笔记》第1编第10册，郑州：大象出版社，2003年，第195页。

⑥ 程民生：《神人同居的世界——中国人与中国祠神文化》，郑州：河南人民出版社，1993年，第67页。

⑦ 〔宋〕吕陶：《净德集》卷14《巡抚谢公画像记》，《景印文渊阁四库全书》第1098册，台北：台湾商务印书馆，1986年，第104—105页。

平，二公的画像被置于净众寺，以示尊重。[1] 乖崖公张咏是对蜀地影响深刻的一位官员，他治蜀期间恩威并施，政绩颇丰，深得民心，以致“益人至今谣慕，比户画像祠之”[2]。南宋时，仍“至今血食，父老犹能道其政事”[3]。陆游入蜀时也亲临张忠定公（张咏）祠虔诚拜谒，并说“愤切感虏祸，慷慨思公贤。春秋送迎神，谁为歌此篇”[4]，显然对于乖崖公，蜀人确实是爱之如父母，春秋两祭，追缅不绝。造成这种风气的原因可能是双向的，在乖崖公离任之时，他曾留一宝封给寺庙的僧正，让其十年后打开。十年之后，张咏逝于陈州，人们打开宝封后一看竟然是张尚书自己的画像，上有自赞：“乖崖之名，聊以表德”，后人遂挂于寺中祭祀。[5] 同样，张方平治蜀时，百姓私下里在净众寺摆放他的画像，他也未阻止。[6] 可见此种风气的养成，与名宦自身的夸耀也有一定关系，是普通民众敬仰贤士与士大夫欲显德扬名一拍即合的产物，但是百姓自发的程度更多一些。贾蕃（字仲通）在为官渠州期间，打击豪强势力，为平民伸张正义，渠州人十分感念，等到贾仲通卸任后，则“画像祠堂之以自慰”[7]。吕公弼治理成都期间，因大兴仁政，也深得当地百姓爱戴，以致“人益喜，乃

① 〔清〕俞樾撰，贞凡等点校：《茶香室丛钞》卷3《成都绘像》，北京：中华书局，1995年，第92页。

② 〔宋〕田况：《儒林公议》，《全宋笔记》第1编第5册，郑州：大象出版社，2003年，第99页。

③ 〔宋〕朱彧：《萍洲可谈》卷2，《全宋笔记》第2编第6册，郑州：大象出版社，2006年，第156页。

④ 〔宋〕陆游：《剑南诗稿》卷3《拜张忠定公祠二十韵》，《陆游集》，北京：中华书局，1976年，第90页。

⑤ 〔宋〕范镇：《东斋记事·补遗》，《全宋笔记》第1编第6册，郑州：大象出版社，2003年，第229页。

⑥ 〔宋〕祝穆撰，祝洙增订，施和金点校：《方舆胜览》卷51《成都府》，北京：中华书局，2003年，第914页。

⑦ 〔宋〕毕仲游撰，傅惠成点校：《西台集》卷13《朝议大夫贾公墓志铭》，《西台集（外三种）》，上海：上海古籍出版社，2016年，第206页。

相与请图公之像为生祠"[1]，但遭到吕公的拒绝。南宋资州知州侯炎去世后，"资人谓侯三世守此土，筑世德堂为生祠"[2]，感念其在任上的功绩。除了专祠，亦有合祀祠的出现，如嘉定州便有合祀何逢源、孙松寿、宋海、何耕四位有循良之政郡守的四循吏祠。[3] 还有集众贤于一体的群祀祠，像灌县景贤祠，建在学宫内，祭祀吕大防、宋珰等十七位曾任职于蜀的名宦。而且祀奉不视官职的大小，石泉县便有魏侯祠，祭祀的仅是知县魏僖。[4] 明代侯启忠亦言蜀地的此种现象："生祠处处有遗像，千秋万载留遐思。"[5]

感念前贤的原因是方方面面的，有的是因为地方官保境安民，护一方之平安，有的是因为赈灾抚民、修坝治水，抑或是兴教设学，均为纪念某官员的善政之举。如平定吴曦叛乱的南宋重臣安丙，魏了翁言："蜀人于公饮食必祝。"[6] 魏氏还专门交代虽然安丙为川东广安军人，但其生祠遍布蜀中，这或与安丙在果、普二州的蜀中地区保国平叛有关。恭州通判江介，某年遇东川大饥，请求上司用府库的羡钱赈灾并开仓放粮，拯救了一方百姓。其因感疾调走之后，"果、合、昌、普、广安数郡之民争绘像立祠以报其德"[7]。渠州流江人杜济，受官为吏，在任上加筑堤防，兴修水

---

① 〔宋〕范镇：《吕惠穆公公弼神道碑》，《全宋文》卷 871，第 40 册，上海：上海辞书出版社，合肥：安徽教育出版社，2006 年，第 288 页。

② 〔宋〕魏了翁：《知富顺监致仕家侯炎墓志铭》，《全宋文》卷 7126，第 311 册，上海：上海辞书出版社，合肥：安徽教育出版社，2006 年，第 322 页。

③ 嘉靖《四川总志》卷 13《嘉定州》，《北京图书馆古籍珍本丛刊》第 42 册，北京：书目文献出版社，1996 年，第 248 页。

④ 嘉靖《四川总志》卷 3《成都府》，《北京图书馆古籍珍本丛刊》第 42 册，北京：书目文献出版社，1996 年，第 70 页。

⑤ 〔明〕侯启忠：《彭总制济物西平十咏》，《全蜀艺文志》卷 21，北京：线装书局，2003 年，第 593 页。

⑥ 〔宋〕魏了翁：《重校鹤山先生大全文集》卷 40《广安军和溪县安少保生祠记》，《宋集珍本丛刊》第 77 册，北京：线装书局，2004 年，第 145 页。

⑦ 〔宋〕朱熹：《通判恭州江君墓志铭》，《全宋文》卷 5682，第 253 册，上海：上海辞书出版社，合肥：安徽教育出版社，2006 年，第 137 页。

利，灌溉田地千顷，在蜀有惠爱，“蜀人愿立祠以祀之”[①]。同样是渠州，当时知渠州的龚鼎臣见渠州僻陋无学者，则建庙学，选邑人子弟为生，且讲说立课劝勉向学，进而渠州“始有登科者，郡人绘像祀之”[②]。这样的例子是不胜枚举的。又如淳熙年间的荣州知州张价，在任期间，崇尚风教，有兴学讲道之功，所以“诸生塑像于学宫”[③]。赵抃在梓州转运使任上，革除弊政，扭转世风，颇得民心，致仕之后，“州人庙祀之”[④]。又如仓部郎中李蘩在查访四川民情的过程中，得知民不聊生的根源是遭遇饥荒的同时，又遇朝廷的和籴征粮，他便在任期内多次上书为百姓免除科籴，使当地人渡过难关，迎来丰收，人们“始知有生之乐”，这在当时被看作三十年未有的好年景，所以“梁、洋间绘蘩像祠之”。[⑤] 可见不管是在武功、民政还是文教方面，宋代川峡地区的地方官但凡做出有益于地方的政绩，都有可能成为当地人立祠奉祀的对象。这种广立生祠的现象，属于百姓自发为心目中的英雄树碑立传的行为，一方面出于受恩感激心理，一方面将祠神神化，祈求平安福报，形成一种小范围的造神运动。[⑥] 当然，对于当朝人物的崇拜也不仅限于正面人物，有时也会有特例。比如朝廷缉拿的流寇叛党，偶尔也会成为人们崇拜的对象，像成都江渎庙的北壁外画有一美髯公像，其人实为宋初于蜀中作乱者李顺，但南宋时“从者甚众”[⑦]，

---

① 〔宋〕王象之撰，李勇先校点：《舆地纪胜》卷162《渠州》，成都：四川大学出版社，2005年，第4914页。

② 嘉靖《四川总志》卷7《顺庆府》，《北京图书馆古籍珍本丛刊》第42册，北京：书目文献出版社，1996年，第142页。

③ 嘉庆《四川通志》卷114《职官志十六·政绩六》，成都：巴蜀书社，1984年，第3537页。

④ 嘉靖《四川总志》卷11《潼川州》，《北京图书馆古籍珍本丛刊》第42册，北京：书目文献出版社，1996年，第218页。

⑤ 《宋史》卷398《李蘩传》，北京：中华书局，1977年，第12118页。

⑥ 张诗瑞：《宋代生祠研究》，武汉大学硕士学位论文，2018年。

⑦ 〔宋〕陆游：《老学庵笔记》卷5，《全宋笔记》第5编第8册，郑州：大象出版社，2012年，第63页。

这或许是崇拜英雄主义的心理所致，普通民众并不太在意人物的正反属性，只是认为具有领袖气质的非凡人物自带神奇力量。应该讲，对于由崇敬产生的祠庙，最初宗教意义并不大，主要是纪念意义，民众仅是以此表达对贤吏的爱戴和对剥削的不满。①

而生祠崇拜现象为何会在蜀地兴盛？这是有原因的，此种风俗存在有一定的传统。清人赵翼《陔余丛考》说："官吏有遗爱，既没而民为之立祠者，盖自文翁、朱邑始。"② 也就是说早在汉代，文翁治蜀身殁后，蜀人便兴起了为其立祠、岁时以祭的传统，此种习俗肇始于蜀地，所以当地有祭祀生祠的文化土壤。而从另一方面说，这种行为在宋代川峡四路地区得以持续，也有赖于此一区域较为优渥的经济条件和朝廷持续选派的高质量官员，试想如果蜀地衣食无着，恶吏横行，川峡地区也没有祭祀生祠的物质条件和源源不断的祭祀对象。另外，除了观念和物质条件等因素，在实际操作层面，宋代蜀地会聚了一批优秀的画工，客观上为绘像业提供了技术支持，这可能也是生祠崇拜兴盛的原因之一。据《蜀名画记》载："蜀多画工，而盛于王孟僭伪之时。盖其割制一方，耽玩图画以自娱，故工聚焉。"③ 宋去五代未远，此类绘画人才应仍会聚于蜀地，这些画师不管是对于绘像还是塑像来说皆为不可或缺的技术力量，他们的存在为生祠的建造提供了实操层面的可能。

三、杀人祭鬼与弃医信巫

宋代川峡四路地区祭鬼信巫的风气依然很重，许多原始巫鬼信仰仍在此方土地上滋长，存在一定的生存空间。北宋太宗淳化元年（990）八

① 程民生：《神人同居的世界——中国人与中国祠神文化》，郑州：河南人民出版社，1993年，第67页。

② 〔清〕赵翼：《陔余丛考》卷32《生祠》，北京：中华书局，1963年，第690页。

③ 〔元〕费著：《蜀名画记》，《巴蜀丛书》第1辑，成都：巴蜀书社，1988年，第303页。

月，荆湖北路的峡州便发生了一起以杀人祭鬼为目的的刑事案件，是为富人指使穷人去搜寻所谓的祭祀之“牲”，然后买牲以祭，形成这种具有上下级关系的犯罪链条。“巴峡之俗，杀人为牺牲以祀鬼，以钱募人求之，谓之采牲。”后被著作郎罗处约奉使出峡州时所遇见，他上疏皇帝，朝廷遂下诏剑南东西川、峡路、荆湖、岭南等处管内州县，戒吏竭力追捕，规定犯罪者处死，告发者奖励，而官吏敢隐匿者将罪加一等，严加处罚。[①]宋廷对此种异端陋俗也甚为恼火，决心严厉打击，故真宗咸平元年（998）十月二十八日，“禁峡州民杀人祭鬼”[②]。但情况并不乐观，直至北宋中期的仁宗康定元年（1040），知万州的马元颖注意到川峡、广南、福建、荆湖、江淮地区杀人祭妖神的情况仍有存在，鼓励民众告发，并悬赏缉拿。[③] 南宋建炎年间，该陋俗仍未衰，地方官上言：“夔路有杀人祭鬼之事，乞严禁之。上谓宰执曰：此必有大巫倡之，治巫则此自止。西门豹投巫于河，以救河伯娶妇，盖知此道也。”[④] 可见这是一种有头目、有组织的淫祀活动，且川峡四路地区尤以夔州路地接荆楚，受其巫风染习，难易此俗。直至绍兴年间，情况也毫无改观，将作监主簿孙寿祖仍说：“湖、广、夔、峡多杀人而祭鬼。”[⑤]

在特定的时间节点，这种杀人祭鬼行为应该是被当地人看作一种群体性祭祀仪式，像“夔峡之人，岁正月，十百为曹，设牲酒于田间，已而众操兵大噪，谓之养乌鬼。长老言：地近乌蛮战场，多与人为厉，用以禳

---

① 《宋会要辑稿》刑法 2 之 3、4，上海：上海古籍出版社，2014 年，第 8282 页。

② 《宋会要辑稿》刑法 2 之 6，上海：上海古籍出版社，2014 年，第 8284 页。

③ 《宋会要辑稿》刑法 2 之 25，上海：上海古籍出版社，2014 年，第 8296 页。

④ 〔宋〕李心传：《建炎以来系年要录》卷 145，绍兴十二年五月己未，北京：中华书局，1988 年，第 2328 页。

⑤ 〔宋〕李心传：《建炎以来系年要录》卷 165，绍兴二十三年七月戊申，北京：中华书局，1988 年，第 2693 页。

之”[①]。由此看出，宋代杀人祭鬼之风在川东夔峡地区有其地域特性和风俗渊源，大概在当地民众心中这种行为和观念有一定的正当性。此外，峡路因为盐井众多，又出现有杀人而祭盐井者，孙寿祖建议各监司州县要对此种陋俗严行禁止，犯者乡保连坐，并捣毁巫鬼淫祠，以绝永害。权知万州的赵师作也对此种恶行深恶痛绝：“又其俗以不道干富，祀诸昏淫之鬼，往往用人，侥冀作福，流为残忍，不可备言。”[②] 他乞请朝廷要先禁巫师，敦促其改行，断绝其祭鬼的器具。宋廷诏允了他的奏请，令本路提刑严加禁止，务必禁绝，如有违反，重作施行。但是效果都不甚明显，以致这种异端风气也波及其他路州，比如浙路便有弑人而祭海神情况出现。可以说，终宋一世，尚鬼之风未能杜绝。

巴蜀之人信巫不信医的风气极盛，赵师作在万州便深有体会，他说：“峡路民居险远，素习夷风，易惑以诈，易煽以恶，致使淫巫得肆簧鼓。凡遇疾病，不事医药，听命于巫，决卜求神，杀牲为祭，虚费家财，无益病人。”[③] 开州之人亦是不识医药尽信鬼神，宋人曹宪任开州开江令时，“蜀人疾病，不知医药疗治，祠鬼神求佑助而已”[④]。他便自己出钱买来药剂，又命专人煎药喂服病人，老百姓起初还十分抵触，见有了疗效才始信医药。可见信巫而弃医在川峡地区，特别是相对落后的夔州路地区是极为普遍的现象，这一方面与当地人受教育程度低有关，另一方面也是这种愚昧的陋习长期熏染的结果。有时地方官不仅需要规劝百姓，还需要对巫觋势力进行打击。与开、万二州相邻不远的涪州，“蜀民尚淫祀，病不疗治，

---

① 〔宋〕邵博：《邵氏闻见后录》卷 19，《全宋笔记》第 4 编第 6 册，郑州：大象出版社，2008 年，第 135 页。

② 《宋会要辑稿》刑法 2 之 133，上海：上海古籍出版社，2014 年，第 8361 页。

③ 《宋会要辑稿》刑法 2 之 133，上海：上海古籍出版社，2014 年，第 8361 页。

④ 〔宋〕刘攽：《尚书驾部员外郎曹君墓表》，《全宋文》卷 1506，第 69 册，上海：上海辞书出版社，合肥：安徽教育出版社，2006 年，第 225 页。

听于巫觋”[①]。李惟清任涪陵尉时便亲自整饬，铁腕打击，“擒大巫笞之，民以为及祸。他日又加棰焉，民知不神。然后教以医药，稍变风俗”[②]，用事实说话的方式，戳穿巫觋的把戏，引导民众生病就医。曹颖叔在任夔州路转运判官时，遇到的情形相差无几，他也同样采取了整饬措施，“夔、峡尚淫祠，人有疾，不事医而专事神，颖叔悉禁绝之，乃教以医药”[③]。巴州百姓更是不近人情，“惟巫言是用，虽父母之疾，皆弃去弗视”[④]，地方官侯可不得不晓之以义理，并严加禁绝巫风，亲自到病人家里为其求医问药，才感化乡人，扭转这种陋俗。但在开明之家亦有特例，像广安军虽也是“俗信巫，疾病不加医药”，寿安县太君王氏家的奴婢得了传染性疫病，其他奴婢都不敢靠近，本欲为她召巫治之，但老夫人不许，亲自为其熬药做膳食，积极治疗。[⑤] 这反映出仍有明理之人能够尊重科学，摒弃巫术的卑劣把戏，但这毕竟是少数。

宋代川南戎州因地方偏僻，交通闭塞，民未开化，居住在那里的大多是土著百姓，思想观念相对落后，亦是信巫不信医的重灾区。周湛通判戎州期间便说：“其俗尚巫，有病辄不医，皆听巫以饮食，往往不得愈。湛为禁俗之习为巫者，又刻方书于石，自是始用医，病者更得活。”[⑥] 可见梓州路的戎州与夔州路部分府州在信巫不信医的习俗观念上有相似性。当然，很多情况下，巫觋也是假托灾祸，蛊惑民众以图财，像“雅州之俗右

---

① 《宋史》卷267《李惟清传》，北京：中华书局，1977年，第9216页。

② 《宋史》卷267《李惟清传》，北京：中华书局，1977年，第9216页。

③ 《宋史》卷304《曹颖叔传》，北京：中华书局，1977年，第10070页。

④ 〔宋〕程颢：《华阴侯先生墓志铭》，《二程集·河南程氏文集》卷4，北京：中华书局，1981年，第504页。

⑤ 〔宋〕范镇：《东斋记事》卷4，《全宋笔记》第1编第6册，郑州：大象出版社，2003年，第222页。

⑥ 〔宋〕李元纲：《厚德录》卷3，《全宋笔记》第6编第2册，郑州：大象出版社，2013年，第269页。

鬼神，而巫觋凭依祸福，勒民财以自利”[①]，这种情况也并不鲜见。此外，巴蜀地区道教盛行，道教认为人患病恙，根源在于鬼魅作祟，故治病以符箓驱鬼为根本，有些人即便不沉迷于巫觋，也对道教此种观念深信不疑。真宗时，绵州有个叫柴文元的人游荡于西蜀间，号称获太乙真君笔，遇人疾厄，便“每书符以治疾，亦时得金，以助行橐”[②]，从须臾得金可见，其很有市场。故事的真实性虽待考，但足以反映出时人对待病痛的态度，是信巫、信道而非求医。

第二节　东神西来：东岳神在川峡四路的奉祀与传播

上一节对川峡四路民间信仰的区域特征做了宏观分析，本节将以东岳神为个案对这一东部之神在川峡地区的奉祀与传播做一微观考察。

一、东岳神的特殊意义

泰山，是中华民族的精神图腾之一，泰山崇拜及东岳信仰是中国山岳崇拜的典型性代表，可以说东岳信仰这种现象的出现是数千年来国家祭祀与民间信仰共同作用的结果。东岳信仰的特色可归纳为两点：一是封禅祭天，一是治理鬼神。毫不夸张地说，在类似于山岳崇拜的祠庙中，东岳庙是数量最多、分布最广、影响最为深远的。正如南宋楼钥所说：“泰岳以肤寸之泽及天下，功利之在民物者何止一邦。”[③] 齐鲁大地自不必说，而唐宋以后江南大部也广泛建有东岳庙、东岳行宫等祭祀泰山神的庙宇，东

---

① 〔宋〕蔡襄：《宋端明殿学士蔡忠惠公文集》卷34《尚书主客郎中王君墓志铭》，《宋集珍本丛刊》第8册，北京：线装书局，2004年，第237页。

② 〔宋〕吴曾：《能改斋漫录》卷18《柴先生获太乙真君笔》，《全宋笔记》第5编第4册，郑州：大象出版社，2012年，第234页。

③ 〔宋〕楼钥：《攻媿集》卷82《东岳行祠》，《景印文渊阁四库全书》第1153册，台北：台湾商务印书馆，1986年，第287页。

岳神迅速成为江南民间不容忽视的重要神明之一。如果说江南地区东岳信仰兴盛与经济重心南移和皇帝敕令有关尚可解释得通的话，而深居西部内陆的川峡地区东岳庙广布就让人有些不明就里。有学者便提出，东岳神远在东方，缘何早在蜀汉和唐宋时在距离泰山千里之外的四川地区有东岳庙出现，且中间隔着东岳庙分布并不广泛的两湖地区，这是值得深入探讨的问题。[①] 而纵观川峡四路，东岳神虽不是这一地区最具代表性的民间信仰，或者说并非当地土神，而是王朝内部的“异域”之神，却在此地区生根发芽，“当时上自省城都会，下至偏方小聚都有东岳庙”[②]，四路皆得崇祀，东方之神并未水土不服，这不得不说是一种比较有意思的现象，这当然也与东岳之神的全国性信仰地位有一定关系。以上问题前人未做过多关注，本节将以此作为一个宋代川峡地区民间信仰的个案加以考察。

东岳泰山的神圣性与历代帝王的封禅难脱干系，其在史上得到历代帝王的不断加封，唐便被封为天齐王，宋又被封为天齐仁圣帝，又因其在东方主生，所以地位一向尊崇。正如朱海滨先生所说，唐宋王朝积极推崇东岳神信仰，自上而下，全国绝大部分府州都建有东岳庙，这一信仰率先在全国大都市普及。[③] 像临近成都的邛州，则是“各属县多有之”[④]。对于东岳信仰在各地的广泛流播，宋人陈淳就说：“据泰山在鲁封内，惟鲁公可以祭。今隔一江一淮，与南方地脉全不相交涉，而在诸州县皆有东岳行

① 田承军：《江南地区东岳庙研究》，柳建新主编：《泰山文博研究》，济南：山东画报出版社，2008 年，第 92 页。

② 陈世松、贾大泉主编：《四川通史》第 4 册，成都：四川大学出版社，1994 年，第 401 页。

③ 朱海滨：《近世浙江文化地理研究》，上海：复旦大学出版社，2011 年，第 139—140 页。

④ 嘉庆《四川通志》卷 37《舆地志三十六 · 祠庙四》，成都：巴蜀书社，1984 年，第 1492 页。

祠。此亦朝廷礼官失讲明，而为州县者不之禁。”[①] 他认为东岳神的势力范围超出山岳本身，是官方失职与民间无知造成的结果。甚至民间一度为之困惑，像嘉定府邑人则说：“东岳于蜀何预，而渎祀之耶？每三月二十八日，则男女杂沓，祀而淫矣。”[②] 其实，东岳庙在“封外”被祀是否为淫，在宋元之际也曾有类似争议，但“淫祀”的概念已不是绝对不入祀典这么简单，那些不入祀典而有功于民的神灵可能早已被纳入民间信众的心灵“祀典”，成为其认可的“正祀”，所以从实践中看，“正祀”与“淫祀”之间存在一个广阔的模糊地带，对于与礼制不尽相合但有益无害的民间信仰，官方一般不采取极端的措施，而是选择容忍甚至支持。[③] 宋代川峡地区的东岳信仰亦是如此。

虽然东岳信仰被川峡之地的部分人认为是“淫祀”，但并不妨碍人们祭祀的热情，每年东岳帝诞辰之日，善男信女纷至沓来。《三洞群仙录》引《野人闲话》曰：“灌口白沙有泰山府君庙，每至春三月，蜀人辨集。”[④] 这与当时道教白日飞升的修仙观念在青城山一带的普及有一定关系，人们愿意相信通过修奉可以感应五岳，从而获得泰山府君的赐福。而在利州西路的成州，是日，“居人士先期诣山烧香，或有为父母子孙拜庙还愿者，远近村落皆至，三日乃止”[⑤]，这很可能与泰山位居东方，有主生死的大权有关，至少关乎人们的健康福祉。宋人袁说友在拜谒蜀地东岳庙的一篇祝文中写道：

---

① 〔宋〕陈淳著，熊国祯、高流水点校：《北溪字义》卷下《鬼神》，北京：中华书局，1983 年，第 63 页。

② 万历《嘉定州志》卷 2《建设志》，民国间钞本。

③ 高寿仙：《国家祀典、儒家理念与民俗信仰的冲突与交融——以北京东岳庙为中心的考察》，《黄河文明与可持续发展》第 5 辑，郑州：河南大学出版社，2013 年，第 66—85 页。

④ 〔宋〕陈葆光：《三洞群仙录》卷 10，明正统刻道藏本。

⑤ 乾隆《成县新志》卷 2《风俗》，《中国地方志集成 · 甘肃府县志辑》第 38 册，南京：凤凰出版社，2008 年，第 274 页。

惟泰华在东，司主民命，远若西蜀，俯来歆祀。一视同仁，圣之事也。人生欲寿，生而不伤，敛福敷锡，万民所望。[①]

众生对福寿的美好企盼都寓于对东岳之神的虔诚祭拜之中，换言之，东岳神的司职切中人们最为关心之事，以致信仰不远千里而来，超越了空间。这里用南宋韩元吉的一段话对东岳神广布全国的现象稍作解释，韩氏说：

岳之莅中国五，惟岱宗位东，其德在仁，其职生养，以应夫出乎震者。三代命祀，齐鲁大邦，得以望而致祭，非其地也。他诸侯虽礼备，莫敢越焉。自秦汉一四海，无有远迩，毕为郡县，凡山川不在其境，祷祠之盛，犹或举之，而阴骘降监庙而遍天下者，亦惟是东岳为然。[②]

从这段碑记里我们可以看出，先秦时期，东岳神似乎仅是齐鲁之地专属之神，但秦统一以后，东岳祠庙则遍布天下，全国各方山岳神无出其右者，形成五岳独尊之势，这是其职“生养”的结果，也是人们祷之后“而阴骘降”这种具有仁德表现的结果。

二、东岳神在西蜀的神职功能与兴盛原因

具体到川峡腹地的东岳信仰流行，有其多方面的原因。其神迹的表现，既有司雨助丰，又有御敌护民，还有申冤昭雪，总之都与民众实际生活中的切实利益相关联，符合实用性强的民间信仰基本特征。这里先从一个特例管窥一二。开禧二年（1206），陵井监井研县令在龙头山建了东岳

---

① 〔宋〕袁说友：《谒东岳帝庙祝文》，《全宋文》卷6211，第274册，上海：上海辞书出版社，合肥：安徽教育出版社，2006年，第394页。

② 〔宋〕韩元吉：《南涧甲乙稿》卷19《东岳庙碑》，《景印文渊阁四库全书》第1165册，台北：台湾商务印书馆，1986年，第294页。

庙，蜀人李心传在庙记中说："天以岳渎镇五方，而岱宗为之长，故其祠遍于天下，自省城都会，下至偏方小聚，所在有之。雨旸疾病之祈，应答如响，故其祠雄丽，视他神为尤最。研溪属西川，不能为陋邑，而香火之地坐于南郭丛祠之一隅，此岂其宜哉！"李氏首先承认岱宗为群山之首的地位，认为其祠遍布天下，井研如果不祭祀东岳庙则沦为陋邑，也就是说承认岱宗的正统地位，有如问学比隆齐鲁一样。而新建东岳庙也是为了改善神宅的条件，表现出极高的虔诚。在这篇庙记中还透露，东岳庙是"邑令济南崔侯陞合邦人之力"[①] 所建，此邑令叫崔陞，济南人[②]，而济南正为泰山脚下的东岳神祭祀核心区。所以可以推断，导致川峡地区存在东岳信仰的一种可能是，由鲁籍官员入川所带入。至于为什么西川之人要祭祀远在东方的东岳神，崔陞也给出了自己的解释，他认为井研县人不一定非要祭祀自己家乡的井镬山，也就是意指并非一定要祭祀当地神祇。在古代农业社会，只要是能够兴云致雨、润泽一方的神明，皆备受民众所崇祀。而东岳神正符合这一要求，来自东方的东岳神有掌管万物生发的神力，所谓"不崇朝而雨遍天下者惟泰山耳。虽三光五岳之气分，然而吾蜀之民岁无凶祸，家无夭札，实帝所命而神之赐也"[③]。魏了翁在《东岳生辰祝文》中也认为"帝（东岳神）闵下地，傥出云为雨，以泽四境，使百谷登阜，民用委安"，将粮食丰歉与东岳神的护佑紧密挂钩，并称"罔敢不虔"[④]，凸显东岳神掌管天下五谷丰登、国泰民安的功能属性。基于对神明的此等认识，东岳信仰扎根西蜀便不难理解了。

---

① 〔宋〕李心传：《井研县东岳庙记》，《全宋文》卷6881，第301册，上海：上海辞书出版社，合肥：安徽教育出版社，2006年，第347页。

② 光绪《井研县志》卷28《官师》，清光绪二十六年（1900）刻本。

③ 〔宋〕李心传：《井研县东岳庙记》，《全宋文》卷6881，第301册，上海：上海辞书出版社，合肥：安徽教育出版社，2006年，第348页。

④ 〔宋〕魏了翁：《东岳生辰祝文》，《全宋文》卷7133，第311册，上海：上海辞书出版社，合肥：安徽教育出版社，2006年，第434页。

川峡北部的洋州[①]、金州[②]也都有东岳庙分布，金州为绍兴三年（1133）重修，说明之前已存在；洋州是淳熙二年（1175）建。这两地距离宋金对峙的前线熙州、永兴军皆较近，存在东岳庙，很大程度上与神明在军事斗争中护佑显灵有关。早在北宋元丰五年（1082），宋神宗便下诏："熙州东岳庙昨官军之出，若有灵助"[③]，专门嘱咐吕大防抓紧修缮辖境的东西二岳庙，对东岳庙尤加关注。所以，川峡北部在南宋继承了这一传统，随着宋金前线的不断南压，助战显灵的东岳神之庙则新修于稍南的洋州、金州之地。再放眼稍西的汉中地区，东岳信仰同样为人所重，沔州团练节度使严震在元中统五年（1264）《东岳行祠碑》中也说到沔州旧有东岳故址，强调不管神灵应与否，人都应当祭祀，因为"既而，岁焉而风雨时，境焉而豺虎息，物焉而灾孽不生，民焉而疾病不作，神之听之，介尔景福"[④]，认为东岳神在冥冥之中保佑着人们的方方面面，邑人应当按时致祭，印证了川峡北部汉中盆地及秦巴山地的各府州皆对东岳信仰虔诚有加。又如蓬州营山县的老君山，其上建有老君观和东岳祠，方志确载"像皆宋人木刻"[⑤]，可见早在宋代，该地已有奉祀东岳的现象。而川峡南部的叙州，在祭祀东岳神、修缮东岳庙上也不遗余力。当地人首先承认"至宋则东岳之祠始遍于郡县"，能给当地人带来好处是其信奉东岳神的直接原因，"邑俗好事鬼神，旱干水溢有祷于祠，辄致灵应，故人荷神恩，治祠事如家事"[⑥]，所以当地人不惜入山伐木也要争先恐后地来修缮东岳

---

① 康熙《洋县志》卷2《建置志》，清康熙三十三年（1694）刻本。

② 嘉庆《安康县志·建置考第二下》，清咸丰三年（1853）刻本。

③ 〔宋〕宋神宗：《令吕大防苗授选官增缮东西岳庙御批》，《全宋文》卷2504，第116册，上海：上海辞书出版社，合肥：安徽教育出版社，2006年，第186页。

④ 嘉靖《略阳县志》卷5《东岳行祠碑》，《天一阁藏明代方志选刊》第68册，上海：上海古籍书店，1982年。

⑤ 万历《营山县志》卷1《舆地志·山川》，明万历刻本。

⑥ 光绪《叙州府志》卷11《坛庙二》，《中国地方志集成·四川府县志辑》第28册，成都：巴蜀书社，1992年，第268—269页。

庙。此外，叙州地区还有“还泰山”之俗，“男女有疾，辄许洪猪祀泰山，以巫祝之，全猪必食尽，不可有馂余”，即家中遇有灾祸，杀猪遥祭泰山祈福免灾。当地人的理由是泰山镇东方，五岳被视为三公，“严严灵爽”，是天子祭祀的对象，庶民之琐事劳神更不在话下。该则史料虽出自光绪《续修叙永永宁厅县合志》，但其有言：“此亦神权时代谬种，流传积习相沿，牢不可破耳。”[①]“神权时代”直指上古，可见此俗上溯久远，结合《四川通史》所载东岳信仰在宋代已遍布全蜀，可推知笼罩于东岳信仰之下的“还泰山”之俗宋代应大概率已存在。临近的泸州，则以伏日和腊日为节点，一年两祭，“东岳古庙山最灵，祸福弗爽，传闻夜有荆杖哀号声，泸人伏腊岁时禋祀不辍”[②]。从措辞可见，邑人多半认可泰山神所具有的善恶审判权，奉神之谨略窥一斑。

同时，宋代时东岳帝君已执掌阴司，也能为人伸张正义，替人申冤，成为川峡地区颇为民众仰赖的重要神明。蜀人冯子春在做资州太守时将其女婿带到任上，其婿在一次因公借用银盆的事件中，私自藏匿银盆，又诬陷老兵转卖，继而逼死老兵。老兵死前告于东岳大帝。一年后，冯子春与其婿在果州双双暴毙。[③] 这则故事则很清晰地传达了东岳神速报恶人的职能。从中我们可以看出，民有怨愤，第一个想到的是去“具状诉于东岳行宫”，可见在资州、果州等蜀中腹地，东岳神不但流行，还肩负着惩恶扬善的神圣职责，所以被人所重便不难理解了。无独有偶，当时泸州有个叫毛烈的人，平生好取不义之财，常有霸占别人田产之心。正巧昌州人陈祈由于怕兄弟分家产，将自家田宅临时抵押给了毛烈，又因当时没有立契

---

① 光绪《续修叙永永宁厅县合志》卷54《杂类志》，清光绪三十四年（1908）刻本。

② 〔清〕陈梦雷等辑：《古今图书集成·方舆汇编·职方典》卷635《泸州祠庙考》，清雍正铜活字本。

③ 〔宋〕洪迈撰，何卓点校：《夷坚支丁》卷7《冯资州婿》，北京：中华书局，1981年，第1024—1025页。

约，陈祈再找毛烈赎回时，毛烈则赖账不认。陈祈在投告无门的情况下，只能求助于神灵，但是社神神力有限，只能告诉陈祈“此非吾所能办，盍往祷东岳行宫，当如汝请”。最后在东岳阴司的干涉下，毛烈被押到阴司受刑，得到了应有的报应。[①] 这则故事虽有传统民间故事劝善抑恶的荒诞意味，但不得不说，其反映了东岳神在宋代川峡地区非同小可的影响力，社神无力之事，则可求助于东岳行宫，这里的东岳神庙俨然成为主持公道的终审法堂。由此也可以看出，东岳信仰在宋代川峡地区北至金、洋，南至泸、叙二州，均有广泛分布。此事例中东岳神在泸州的灵应也印证了上文泸州人对其一年两祭，禋祀不辍的现象，奉神之谨便可以想见了。后世川峡地区的东岳庙也有被改祀他神的情况出现，如嘉州峨眉县的东岳庙，到明代嘉靖年间则被知州陈嘉言改为了祀三峨山之神的峨山祠。[②] 但仅为个例，总体来看，东岳神在川峡四路仍地位稳固，以至明清时仍香火旺盛，不失为外来入川较为成功的民间信仰。

第三节　川峡四路民间信仰民祀区划

宋代川峡四路地区的民间信仰虽互有交织，难以很清晰地分为非此即彼的民祀区，但若视四路为一个整体的话，该区域的东西南北中各方向都有其较为明显崇祀的信仰。换言之，某一区域或以某种神灵信仰为主，但不可能单祀某神。因为各种信仰生成后，都有一定程度的传播和流布，有的甚至在全国都颇有影响力，如梓潼君信仰，但这并不妨碍将此类信仰的最繁盛地域圈定出来，继而以此为界限区别两个民祀区。朱熹论蜀中的神

---

① 〔宋〕洪迈撰，何卓点校：《夷坚甲志》卷19《毛烈阴狱》，北京：中华书局，1981年，第168页。

② 万历《四川总志》卷15《郡县志・嘉定州》，明万历刻本。

灵，除了灌口二郎神，“利路又有梓橦神，极灵。今二个神似乎割据了两川”[①]，从而给出了一个笼统的神域概念。这里的“二个神”即指秦代治水有功的李冰次子二郎神和东晋张亚子所化梓潼神，而“两川”既然指明利路（利州路）梓潼神兴盛，而二郎神则肯定是在成都府路兴盛，故二神祭祀范围盖为北川和西川。《舆地纪胜》引《图经》云：“蜀有大神三，庙于剑南，分镇蜀土，是为玉垒七曲白崖山之祠，相望各数百里，而礼秩惟均。”[②] 将蜀地的祠神信仰格局分为三大区域，此中提到的三位祠神，即灌口二郎神、梓潼神与射洪神，认为三者分疆划治，分别镇守蜀地一方，遥相呼应。有些地方甚至直接将三大祠神简称为“永康李、七曲张、白崖陆”[③]。有学者进一步指出，三大神的兴起地分别是成都府路、利州路和梓州（潼川府）路，虽每个神的信仰区不限于兴起的本路，但不可否认皆以本路最盛，有一路之保护神的象征性。[④] 本节认为找出某信仰最具代表性的区域，确立一地的主要信仰，也能为川峡四路民间信仰地理的研究提供一定价值，下文将以这种思路出发来划分宋代川峡四路的民祀区。

一、川西北民祀区

此一区域包括成都府路和利州路南部近蜀府州，潼川府路的潼川府因是梓潼君信仰的发源地而被划入该区。这一区域呈现东北—西南走向，盖与金牛道等传统的入川蜀道相重合，因交通于人员往来为便，所以文化习

---

① 〔宋〕黎靖德编，王星贤点校：《朱子语类》卷 3《鬼神》，北京：中华书局，1986 年，第 54 页。

② 〔宋〕王象之撰，李勇先校点：《舆地纪胜》卷 154《潼川府》，成都：四川大学出版社，2005 年，第 4628 页。

③ 〔宋〕王象之撰，李勇先校点：《舆地纪胜》卷 145《简州》，成都：四川大学出版社，2005 年，第 4301 页。

④ 陈晔：《宋代陆使君信仰研究——兼论蜀三大神合祀的区域祠神整合》，《江西社会科学》2016 年第 2 期。

俗上基本统一于蜀文化，大体属于泛蜀文化区，遂本书将这一民间信仰区命名为泛蜀民祀区。在这一民祀区中，以灌口二郎神信仰与梓潼神信仰最为盛行，而汉州、绵州尤重蚕神，西北部的西和、阶、成、凤州则存在与蜀地迥异的特色信仰，所以又分为其他相应的亚区。现据此特点分述之。

（一）泛蜀民祀亚区

灌口二郎神信仰是起源于永康军灌县，由治水英雄崇拜而衍化来的泛水神信仰，其为蜀中一大信仰，后世又与川主信仰合流。灌口二郎神的原型，历代众说纷纭，一说是毗沙门天王的第二个儿子独健二郎，一说是李冰次子李二郎，一说是斩蛟治水的隋代嘉州太守赵昱。独健二郎源自唐代佛教大兴，各地皆有祭祀毗沙门天王和独健二郎的庙宇，四川亦受其“侵入”；李冰及其次子是治水有功于蜀；赵昱传说曾斩蛟于潭中，为民除害，后世被唐太宗封为神勇大将军，庙祀于灌口，三人皆与蜀有瓜葛。从川主信仰反推，明人杜应芳认为灌口二郎神应是赵昱，“宋张咏治蜀，蜀乱，咏祷祠，乃得神助。蜀平，事闻，封川主、清源妙道真君。今所祀川主者，是此人。咸谓川主祀秦蜀守李冰，而李冰实无川主之锡”[①]，两次被皇室加封的赵昱似乎在川主身份上更加名正言顺。但《蜀中广记》又直言：“川主即二郎神。衣黄弹射，拥猎犬，实蜀孟昶像也。宋艺祖得花蕊夫人，见其奉此像，怪问之，答曰：‘此灌口二郎神也。’”[②] 只是花蕊夫人蒙蔽视听的托词使得二郎神的形象与孟昶相混淆，而猎神形象更倾向于赵昱的最初形象。应该讲，蜀中能成为天府之国，李冰父子功高至伟。正是其使江水分流，才令蜀地水旱从人，产米之丰为天下最，故其治水之功为大。再者川主事迹主要涉及治水，所以川主祭祀李冰父子为宜。清人董恂也认为李冰父子有功于民，是二郎神形象的最佳人选，“李冰之有庙祀

① 〔明〕杜应芳辑：《补续全蜀艺文志》卷46《志余》，明万历十七年（1589）刻本。

② 〔明〕曹学佺撰，杨世文校点：《蜀中广记》卷79《蜀中神仙记第九》，上海：上海古籍出版社，2020年，第838页。

宜也，乃臣至江神庙，官民咸称为二郎庙，罕有知为李冰者。因查《灌县志》，载李冰庙祀始于唐初，川主二郎神封号始于宋初，至元初始封李冰及其子二郎皆为王”[①]。也就是说，李冰父子封王为唐代事，宋以后川主与二郎神合二为一了。南宋牟巘也说“今使蜀人有灌溉之利，而无旱干之忧，则神之所以为神，固在此而不在彼也。神而移其惠于蜀者，用惠我千里，大沛其甘泽，俾有丰岁，则洁牲丰盛，所以寿神而报之者，将千万祀其毋替”[②]，再次强调了二郎神因为泽被蜀地，使其成为沃野，而广受人们祭拜的事实。其实，灌口二郎神形象存在一个逐渐被改造演化的过程，独健二郎的佛教属性和异域身份决定了其无法在中国花开太久，继而道教徒抬出赵昱与之抗衡，但赵昱的事迹又不如李冰父子治水功绩深入人心，所以李二郎被民众信仰和敬奉的程度更加热烈，而灌口二郎神最终可能是一位被多种元素塑造而成的复合神明。[③] 后世灌口神与川主神、二郎神皆成为互通的概念。二郎神最初被称为郎君神，称谓仅为郎君，而仁宗嘉祐年间即被封为灵应侯，哲宗时被封为灵感公，徽宗加封昭惠灵显王，政和八年（1118）又被赐以真人之号，地位不断攀升。但其实早在仁宗时期，二郎神已在民间被川人称为护国灵应王，血食一方的地位极其稳固。[④] 所以无论灌口二郎神原型到底为谁，其为宋代川西地区重要神灵则是不争的事实。

有宋一代，蜀人对灌口神的祭祀从不吝啬。石介说“蜀人生西偏，不得天地中正之气，多信鬼诬妖诞之说。有灌口祠，其俗事之甚谨，春秋常

---

① 〔清〕董恂：《甘棠小志》卷4《祠庙》，《中国地方志集成·乡镇志专辑》第16册，南京：江苏古籍出版社，1992年，第99页。

② 〔宋〕牟巘：《陵阳先生集》卷22《祭二郎》，《宋集珍本丛刊》第87册，北京：线装书局，2004年，第642页。

③ 干树德：《也谈二郎神信仰的嬗变》，《宗教学研究》1996年第2期。

④ 《宋会要辑稿》礼20之141，上海：上海古籍出版社，2014年，第1062页。

祀，供设之盛，所用万计，则皆取编户人也”[①]，可见其为地方财政所供养的重要神祇。范成大对此也有记录：“李太守疏江驱龙，有大功于西蜀。祠祭甚盛，岁刲羊五万，民买一羊将以祭而偶产羔者，亦不敢留，并驱以享”[②]，可以看出邑人奉神的恭谨。但这样浩繁的祭祀，使灌口神有被人当作淫祀之嫌。有今人指出，这可能与灌口所处的特殊地理位置掺入了少数民族元素，被视作氐人之神有关。[③] 但不管如何，祭祀灌口神所需祭品之盛是不争的事实。后世赵翼考证曰：“蜀人事之甚谨，每时节献享。……当神之生日，郡人醵迎尽敬，官僚亦无不瞻谒者。”[④] 这与当时灌口神不容怠慢的淫威有一定关系，官民日常皆不敢触怒于神。庆元元年（1195），汉嘉人杨光任永康军守，因刚介不信异端，在灌口神生日当天未去谒拜神灵，导致军堂治所和宅第相继遭受火灾之厄。此种速报不得不让人有所忌惮。洪迈便说：“永康军崇德庙，乃灌口神祠，爵封至八字王，置监庙官视五岳，蜀人事之甚谨。每时节献享，及因事有祈者，无论贫富，必宰羊，一岁至烹四万口。”[⑤] 不仅食羊，彭州人还有“为灌口神娶妇者”，此种行为严重影响一地安宁，也曾为地方官所不容。程濬在通判彭州期间，尤恶淫祀，将灌口神等讹作乱俗，一惩以法，使邪风为之变。[⑥] 可见灌口神虽灵异，但口碑并不佳。灌口神在当地有广泛的信众基础，连永康军的娼女都祭祀有加，在拜谒灵显王庙后，竟与庙中厩卒演绎

---

① 〔宋〕石介著，陈植锷点校：《徂徕石先生文集》卷9《记永康军老人说》，北京：中华书局，1984年，第105页。

② 〔宋〕范成大：《吴船录》卷上，《范成大笔记六种》，北京：中华书局，2002年，第189页。

③ 李耀仙：《二郎神考》，《四川师范学院学报》（哲学社会科学版）1998年第1期。

④ 〔清〕赵翼：《陔余丛考》卷35《灌口神》，北京：中华书局，1963年，第766页。

⑤ 〔宋〕洪迈撰，何卓点校：《夷坚支丁》卷6《永康太守》，北京：中华书局，1981年，第1017页。

⑥ 〔宋〕吕陶：《净德集》卷21《太中大夫武昌程公墓志铭》，《景印文渊阁四库全书》第1098册，台北：台湾商务印书馆，1986年，第179页。

出一段人鬼爱情故事[①]，说明该神不仅流行于士人之间，在社会底层民众间也颇有市场。每逢节日的酬神庆祝活动中，灌口神也从不缺席，“蜀人岁为社会，以祀灌口”[②]。其规模，“有像灌口神队而娱戏者几数百人”[③]。

灌县在永康军内，所以永康军、彭州之域为灌口神信仰的最核心区域。灌口神虽为川西重要神灵，但并不意味着灌口神就满足于自己的神域。后蜀明德年间的夏天，川北的阆州有大雨雹降下，当地的女巫说这是灌口神与阆州神交战所致。[④] 这很可能是二神为争夺神域空间而兵戎相见，但同时意味着灌口神在川峡北路的阆州地区亦有传播。而政和七年（1117），一小儿大闹京都，扬言灌口二郎庙被火焚，要求在京城重建，有司遂听命，且“都人素畏事之”[⑤]，从中也可见灌口神的影响力已超越巴蜀之域。再者，从《夷坚志》用《二郎庙》来叙述永康神庙事来看，至迟北宋末期灌口神已近乎与二郎神画上等号，而祭祀二郎神的庙宇就为二郎庙。二郎庙还有一个称谓，即灵显王庙或灵显庙，在利州路阆州、兴元府一带也多有奉祀。建炎四年（1130），魏国公张濬任川陕宣抚处置使，负责川陕片区的抗金事宜。因秦中失利，他曾暗祷于阆州灵显庙，但神告知他因为大观后封号改为了真人，“于人间万事，未尝过而问焉”，所以无法执掌世间胜败。张濬蒙启示后，马上向朝廷请封旧号，又用仪式

① 〔宋〕洪迈撰，何卓点校：《夷坚甲志》卷17《永康倡女》，北京：中华书局，1981年，第146页。

② 〔宋〕曾巩撰，王瑞来校证：《隆平集校证》卷8《参知政事》，北京：中华书局，2012年，第263页。

③ 〔宋〕李安仁：《宋故右朝请大夫致仕赐紫金鱼袋巴西李府君墓志铭》，《全宋文》卷3504，第161册，上海：上海辞书出版社，合肥：安徽教育出版社，第270页。

④ 〔宋〕张唐英：《蜀梼杌》卷下，《全宋笔记》第1编第8册，郑州：大象出版社，2003年，第53页。

⑤ 〔宋〕洪迈撰，何卓点校：《夷坚丙志》卷9《二郎庙》，北京：中华书局，1981年，第439页。

祭告，庙神又灵响如初了。[①] 不仅像张濬这样的高官，在阆州，即便流离失所逃难至此的百姓也入乡随俗祭告于灵显王庙，按时进香，甚为虔诚。[②] 这说明当时灵显王（二郎神）信仰在阆州颇为人所重。而在更往北的兴元府，灵显王的影响力同样毫无消减。绍兴二年（1132），刘彦修知兴元府，为了预知秋冬边事宁否，刘氏“往谒灵显王庙”。神虽未明确告知，但使妇人端出装有一猪肺和一石榴的盘子。刘彦修窃喜，知刘豫且废，过了四年，果然应验。[③] 由此可见，灵显王（二郎神）信仰在川北的利州路也比较兴盛，上层官员占问吉凶，下层百姓求告平安皆选择祭告于该神。但总体来看，灌口二郎神被民众所纪念还是因为治水有功，像梓州之民便持“以水利遗蜀民，民至于今神祀之”[④] 的观点，认为神免灾害于吾邑之人，当祠之以报，子孙世世不敢忘。综上可见，宋代灌口二郎神信仰广泛存在于蜀中、梓州路、利州路大部，是泛蜀民祀亚区首屈一指的重要神明。

除了灌口二郎神，梓潼神亦是宋代川峡四路地区一大民间信仰，在泛蜀亚区具有极强的生命力和影响力。对于其原型也是众说纷纭，一说是晋代抗击前秦战死的张亚子，但此“张亚子”可能与晋代张育相混淆；一说是一名孝子，生于越嶲，也就是今四川凉山彝族自治州一带，为避母仇，迁居梓潼七曲山，一生善行，死后被梓潼百姓奉为梓潼神。更离奇的

---

① 〔宋〕洪迈撰，何卓点校：《夷坚丙志》卷 17《灵显真人》，北京：中华书局，1981 年，第 508—509 页。

② 〔宋〕洪迈撰，何卓点校：《夷坚甲志》卷 15《晁安宅妻》，北京：中华书局，1981 年，第 129—130 页。

③ 〔宋〕洪迈撰，何卓点校：《夷坚丙志》卷 17《兴元梦》，北京：中华书局，1981 年，第 509 页。

④ 〔宋〕文同：《丹渊集》卷 23《梓州中江县新堤记》，《景印文渊阁四库全书》第 1096 册，台北：台湾商务印书馆，1986 年，第 690 页。

是，“或云嶲州张生所养之蛇，因而祠，时人谓为‘张蝁子’，其神甚灵”[①]。总之，梓潼神在宋代川峡地区西北部影响甚重。

让梓潼神名声大噪的，是唐代二帝避难蜀中的两次启梦：一为唐玄宗避安史之乱逃往蜀中，夜梦张亚子显灵示梦，遂追封其为左丞相；二为唐僖宗为避黄巢之乱，亦过梓潼七曲山，并亲自祭祀梓潼神，追封张亚子为济顺王，还将自己的佩剑解下来赠给神。[②] 正如《隆平集》所言：“唐明皇入蜀，神迎于万里桥。僖宗播迁，亦有冥助。”[③] 皇家给予的两次殊荣，使梓潼神身价倍增，后宋代帝王也多有敕封。“丙子，封剑州梓潼神济顺王为英显王。”[④] 成都人对梓潼神是“极所尊礼”的，即便是王小波、李顺之变和熙宁年间茂州羌侵扰蜀中，致使故祠自失，当地人仍然“虽里社亦屋以祭”[⑤]，表现出了须臾不离的虔诚。并且在咸平三年（1000）的王均之乱中，梓潼神还有护佑城池的显灵之举，这使下层民众更加剧了对梓潼神的笃信。不仅如此，在士大夫阶层和高级武将中，梓潼神也颇为时人重视，如临大事必祷之。文同在调任陵州知州前夕曾专门写过一篇《祭梓潼神文》，祈愿在新任一方为官能得到神的帮助与护佑：“愿神阴启默导，时赐警拂，心虑口述，无使悖谬。”文同担心自己施政不周，有负朝廷的信任和陵州百姓的期望，所以言辞恳切地求神护佑。如果真能如愿，则

---

① 〔宋〕孙光宪：《北梦琐言》佚文四《张蝁子神》，《全宋笔记》第1编第1册，郑州：大象出版社，2008年，第253页。

② 〔宋〕高承撰，〔明〕李果订，金圆、许沛藻点校：《事物纪原》卷7《英显王》，北京：中华书局，1989年，第375页。

③ 〔宋〕曾巩撰，王瑞来校证：《隆平集校证》卷3《祠祭》，北京：中华书局，2012年，第105页。

④ 《续资治通鉴长编》卷49，咸平四年七月丙子，北京：中华书局，1979年，第1066页。

⑤ 〔宋〕章森：《灵应庙记》，《成都文类》卷33，北京：中华书局，2011年，第652页。

“某之饮食起居，实不望其应于神之左右也”[1]，可见其对梓潼神极为谦恭，奉神已成为日常生活的一部分。南宋吴曦在叛乱之前一度坐立不安，举棋不定，就因为“曦家素事梓潼，自玠、璘以来，事必祷，有验，乃斋而请”[2]，才做出最后决定。正是因为“梓潼在蜀，著应特异”的特殊地位，光宗绍熙年间，泸帅张孝芳克扣粮饷，奴役士兵，激成兵变，泸人在杀张孝芳之前，“尝正昼见于阅武堂，逆党恇溃，以迄天诛”。[3] 另外，邛州人魏了翁年少时也曾受到梓潼神的眷顾从而躲过不少劫难，多年之后，他曾自言道：“实惟我有神是暇是祐，敢不知自？”继而感慨：“惟神聪明正直，永奠西土。”[4] 感激之情溢于言表，可见魏氏已然将梓潼神视为整个西蜀的保护神。对于此等大神的栖身之所，自然被邑人所关切。绵竹人李流谦曾因乡邑梓潼庙破败不堪，写过一篇倡议乡人筹款修庙的《论庙事札子》，文中说：

> 窃惟七曲之神，有大造于蜀，蜀人事之旧矣。而比年以来，所在郡邑，侈大祠房，崇饰像设，视前益严。独吾邑苟便荒陋，未遑改筑，灵风萧然，神不来舍。[5]

他认为庙舍的陈旧不利于神明显灵，从“有大造于蜀”等言，也可看出

---

① 〔宋〕文同：《丹渊集》卷35《祭梓潼神文》，《景印文渊阁四库全书》第1096册，台北：台湾商务印书馆，1986年，第763页。

② 〔宋〕岳珂：《桯史》卷3《梓潼神应》，《全宋笔记》第7编第4册，郑州：大象出版社，2016年，第203页。

③ 〔宋〕岳珂：《桯史》卷3《梓潼神应》，《全宋笔记》第7编第4册，郑州：大象出版社，2016年，第203页。

④ 〔宋〕魏了翁：《重校鹤山先生大全文集》卷98《梓潼庙祝文》，《宋集珍本丛刊》第77册，北京：线装书局，2004年，第632页。

⑤ 〔宋〕李流谦：《论庙事札子》，《全宋文》卷4898，第221册，上海：上海辞书出版社，合肥：安徽教育出版社，2006年，第157页。

蜀民事神甚谨，梓潼神在整个泛蜀民祀区有相当的影响力。

当然，梓潼神被宋代川峡地区民众所崇祀，除了具有地方保护神的性质，最大的缘由应归因于其具有预知科举仕进的功能，换言之，该神具有专佑读书人的特质，这样的例子在蜀中不胜枚举，最为著名的当属风雨送介甫的例子。当时蜀道的梓潼庙有“士大夫过之，得风雨送，毕至宰相；进士过之，得风雨，则必殿魁”一说，时年八九岁的王安石跟随父亲王益过梓潼庙遇大风雨，王益由此内心颇自负，但独不得应验。若干年后，王安石位极人臣，才知当年的风雨是独为王安石所作，可见梓潼神之灵验。[①] 又如成都人罗彦国累试不第，四次赴举后，斋戒祈祷于梓潼神，后果然类试第一。[②] 仙井监人何文缜进京赶考，也是在过梓潼庙时遥拜，后夜晚得神启梦科甲名次，果如梦所示位列状元，足见士子奉神之谨。[③] 有时梓潼神的允诺并不于一时一世兑现，如资州人王龙光入京赴上舍试，途中去剑州七曲山拜谒了梓潼神，得梦席帽戴于头，但是王氏当年并未考中，来年才登科。原来当时名字中不能有龙、天、君等字眼，后来唱第之日，他已被赐名曰“宠光”，龙字头上加了帽，才得如愿，可见梓潼神预事之精准。[④] 无独有偶，类似于梓潼神启梦登科自有定数的还有一例，南宋绍兴四年（1134），蜀道举办类省试，成都使臣祷于梓潼神，求问今年类试第一名的名字，结果夜梦两位手拉手唱着《汉宫春词》中句的士子走出，神君曰此为类元（第一名）。结果一个叫黄贡的人高中第一，他说自己的父亲就曾得到梓潼神启梦的词句，没想到父亲并未授得官职，而自

---

① 〔宋〕蔡絛：《铁围山丛谈》卷4，《全宋笔记》第3编第9册，郑州：大象出版社，2008年，第207页。

② 〔宋〕洪迈撰，何卓点校：《夷坚乙志》卷5《梓潼梦》，北京：中华书局，1981年，第223页。

③ 〔宋〕洪迈撰，何卓点校：《夷坚乙志》卷7《何丞相》，北京：中华书局，1981年，第243—244页。

④ 〔宋〕洪迈撰，何卓点校：《夷坚甲志》卷18《席帽覆首》，北京：中华书局，1981年，第158页。

已却得以应验，可谓两世共证一梦，不禁让作者感叹“神君其灵矣哉”[1]。另有资料说两位蜀中举人在夜宿剑门张亚子庙时，确实梦到了来年科考的状元赋。所以后世赵翼也说“然则张恶子之显灵于科目，盖自宋始，亦自宋之蜀地始”[2]，说明宋代梓潼神已初具护佑科甲的职能，是川籍士子赴京科考途中的必拜之神。但需要指出的是，明人来知德于梓潼神对科甲的护佑职能颇有疑问，他认为梓潼神原型若是武士为何来掌管桂籍（科举之事），若为孝子何以不载梓潼志？他最后认为：“恐梓潼不过七曲山之山神耳，乃武当、酆都、泰山娘娘之类也。”来氏还说：“科目起于隋，自炀帝已前苍苍者，天不知有桂籍乎，无桂籍乎，有神司之否乎？”[3] 显然梓潼神掌管科考是后来增添的神职。其实梓潼神掌管文运确是一个从无到有的过程，但这并不妨碍此一职能在宋代已基本定型。只是梓潼神后世被道家纳入神仙体系，成为掌管文运的文昌帝君，为元代以后事，“世人因其于科目事有灵异，元时遂以文昌帝君封之”[4]，元代仁宗又加封张亚子为“辅元开化文昌司禄宏仁帝君”。但无论梓潼帝君与文昌神如何交融演变，将二者相等同的时间或在元代以后，若单论梓潼神，其在宋代已被川峡地区广大士子虔心崇祀应是不争的事实。

梓潼神除有掌管文运的职能，还具有其他方面的神力，可为民众日常生活中的逆事排忧解难。隆州仁寿县秦公未有子，曾祷于梓潼神，当晚便做梦进入一府邸，而后被人介绍与自己的儿子相见。之后秦国夫人有娠，不久便生了孩子。[5] 在梓潼神的发祥地潼川府盐亭县，此种职能也表现得

① 〔宋〕洪迈撰，何卓点校：《夷坚乙志》卷8《歌汉宫春》，北京：中华书局，1981年，第247页。

② 〔清〕赵翼：《陔余丛考》卷35《文昌神》，北京：中华书局，1963年，第766页。

③ 〔明〕来知德：《来瞿唐先生日录》卷6《省事录》，明万历刻本。

④ 〔清〕赵翼：《陔余丛考》卷35《文昌神》，北京：中华书局，1963年，第766页。

⑤ 〔宋〕杨万里：《诚斋集》卷120《宋故左丞相节度使雍国公赠太师谥忠肃虞公神道碑》，四部丛刊初编本。

较为明显，该地有座因隋帝赐张峻夫紫袍而得名的赐紫山，山上“有梓潼神祠，士民祈嗣多应，故又名赐子山”[①]。这两则材料说明梓潼神兼有送子职能。梓潼神不仅为普通民众所崇信，亦被官员士大夫所推崇。文同在出知仁寿县之前曾写过一篇《祭梓潼神文》，他在文中说“惟神聪明正直，受祀兹土，彰灵暴异，蜀人畏仰。……愿神阴启默导，时赐警拂……某之饮食起居，实不望其应于神之左右也”[②]，虔诚之意跃然纸上。文同实则拿神来勉励、监督自己，并将自己能否履行好职责、行一方之善政寄托于梓潼神的庇佑。这篇祭文则更像是文同走马上任之前的祷文。

对于梓潼神的职能，宋人韦骧曾有一首诗做了较为全面的总结：

> 英威凛凛僾西州，血食潼江几度秋。曾运阴兵摧贼垒，每均甘泽惠农畴。翠帏半卷香烟动，金榜高题日影浮。暂止轺车聊一奠，肯将曲祷累神休。[③]

可以说，梓潼神于西南一隅威名显赫，在护境、农事、科考等方面皆有神迹显现。总之，梓潼神信仰在泛蜀亚区分布较为广泛，至于其神域范围，宋人高文虎在《蓼花洲闲录》中说：“其灵震三川，过者必祷焉。”[④] 而这个“三川”，就是唐代宗时，将剑南东、剑南西、山南西三道置三川节度使，简称“剑南三川”的“三川”，基本覆盖了沿金牛道呈东北—西南走向的蜀中大部，所以可以推知，梓潼神是影响泛蜀民祀亚区的重要神灵。

---

① 乾隆《盐亭县志》卷1《舆地志》，清乾隆二十八年（1763）刻本。

② 〔宋〕文同：《丹渊集》卷35《祭梓潼神文》，《景印文渊阁四库全书》第1096册，台北：台湾商务印书馆，1986年，第763页。

③ 〔宋〕韦骧：《谒梓潼庙》，《全宋诗》卷732，北京：北京大学出版社，1998年，第8569页。

④ 〔宋〕高文虎：《蓼花洲闲录》，《全宋笔记》第5编第10册，郑州：大象出版社，2012年，第134页。

（二）汉绵眉亚区

宋代蜀中蚕桑业发达，《宋史·地理志》在提到川峡四路时说："土植宜柘，茧丝织文纤丽者穷于天下。"[①] 但川峡四路内部存在一些差异，蚕桑丝织业尤以涵盖成都府路和潼川府在内呈东北—西南走向的平原较为发达，即成都、绵州、汉州、眉州之地。在这一区域，不仅土热条件善于养蚕，且当地人十分勤快，妇女善于纺织，"妇女职中馈，躬蚕桑，小春时兼佐农忙，勤于纺绩，无故不相往来"[②]。此区蚕被视为灵虫，成都新繁县曾有一养蚕户李氏，因桑叶升值，埋蚕卖桑获利，饲蚕半途而废。后用赚得之钱购得肉面做成包子食之，结果灾祸不断，人丁沦丧，被世人视作坑蚕获利的报应。[③] 总之，在民众这种心理作用下，该区域自然而然地产生了浓厚的蚕神信仰。稍南的眉州地区以青衣神蚕丛为蚕神，特别是青神县，汉以来本名南安县，正是由于纪念远古蚕丛氏着青衣以劝农桑，后周时才以青神为名，改为青神县，受到当地人的崇祀。[④] "蜀王常服青衣，教民蚕事，民感德立祠祀之，俗呼青衣神，敕封土主，饲蚕之家无不诚敬。"[⑤] 其庙称为青衣神庙。北部的汉绵地区信奉马头娘信仰，其为另一蚕神信仰。马头娘信仰来自一个孝女救父的传说故事，说上古一人被邻人掠去，其女思念乃父，许诺谁救回其父便嫁之，结果其父之马最终救回主人。人马自不能通婚，其父杀马，并将马皮晾于桑树之上，后马皮将女卷走，女化为蚕，遂成蚕神。[⑥] 而后"于大桑树枝间得女及皮，尽化为蚕，

① 《宋史》卷89《地理志五》，北京：中华书局，1977年，第2230页。

② 嘉庆《什邡县志》卷18《风俗志》，清嘉庆十八年（1813）刻本。

③ 〔宋〕黄休复：《茅亭客话》卷9《蚕馒头》，《全宋笔记》第2编第1册，郑州：大象出版社，2006年，第73页。

④ 〔宋〕欧阳忞著，李勇先、王小红校注：《舆地广记》卷29《青神县》，成都：四川大学出版社，2003年，第837—838页。

⑤ 乾隆《青神县志》卷2《祠庙》，清乾隆二十九年（1764）刻本。

⑥ 〔宋〕李昉等编：《太平广记》卷479《蚕女》，北京：中华书局，1961年，第3945页。

绩树上茧厚大异常，邻妇取养之，其收数倍”[①]，如此一来，养蚕之人皆供奉马头娘，其信仰得以流传开来。宋代道书《三洞群仙录》便说：“蜀之风俗，宫观皆塑女子披以马皮，谓之马头娘子，以祈蚕桑焉。”[②] 而蚕神马头娘信仰尤在川峡四路的汉、绵、益等州最为兴盛，《蜀中广记》也载：“蜀中寺观多塑女人披马皮，谓之马头娘，以祈蚕事。……今有蚕女冢，在什邡、绵竹、德阳三县界，而新繁蚕丛祠中旧亦塑女像。”[③] 可见此三县之域应归为马头娘民祀区。综上，不管是信奉青衣神蚕丛的眉州地区，还是信奉马头娘的汉绵地区，皆是蚕神信仰民祀区，我们将蚕神信仰统摄于同一亚区之下，即川西民祀区的汉绵眉亚区。

（三）西阶成凤亚区

西和州、阶州、成州、凤州，素号“关外四州”。其域地接秦陇，在信仰风俗方面自成一区，有不同于巴蜀的祭祀风俗，尤以宣灵王信仰和龙神、湫潭、雨神信仰为主要信仰形式。

利州路凤州地区有宣灵王庙，所祀之神相传在唐僖宗幸蜀时曾化为老叟，为饥肠辘辘的僖宗送来米酒，之后僖宗寻访不见，但见古庙中有父子二像列于其中，知其为神，赐爵“忠护侯”。南宋开禧年间，吴曦叛宋前曾祷于神前，结果神并未助纣为虐，而是托梦于宋将安丙，“曦之魄已为神所夺”，助安丙顺利诛吴曦而平叛，后亦被宋廷赐为“昭显孚佑忠应宣灵王”，其子曰“顺惠协济衍庆嗣利王”，赐庙额曰“灵感”。[④] 晚近的《陇右金石录》亦载，宋宣和中便赐神曰“中护侯”，在此之后，“凡有祷

---

① 〔清〕陈元龙：《格致镜原》卷96《蚕》，《景印文渊阁四库全书》第1032册，台北：台湾商务印书馆，1986年，第728页。

② 〔宋〕陈葆光：《三洞群仙录》卷9，明正统刻道藏本。

③ 〔明〕曹学佺撰，杨世文校点：《蜀中广记》卷71《蜀中神仙记第一》，上海：上海古籍出版社，2020年，第758页。

④ 嘉靖《徽郡志》卷3《祀典志》，《中国地方志集成·甘肃府县志辑》第36册，南京：凤凰出版社，2008年，第38—39页。

祈，应如影响”。而且民间对其的祭拜出于自发，皆感于神不忘君而效臣子之忠的神迹，所以“每岁春月，远近居民诣庙设祭者，皆以醪醴为献。虽禁酤之时，而有司亦为弛其禁，所以示不忘本也”[①]，可见对神的奉祀得到官方和民间的双重认可。

该亚区处于川峡地区北部，相对干旱，自然条件较蜀中为差，民众仍是重山水等自然神及以龙为代表的灵物神，祈求的目的一般是希望风调雨顺、护佑农事。这种祭祀首先得到官方的认可，如“癸巳，上批：‘闻陕西、河北、京东自去冬无雪，可令转运司访名山灵祠祈祷。’”[②] 在这种官方意识背景之下，宣和六年（1124），成州知州晁说之在当地祭祀龙池利泽神，他告神曰：“去秋民匮于种，幸不至于流，庸神初谴之而卒畀之也。而吏不敏失职，尚何颜以事明神哉！今岁春首，雨复未应，民心不收，不保厥死。神与其终烦嘉惠，不若始初欣喜之也。”[③] 一番自责后，极尽讨好之言辞。不久之后，晁氏又将当年杜甫所住旧居旁边的一方湫潭大加包装，作《发兴阁记》，曰“有万丈潭，敕利泽庙”[④]，使一潭湫水平添神秘色彩。这表明当时龙神、湫潭之类的水神信仰在当地仍居重要地位，其一是与利州路北部相对干旱的自然条件有关，是经济欠发达路府仰赖农事、畏惧自然神力的原始表现；二是官员追求政绩，期望风调雨顺的不断请封、祭祀，更加剧了对该种信仰的崇祀。无独有偶，在文州有一座颇为灵应的慈霈庙，祭祀的则是一位司雨的龙女，文州州守杨必复在《重修慈霈庙记》中说“旸方亢，祷即雨；雨方苦，祷即晴”，可见神之灵应

① 张维：《陇右金石录》，民国三十二年（1943）甘肃省文献征集委员会校印本。

② 《续资治通鉴长编》卷296，元丰二年正月癸巳，北京：中华书局，1990年，第7200页。

③ 〔宋〕晁说之：《嵩山文集》卷20《祭龙池文二首》，四部丛刊续编本。

④ 〔宋〕晁说之：《发兴阁记》，《全宋文》卷2816，第130册，上海：上海辞书出版社，合肥：安徽教育出版社，2006年，第274页。

昭著。此庙虽在文州，但是该神信仰范围“越阶州，径至州境”①，可见此龙神应为西阶成凤亚区一带共享之神明。

（四）龙州亚区

在川西北民祀区中，龙州是个比较特殊的地区。该地因是大唐远祖李龙迁葬身地，遂有奉祀李龙迁的李古人庙，宋时又称显济庙，是当地颇受尊崇的民祀神祇。唐天宝年间，李隆基幸蜀，逃至龙州牛心山，被一位叫苏坦的老人告知此地为国之祖墓，并且“古老相传，皆有灵应”②。据传安史之乱便是当年武则天凿断此地龙脉所致，明皇按老者之说将御衣藏在山脉断绝处并修筑复旧，则安史之乱得以平息。经此事件，肃宗、僖宗朝皆不断修缮李古人庙，还派道士来此醮山祈福。往往此时，山还会发出类似于牛哞哞的叫声，可谓灵应非常。该神入宋后再次被官方所认可，又被敕封为显应忠惠王：

> 具某神，昭明而体物，正直而依人。相彼江油，宅于岩屋。发纵指示，溃卒就擒。鸣鼓张旗，丑夷自北。凡蜀道底宁之效，亦尔神幽赞之功。朕用嘉之，申锡徽号。王其益侈宏休，以佑吾民，民亦将世世奉王无怠。③

从这篇制文可知，此时的显济庙神已是江油“宅于岩屋”，与民众日常休戚相关的重要神灵。从其护佑民众的幽赞之功得到官方的大力赞赏，无疑可以推断其在龙州地方的信奉程度。嘉庆《四川通志》也载，神曾捍蔽

---

① 〔宋〕杨必复：《重修慈霈庙记》，张维：《陇右金石录》，民国三十二年（1943）甘肃省文献征集委员会校印本。

② 〔明〕曹学佺撰，杨世文校点：《蜀中广记》卷79《蜀中神仙记第九》，上海：上海古籍出版社，2020年，第841页。

③ 〔宋〕吴泳：《鹤林集》卷11《龙州江油县牛心山显济庙神封显应忠惠王制》，《宋集珍本丛刊》第74册，北京：线装书局，2004年，第382页。

川蜀，大功于民，“凡有祷者，其应如响”。至于该神在龙州之所以长盛不衰，与其极为灵应有很大关系。唐中和年间，东川副将李赏过李古人庙，见古松柏可用来修建官署，遂肆意采伐，因事先并未禳告于神，则江水暴涨，使其木材不得运，以致“其夕，有神诉责，其声甚厉，闻者震骇”。后来李赏因受贿败露而被斩于市，可谓报应如疾，所以“神君之灵不可不敬”。宋崇宁二年（1103），神梦示刺史雷寿仁修缮庙宇，并暗许资费将以百万粮米为报，雷氏上奏后立即修葺，五谷丰收的回报也随即到来，与梦境所示别无二致。灵应昭著如此，所以，“宋兴以来，郡邑事神君如存，莫敢少懈”。后人直接总结道：“自梁迄唐至于皇宋几七百年矣，神之泽民愈远而益深，朝廷嘉之。绍兴二十六年，封垂休永济侯，所以发德于千载，揭大号于无穷也。”可见千载以来，神与官方有着良好的互动关系，在愈灵愈封、愈封愈灵的良性循环中持续昌盛。事无巨细的护佑也使龙州民众对神充满虔诚和感激，甚至直言“缀其大者敬献于公曰：民则神，神则民，民神一也”，足见当地民众已将显济庙神与自身融合成了不可分割的组合体。[①] 故笔者将龙州作为川西北的民祀亚区单独拎出，便是基于该地有源于李龙迁的显济庙神的信仰使然。

二、川中南民祀区

川中南民祀区主要指以潼川府为中心，以潼川府路为主的果、遂、普、资、戎、泸、荣、陵井、富顺等府州监地区，涪江在这一区域穿境而过，经济文教发展仅次于成都府路。在此区域存在三大祠神信仰，北部的射洪神信仰和南部流传于戎遵亚区的竹王信仰及流传于二监的盐神信仰。

---

① 嘉庆《四川通志》卷36《舆地志三十五·祠庙三》，成都：巴蜀书社，1984年，第1466—1467页。

(一) 果遂普资亚区

这一区域最具代表性的民间信仰当属射洪神。射洪神姓陆名弼，据传曾任泸州刺史，死后立庙于射洪白崖山，起初因其官职、葬地而称为陆使君或白崖神。南宋以来，射洪神的名称开始出现，且更为流行。陆弼此人的生平说法各异，但综合来看，南宋定型的陆弼生平概为“咸阳人。梁天监二年为泸州刺史，以疾卒。舟回至射洪县白崖山葬焉，遂为白崖神”[①]，基本认定射洪神原型是为官泸州、死葬射洪的地方官员。《事物纪原》亦有类似记载：“弼贬泸州，有善政，卒，土人为立庙，水旱请祷”[②]，可知射洪神已被当地人所祭祀。宋太宗淳化年间，张士逊任射洪县令，逢岁旱灾，张氏祷于白崖山陆使君祠，天遂降雨。只是降雨还不满足，张士逊还做听命状，恭恭敬敬地站在庭院中，直到雨下足才罢休，可见当时该地民众对射洪神的虔诚与依赖。[③] 至南宋时期，陆使君信仰依然是“今庙食益盛”[④]。陆游自蜀东归之前，也曾前去拜谒，并求得一签，他说：“射洪陆史君庙，以杜诗为签，极灵。”[⑤] 蜀人李流谦也曾过陆使君祠，亲自焚香祭拜，且赋诗曰“自是神灵宅，非从槁壳谋”[⑥]，表达出对射洪神的尊崇，意欲说明神非等闲。

对于射洪神在川中南民祀区的分布，可从一则笔记史料中窥得一斑。

---

① 〔宋〕王象之撰，李勇先校点：《舆地纪胜》卷153《泸州》，成都：四川大学出版社，2005年，第4595页。

② 〔宋〕高承撰，〔明〕李果订，金圆、许沛藻点校：《事物纪原》卷7《灵济公》，北京：中华书局，1989年，第377页。

③ 〔宋〕范镇：《东斋记事》卷4，《全宋笔记》第1编第6册，郑州：大象出版社，2003年，第219页。

④ 〔宋〕洪迈撰，何卓点校：《夷坚丁志》卷14《白崖神》，北京：中华书局，1981年，第657页。

⑤ 〔宋〕陆游：《跋陆史君庙签》，《全宋文》卷4937，第223册，上海：上海辞书出版社，合肥：安徽教育出版社，2006年，第9页。

⑥ 〔宋〕李流谦：《陆使君祠二首》，《全宋诗》卷2117，北京：北京大学出版社，1998年，第23929页。

据《夷坚丁志》记载，政和八年（1118），蜀人迪功郎郭畤从昌州归临邛，夜宿濑川驿，梦中被射洪神的小吏拉去问话，神大意是让郭畤捎话给在简州太守任上的射洪神之子陆云，但郭畤因求访不得而食言，在其复过资州时又梦被神责问。[①] 这则故事不仅展现了白崖神的威严神力，也从地理层面透露出不少信息，文中所涉有简州、资州，实则便是射洪神信仰所主要流行的区域。这其中简州的情况比较特殊，因其在川西北民祀区与川中南民祀区的交界地带，蜀地三大神信仰在此都有传播，所以存在祭祀永康李、七曲张、白崖陆三大神祠的现象。[②] 但前二神在简州的崇祀程度不及射洪神，遂将简州归为果遂普资亚区。从上文可知，宋代射洪神陆弼的崇祀范围大概以遂宁府为中心，分布于与涪江、沱江相垂直的一条东北—西南走向的斜线上，左及果、蓬二州，右及简、资等州，即涪江中游和沱江中游所在州县，是宋代川峡中部地区的重要神灵。射洪县因在涪江边，故射洪神多有司水功能。南宋年间，涪江崩决，水失故道，当地人欲截江疏浚故道以顺水性，还专门请蜀中名士魏了翁写了告射洪神文，以期在施工过程中得到神的护佑。[③] 南宋叙州人程公许过潼江时，为求行舟安澜，不忘祭祀射洪神，其赋诗曰：

> 水曹羁我窘于囚，贷与潼江一钓舟。柂转清滩微鬵沸，棹移曲巷且夷犹。偶因舣岸穿沙径，绝爱寒烟簇晚洲。明日玉屏重睹面，九歌待续水安流。[④]

---

① 〔宋〕洪迈撰，何卓点校：《夷坚丁志》卷14《白崖神》，北京：中华书局，1981年，第657页。

② 〔宋〕王象之撰，李勇先校点：《舆地纪胜》卷145《简州》，成都：四川大学出版社，2005年，第4301页。

③ 〔宋〕魏了翁：《重校鹤山先生大全文集》卷98《射洪县截江告射洪神文》，《宋集珍本丛刊》第77册，北京：线装书局，2004年，第634页。

④ 〔宋〕程公许：《沧洲尘缶编》卷9《买舟至崖祀陆使君》，《景印文渊阁四库全书》第1176册，台北：台湾商务印书馆，1986年，第992页。

而潼江为涪江的一条支流，所经流域即遂宁、果州地界，可知射洪神在此一区域颇具影响力。程氏还在抗金的边事中有祷于射洪神，并题诗于射洪显惠庙中祈求射洪神“愿开晴景遍人间”[①]，将国家兴亡寄托于神之所佑，足见时人对神的仰赖。宋人王之望也有一篇《谒射洪显惠庙文》赞扬了射洪神的灵应，并将射洪神的信息做了基本的交代，其中再次透露了射洪神的祭祀圈范围：

> 惟王生为良吏，没为明神，封爵既崇，嘉号累锡。能见物怪，出云雨，以利泽万物，威福一方。使两蜀之人，奔走祀事，可谓灵矣。某猥因行部，道出庙下，祇陈薄荐，用致微诚。[②]

实际上，遂宁府恰是东西蜀的分界线，所谓“两蜀之人”，狭义指西至简、资，东至果、蓬一带的川中之民。直至清代，果州仍为射洪神祭祀的核心区域，吴省钦有诗云：“嘉陵江上日行人，人日人来问北津。恰是三年前过此，残香灺火射洪神。”[③] 可以看出，虽是“残香灺火”，但神的香火仍不灭。

另外，由于陆弼知泸州时德泽及民，所以射洪神信仰不免在其原型陆使君的为官地泸州地区流传，正所谓“梁初奄巴蜀，仍有渡泸人”[④]。当地祭祀射洪神的庙宇称显惠庙，从南朝梁天监年间至南宋，历时七百载而不衰。“而神著德盛，逾久弗替，则神之得斯于人也亦必有道矣”，可见

---

① 〔宋〕程公许：《沧洲尘缶编》卷9《题射洪显惠庙》，《景印文渊阁四库全书》第1176册，台北：台湾商务印书馆，1986年，第988页。

② 〔宋〕王之望：《汉滨集》卷16《谒射洪显惠庙文》，《景印文渊阁四库全书》第1139册，台北：台湾商务印书馆，1986年，第882页。

③ 〔清〕吴省钦：《白华前稿》卷53《人日复抵果州》，《清代诗文集汇编》第371册，上海：上海古籍出版社，2010年，第678页。

④ 〔宋〕李流谦：《陆使君祠二首》，《全宋诗》卷2117，北京：北京大学出版社，1998年，第23929页。

神在当地人心目中的地位无可替代。而神祇的立足，也无一例外是于地方有灵应，不然“使生无德于民也，死能庙其土乎？”① 所以，泸州的射洪神信仰虽不及果遂地区鼎盛，但自有其渊源。

综合来看射洪神在全蜀的地位，宋人牟巘在《祭射洪文》中有所表述，他写道：

> 维神孔毅且仁，威风惠气，劘剃全蜀。乃夏五神实降，火伞中天，白崖峙雪，其畴敢不虔？某黏黐未去此，犹得奉椒醑，荐寿宫。所徼福于神者，无物疵厉，年谷以熟，则千里蒙神休。而某虽去，亦与有幸焉。尚飨！②

射洪神惠泽全蜀虽稍显夸张，但其“仁”性突出，可以说有求必应，这从向神祈求福祉者皆避灾异而获丰登中可知。所以人们对射洪神的荐礼庄重而程式化，可谓毕恭毕敬，不敢怠慢，反映出当时川峡之人祀射洪神之虔诚。

除了射洪神，川中南民祀区的普州地界还存在铁山神与普应庙神两种民间信仰。铁山神祠在普州安岳县铁峰山，神全名姚景澈。隋文帝时期，普、昌、泸三州夷人作乱，姚氏被命为都统，讨平夷乱，而后“擢刺普州，卒于官，而家于普焉。后人追慕而祠之”③，其死后葬于韩朋镇石城山，普州人为其立庙，居住在普州的姚氏都称自己是铁山神的后人。南宋淳熙年间，铁山神得到封赐，加封制词曰：“王有功，隋代作牧西州，勇略冠军，尝荡平于夷落；邦人怀德，爰尸祝于铁山，可封安惠显佐顺助

---

① 〔宋〕魏了翁：《重校鹤山先生大全文集》卷 39《泸州显惠庙记》，《宋集珍本丛刊》第 77 册，北京：线装书局，2004 年，第 132 页。

② 〔宋〕牟巘：《陵阳先生集》卷 22《祭射洪文》，《宋集珍本丛刊》第 87 册，北京：线装书局，2004 年，第 640 页。

③ 〔明〕杨思震：《达观亭记》，乾隆《安岳县志》卷 2，清乾隆五十一年（1786）刻本。

王。"[①] 宁宗嘉定十二年（1219），铁山神又有显圣之举。该年，宋军莫简等人作乱，以红巾为记，一度攻下益、昌等州，进入普州地界后，屯兵于庙山前。当晚，狂风骤雨，兵营寨舍被悉数掀揭。叛军首领莫简谒祷于庙前，得签语"擒贼先擒王"，后果被官军所擒，由此见得神君诛逆扶正的神性。[②] 铁山神信仰兴盛不仅是因为于战事有功于民，继而"土人德之，春秋享祀不忒"，更重要的原因是普州人认为当地自然条件恶劣，无江河滋养，"恶气中人"，老百姓正是"托神为天，朝夕之所以祈报者宜无不至"[③] 才得以度过荒年。所以他们对铁山神君的崇信尤为虔诚，每到祭祀之时，邑人还作迎神、送神曲以报神休。宋人李新有诗曰"要知血食无穷处，阴壑藏雷水绕溪"[④]，描述的就是铁山神血食一方的情景。至于普应庙祭祀的神明则是一位名叫多岳的天彭人（今彭州），此人在孟蜀时期多次辞官，不受征召，而选择入普州"寓居铁峰，教授生徒"[⑤]。在他的努力下，普州从原本未有登科之人到后来"门多名士"。至宋太宗端拱年间，他为普州培养了第一位进士牟衮，自此"自是儒科相踵，实自侯而始"[⑥]，东蜀普州的文教事业由此而兴。多岳死后，牟衮率众弟子将其葬于凤凰山，并立祠祭之。因其以大儒身份殁而为神，所以备受读书人青睐，往往科考之时祭祀有加。以上二神不见于他路，应为果遂普资亚区特有祠神信仰。

---

① 光绪《新修潼川府志》卷5《舆地志五·祠庙》，清光绪二十三年（1897）刻本。

② 〔宋〕祝穆撰，祝洙增订，施和金点校：《方舆胜览》卷63《普州》，北京：中华书局，2003年，第1111页。

③ 〔宋〕李新：《跨鳌集》卷16《普州铁山福济庙记》，《景印文渊阁四库全书》第1124册，台北：台湾商务印书馆，1986年，第528页。

④ 〔宋〕李新：《铁山祠成二首》，《全宋诗》卷1259，北京：北京大学出版社，1998年，第14209页。

⑤ 嘉靖《潼川志》卷4《官守志》，钞本。

⑥ 〔宋〕祝穆撰，祝洙增订，施和金点校：《方舆胜览》卷63《普州》，北京：中华书局，2003年，第1111页。

（二）戎遵亚区

由于川南大部分地区古为夜郎国辖地，所以泸、戎乃至珍州、遵义军、南平军一带充斥着夜郎国原有的竹王信仰，各地遍布竹王祠，遂将这一区域划为川中南民祀区的戎遵亚区。关于竹王的由来，《华阳国志》早有记载："有竹王者，兴于遯水。有一女子浣于水滨，有三节大竹流入女子足间，推之不肯去。闻有儿声，取持归破之，得一男儿。长养，有才武，遂雄夷狄。氏以竹为姓。捐所破竹于野，成竹林，今竹王祠竹林是也。"[①] 之后竹王虽迎汉天子而被授予王印，但仍被杀，边民因其非血气所生，十分忌惮和崇奉，要求牂牁太守吴霸为其立后，吴霸便遵从边民所愿，"以闻，天子乃封其三子为侯，死，配食其父"[②]，此即夜郎地区的竹王三郎神。《后汉书》亦谓竹王即夜郎侯。[③] 这显然是由西南少数民族神话传说中的植物神灵信仰转化而成的民间祠神信仰，带有鲜明的原始图腾崇拜色彩。因为荣州东的荣川即古遯水，所以河岸有竹王祠，"土人不忘其本，立竹王庙，岁必祠之，不尔为人患"[④]，可知祭祀竹王被视作邑人不数典忘祖的庄重之举，若不遵行，还有祸患之灾。特别是古牂牁郡区域，即宋代夔州路黔州所领诸羁縻州这一广大区域，对竹王信仰尤其虔诚，"牂柯三郡称竹王三郎甚有灵"[⑤]。对竹王信仰的笃信，最初只是源于其出身的奇异，而后世代相传、千年沿袭。其佑护邑人的功绩其实并无太多明确的记载，无怪清人陈熙晋说道："竹王至今二千年，土人祷祠不替，

---

① 〔晋〕常璩撰，刘琳校注：《华阳国志校注》卷4《南中志》，成都：巴蜀书社，1984年，第339页。

② 乾隆《镇远府志》卷5《山川》，《贵州历代方志集成》第52册，北京：中国文史出版社，2016年，第62页。

③ 《后汉书》卷86《夜郎传》，北京：中华书局，1965年，第2844页。

④ 〔明〕曹学佺撰，杨世文校点：《蜀中广记》卷11《蜀中名胜记第十一》，上海：上海古籍出版社，2020年，第133页。

⑤ 道光《仁怀直隶厅志》卷6《祠祀》，《贵州历代方志集成》第23册，北京：中国文史出版社，2016年，第187页。

岂其功德有过人者，抑以其诞生之异而奉之也。”[1] 一语道破玄机，但竹王信仰在这一区域的盛行是不争的事实。应该讲，竹王信仰分布范围主要以川中南部的荣、戎、遵义、南平等州军为主，但因当时的夷僚少数民族亦对其信仰有加，所以该信仰随相关民族人口的迁徙而有所散布。像川东施州便是这种情况，因其为夷僚少数民族聚集地，便也存在竹王崇拜，当地也建有竹王祠，北宋崇宁间赐灵惠庙额[2]，甚至湖湘地区亦有竹王信仰流传。

此外，川中南戎遵亚区还流行有一些小众神灵。比如蓝勇先生提到的三使者神与劈海揭帝神，前者盛行于雅州、戎州、泸州等长江沿线地区，后者在邛、眉、嘉地区被祀奉。[3] 传说三使者神能致人福祸，民甚畏之，每每以卮酒祭祀。而劈海揭帝神宋代在洪雅有庙，神力颇灵验，为当地土民迎湫祈赛，日以千计。[4] 但囿于资料匮乏，极少能找到关于二神更为详细的信息。现在钩稽史料过程中，只发现了三使者神的一点蛛丝马迹，印证了其盛行于川峡南部的戎泸地区。“濒江之神，有号三使者云。世莫知其为何神，其原出于雅安、汉嘉，盛于戎、泸，被于巴峡之间。民不敢斥，以三指相示，辄恐惧变色，其畏之如此。然祭不过卮酒器食，其所持盖狭矣。而灵应捷疾，有不可掩者。”[5] 这则史料为三使者神更添加了神秘面纱。总之该神来历不明，又被当地人所畏惧，祭祀要求不高，且灵应迅疾，是活动于川江上游临水区域不可忽视的重要神祇。

---

① 道光《仁怀直隶厅志》卷19《艺文》，《贵州历代方志集成》第23册，北京：中国文史出版社，2016年，第382页。

② 〔宋〕祝穆撰，祝洙增订，施和金点校：《方舆胜览》卷60《施州》，北京：中华书局，2003年，第1052页。

③ 蓝勇：《西南历史文化地理》，重庆：西南师范大学出版社，1997年，第186页。

④ 陈世松、贾大泉主编：《四川通史》第4册，成都：四川大学出版社，1994年，第401页。

⑤ 嘉庆《四川通志》卷37《舆地志三十六·祠庙四》，成都：巴蜀书社，1984年，第1490页。

另外，因富顺监、陵井监产盐，故二监皆有盐神信仰，且所奉盐神各不相同。流行于富顺监地区的专属盐神原为晋太初人，姓王，为当地夷人，因发现石上有咸泉，簪石二百尺发现盐井而被称作井主，死后立祠，为后世所祭拜，其庙曰金川庙。[①] 而陵井监盐神，除了上文提到的白龙盐神，当地民众还以汉代张陵为盐神，崇祀有加。因陵井即张陵所开，且当地人以采盐为生业，所以对张陵“复畏之以为神。凡过其祠庙，及道其所以昔日为井之事，皆懔然加肃，不敢少懈”[②]，以致文同在知陵州时出于为尊者晦，竟上书朝廷建议为陵州改州名，可见邑人对张陵的信奉程度。值得指出的是，川中南民祀区的盐神与川东盐神并非一系。

三、川东民祀区

本节川东盖指夔州路辖区，此一区域东西两端的信仰体系也不甚相同，可以分为两个亚区考察。地近荆楚的夔施亚区，自然神、巫鬼信仰较为流行。而西端的恭合涪忠亚区则更重人格祠神信仰，以璧山神、张飞神为该地代表神灵。比较特殊的是阆州，虽地处地理意义上的川北，但因当地张飞信仰盛行，所以被划入川东民祀区考察，地处潼川府路的广安军亦然。昌州因信奉璧山神亦被划入该区域。

（一）恭合涪忠亚区

该亚区广为盛行璧山神与张飞信仰。璧山神，其原型是有政绩于地方的官员，殁后成神。“唐赵延之为渝、合、资、泸等州经略巡抚使，有功于民，以疾终于璧山，县人为立庙，号璧山大王。”[③] 据《北梦琐言》载：“合州有璧山神，乡人祭必以太牢，不尔致祸。州里惧之，每岁烹宰，不

---

① 嘉靖《四川总志》卷8《叙州府》，《北京图书馆古籍珍本丛刊》第42册，北京：书目文献出版社，1996年，第160页。

② 〔宋〕文同：《奏为乞改陵州州名状》，《全宋文》卷1099，第51册，上海：上海辞书出版社，合肥：安徽教育出版社，2006年，第30页。

③ 《宋会要辑稿》礼20之99，上海：上海古籍出版社，2014年，第1039页。

知纪极。”[①] 当地一名为善晓的蜀僧痛恶此神贪婪，认为独享“太牢”祭有僭越之嫌，视其为淫祠加以捣毁。该信仰在临近的忠州亦有影响，奉祀于当地璧山祠中，“璧山神，乃蜀中合州璧山之神也，其塑像旁列两夫人，相传皆娶于民间”[②]。而且对其的祭祀必以太牢大礼，可见该神淫威不小。宋代以后璧山神的形象为之一变，由自然神转化成人格神，奉祀对象亦有专指，即固定为唐代合州刺史兼渝、合、昌、资、泸等州经略巡抚使赵延之。唐大历年间，赵延之为巴川令，因领兵平定当地夷寇作乱，后功授合州刺史，在行军过程中“行部过渝之壁山，乐之，寻卒山趾。后人依山立祠，合亦立祠”[③]。此为一说。另一说是赵延之巡历“至渝州璧山寨，见石壁上隐隐若有人形，因以香酒奠之。后疾终于此，邑人为之立庙焉，祷有灵应”[④]。总之，虽死因交代的详略不一，但赵延之曾为官合州并死于渝州璧山进而成神是基本不争的事实。之后便有其神迹流布于世，咸通二年（861），西南夷乱，夷人再次攻逼州城，邑人“告神为援，贼众奔败。人见甲兵汹涌，争往驰逐，盖神之阴助也”[⑤]。经过此事，璧山神被敕封为威烈侯，在此之后，“邑民信而奉之，或水旱作沴，札瘥并兴，冥心请祷，其应如答”。入宋后璧山神亦屡受加封，徽宗崇宁四年（1105）赐额“普泽庙”，高宗绍兴九年（1139）正月封威济侯，绍兴二十八年（1158）加封威济显佑侯，可见“自汴宋以来曰雨曰旸，祷而辄应”[⑥] 并非虚言。

---

① 〔宋〕孙光宪：《北梦琐言》佚文三《壁山神》，《全宋笔记》第1编第1册，郑州：大象出版社，2003年，第239页。

② 道光《忠州直隶州志》卷3《坛庙》，清道光刻本。

③ 〔宋〕王象之撰，李勇先校点：《舆地纪胜》卷159《合州》，成都：四川大学出版社，2005年，第4822页。

④ 同治《增修酉阳直隶州总志》卷9《祠庙志三》，《中国地方志集成·四川府县志辑》第48册，成都：巴蜀书社，1992年，第439页。

⑤ 〔宋〕王象之撰，李勇先校点：《舆地纪胜》卷175《重庆府》，成都：四川大学出版社，2005年，第5124页。

⑥ 同治《增修酉阳直隶州总志》卷9《祠庙志三》，《中国地方志集成·四川府县志辑》第48册，成都：巴蜀书社，1992年，第440页。

再者，璧山县“紧靠昌、合两州之间，四境皆大山，地瘠民贫”[①]，可以说自然条件恶劣又相对封闭，遇有灵异之神，民众自然顶礼膜拜，易将生存希望寄托于神。

此一亚区的民众之所以笃信璧山神，与神能对其信众竭力护佑有关。宋代合州巴川县有一位姓崔的县令，曾把偷盗堡寨寨木的一个兵卒捉拿后送到镇上斩首。而这个兵卒的家里笃信璧山神，在此之后璧山神便在崔县令家兴风作怪，搞得崔家鸡犬不宁、不得安生，可见璧山神果能为信奉者撑腰打气。[②]“在古渝，禁民杀牛以祭璧山神”[③]，说明当地百姓素来笃信该神祇。南宋嘉定年间张福、莫简作乱，一路攻下遂宁、果州二州，直奔巴渝。大难临头时百姓奉神愈谨，璧山神在当地民众心中地位可见一斑。此外，南平军也有璧山神的行祠存在，原因在于开禧年间，吴曦叛乱遣其将禄禧提兵往夔门，但“叛将拥兵，仓皇之境，赖神之力，害不及民”[④]，璧山神遂受到宋廷的恩待。自此之后，封神之配为顺惠夫人，神之子长曰翊顺侯，次曰灵助侯。璧山神渐渐摆脱了“淫祠”形象，进入国家“正祀”序列。其祭祀的庙额改称普泽庙，在绍熙年间加封威济显佑忠应侯和英显公的基础上，最终进封显应王。[⑤] 神之地位的逐渐显赫，使其信仰流播得到有效保障，据《舆地纪胜》记载，除了上述几处祠祭地，像昌州大足县有威烈侯普泽庙、重庆府有璧山威烈侯庙、巴州通江县有璧州神庙

① 〔宋〕度正：《重庆府到任条奏便民五事》，《全宋文》卷6865，第301册，上海：上海辞书出版社，合肥：安徽教育出版社，2006年，第81页。

② 〔宋〕李昉等编：《太平广记》卷352《巴川崔令》，北京：中华书局，1961年，第2790页。

③ 嘉庆《资阳县志》卷4《人物志》，清嘉庆二十二年（1817）刻本。

④ 〔宋〕王象之撰，李勇先校点：《舆地纪胜》卷180《南平军》，成都：四川大学出版社，2005年，第5239页。

⑤ 《宋会要辑稿》礼21之39，上海：上海古籍出版社，2014年，第1095页。

石刻[①]，足有六处之多，虽名称不同，但都是崇祭璧山神的庙宇。有宋一代，璧山神以合州、恭州（重庆府）为中心，广泛存在于夔州路西端的恭合涪忠地区，成为该区域盛极一时的民间信仰。

除了璧山神信仰，张飞信仰也是川东民祀区信仰的大宗。东汉建安十八年（213），张飞率军攻下了严颜把守的江州（今重庆），此一事件促成了张飞的威名在江州一带广为流传，张飞的事迹也随长江水系向下游传播。《舆地纪胜》忠州卷缺失，但“严颜、张飞事多载于忠州，故忠州有张飞庙及严颜冢”[②]。像与长江有渠江相通的渠州，流江县东二里也有张飞庙，被宋廷敕封为忠显王。[③] 应该讲，从重庆府沿江而下所经涪、忠、万、夔等州军的泛长江流域都是后世张飞信仰的核心区域。

以涪州为例，宋人安刚中在涪州长寿县张桓侯庙庙记中写道：“公之神爽，实兹寓焉。自古迄今，长载祀典。舟行上下，与彼士民，奔走奉事，敢不虔至。九谷嘉生，连被原隰，舸楫往返，安流无恙，阴相之功，在国与民。天朝累封，进爵为王。”[④] 可见张飞庙坐落于大江之滨，神多有保驾护航之功，当地民众对其祀奉甚勤，不敢怠慢。涪州的张飞庙不止一座，除了长寿县，在其他县更有灵异奇闻。在乐温县便“有张益德庙。大观中赐额雄威，绍兴中封忠显王”[⑤]。庙中有一块烂瓜色、大如斗的玉石号称神碛，初被一达官买于船中，结果夜晚兴风作浪，神夜梦示之说此

---

① 〔宋〕王象之撰，李勇先校点：《舆地纪胜》卷161《昌州》、卷175《重庆府》、卷187《巴州》，成都：四川大学出版社，2005年，第4885、5123、5488页。

② 〔宋〕王象之撰，李勇先校点：《舆地纪胜》卷175《重庆府》，成都：四川大学出版社，2005年，第5116页。

③ 〔宋〕王象之撰，李勇先校点：《舆地纪胜》卷162《渠州》，成都：四川大学出版社，2005年，第4912页。

④ 〔明〕曹学佺撰，杨世文校点：《蜀中广记》卷18《蜀中名胜记第十八》，上海：上海古籍出版社，2020年，第192页。

⑤ 〔宋〕范成大：《吴船录》卷下，《范成大笔记六种》，北京：中华书局，2002年，第214页。

石为庙中宝物，达官不得不归还于庙，遂风浪恬然。且该县东北还有一座神山，有人在山上得到一个刁斗，上面刻有隶文曰："汉骠骑将军张飞字益德。"① 这一系列玄幻事件无疑为张飞庙增添了神秘色彩，加剧了邑人对张飞的崇祭程度。涪州之所以信奉张飞甚谨，也与其特殊的地理位置和安全形势有关。由于涪州地处长江与黔水交汇之地，地接黔、南平诸郡，"民夷杂揉，绥御维难"②，绝非易治之地，无论官方民间都需要有一位历史上的名将之神来佑护一方平安。而张飞神威猛的形象正契合了人们的心理需要。明人姚夔也曾在云阳赋诗云"多少英贤住巫峡，虎臣香火独千秋"③，凸显出夔峡地区民众独尊张飞的信仰倾向。

对于张飞信仰在川东的分布，《蜀中广记》曾给出一个精辟的总结：

> （张飞庙）川东四处：一在长寿乐温山，下瞰大江，安刚中有记；一在涪州，张士瑰有诗；一为夔府忠显庙；一在云阳县江南。而云阳者尤赫赫，出峡、入峡必祷焉。故老言，范、张难作，有获侯元于忠、万间，因是川东之人崇祀为多。④

从中可知，张飞信仰沿大江分布的趋势明显。除了长江沿线，张飞信仰最为突出的一个信仰地即阆州，由于张飞当年屯兵阆中数年，在此期间他劝课农桑，深受当地百姓爱戴，而后张飞又被部下所害，殁于阆中，可以说阆中一地被深刻打上了张飞烙印，所以阆州地区一直视张飞为地方保护神。曾巩在《阆州张侯庙记》中记曰：

---

① 〔宋〕王象之撰，李勇先校点：《舆地纪胜》卷174《涪州》，成都：四川大学出版社，2005年，第5085页。

② 〔宋〕魏了翁撰，张京华校点：《渠阳集》卷6《涪州太守题名石记》，长沙：岳麓书社，2012年，第78页。

③ 〔明〕姚夔：《姚文敏集》卷5《张飞庙》，明弘治姚玺刻本。

④ 〔明〕曹学佺撰，杨世文校点：《蜀中广记》卷79《蜀中神仙记第九》，上海：上海古籍出版社，2020年，第839页。

> 水旱之灾，日月之变，与夫兵师疾疠、昆虫鼠豕之害，凡一慝之作，世常有祈有报，未之有止也。[①]

可见张飞已是该地事无巨细皆予护佑的全能地方神。阆州人遇大旱，祷雨辄应，遇到庄稼连年丰收之类的事，都认为是张侯所赐，全然将地方安宁兴旺寄托于张侯。绍兴年间金兵来犯川北之时，张飞曾显灵助顺诛逆，“已而金人连犯汉中，皆折角而退”[②]。虽然说阆州地界亦有灌口二郎神信仰的分布，但与张飞信仰相较有此消彼长之势。南宋宣抚处置使张浚的一段话，颇值得玩味：

> 已封永康军普德庙神为招惠灵显王，汉右将军张飞为忠显王，诏依已行事理。普德神，秦蜀守李冰次子也。宣和间，改封真人。至是浚言神比托梦兆，欲扫妖凶患为兵印。又言，阆州有死卒复苏，称飞与关羽分兵境上，摧拒强敌，故封之。[③]

从这里我们可以看出，宣和年间，二郎神已被封为“真人”，此封号多少带有道教意味，虚静无为的道教神仙难以与十万火急的抗金大任相联系。而真正托梦于张浚表示要“欲扫妖凶患为兵印”的神灵，大概率便是张飞，不然死而复生的士兵也不会言称张飞与关羽已“分兵境上”，足见张飞神实属掷地有声的行动派。并且，在王象之撰写《舆地纪胜》的南宋中后期，张飞在阆州“至今为郡土主”[④]。由此可

① 〔宋〕曾巩撰，陈杏珍、晁继周点校：《曾巩集》卷18《阆州张侯庙记》，北京：中华书局，1984年，第297页。

② 嘉庆《四川通志》卷198《杂类志》，成都：巴蜀书社，1984年，第5695页。

③ 〔宋〕李心传：《建炎以来系年要录》卷50，绍兴元年十二月辛卯，北京：中华书局，1988年，第885页。

④ 〔宋〕王象之撰，李勇先校点：《舆地纪胜》卷185《阆州》，成都：四川大学出版社，2005年，第5393页。

推之，宋代的阆州地区确为张飞信仰民祀区，灌口二郎神的威信在此区域已难与其比肩。

不仅助战，位于阆州火峰山下的张翼德庙还有送子功能。据记载，有祭拜者老来无子，张飞神命其与妇同饮，并将五色光气投入妇人杯中，妇人明年感孕生男。[①] 为了表示对神的感激，其舍己田以为庙。后来其子进士及第，官至职方员外郎。“其后旱干、霖溢、螟蝗、疾疠，有请辄应”[②]，可见宋代的张飞信仰在阆州影响很大。川北的另一处张飞庙在广安道，即宋代的广安军，因为张飞破张郃时从此地经过。所以说“张桓侯益德劲勇正直，没为明神，川东北多庙祀之”[③]。宋代阆中县的张飞庙又称作雄威庙，嘉定五年十二月加封忠显英烈王，十七年五月加封忠显英烈灵惠王。[④] 综上所述，将阆州及广安划入川东民祀区较为合理。当然这里值得一提的特殊区域是梓州，梓州因处川峡四路中部，按说域内民间崇祀应与蜀中两大神梓潼神和射洪神皆有关联。但遍检文献，梓潼神分布更倾向于跨越梓州西界的川西北地区，呈东北—西南走向盛行于利州、益州两路。而射洪神则以梓州为北界，更多流行于川中南的果、遂、普、资地区，所以，梓州反而呈现信仰真空，而被张飞信仰所占领，“梓州有阳关神，即蜀车骑将军西乡侯张飞也，灵应严暴，州人敬惮之”[⑤]。这与其临近阆州有很大关系，所以此处将梓州（潼川府）归入本亚区。

（二）夔施亚区

夔施亚区除了夔、施二州，还包括开州、万州、云安军、大宁监，此

---

① 嘉庆《四川通志》卷 198《杂类志》，成都：巴蜀书社，1984 年，第 5695 页。

② 〔宋〕洪迈撰，何卓点校：《夷坚三志壬》卷 7《张翼德庙》，北京：中华书局，1981 年，第 1516 页。

③ 〔明〕曹学佺撰，杨世文校点：《蜀中广记》卷 79《蜀中神仙记第九》，上海：上海古籍出版社，2020 年，第 839 页。

④ 《宋会要辑稿》礼 21 之 47，上海：上海古籍出版社，2014 年，第 1101 页。

⑤ 〔宋〕李昉等编：《太平广记》卷 354《王延镐》，北京：中华书局，1961 年，第 2805 页。

亚区地近荆楚，多受楚风影响，民间多尚鬼信巫，正所谓“俱事鬼神”[①]。前文也提到夔州是杀人祭鬼的高发之地，此不再赘述。该亚区还有另外两个特点，一是鲜以前贤名将为神，“峡之俗尚鬼而多淫祀，独于事前贤往哲之礼阙而不讲”[②]；二是重视生产神，如开州则以田神为重，“春则刻木虔祈，冬即用牲解赛，邪巫击鼓以为淫祀，男皆唱竹枝歌”[③]，这种春祈秋报、唱跳娱神的方式反映了当地人朴素的原始信仰，可见彼时邑人追求风调雨顺所带来的生存渴望压过其他愿望。另外，多地对盐神的信仰较为虔诚，因为当地富产盐泉，人们认为“盐水有神女”[④]。像云安军与大宁监，因在宋代都存有盐场，且产盐颇丰，当地长吏都派亲故把持盐务，从中获利以中饱私囊[⑤]，所以两地辖境普遍存在盐神信仰。北宋嘉祐年间，孔嗣宗任大宁监事，他在走访民情后，“以盐泉南北立长，以司其平，又立宝源祠以祀井神”[⑥]，表明了官方祭祀盐神的立场。盐神的身份百变多样，如汉廷尉扶嘉，他因早年与汉高祖相识，有志于辅佐汉室，被刘邦赐食邑朐忍县（即云阳），因临终预言“三牛对马岭，不出贵人出盐井”，其死之后，果然盐井溢焉[⑦]，遂被人奉作盐神。而忠州的盐神为汉代名臣杨震，因为杨震任荆州刺史时，溯江至忠州涂山蟠龙洞发现有白鹿饮泉，继而发现盐泉。故曹学佺说“（涂溪）发源蟠龙洞，来经涂井，井神为汉

---

① 〔宋〕乐史撰，王文楚等点校：《太平寰宇记》卷147《山南东道六·峡州》，北京：中华书局，2007年，第2865页。

② 曹彦时：《伊川先生祠堂记》，《全宋文》卷4091，第186册，上海：上海古籍出版社，2006年，第170页。

③ 〔宋〕晏殊：《晏元献公类要》卷8《开州》，清钞本。

④ 〔宋〕乐史撰，王文楚等点校：《太平寰宇记》卷147《山南东道六·峡州》，北京：中华书局，2007年，第2865页。

⑤ 《宋史》卷247《宗室传四》，北京：中华书局，1977年，第8758页。

⑥ 光绪《大宁县志》卷6《秩官志·政绩》，《中国地方志集成·四川府县志辑》第52册，成都：巴蜀书社，1992年，第144页。

⑦ 〔宋〕王象之撰，李勇先校点：《舆地纪胜》卷182《云安军》，成都：四川大学出版社，2005年，第5281—5282页。

杨伯起”[1]，《蜀中广记》又引《华阳记》载：“临江县有盐官，在监、涂二溪，一郡所仰”，可见杨震为忠州地界的盐神。黔州又因“昔汉马援讨平武陵蛮，驻师于伏牛山下，山之左右有盐井四区，莫知所创始。故老相传，自唐宋以来设盐课司，以征井之课税，而煎熬其水，味之卤薄，以定四井之额”，千百年来，征收的课税皆以此四井为标准，所以地方官“以故事请祀于井”[2]，顺其自然奉马援为当地的盐神。

当然，对于过境名将前贤的信仰，此地亦有反映。比如川东万州地区便有祭祀汉舞阳侯樊哙的庙宇，“民俗奉之甚谨”[3]，太守冯当可认为万州并非樊哙所到之地，该庙完全是当地夷人假托樊哙之名塑造的淫祀，法不当祀，予以裁撤，但民间并不听任，仍坚持自己的价值判断。又如施州还有马黄庙，祭祀汉代伏波将军马援和宋代贬谪取道的黄庭坚[4]，此二公都与施州产生过交集，这种文臣武将合祀一堂的现象在其他地区并不常见，应是当地民众崇尚英雄贤士自发崇祭使然。

小　结

纵观宋代川峡四路的民间信仰风俗，其构成是极其庞杂而多样的。从总体来看，信仰的对象包罗万象，既有原始社会承袭而来的自然、灵物、巫觋信仰，又有封建社会中期人物崇拜、先贤崇拜、祠神祭祀等信仰。况

① 〔明〕曹学佺撰，杨世文校点：《蜀中广记》卷19《蜀中名胜记第十九》，上海：上海古籍出版社，2020年，第202页。

② 〔清〕陶文彬：《祀四井前记》，乾隆《酉阳州志》卷4，清乾隆三十九年（1774）刻本。

③ 〔宋〕洪迈撰，何卓点校：《夷坚丙志》卷2《舞阳侯庙》，北京：中华书局，1981年，第373页。

④ 〔明〕曹学佺撰，杨世文校点：《蜀中广记》卷39《蜀中边防记第九》，上海：上海古籍出版社，2020年，第396页。

且这还是笔者抛开佛、道等正统宗教信仰不谈，仅对民间信仰这一层面所做的风俗考察，可见彼时彼地之人在意识形态或精神风俗领域的丰腴。正如本章引言所说，宋代川峡地区的民间信仰分区，很难做到非此即彼的绝对地域空间切割，民祀区及亚区的分区标准多来自其地的主神。如泛蜀民祀区的灌口神信仰和梓潼神信仰基本覆盖全蜀，至少在川西北地区应为共祀之神。但再分出汉绵眉亚区，并不意味着该区绝无上述二神的信仰，仅是该区存在更具地域特色的蚕神信仰而已。西阶成凤亚区与龙州亚区同理。所以，川西北民祀区的各亚区之间并不完全是平行关系，某种层面上或有包含关系。当然，这种关系在川中南民祀区和川东民祀区的划分上稍有改观，例如果遂普资亚区确以射洪神信仰为其主要信仰风俗，而戎遵亚区则是以竹王信仰为盛，二亚区共同信仰交集为少，这是由神灵本身分布的实际所决定的。这种复杂的现实给笔者分区造成了一些麻烦，有必要在此说明。本章同时对东岳信仰在川峡四路的奉祀与传播情况做了个案考察，主要是基于该信仰作为东部山岳之神缘何兴盛于西川之间的一种学术探索与回应，虽未必周全和成熟，但对宋代蜀地民间信仰的进一步讨论应有积极意义。总之，在宋代川峡四路的风俗地理考察中，民间信仰层面展现出了丰富多彩的多重面相，其在中古时期的呈现，有历史继承性也有宋代的时代特色，为后世四川地区的民间信仰空间格局打下了基础。

第六章　宋代川峡四路婚丧风俗地理

婚姻是维系人类自身繁衍和社会延续的最基本制度，而死亡又是人生“大限”，则婚与丧皆为人生大事，由此产生的婚丧二俗是人类文化中最具稳定性与传承性的一部分。虽然它在不同时期不同地域有着可能完全不同的表现形式，但它始终是各个历史时期普遍存在的文化现象。讨论风俗地理，无法回避婚丧二俗。就宋代川峡四路而言，此二俗既包含儒家传统的礼俗观念与共性程式，也存在地方性的变通和地域之间的差异，至于蛮夷之邦的婚丧之俗更是与汉地之人迥然不同，值得深究。在史料的选用上，由于宋代史料对于此类文化史记载的局限性，又考虑到风俗所具有的明显传承性，笔者不得不适当地选取明清方志的记载来说明宋代婚丧二俗的具体表现和地域差异，否则很难呈现其地理性。当然，某些风俗事象在宋代史料中亦能找到端倪，针对此类情况笔者将做上溯式的回应，以便更有力地说明其时代特征。好在明清方志在记述婚丧之俗时，常用“犹有古风”之类的字眼，明清去宋未远，多半风俗犹存，一定程度上反映宋代风俗还是讲得通的。

第一节　婚俗地理

缔结婚姻是人生中的一件大事，自古皆然。婚礼则是人生礼仪中非常重要的礼节仪式，透露出鲜明的民俗特征。《礼记》曰：“昏礼者，将合二姓之好，上以事宗庙，而下以继后世也。故君子重之。”传统汉族婚礼在议婚至完婚过程中规定有纳采、问名、纳吉、纳徵、请期、亲迎的六礼之仪，但现实生活并非如此理想，不是所有人家都有条件可以六礼齐备，王公大臣与庶人百姓在婚仪上显然是繁简有别的，从阶级来看，往往等级越高仪式越烦琐，等级越低仪式越简便。[①] 而宋元以降，正统婚仪在程式上也多有简化和变通。面对中古以来释道二教对世俗民风的浸淫，众多儒者抛弃了“礼不下庶人”的旧思维，像司马光、朱熹等有识大儒分别撰有《书仪》和《家礼》，为社会普通民众所奉行的庶民之礼指明方向。像婚礼中六礼合并为三礼，仅重纳采、纳徵和亲迎就是改革的具体表现。诸如此类的婚俗演进在宋代婚俗上仍有细微展现与地域差异。本节将对此时代背景下川峡四路地区的婚俗状况试作考察。

一、川峡四路婚俗特征

纵观宋代川峡地区婚俗，除了程式上稍有差异，在婚姻观念和形态上也具有一定的地域性特征，呈现出门第相尚、女子难嫁、入赘图财等特点。这与时代的局限性和当时的社会现实密切相关，其不合理之处，当视作婚俗之陋。

门第相尚。宋代虽不像唐代那样看重门阀，出现婚姻尚门第的倾向，但旧思想并未彻底铲清，门第观念仍有相当市场。川峡地区仍在意阶级内部的通婚，试图用联姻的方式编织仕宦之业的关系网。如“渠州人以吏职相高，富豪大姓，皆占吏职。为婚姻、民讼，与事至庭，为吏所乱，不得伸”[②]，可见当时婚俗仍重门第，富家大户之间以通婚为常，且以此霸占

---

① 张邦炜：《婚姻与社会（宋代）》，成都：四川人民出版社，1989 年，第 16 页。

② 〔宋〕毕仲游撰，傅惠成点校：《西台集》卷 13《朝议大夫贾公墓志铭》，《西台集（外三种）》，上海：上海古籍出版社，2016 年，第 205—206 页。

政治资源。西川眉州婚姻也重门第，苏轼回忆家乡的婚俗说："而大家显人，以门族相尚，推次甲乙，皆有定品，谓之江乡。非此族也。虽贵且富，不通婚姻。"[①] 无独有偶，蜀中名士喻汝砺的先人自唐入蜀为官定居陵井监以后，便与牟氏联姻，"其俗益蕃大，与牟氏世通婚姻，如古朱陈，人以为美谈"[②]。同样，邛州蒲江的魏氏和高氏也为当时世婚典范，两姓"虽云亲表，实同本生"，犹如一族。即使并不太显赫的没落显族，也颇在意这一点。如眉州彭山县有位冯损之先生，其仅是五代入蜀的中下级官员的后人，且自己进士不第，只落得在乡里讲学，但三个女儿还是"皆嫁良族"[③]，可见这应是晚唐、五代以来，移民西蜀的中原"衣冠之族"流传下来的固化高贵阶层的遗风。可以说宋代并没有完全走出唐代崇尚门阀的旧风，标榜高门祖先仍具有融入门阀社会政治图景的迷人之处。[④] 有的甚至为了攀附名门，为子女早早定下娃娃亲，全然不顾子女成年后的感受。谢枋得在《叠山集》中有一段话说：

> 自蜀郡来，五世托名门之好；必齐姜娶，一书写非偶之惭。是诚因亲而缔亲，所藉以幼而及幼。既无嫌于两小，暂时为摘花骑竹之娱；宜偕老于百年，指日奉执栉传巾之事。辱冰语致将忱之奠雁，欲岁寒成聚戏之队鱼。可不如期，以坚永好。舅姑即父母，幸每推锡类之仁；童稚不婚姻，何敢诿先儒之说？[⑤]

---

① 〔宋〕祝穆撰，祝洙增订，施和金点校：《方舆胜览》卷53《眉州》，北京：中华书局，2003年，第949页。

② 〔宋〕牟巘：《陵阳先生集》卷7《故驾部郎中扪膝先生喻公赞并序》，《宋集珍本丛刊》第87册，北京：线装书局，2004年，第503页。

③ 〔宋〕吕陶：《净德集》卷26《长乐冯先生墓志铭》，《景印文渊阁四库全书》第1098册，台北：台湾商务印书馆，1986年，第209页。

④ 〔美〕包弼德著，刘宁译：《斯文：唐宋思想的转型》，南京：江苏人民出版社，2017年，第87页。

⑤ 〔宋〕谢枋得：《叠山集》卷11《回定启》，四部丛刊续编本。

显然这些父母将两小无猜之情等同于日后之爱情，只为“托名门之好”，使婚姻充满门第色彩。在当时的士大夫看来，没有觅得称心如意、门户相当的佳偶，不如不嫁。程颐有一位侄女，庄静贤淑，却一直没有找到合适的人家，后不幸因病早逝。程颐在为其撰写的墓志铭中说：“苟未遇贤者而以配世俗常人，是使之抱羞辱以没世。颐恨其死，不恨其未嫁也。”[①]即便死而未嫁，也比嫁给“世俗常人”要强，可见门第观念之牢固。至南宋末期，仍有“蜀之亲族姻旧相依者数十家”[②]之说。

女子难嫁。宋代川峡地区还存在女子难嫁的社会现象，造成此局面的原因有二：一是女家不愿放弃家中宝贵的劳动力，二是奁资过高，女子无力出嫁。宋代夔州路因地势多山，耕地资源较为稀缺，当地人不习稼，生产方式仍十分落后，男人以打猎为生，女人终日操劳，以卖薪为业，甚至终其一生不能出嫁。陆游便有诗感叹：“女儿薄命天不借，青灯独宿江边舍。黎明卖薪勿悲咤，女生岂有终不嫁。”[③]反映了当地女子不得出嫁的婚俗现象。刘克庄甚至直言：“夔州俗，坐男而女立，有四十、五十无夫家者。”[④]这显然也不单单是因为贫困，而是出于当地女性劳作、男性闲适的固俗。苏辙也曾叹曰“俚人风俗非中原，处子不嫁如等闲”[⑤]，说明同为夔州路的忠州地区亦有这种婚俗风气。

阻碍女子出嫁的，还有高昂的嫁妆。其实宋代川峡地区谋求高额嫁妆的风俗由来已久，早在五代孟蜀时期，高额的嫁妆就催生了一种新型税

① 〔宋〕程颐：《孝女程氏墓志》，《全宋文》卷1758，第80册，上海：上海辞书出版社，合肥：安徽教育出版社，2006年，第358页。

② 《宋史》卷421《姚希得传》，北京：中华书局，1977年，第12590—12591页。

③ 〔宋〕陆游：《剑南诗稿》卷2《书驿壁》，《陆游集》，北京：中华书局，1976年，第66页。

④ 〔宋〕刘克庄：《后村先生大全集》卷181《诗话》，《宋集珍本丛刊》第83册，北京：线装书局，2004年，第30页。

⑤ 〔宋〕苏辙著，曾枣庄、马德富校点：《栾城集》卷1《竹枝歌》，上海：上海古籍出版社，1987年，第6页。

种——嫁妆税的出现，“西川民嫁遣资装，皆籍其数征之”①，可见当时厚嫁风俗之炽。入宋后亦是“婚嫁则女家以奁资相高”②，风行嫁妆的攀比。在利州路巴州的化城县便存在向女方索要巨额嫁妆的陋俗，“巴人娶妇，必责财于女氏，贫人至有老不得嫁者”。此俗被当时的化城知县侯可看在眼里，决定革除此弊。侯可随即下令，让婚姻双方根据家庭财力行事，订立婚约，违者追究其责任。这样一来，没过一年，则“邑无过时之女，遂变其俗”③。这种重视嫁妆之俗在川西亦不乏其例，嘉定府犍为县“嫁女难于娶妇，以迩来六礼不必备，而妆奁不可尽缺也”④，严苛的条件无形中给女子出嫁平添了许多阻力。《夷坚乙志》载，一汉州段氏女子，本许嫁同郡的唐家，正要出嫁时，因家里突然没钱了，男方竟断然撕毁婚约而不娶，可见视财至何等地步。⑤ 当时的嫁资之高不但一般平民之家难以承受，即便官宦之家也捉襟见肘。北宋初年，梓州人苏舜钦的父亲为帮助三个本家的侄女出嫁，倾其所有仍嫁资不足，遂“又举倍息钱，必丰后已”⑥，可谓举债而嫁女，足见当时蜀地奁资定是一笔不小的数额。苏轼在嫁外甥女时，一时拿不出这么多钱，甚至向王诜借钱二百贯，以作其遣嫁之资。⑦ 宋代名臣田锡为嘉州洪雅人，其父田懿好接济族人，“交亲有

---

① 《续资治通鉴长编》卷 14，开宝六年八月乙酉，北京：中华书局，1979 年，第 305 页。

② 嘉靖《洪雅县志》卷 1《疆域志 · 风俗》，《天一阁藏明代方志选刊》第 66 册，上海：上海古籍书店，1982 年。

③ 〔宋〕程颢：《华阴侯先生墓志铭》，《二程集 · 河南程氏文集》卷 4，北京：中华书局，1981 年，第 504 页。

④ 乾隆《犍为县志》卷 6《风俗志》，《中国地方志荟萃 · 西南卷》第 2 辑第 8 册，北京：九州出版社，2016 年，第 511 页。

⑤ 〔宋〕洪迈撰，何卓点校：《夷坚乙志》卷 20《蜀州女子》，北京：中华书局，1981 年，第 361 页。

⑥ 〔宋〕苏舜钦撰，沈文倬校点：《苏舜钦集》卷 14《先公墓志铭并序》，上海：上海古籍出版社，1981 年，第 175 页。

⑦ 〔宋〕苏轼著，李之亮笺注：《苏轼文集编年笺注》卷 63《祭单君贶文》，成都：巴蜀书社，2011 年，第 399 页。

婚嫁之累，而窭贫者悉为嫁娶焉”[①]。作为川西世家大族，其亲朋亦有为婚嫁所累者，可见当时婚姻的开销给人们带来的极大负担，有的甚至因此致贫。嫁妆的内容还不仅限于钱物，还有陪嫁的田地，当时称作“奁田”或“随嫁田”。据《太上感应篇》载，宋人刘思文流寓蜀中成都，被一杨姓老者纳为婿。成婚之前妻露不豫之色，原来是杨某原本为女儿准备做嫁妆的四十亩良田因家中有事变卖了一半，妻子为此感到苦恼。[②] 需要四十亩良田作奁田，二十亩则为少，可见当时蜀地厚嫁风气之炽。此外，媒资的高昂也给女子出嫁平添了一道高墙，宋代蜀籍诗人李新便说“媒妁近来趋势利，终年元未适良家”[③]，可见媒人终日只为有钱人奔走，致使有人因请不起媒人而荒废妙龄，错失良缘。时人有诗云：“自恨无媒出嫁迟，老来方始遇佳期。满头白发为新妇，笑杀豪家年少儿。”[④] 这种女子难嫁的现象，在少数民族中也存在，如散居在渝州附近的南平蛮，“俗女多男少，妇人任役。婚法，女先以货求男，贫者无以嫁，则卖为婢”[⑤]。其实归根到底还是因为贫穷，无财力出嫁。

入赘图财。宋代婚姻重财的趋势非常明显，以图财为目的的结合比比皆是。吕大防曾对这种社会现象颇为不满，他说“夫婚嫁，重礼也，而一出于委巷鄙俚之习”[⑥]，反映出当时底层民众的婚嫁风气。而入赘婚便是宋代川峡地区一种以图财为目的的婚姻形态，其本质是财富资源与人丁资

---

① 〔宋〕田锡撰，罗国威校点：《咸平集》卷30《先君赠工部郎中墓碣》，成都：巴蜀书社，2008年，第368页。

② 〔宋〕李昌龄：《太上感应篇集注》，清道藏辑要本。

③ 〔宋〕李新：《感贫女》，《全宋诗》卷1259，北京：北京大学出版社，1998年，第14209页。

④ 〔宋〕曹衍：《贫女》，《全宋诗》卷11，北京：北京大学出版社，1998年，第170页。

⑤ 《文献通考》卷328《四裔考五》，北京：中华书局，2011年，第9031页。

⑥ 〔宋〕吕大防：《上神宗请定婚嫁丧祭之礼》，《全宋文》卷1571，第72册，上海：上海辞书出版社，合肥：安徽教育出版社，2006年，第178页。

源的调配互换。太宗淳化元年（990），崇仪副使郭载曾上言太宗说，自己在剑南任职之时，见“川、峡富人多招赘婿，与所生子齿，富人死，即分其财，故贫人多舍亲而出赘”[①]。郭载认为这种习俗有伤风化，且容易引起争讼，应当禁止。最终太宗同意了他的建议，并诏曰：“禁川峡民父母在出为赘婿。”[②] 从这里可以看出，北宋初年川峡地区在婚俗上，存在部分人想借缔结婚姻关系来套取富室人家钱财的现象，显然这样的婚嫁风俗是一种畸形的婚俗，因用心不端，必不至长久，也必然会受到政府的打击。这种风俗不仅流行于初婚人群之中，在续弦婚中亦有流行，“夔民寡妇多招赘婿，甚至年逾五十，有二三子，亦行招赘”[③]。甚至有妻妾者，为图寡妇财产入赘寡门，最终花费其钱财，变卖其人口，导致产生讼端。不过赘婿与原生家庭的人际关系很难处理，遇长辈有养子者，婿与养子之间多半在最后也会因继承家产等事对簿公堂，成为有司难断之讼。[④] 总之，此等婚俗为官方所不倡。

以上流行于川峡地区的婚俗，一是可以说明宋代此一地区封建礼教淡薄，婚姻更强调关注现实生活，二是也可见婚姻重财的强烈倾向。不管是嫁女索要巨额的奁资，还是入赘图财，财富成为左右婚姻的一大动因。即便有许多有识之士大声疾呼，如司马温公所说，议婚要先察其性情家法，而不以贫贱为断[⑤]，或张栻所言“婚姻结好，岂为财物？其侈靡等事，一时之间徒足以欺眩乡闾无知之人，而在身在家，所损不细”[⑥]，都收效甚

---

① 《续资治通鉴长编》卷 31，淳化元年九月戊寅，北京：中华书局，1979 年，第 705 页。

② 《宋史》卷 5《太宗本纪二》，北京：中华书局，1977 年，第 86 页。

③ 万历《三峡通志》卷 5《峡俗从谈》，《稀见重庆地方文献汇点》（上），重庆：重庆大学出版社，2013 年，第 159 页。

④ 《宋会要辑稿》食货 61 之 65，上海：上海古籍出版社，2014 年，第 7473 页。

⑤ 〔宋〕司马光：《书仪》卷 3《婚仪上》，《景印文渊阁四库全书》第 142 册，台北：台湾商务印书馆，1986 年，第 473 页。

⑥ 〔宋〕张栻：《论俗文》，《全宋文》卷 5722，第 255 册，上海：上海辞书出版社，合肥：安徽教育出版社，2006 年，第 26 页。

微，没能改变整个时代的顽疾，这或许是宋代商品经济发展后，财富意识深入人心的必然结果。

二、川峡四路婚俗的地域差异

根据是否亲迎、缔婚是否用庚帖和奢侈与否等要素，可将川峡四路分为川中、川北、边缘少数民族三大婚俗区。

（一）川中婚俗区

川中指的是川峡四路中部地区，即四路的腹心地带，兼泸州、叙州、合州、重庆府等川东南地区，此一区域基本为川峡四路核心区，亦是汉族人口聚居区，婚俗以传统汉族礼俗为主，并无太多实质性差异。主要特点为尚奢侈，婚礼不亲迎，在问名与否、拜见舅姑和庙见时间等细节上存在内部差异。关于奢侈，前文民风章节已述，盖为宋代蜀中的地域风气，日常生活皆弥漫奢风，遑论结婚这种人生大事。大户人家的婚礼，常会请伶人吹打助兴，比如成都双流县的宇文氏，“家有姻礼，张乐命伎，优伶之戏甚盛”[①]，以示喜庆。宋人吕陶在《蜀州重修大厅记》中也提到“限礼聘之年，施四诫之令，禁嫁娶送终勿徇奢靡”[②]，可见民间婚庆丧葬的礼数颇多，花销巨大，不得不由官方出面禁戒。

至于亲迎礼，即新婿亲往女家迎娶新娘的仪式，在川中地区并不盛行。如蜀州新津县是“惟亲迎久不行”[③]；合州是“行亲迎礼者甚少”[④]；

---

① 〔宋〕洪迈撰，何卓点校：《夷坚丙志》卷2《魏秀才》，北京：中华书局，1981年，第373页。

② 〔宋〕吕陶：《蜀州重修大厅记》，《全宋文》卷1610，第74册，上海：上海辞书出版社，合肥：安徽教育出版社，2006年，第59页。

③ 道光《新津县志》卷15《风俗》，《中国地方志集成·四川府县志辑》第12册，成都：巴蜀书社，1992年，第600页。

④ 光绪《铜梁县志》卷1《地理志·风俗》，《中国地方志集成·四川府县志辑》第42册，成都：巴蜀书社，1992年，第615页。

昌州的婚礼颇近古风，但“嫁娶时不行亲迎”[1]，而是选择折中之法，派鼓乐彩车去迎娶新娘，而后夫君在自家门口往迎；崇庆府也是“亲迎虽不行，未婚前，遣子弟知礼者致礼于女家”[2]，将亲敬之意提前表达；叙州情况类似，也是“亲迎少有行者”[3]，但会派家中子弟或者贤淑端庄的女子代往迎接，即所谓接亲；再往南的遵义军也是“婚礼十无一亲迎者”[4]，可见亲迎之礼极不盛行；嘉定府洪雅县则是“士夫家则亲迎，余则否”[5]，士大夫毕竟只是少数，看来广大民众则不行亲迎之礼。

根据婚礼中是否采用问名礼及拜舅姑、谒家庙的时间，还可将川中婚俗区分成川西北和川东南两个婚俗亚区。川西北是指以遂宁府为界，普州、资州以西的川西地区，而川东南则指遂宁府以东，合州、恭州、叙州等地区。川西北婚俗亚区一般行问名礼，婚礼当天不拜见舅姑，次日庙见。川东南婚俗亚区则不行问名礼，婚礼当天拜舅姑，三日庙见。

问名礼是古代婚礼六礼之俗中的第二礼，意为男方遣媒人到女家询问女方姓名、生辰八字。川中大部尊此礼，唯川东南的叙州和恭州（重庆府）并不遵从。如叙州南溪县，“南邑唯不问名，但凂媒氏求某家第几女为某第几子配亦问名之意”[6]，可见男方只关心女方其人，对名字和生辰等并不十分在意。而恭州巴县亦是“巴邑惟不问名，但凂

① 光绪《永川县志》卷2《风俗》，《中国地方志集成·四川府县志辑》第42册，成都：巴蜀书社，1992年，第69页。

② 光绪《增修崇庆州志》卷2《风俗》，《中国地方志荟萃·西南卷》第2辑第2册，北京：九州出版社，2016年，第54页。

③ 嘉庆《南溪县志》卷3《疆域志·风俗》，《中国地方志荟萃·西南卷》第3辑第3册，北京：九州出版社，2016年，第44页。

④ 道光《遵义府志》卷20《风俗》，《贵州历代方志集成》第17册，北京：中国文史出版社，2016年，第418页。

⑤ 嘉靖《洪雅县志》卷1《疆域志·风俗》，《天一阁藏明代方志选刊》第66册，上海：上海古籍书店，1982年。

⑥ 嘉庆《南溪县志》卷3《疆域志·风俗》，《中国地方志荟萃·西南卷》第3辑第3册，北京：九州出版社，2016年，第44页。

媒氏说合即行纳采”[①]，也反映出该地简化而直接的婚礼习俗。这或许与两地耿直、爽快的民风有一定关系，但更深层的原因可能是川东南的叙、泸、恭等州封建意识淡薄，对生辰名号关系吉凶的观念不以为意。又因重庆府地区“冠婚相袭”[②]，所以可以认为后世方志的记载基本上承宋元。

庙见即新娘婚后首次拜谒男方祖庙的礼仪，未庙见则不成妇，意味着还没有得到整个家族的认可，而拜见舅姑（公婆）也是新娘由外人过渡到家庭成员必须履行的礼仪。古礼规定三月庙见，但宋代认为三个月太长，多建议三日庙见，朱熹编纂的《家礼》即持这种观点。川西北婚俗亚区比此期限更短，一般是次日，如彭州即“次日庙见，谒见舅姑”[③]；普州之俗亦是婚礼当天不谒祖庙、不见舅姑，次日一大早拜见舅姑，“见祖庙，见亲宾”[④]。而川东南较为古朴，庙见则相对遵循古礼，多在三日以后，恭州巴县是“三日庙见，拜舅姑及诸尊长”[⑤]，黔州亦是三日庙见[⑥]，大宁监为“三日始庙见，拜神主”[⑦]，皆是三日庙见。而单就拜舅姑这一习俗而言，往往在行合卺之礼这个婚礼细节之后表现得又有所不同。合卺之礼就是结发之前喝交杯酒，此俗宋已有之。[⑧] 王得臣说“古者婚礼

---

① 同治《巴县志》卷1《风俗》，清同治六年（1867）刻本。

② 嘉靖《四川总志》卷9《重庆府》，《北京图书馆古籍珍本丛刊》第42册，北京：书目文献出版社，1996年，第169页。

③ 嘉庆《彭县志》卷39《风俗》，清嘉庆十八年（1813）刻本。

④ 光绪《续增乐至县志》卷1《风俗》，《中国地方志集成·四川府县志辑》第24册，成都：巴蜀书社，1992年，第172页。

⑤ 同治《巴县志》卷1《风俗》，清同治六年（1867）刻本。

⑥ 光绪《黔江县志》卷5《风俗志》，《中国地方志集成·四川府县志辑》第49册，成都：巴蜀书社，1992年，第167页。

⑦ 光绪《大宁县志》卷1《地理志·风俗》，《中国地方志集成·四川府县志辑》第52册，成都：巴蜀书社，1992年，第49页。

⑧〔宋〕吴自牧：《梦粱录》卷20《嫁娶》，北京：中国商业出版社，1982年，第175页。

合卺，今也以双杯彩丝连足，夫妇传饮，谓之交杯”①，可见二者并无实质区别。但行毕合卺之礼后，是否立即拜舅姑与长辈便再次体现出川西北与川东南的差异。川西北婚俗亚区的普州是“入室合卺，是日不庙见，不见舅姑，不会宾客”②，也就是说，新婚夫妇在内室喝完交杯酒后并无外室的其他活动。而川东南婚俗亚区的叙州则是“入室行合卺礼，逾时遂遍拜舅姑及诸尊长”③，也就是婚礼当天喝完交杯酒后马上到外室拜见公婆与其他长辈。二者的“不见”与“遂遍拜”清晰可辨。

（二）川北婚俗区

此川北不是现代意义上的川北，而是一个广义的范畴，它既包括传统意义上的四川北部区域，如阆州、利州、巴州等地，也包括川峡北部地区的金州、洋州、西和州、阶州等地，大体以嘉陵江中游蓬、阆二州为界，在此以北为川北婚俗区。此一区域婚俗特点是婚礼必亲迎，不太重视庚帖，婚礼不尚奢。川北婚俗教类近古，崇尚亲迎。如蓬州，提倡“婚礼，虽贱必亲迎”④。邻近州府亦是如此，巴州是“婚娶行亲迎礼，犹存古意”⑤，潼川府射洪县是“新婿亲迎，舆马相从，鼓吹相接”⑥，可见在婚俗上蓬州、巴州、潼川府有较强的一致性。秦巴地

---

① 〔宋〕王得臣：《麈史》卷下《风俗》，《全宋笔记》第1编第10册，郑州：大象出版社，2003年，第69页。

② 光绪《续增乐至县志》卷1《风俗》，《中国地方志集成·四川府县志辑》第24册，成都：巴蜀书社，1992年，第172页。

③ 光绪《叙州府志》卷22《风俗》，《中国地方志集成·四川府县志辑》第28册，成都：巴蜀书社，1992年，第556页。

④ 〔宋〕祝穆撰，祝洙增订，施和金点校：《方舆胜览》卷68《蓬州》，北京：中华书局，2003年，第1183页。

⑤ 道光《巴州志》卷1《风俗》，《中国地方志荟萃·西南卷》第2辑第9册，北京：九州出版社，2016年，第414页。

⑥ 光绪《射洪县志》卷4《风俗》，《中国地方志集成·四川府县志辑》第20册，成都：巴蜀书社，1992年，第542页。

区亦是婚礼必亲迎，婚姻论门第不论财礼，似有古风。[①]

庚帖是男女议婚时的必要文书，上面承载了男女双方的基本信息。在宋代，庚帖上面往往还要“序三代名讳，议亲人有服亲田产官职之类”[②]，将家人的详细情况交代清楚。而川北地区订婚不用庚帖，对媒人给予充分信任，如巴州“缔婚以媒为主，无聘仪，亦无庚帖，故有赖婚者”[③]，可见不行庚帖，有无法形成白纸黑字契约的劣势。达州则是“只以插香作揖为凭，不用庚帖”[④]。这里便牵出一种“插香”之俗，所谓“插香”即类似于一种茶礼。宋代茶作为一种具有象征意味的媒介，逐渐成为下聘之礼，取其不可移之意，暗喻男女两家的诚意。《茶疏》有言：“茶不移本，植必子生。古人结婚，必以茶为礼，取其不移植子之意也。今人犹名其礼曰下茶。”[⑤] 所以接受茶礼，某种意义上被视为同意这门亲事。这种以茶为媒的“插香”订婚之俗也流传到川峡北部的秦巴一带，像文州“两姓联姻不用庚帖，止以媒人放话倒茶为据”[⑥]，成州“婚姻只凭茶酒，不取庚帖”[⑦]，金州则是“不用庚帖，如蜀中之插香者”。这一区域人们订婚后的诚信度要略高于蜀中，因为“蜀风儇薄，无不寒盟者，陕西绝无，间有

---

① 道光《续修宁羌州志》卷3《风俗》，《中国地方志集成·陕西府县志辑》第52册，南京：凤凰出版社，2007年，第183页。

② 〔宋〕孟元老：《东京梦华录》卷5《娶妇》，北京：中国商业出版社，1982年，第32页。

③ 道光《巴州志》卷1《风俗》，《中国地方志荟萃·西南卷》第2辑第9册，北京：九州出版社，2016年，第414页。

④ 嘉庆《东乡县志》卷29《风俗》，《中国地方志荟萃·西南卷》第3辑第6册，北京：九州出版社，2016年，第274页。

⑤ 〔明〕许次纾：《茶疏·考本》，明万历二十一年（1593）刻茶书二十种本。

⑥ 光绪《文县志》卷1《风俗》，《中国地方志集成·甘肃府县志辑》第38册，南京：凤凰出版社，2008年，第77—78页。

⑦ 乾隆《成县新志》卷2《风俗》，《中国地方志集成·甘肃府县志辑》第38册，南京：凤凰出版社，2008年，第273页。

一二中悔者，旋即修好，聘既定矣”[①]。可见虽不用庚帖，但以茶为聘的约束力并未降低，一旦女方受茶，将意味着绝不反悔。这是男家对女家的希望，也是女家应尽的义务。一般情况下，囿于世风民俗的压力，受聘“吃茶”之家对于悔约的行为还是比较忌惮的。而反观蜀中，不仅用庚帖，往往庚帖的样式外观还十分讲究，常用一种金花纸所做的信笺，封好后送至亲家。虽宋代一度禁止民间使用金银纸，但习已成风，民间婚庆用此纸张禁而未绝。当然这也得益于唐宋时期蜀地精湛的造纸技术，品质花色繁多的蜀笺早已蜚声海内。[②] 另外，川北地区对资财的追逐并不强烈，遂宁府“一切婚嫁仅取成礼，燕不用剧乐，不尚侈靡”[③]，金州更是直言“婚姻不计财”[④]，说明此地婚俗风气较为节俭务实。

（三）边缘少数民族婚俗区

此一区域是指四川盆地边缘以山地为主要地貌的广大地区，不仅包括夔州路东端的川峡东部地区，还包括梓州路南部今严格意义上川南黔北地区，这一片区当时为僚蛮等少数民族聚集区。早在唐代，时人窦群谈及黔州一带时便说“万事非京国”“言语多重译”[⑤]，可见此一区域在各种风物上与中原差异很大，语言也需要翻译才能听懂。所以这一区域的婚俗也主要充斥着少数民族色彩，这种区域差异一定程度上体现了川峡四路内部汉夷之间的巨大差别。此一区域婚俗特点是议婚无媒，婚礼

---

① 乾隆《洵阳县志》卷11《风俗》，《中国地方志集成·陕西府县志辑》第55册，南京：凤凰出版社，2007年，第107页。

② 〔元〕费著：《笺纸谱》，《巴蜀丛书》第1辑，成都：巴蜀书社，1988年，第175—176页。

③ 乾隆《遂宁县志》卷1《风俗志》，《中国地方志荟萃·西南卷》第2辑第3册，北京：九州出版社，2016年，第41页。

④ 乾隆《兴安府志》卷16《风俗》，《中国地方志集成·陕西府县志辑》第54册，南京：凤凰出版社，2007年，第126页。

⑤ 〔唐〕窦群：《黔中书怀》，《全蜀艺文志》卷5，北京：线装书局，2003年，第111页。

仪式上多为笛舞相伴的异族风情，而婚嫁彩礼较为简陋，多以猪牛牲畜为礼。

少数民族从议婚这一环节就相对自由，并无汉族的媒人牵线，所谓“婚嫁则男女聚饮歌唱，相悦者然后论姿色妍媸索牛马多寡为聘礼”[①]，类似于对山歌，踏歌为媒，而后自由结合。在婚礼仪式上，该区有别于汉族地区的烦琐礼节，多为奏丝竹之乐相庆及馈赠礼品。如夔州巫山县的女子出嫁时吹笛相送，“《巫山志》云：‘琵琶峰下女子皆善吹笛，嫁时，群女子治具吹笛，唱竹枝词送之。’则夔俗比比如是矣”[②]。此外，箫也是常备之乐器，“巫山女子皆善吹箫，嫁时众女子治具送之，吹箫数日为乐。蜀中有此，毋乃神女之遗风乎”[③]。川南播州一带，“婚姻以铜器、毡刀、弩矢为礼，燕乐以铜锣鼓、横笛、歌舞为乐”[④]，婚礼送刀弓等利器在汉地是不可想象的。简州的獽人“嫁娶但鼓笛而已”[⑤]，显得非常简陋。从以上二处可知，在少数民族中鼓与笛是最常见的婚礼乐器，刀弓也不像汉族人民一样看作凶器，因少数民族以狩猎为主要生产范式，故将刀弓视作吉祥与财富的象征。

少数民族地区民风淳朴，不像汉族地区那样婚姻论财。据道光《遵义府志》引宋《遵义军图经》曰，遵义军“婚姻轻财帛”，订婚聘礼甚至只是一些象征性的器物，“婚姻以毡矢为聘”。[⑥] 同样在叙、泸二州以南的僚

① 弘治《贵州图经新志》卷1《风俗》，《贵州历代方志集成》第1册，北京：中国文史出版社，2016年，第12页。

② 〔明〕曹学佺撰，杨世文校点：《蜀中广记》卷57《蜀中风俗记第三》，上海：上海古籍出版社，2020年，第608页。

③ 〔明〕杜应芳辑：《补续全蜀艺文志》卷46《志余》，明万历十七年（1589）刻本。

④ 嘉靖《四川总志》卷14《播州宣慰使司》，《北京图书馆古籍珍本丛刊》第42册，北京：书目文献出版社，1996年，第275页。

⑤ 〔宋〕乐史撰，王文楚等点校：《太平寰宇记》卷76《剑南西道五·简州》，北京：中华书局，2007年，第1537页。

⑥ 道光《遵义府志》卷20《风俗》，《贵州历代方志集成》第17册，北京：中国文史出版社，2016年，第415页。

蛮部落，其婚俗“初娶不论物采，惟通媒妁，杀牛豕以为礼，即引归。惟老死后，方大索婚价”①，颇有秋后算账的意味，但初婚时不索要大额财礼，仅以牲畜为礼即可，“素牛马多寡为聘礼”②，一定程度上减轻了娶妻者的经济负担。类似的情况在思州酉阳地区亦然，“婚姻以牛只为等”③，可见牲畜在这些地区被看作重要财产，谈婚论嫁以此为资便可区分彩礼的等级与厚薄。其实川东、川南地区彩礼的简陋也不全是少数民族风俗使然，这与当地落后的经济生产状况密切相关。如夔州路的贫苦是其他三路所不及的，南宋汪应辰便曾说“夔路最为荒瘠，号为刀耕火种之地。虽遇丰岁，民间犹不免食草木根，实又非潼川府路之比”④，想必在如此生存状态下，想拿出丰厚财资娶妻的人大概寥寥无几。

第二节　丧葬俗地理

丧葬习俗是风俗事象的重要组成部分。中国古代之所以重视丧葬仪俗，除了灵魂不灭观念，还与儒家孝道和先人庇护思想密切相关。丧礼是否隆重和符合旧规，是衡量子孙是否尽孝的重要标志，也对是否能得到祖先荫庇而使家道昌隆具有重要意义。⑤ 古代丧礼主要包括丧、葬、祭三大部分内容。通俗而言，“丧”是规定活人即死者亲属在丧期内的行为规范，“葬”是规定死者的应享待遇，“祭”是规定丧期内活人与死者之间

---

① 〔明〕曹学佺撰，杨世文校点：《蜀中广记》卷 36《蜀中边防记第六》，上海：上海古籍出版社，2020 年，第 377 页。

② 弘治《贵州图经新志》卷 1《风俗》，《贵州历代方志集成》第 1 册，北京：中国文史出版社，2016 年，第 12 页。

③ 嘉靖《四川总志》卷 14《邑梅洞长官司》，《北京图书馆古籍珍本丛刊》第 42 册，北京：书目文献出版社，1996 年，第 284 页。

④ 〔宋〕汪应辰：《御札问蜀中旱歉画一回奏》，《全宋文》卷 4765，第 214 册，上海：上海辞书出版社，合肥：安徽教育出版社，2006 年，第 363 页。

⑤ 钟敬文主编：《民俗学概论》，上海：上海文艺出版社，1998 年，第 186 页。

联系的中介仪式。三者之中，“丧”是丧礼的核心内容。[①] 本节将着重对川峡地区“丧”和“葬”环节的风俗做一考察，总结共性并区分地域差异。

一、川峡四路丧葬俗特征

整个宋代的丧葬风气是笼罩在节俭薄葬的背景之下的，整个社会从官方到民间主张薄葬者日多，抵制厚葬渐为共识，尤其是当时的文人士大夫对薄葬的观念不遗余力地大声疾呼。范祖禹就曾上疏神宗曰：“俭葬者圣哲之训也，奢葬者世俗之失也。”[②] 他还进一步指出，“厚葬之祸，古今之所明知也。夫藏金玉于山陵，是为大盗积而标示其处也”[③]，鞭辟不可谓不深刻。程颐也曾上书神宗论薄葬，他认为孝心并不体现在葬之厚薄上，厚葬“无益于实，有累于后，非所宜也”[④]，没有实际意义，只会引来觊觎金银珠宝的盗墓之贼，反而不会使墓葬历百年以至长久。宋祁也曾告诫子弟，自己死后“慎无为阴阳拘忌。棺用杂木，漆其四会，三涂即止……惟简惟俭，无以金铜杂物置冢中”[⑤]，明确告诫家人不要受阴阳家摆布，不要在墓里放金银财物。由上可见，崇俭戒奢的薄葬观念在士大夫阶层颇具共识。薄葬之风在川峡四路地区亦不例外，这在该地域墓葬的随葬品中有所体现，迄今发现的蜀中宋墓随葬品非常朴素，不见汉唐时的名贵金玉之器。朱瑞熙指出，四川地区宋墓中很少有金属器，几乎全是陶制明器，

① 丁凌华：《中国丧服制度史》，上海：上海人民出版社，2000 年，第 2 页。

② 〔宋〕范祖禹：《论丧服俭葬疏》，《全宋文》卷 2128，第 98 册，上海：上海辞书出版社，合肥：安徽教育出版社，2006 年，第 38 页。

③ 〔宋〕范祖禹：《太史范公文集》卷 13《唐鉴二篇》，《宋集珍本丛刊》第 24 册，北京：线装书局，2004 年，第 223 页。

④ 〔宋〕程颐：《为家君上神宗皇帝论薄葬书》，《全宋文》卷 1750，第 80 册，上海：上海辞书出版社，合肥：安徽教育出版社，2006 年，第 214 页。

⑤ 〔宋〕宋祁：《治戒》，《全宋文》卷 520，第 24 册，上海：上海辞书出版社，合肥：安徽教育出版社，2006 年，第 394 页。

瓷器偶有发现。虽然偶尔有铜钱或者铁钱陪葬，但数目一般不过数枚。[①]像川西邛州地界颇循古制，宋代曾发现有陪葬陶制葬具的墓葬，陆游在《老学庵笔记》中载："临邛夹门镇山险处得瓦棺，长七尺，厚几二寸，与今木棺略同。但盖底相反，骨犹不坏。棺外列置瓦器，皆极淳古。"[②]果州墓葬亦有瓦一类的陶制品出现，"果之先有瓦棺葬者，偶牧童于插旂山掘地，见小孔，其内深、广各数丈，内有瓦棺万余"[③]。这种瓦棺葬是汉代墓葬制的遗存，说明宋代长江上游地区的川峡西部仍有继承，且棺椁材质并不名贵。近些年的考古发现也证实了成都地区宋墓出土的随葬品以俑和陶制品为主，并无名贵的明器。

同穴异葬。在葬式上，川峡地区因墓室中棺椁以外的空间有限，出现了夫妻同穴异葬的墓葬形式。它的优点在于可以一次性建造好，之后陆续葬入死者，而不至于数次开启墓室，造成墓室损坏和对生者感情上的刺激。[④]苏轼在《东坡志林》中对蜀人的这种墓室结构有过一段论述："古今之葬者，皆为一室，独蜀人为同坟而异葬，其间为通道，高不及眉，广不能容人。"[⑤]这种留有孔道的墓室结构，既相对节省了空间，又为夫妇死后也能魂归一处创造了可能，是当时川峡地区"通魂往来"观念的现实要求，充分体现了尊重死者的人伦思想，属于川峡葬俗的一大特色。后世的考古发现中也证实了这种墓室结构流行于宋代成都周边地区，其墓室结构互成一体，墓向一致，墓室并列相通，是该地区夫妻合葬墓的主要形式。[⑥]

---

① 朱瑞熙：《宋代的丧葬习俗》，《学术月刊》1997年第2期。

② 〔宋〕陆游：《老学庵笔记》卷5，《全宋笔记》第5编第8册，郑州：大象出版社，2012年，第56页。

③ 〔明〕曹学佺撰，杨世文校点：《蜀中广记》卷58《蜀中风俗记第四》，上海：上海古籍出版社，2020年，第614页。

④ 霍巍、黄伟：《四川丧葬文化》，成都：四川人民出版社，1992年，第256页。

⑤ 〔宋〕苏轼：《商刻东坡志林》卷7，《全宋笔记》第1编第9册，郑州：大象出版社，2003年，第158页。

⑥ 陈建中：《成都市郊的宋墓》，《文物参考资料》1956年第6期。

火葬盛行。两宋时期是中国历史上火葬最为兴盛的时期，当然这与佛教盛行有一定关系，洪迈便说："自释氏火化之说起，于是死而焚尸者，所在皆然。"[①] 吕大防认为，丧祭乃大事，但当时的社会"率取于浮屠老子之法"，摒弃了儒家许多义理大节，是"无甚于此"的失礼之举。[②] 但应该讲，火葬盛行不仅仅是因为佛教的繁荣，还与五代丧乱后意识形态的变革、节约土地、火葬简便易行有关。[③] 对于此中的关系，宋人车若水在《脚气集》中有一段论述，直陈佛教乘虚而入，夺了中原之俗：

> 丧礼则有所谓七次之说，谓人死后，遇第七日，其魄必经由一阴司，受许多苦。至于七七，过七个阴司，又有百日，有三年，皆经阴司。本是欺罔，愚夫惑其说，遇此时亦能记得父母，请僧追荐，谓之做功德。做功德了，便做羹饭，谓之七次羹饭，随家丰俭。今读书人既辟佛老，不用其说。而于吾礼之中，自不曾尽，朝夕奠无奠，朔望无朔望，饮酒食肉若罔闻，知是夷狄之不若也。葬是顺，火化是大逆。今贫民无地可葬，又被他说火化上天，葬礼亦被夺了。[④]

字里行间可看出车氏对佛教鼓吹火葬、扰乱汉族本俗的现象深恶痛绝，也承认贫民因无地可葬而选择火葬的事实。当然，有时火葬也是兵荒马乱之际的无奈之举，像入《宋史·孝义传》的渠州流江人成象，其父母死于李顺之乱，危难之际，只得"烬骨寄浮图舍"[⑤]，这并不能说明成象不想

---

① 〔宋〕洪迈：《容斋续笔》卷13《民俗火葬》，《全宋笔记》第5编第5册，郑州：大象出版社，2012年，第376页。

② 〔宋〕吕大防：《上神宗请定婚嫁丧祭之礼》，《全宋文》卷1571，第72册，上海：上海辞书出版社，合肥：安徽教育出版社，2006年，第178页。

③ 张邦炜：《宋代政治文化史论》，北京：人民出版社，2005年，第470—472页。

④ 〔宋〕车若水：《脚气集》卷下，《全宋笔记》第7编第8册，郑州：大象出版社，2016年，第241页。

⑤ 《宋史》卷456《成象传》，北京：中华书局，1977年，第13395页。

按照传统的儒家方式安葬父母双亲。其实当时在汉族地区火葬仍不占主流，其反而更多流行于少数民族地区。就川峡地区而言，川西盆地边缘的威茂邛等州是火葬葬俗圈的核心区域，如邛部地区的蛮群，“俗尚火葬，而乐送以鼓吹，为送终”[①]，茂州的羌蛮则是“丧不棺而火化”[②]，威州地区甚至要给死尸穿戴如生时，再放置在水架之上，然后“端公咒经，献以猪羊，用火烧之”[③]，可见此一时期的川西诸蛮是使用火葬最为频繁的主力人群。汉族使用火葬的习尚在宋代业已出现，但所占比重存在时间上的差异，从成都近郊的考古发现来看，北宋时火葬墓比例还较小，但到南宋已占整体墓葬形式的80%以上。[④] 不过放眼整个川峡四路也不尽然，川峡北部有水葬之俗，川东峡江地区还存在悬棺葬。只是相较于其他葬法，火葬在宋代有一个异军突起的趋势，在空间上表现为少数民族地区多于汉族地区，在时间上表现为南宋多于北宋。

严守礼制。孝为人伦之大者，古人在埋葬亡故的亲属后，还有居丧守孝之俗，此亦称丁忧。两宋之际，从先秦传承下来的丧制古训受到佛教思想的严重冲击，继而司马光编《书仪》、朱熹编《家礼》以期重申儒家丧礼内涵。《书仪》和《家礼》虽各有侧重，但二者在严守丧葬礼制上的观点不谋而合。而放眼官方，此一时期宋廷从垂范风化层面对官员也多有训教，真宗年间，“知杂御史刘烨上言：‘伏以三年之丧，天下之经制；百行之孝，人子之大伦。苟执礼以无闻，在服行而有缺。伏见内外京朝官丁父母忧者，不即时奔丧持服，伤坏风教，典章无取，欲望禁止。自今官司不得妄有占留，奏求追出。其例当起复者，即依旧制。’诏益、梓、夔、

① 〔明〕曹学佺撰，杨世文校点：《蜀中广记》卷34《蜀中边防记第四》，上海：上海古籍出版社，2020年，第351页。

② 〔明〕曹学佺撰，杨世文校点：《蜀中广记》卷32《蜀中边防记第二》，上海：上海古籍出版社，2020年，第346页。

③ 〔明〕曹学佺撰，杨世文校点：《蜀中广记》卷32《蜀中边防记第二》，上海：上海古籍出版社，2020年，第340页。

④ 洪剑民：《略谈成都近郊五代至南宋的墓葬形制》，《考古》1959年第1期。

利四路长吏依旧奏裁，余官丁忧，辄有封奏求免持服者，并论其罪”[①]。朝廷再次重申了尊崇儒家旧制的用意，强调了守孝五服制度，严肃了朝堂法纪。仁宗年间，都官员外郎燕度建议：“川峡选人遭父母丧，须代者至，然后听去官。”这显然与为亲守孝的旧礼背道而驰。知制诰刘敞极力反对，认为有哀不举，是为忘孝，剥夺官员为亲守制，会助长官员废哀图仕的风气，不利于化民成俗。最终仁宗“诏自今并听奔丧”[②]，依旧维护了儒家守制的旧礼。川峡四路地区虽远离中原儒家中心，守孝三年的居丧制度却得到了有力维护，并由官宦阶层传导至民间。如资州资阳县便有一民，“葬母于赖锡山汉中，庐于墓侧，已经三年，自负土成坟，布素不食五味，惟菽粟而已，日三时号恸，余时即诵佛经”[③]，从饮食、着装、程序上很好地继承了古礼，继而引来白雀、野狸之类的灵物环绕坟间，最终他获得了朝廷的旌赏。潼川府通泉县进士何保之，母亲卒后，也是“负土成坟，庐于其侧”[④]，引得众鸟哀鸣，兔驯常访。按照《书仪》的规定，“凡初丧诸子三日不食”[⑤]，在极其悲痛的情况下，仍不能进食以补充体力，其实是很不人性的规定。熙宁年间，资州资阳县有个叫支渐的人，年七十而丧母，在坟旁守丧不仅“肘行膝步”，而且“日食脱粟，不盥手洗足，所衣苴麻，碎烂不易，须发蓬乱，久皆断落”[⑥]，所见者无不为之动容。可见无论年长与否，蜀中之人在遵循丧礼仪节方面并不打折扣。同是熙宁年

---

① 《续资治通鉴长编》卷 97，天禧五年二月丙寅，北京：中华书局，1985 年，第 2242 页。

② 《续资治通鉴长编》卷 177，至和元年十月庚子，北京：中华书局，1985 年，第 4285 页。

③ 〔宋〕庞元英：《文昌杂录》卷 4，《全宋笔记》第 2 编第 4 册，郑州：大象出版社，2006 年，第 158—159 页。

④ 嘉靖《潼川志》卷 7《选举志下》，钞本。

⑤ 〔宋〕司马光：《书仪》卷 6《丧仪二》，《景印文渊阁四库全书》第 142 册，台北：台湾商务印书馆，1986 年，第 494 页。

⑥ 〔宋〕王辟之：《渑水燕谈录》卷 4《忠孝》，《全宋笔记》第 2 编第 4 册，郑州：大象出版社，2006 年，第 38 页。

间，一名守荣州的赵姓都官员外郎因数月之内双亲相继离世，而“昼夜哭如礼，又时强饮食”，结果只四十九日就得病，又五十一日也去世了，吕陶痛惜云：“君子孝爱其亲，终继以死，可谓不幸矣！”[1] 这虽只是特例，但可以看出一位士大夫对待仪节的倔强态度。值得注意的是，像宋代成都人罗居通、郫县人王景、双流人周善敏等一众普通人也都能做到守丧三年，“庐于墓侧”，以致天降甘露，地出涌泉，旁生芝草。[2] 这反映了该地域在丧葬仪节上的一种风俗气象。更需要指出的是，类似于这样严尊丧仪的例子在历代川峡地区地方志中不胜枚举。纵然入地方志“孝义”门的群体仍在少数，但在一定程度上可以反映出宋代川峡腹地在丧葬礼节上坚守儒家教义的基本事实，“咸遵家礼”[3] 的风气犹存，偏居西南一隅的川峡地区并未因远离中原政治中心而伦常失坠。

从广义的丧俗来讲，“祭”也属于丧俗的范畴。对于逝去之人，蜀人也有一套祭祀之俗。成都人王祖德客死他乡，卒人将其灵柩运回家乡后，设位而祭。“蜀人风俗重中元节，率以前两日祀先，列荤馔以供，及节日，则诣佛寺为盂兰盆斋。”[4] 可见对于新逝去的人，蜀中祭祀尤重前两日，而节日颇重中元节。对于长眠的旧坟，成都府路民众往往选择每年正月初以祭，“蜀人正月二日、三日上冢，知府亦为之出城置会”[5]。范成大说，初三出东郊，祭东君，并在碑楼院设宴，蜀

---

① 〔宋〕吕陶：《都官员外郎赵君墓志铭》，《全宋文》卷 1613，第 74 册，上海：上海辞书出版社，合肥：安徽教育出版社，2006 年，第 96 页。

② 天启《新修成都府志》卷 24《孝义列传》，《中国地方志集成·四川府县志辑》第 1 册，成都：巴蜀书社，1992 年，第 356—357 页。

③ 万历《嘉定州志》卷 5《风俗志》，民国间钞本。

④ 〔宋〕洪迈撰，何卓点校：《夷坚乙志》卷 20《王祖德》，北京：中华书局，1981 年，第 360 页。

⑤ 〔宋〕范镇：《东斋记事》卷 4，《全宋笔记》第 1 编第 6 册，郑州：大象出版社，2003 年，第 221 页。

人皆以是日拜扫。[①] 这里的东君指日神，人们在这一天祭祀日神，祈求新年风调雨顺，同时祭扫亡故。

二、川峡四路丧葬俗的地域差异

丧葬作为孝道最重要的一环，无论是统治者还是士大夫都希望能为天下百姓制定一个共同的尺度。所以在儒家思想为官方意识形态的宋代，丧葬之礼基本不会与主流的丧葬之俗有太大出入，起码在流程上还是与《书仪》《家礼》等公认的礼法相一致的。但川峡四路地域广大，丧葬习俗在某些细节上总会有些许差异。本节重点着墨于此，加意考察内部差异，并以是否尚佛事、是否择地延缓下葬、是否丧礼用乐设宴，将川峡四路分为川北、蜀中、川东三大丧葬风俗区。

（一）川北丧葬风俗区

此区指川峡四路北部地区，即利州路北部地区，大致相当于今陕南、陇东南地界。这一区域丧俗不尚佛事，有避回煞和水葬之俗，随葬品以武士俑为多。兴元府（汉中）一带“丧不尚浮屠，士大夫家差有可观。至拘泥年月，不即安葬，无贵贱皆同”[②]，可见川北一带丧事并不尚佛事，下葬仪式简易顺畅，并无太多讲究。另外，汉中一带还有避回煞之俗。张邦炜先生指出，宋代丧葬陋俗中有避回煞一说，即人死之后其魂将于某个固定的日期归家，彼时有凶煞出现，危及家人，家人一定要举家躲避。[③] 而汉中一带即有此风俗，所谓“家人有死，辄离其故宅”[④]，定是受避煞

---

① 〔宋〕范成大：《石湖居士诗集》卷17《初三日出东郊碑楼院》，《范石湖集》，上海：上海古籍出版社，1981年，第232页。

② 雍正《陕西通志》卷45《风俗》，《景印文渊阁四库全书》第553册，台北：台湾商务印书馆，1986年，第553页。

③ 张邦炜：《两宋时期的丧葬陋俗》，《四川师范大学学报》（社会科学版）1997年第3期。

④ 《隋书》卷29《地理志上》，北京：中华书局，1973年，第829页。

风气影响所采取的行动，这也与宋代汉中地区崇重道教，道教风气浓厚有一定关系。此外，川峡北部地区还流行水葬，像“凤州贫民不能葬者，弃尸水中”①，鉴于此，凤州推官雍慎微用自己的俸钱买空旷土地安葬这些贫民。宋元以降，川峡地区北部的地方官若能置地安葬被迫水葬的贫民都会被视为好官，明代汉阴知县张鹏翱遇到与雍慎微同样的情景，亦是“捐银置地十五处，为贫民葬所，其地皆在汉水南北路”②。这也说明川峡北部汉水流域的贫民无钱安葬时更倾向于抛尸水中，让其随水而逝。虽是无奈之举，但亦成“汉水南北路”的一种流俗。直至清代，汉中府同知汪化鳌因不愿与吴三桂逆党同流合污自刎于任上，士民将其葬于汉中城南之连水河③，说明汉中一带一直有水葬的传统。至于水葬兴起的原因，宋人胡铨曾有一段精辟的论述：“谓葬则生祸，不若投之水则无灾。又阴阳家书人言各殊，此以为吉，彼以为凶，争论纷纭，无时可决，遂谓不若水葬为快。”④ 看来免去择葬地以关福祸的思想负担是水葬得以流行的缘由之一，但穷人无以财资治丧，选择“为快处之”可能是更为根本的现实需求。川峡北部地区经济发展状况本就相较蜀中的繁富为次，加之南宋以来，又为宋金对峙的前线，流离失所、死于兵燹大有人在，水葬之轻易和简便不可不谓一种合理的选择。另外，秦岭以南的凤州、汉中地区地处秦巴山地，溪流众多，水系发达，自秦汉以来，各种堰坝池塘更是星罗棋布，引灌水渠密如织网，这也为水葬提供了得天独厚的自然条件。

此外，川峡北部地区墓葬的随葬品不同于蜀中等地，从众多考古报告来看，川峡北部地区出土的宋墓中有大量武士俑存在，明器并不局限于钱

① 〔宋〕范镇：《东斋记事》卷3，《全宋笔记》第1编第6册，郑州：大象出版社，2003年，第214页。

② 嘉庆《汉阴厅志》卷3《建置志》，清嘉庆二十三年（1818）刻本。

③ 雍正《陕西通志》卷54《名宦》，《景印文渊阁四库全书》第554册，台北：台湾商务印书馆，1986年，第349页。

④ 〔宋〕胡铨：《与潭帅魏参政书》，《全宋文》卷4305，第195册，上海：上海辞书出版社，合肥：安徽教育出版社，2006年，第139页。

币和普通陶俑，这与成都平原宋墓所出土的随葬品种类大相径庭。据胡听汀研究，川北和汉中地区的墓葬壁画多倾向于北方墓葬题材，其中武士的形象与北方墓葬的武士图像使用一致，明显深受北方墓葬所代表的观念影响，且不像蜀中那样重视堪舆理论。[①] 在1986年汉中出土的一座宋代墓葬中也出土有三彩武士俑，人俑身着铠甲，气宇轩昂，形态逼真。[②] 这一区域墓葬随葬品之所以有此种倾向，或许与该区域人群更具尚武风气和南宋以降长期处于宋金前线的残酷现实有关。选择武士俑作为随葬品可能比选择金银器更能寄托生者对于死者安宁无虞的愿望。

（二）蜀中丧葬风俗区

此区指旧蜀故地，即川峡四路中的成都府路和梓州路辖地的四川盆地中部地区，以及利州路南部地区，也就是今天四川省青藏高原东缘外的大部地区。这一区域的丧葬风俗特点是尚佛事、重堪舆，下葬时间为缓，居丧哀穆不设宴。像荣州“竞修佛事者多，否则众皆非笑”[③]，可见当地将丧俗用佛事视作理所应当，不作佛事反而有悖常理。川西崇庆府的丧事也是“俗尚浮侈”[④]，不以儒家之礼为准绳。雅州则是“庶民多尚浮屠”[⑤]。范成大早在《吴船录》中即描述嘉州、雅州所在的青衣江流域，既是凌云寺大佛像所在地，又是所谓普贤示现处。[⑥] 明人何宇度也说：“蜀中水

---

① 胡听汀：《四川出土两宋武士俑研究》，《2013—2015年北京大学美术史博士生国际学术论坛论文选集》，桂林：广西师范大学出版社，2016年，第103页。

② 汉中市博物馆：《汉中八里桥水库清理一座宋墓》，《文博》1989年第1期。

③ 道光《荣县志》卷18《舆地志·风俗》，《中国地方志荟萃·西南卷》第2辑第7册，北京：九州出版社，2016年，第85页。

④ 天启《新修成都府志》卷22《人物列传》，《中国地方志集成·四川府县志辑》第1册，成都：巴蜀书社，1992年，第333页。

⑤ 乾隆《雅州府志》卷5《风俗》，《中国地方志集成·四川府县志辑》第63册，成都：巴蜀书社，1992年，第133页。

⑥〔宋〕范成大：《吴船录》卷下，《范成大笔记六种》，北京：中华书局，2002年，第237—238页。

陆舟车所经，凡有岩石，莫不镌佛像。岂地近西番，前代风气渐染如此。”① 明之前代，概为宋时，可知此时这一区域佛教已较为兴盛，所以民众丧事尚浮屠也就不足为奇了。《乐善录》曾记一事，言南宋绍兴年间，右武大夫赵丰夜宿果州驿舍，遇一女鬼诉冤说自己原为当地李户部家妾，因屈枉被主人杖责致死，埋于此地，求赵为其另择葬地。赵丰只得明日设斋以祭，又为其作佛事，掘尸另埋才安抚了亡灵。② 由此可见，丧葬中作佛事超度亡灵为蜀中大部地区不可或缺的环节，已殁多年之鬼盖不能忘。这一区域丧葬俗不仅崇尚佛教，还重阴阳堪舆之术，清人张澍有言：“蜀自汉以来多通术数。”③ 如利州路的剑州即一典型代表，“剑俗崇尚佛教，士夫皆然，凡居父母丧，未有不作佛事者。且惑于风水之说，往往有三四年以至于十数年不葬者”④。成都周边的崇庆府亦是“沾濡文化，笃信风水”⑤，并且“迎佛饭僧，讽经以荐”⑥。资州则是“丧事多用僧道”⑦。南宋眉州人彭百川，葬其父“拘阴阳风水之说”⑧，对该地葬俗影响甚大。像眉州人唐庚的同乡史南寿死后，也是“其子卜葬地，得至孝乡善听里山池之原”⑨，后才来请他做墓志铭。

这种阴阳五行学说不仅在山野村夫中有市场，在上层士大夫间亦颇流

---

① 〔明〕何宇度：《益部谈资》卷上，北京：中华书局，1985 年，第 10 页。

② 〔宋〕李昌龄：《乐善录》卷 4，上海商务印书馆景印续古逸丛书本。

③ 〔清〕张澍：《蜀典》卷 2《苌宏不葬蜀》，清道光十四年（1834）武威张氏安怀堂刻本。

④ 雍正《剑州志》卷 10《风俗》，清雍正五年（1727）刻本。

⑤ 天启《新修成都府志》卷 3《风俗志》，《中国地方志集成 · 四川府县志辑》第 1 册，成都：巴蜀书社，1992 年，第 53 页。

⑥ 光绪《增修崇庆州志》卷 2《风俗》，《中国地方志荟萃 · 西南卷》第 2 辑第 2 册，北京：九州出版社，2016 年，第 54 页。

⑦ 光绪《内江县志》卷 1《风俗》，《中国地方志荟萃 · 西南卷》第 5 辑第 1 册，北京：九州出版社，2016 年，第 41 页。

⑧ 乾隆《丹棱县志》卷 6《风俗志》，清乾隆二十六年（1761）刻本。

⑨ 〔宋〕唐庚：《唐先生文集》卷 6《史南寿墓铭》，《宋集珍本丛刊》第 31 册，北京：线装书局，2004 年，第 654 页。

行。苏洵在安葬亡妻程夫人时，也是选择了一处“卜者曰吉，是其葬书为神之居”[1] 的宝地才得以安心。蜀州人宋德之不仅在科考中应举擢为庆元二年的外省第一，还深谙八卦五行之术，水平甚高，甚至可以私下获利。他被选入枢密院后，军队稍有战端，皇帝便让其起卦问卜[2]，可见阴阳五行之说也颇受蜀地士大夫阶层所认可甚至研习。在这种社会风气的影响下，安葬追求上风上水之地便不难理解了，有些人甚至不远千里也要将亲人归葬佳穴。席大光帅蜀时，母亲朱夫人去世，本欲葬青城山，只因梦中有人启示温州有“庚山甲向”的上佳葬地，他便将父母双亲的灵柩不远千里归葬温州。[3] 席氏虽未必是蜀人，但如此笃信阴阳五行之说，或与长久任职蜀中受其风习浸染不无关系。当时的蜀中之人，为了觅得佳穴，不惜遍访高人，求得指点。真宗咸平年间，“成都一豪家葬父，遍访能地理者，选山卜穴，凡数岁方得之”[4]，对阴阳五行之说的迷恋可见一斑。崇宁年间，蜀州新津县人程遇在山间安葬父母，其坟山上常有火光紫气，宋廷下诏将墓迁到他处，并在此圈地三里，视作禁地，继而建道观以为奉真植福之所。[5] 这则故事虽是用来说明宋高宗降生的神圣性和天命昭灼，但亦从侧面反映出西蜀邑人葬父母以择吉地的事实，只是此次择地眼光太过上乘，以致被皇家选中。又如眉州人史尧弼为其兄史尧俊撰写的墓志铭中也提到，其先父的坟因当时选址过于草率，有“长不宜”之弊，导致其兄早夭，现在为其兄选墓地必须慎之又慎。直至史尧弼择一“冈如龙夭

---

① 〔宋〕苏洵：《老翁井铭》，《全宋文》卷 927，第 43 册，上海：上海辞书出版社，合肥：安徽教育出版社，2006 年，第 171 页。

② 《宋史》卷 400《宋德之传》，北京：中华书局，1977 年，第 12155—12156 页。

③ 〔宋〕洪迈撰，何卓点校：《夷坚丙志》卷 9《应梦石人》，北京：中华书局，1981 年，第 441 页。

④ 〔宋〕黄休复：《茅亭客话》卷 2《冯山人》，《全宋笔记》第 2 编第 1 册，郑州：大象出版社，2006 年，第 21 页。

⑤ 〔宋〕洪迈撰，何卓点校：《夷坚丙志》卷 4《蜀州紫气》，北京：中华书局，1981 年，第 397 页。

矫”，有溪水环绕且汇入大小龙湫，水质看起来“泓碧如珠联，与山相纡徐”的宝地，才算最终称意心安。[①]

这种局面的出现，与当时蜀中术士横行有极大的关系，这一群体游荡于社会之中，为相地之业提供了人力层面的充足资源。当时西川有个叫费孝先的人，善轨革，世皆知名。[②] 而轨革是一种古占验术，南来北往的客商常求卦于他，十分灵验。成都还有个叫倪辉的人，精通数术，在靖康初年便能卜卦算出京城将不保，并将汴京陷落和赵构于南京即位的时日也卜算出来。[③] 另有个叫谢石的蜀人善相字，通过别人书写一字，便可知人之用意，以卜吉凶。[④] 这从一定程度上反映出当时蜀地弥漫着一股崇尚数术、占卜的风气。而且民间也有人“好谈算数推步之术”[⑤]，以帮人预测福祸吉凶，不管用意良否，足以看出蜀中之人对数术的迷恋。据有的学者研究，在成都附近的浦江、眉山、仙井、资中一线，流传有不少相地之术，许多人死后都会谨慎选择墓地，推算地形吉凶，这在蜀中民俗中流传时间较长。[⑥] 这无疑延缓了下葬的时间，也就导致某些客死他乡的孤魂野鬼无法入土为安，而后在一定的时间节点频造异端。如阆州人校书郎张仁宝素有才学，可惜英年早逝，自成都归葬阆州时，暂时殡于东津寺，一时不得下葬。其魂便借寒食节和五月五日天中节之机，两次魂归故里者，并

---

① 〔宋〕史尧弼：《莲峰集》卷10《兄伯振墓志铭》，《景印文渊阁四库全书》第1165册，台北：台湾商务印书馆，1986年，第777页。

② 〔宋〕高文虎：《蓼花洲闲录》，《全宋笔记》第5编第10册，郑州：大象出版社，2012年，第135页。

③ 〔宋〕洪迈撰，何卓点校：《夷坚甲志》卷17《倪辉方技》，北京：中华书局，1981年，第147—148页。

④ 〔宋〕蔡絛：《铁围山丛谈》卷3，《全宋笔记》第3编第9册，郑州：大象出版社，2008年，第185页。

⑤ 〔宋〕吕陶：《净德集》卷26《吴府君墓志铭》，《景印文渊阁四库全书》第1098册，台北：台湾商务印书馆，1986年，第210页。

⑥ 潘晟：《知识、礼俗与政治：宋代地理术的知识社会史探》，南京：江苏人民出版社，2018年，第126—128页。

赋诗二首暗示家人及早下葬，最终才得以如愿，蹊跷怪事也就此终止。[①]如果迟葬的是长辈，更会引来一些大麻烦。资州人杨公全因一直未安葬亡父，以致多年科举不第，直至其父托梦暗示，将父安葬之后才得以登科。[②] 虽然也有像成都人费琦那样客死任上，因为贫困不能魂归故里者，但也会选择“旅殡佛寺”[③]，可见蜀中笃信佛教、堪舆而迟葬是彼时一普遍现象。对于这种择地、择时停柩不葬的现象，时贤也有猛烈批判，但成效甚微，如司马光说：“阴阳家谓人所生年月日时足以定终身禄命，信如此所言，则人之禄命固已定于初生矣，岂因殡葬而可改耶？是二说者自相矛盾，而世俗两信之，其愚惑可谓甚矣。使殡葬实能致人祸福，为人子者岂忍使其亲臭腐暴露不殡葬，而自求其利耶？悖礼伤义，无过于此。”他认为世人既信命便不该再信堪舆之说，两说自相矛盾。但面对关系子孙贫富贵贱、贤愚寿夭的大事，生者作为“孝子”又不得不慎，往往是“孝子之心虑患深远，恐浅则为人所汩，深则湿润速朽，故必择土厚水深之地而葬之”[④]。看似左右为难，实际上人们对现实命运的关注已远超对先人的孝心，更多的是关心生者和后辈的前途而非逝者，只是借“孝”之名服务于现世。所以，择地择时而葬是近世宋代商品经济大发展之后，实用主义和现实主义渐占上风的结果，有其一定的时代性。

除了重佛事和堪舆的葬俗特点，从墓葬的形式看，蜀中可以墓室的材质分为两个亚区，一是川西砖室墓葬俗亚区，川西即成都府路大部，多指成都平原腹地。该区域墓室材质多以砖为主。因为成都平原沃野千里，土

---

① 〔宋〕陈元靓撰，许逸民点校：《岁时广记》卷16《寒食下·见鬼男》，北京：中华书局，2020年，第324页。

② 〔宋〕洪迈撰，何卓点校：《夷坚甲志》卷18《杨公全梦父》，北京：中华书局，1981年，第157页。

③ 〔宋〕吕陶：《朝散郎费君墓志铭》，《全宋文》卷1613，第74册，上海：上海辞书出版社，合肥：安徽教育出版社，2006年，第105页。

④ 〔宋〕司马光：《书仪》卷7《丧仪三》，《景印文渊阁四库全书》第142册，台北：台湾商务印书馆，1986年，第500—501页。

壤细腻，适合烧制砖块，所以盛行砖室墓葬法。另一是川中南石室墓葬俗亚区，川中南即梓州路中南部地区，也就是龙泉山以东，绵州、梓州、昌州、泸州一线。这一区域相较于川西多山地，从“潼川府路多是山田”[①]便可知，当地人获取石材较为便利，所以多就地取材，采用石室墓葬法。石室墓的最大特点是墓室中有大量的精美浮雕，其题材多受道教文化影响，存在瑞兽、求仙图等样式，这在川西砖室墓葬俗亚区是不多见的。[②]而在叙州、泸州一带的川南地区，又产生了石室墓葬的变体岩穴葬，这主要是由地形所决定的。普通石室墓主要分布于平缓的坡地，而岩穴墓则分布于高丘绝壁上[③]，这是因人地关系紧张，人们由平地向高处寻求空间的结果。像川峡四路南部的僚人，“死则竖棺埋之”[④]，这是不同于汉族常规葬法的奇特葬俗。简州的獽人遇到丧事“乃以竿悬布置其门庭，殡于别所，至其体骸燥，以木函盛，置于山穴中”[⑤]，这显然是西南地区悬棺崖葬的表现形式。实际上，这两处丧葬亚区的葬式分野正凸显了东西两蜀经济发展状况和自然资源禀赋的不同，正如《何正臣知梓州告词》中所说：“东蜀地崄而民贫，不如西蜀之厚。而戎泸被边，民夷杂居，安之尤难。”[⑥] 这种经济、自然、民族构成的差异，直接在葬式选择上得到体现。

另外，在蜀中丧葬风俗区，居丧期间要求丧主哀痛肃穆，甚至泣血稽

---

① 〔宋〕汪应辰：《御札问蜀中旱歉画一回奏》，《全宋文》卷 4765，第 214 册，上海：上海辞书出版社，合肥：安徽教育出版社，2006 年，第 363 页。

② 吴敬：《宋代川陕四路墓葬特征的区域性研究》，《考古与文物》2011 年第 3 期。

③ 霍巍、黄伟：《四川丧葬文化》，成都：四川人民出版社，1992 年，第 239 页。

④ 〔宋〕李昉等编：《太平广记》卷 481《牂牁》，北京：中华书局，1961 年，第 3965 页。

⑤ 〔宋〕乐史撰，王文楚等点校：《太平寰宇记》卷 76《剑南西道五 · 简州》，北京：中华书局，2007 年，第 1537 页。

⑥ 〔宋〕苏辙：《何正臣知梓州告词》，《全宋文》卷 2038，第 93 册，上海：上海辞书出版社，合肥：安徽教育出版社，2006 年，第 373 页。

额，“百日内不茹荤饮酒，不嬉笑婚娶，当谢绝一切时事，专以守服为重”①。这与川东地区的鸣乐设酒是迥然相异的，反映出蜀中儒家思想的浸透要强于川东。

（三）川东丧葬风俗区

川东丧葬风俗区不仅包括夔州路东部的传统川东地带，还包括梓州路南部和夔州路南部的大片羁縻州，也就是现今川南、黔北地区，这一区域亦是四川盆地东南边缘夷僚等少数民族聚居的山区地带。川东地区流行速葬，也就是人死之后，并不择日，不忌年月诸凶，大概七日之内则完成下葬，俗称“称凶葬”。这里既有贫穷因素使然，也与此一区域的民俗习惯有一定关系。这一区域对堪舆之术并不痴迷，且开丧用鼓乐。忠州是次日则葬，“家有无人死，越日而葬。一切选年择月，卜兆迁葬，向无此陋风”②。黔州亦是“丧事无停柩于室者，成服后即营葬事”③。施州也是“就日而埋，不行祥除之礼”④。丧事皆较为迅速，对繁文缛节的儒家丧礼多有不循。即使有选择年月择日而葬的，也“尚无停棺经岁不葬者”⑤，说明川东地区的下葬习俗总体来讲比较迅速，择吉时吉地的观念并不强烈。而夔州则是“居厅堂三日，大殓朝夕上食”，给亲友留出一定的凭吊时间。泸州与川东地区更为接近，“无停丧缓葬之习”⑥。

---

① 民国《夹江县志》卷2《方舆志·风俗》，《中国地方志集成·四川府县志辑》第38册，成都：巴蜀书社，1992年，第20页。

② 光绪《垫江县志》卷1《舆地志·风俗》，清光绪二十六年（1900）刻本。

③ 康熙《彭水县志》卷3《风俗志》，《中国地方志集成·重庆府县志辑》第23册，成都：巴蜀书社，2017年，第53页。

④ 万历《三峡通志》卷5《峡俗从谈》，《稀见重庆地方文献汇点》（上），重庆：重庆大学出版社，2013年，第160页。

⑤ 咸丰《云阳县志》卷2《风俗》，《中国地方志荟萃·西南卷》第3辑第5册，北京：九州出版社，2016年，第71页。

⑥ 嘉庆《直隶叙永厅志》卷19《风俗志》，《中国地方志荟萃·西南卷》第5辑第2册，北京：九州出版社，2016年，第245页。

川东地区世居少数民族，受儒家礼法约束较小，巴人死后，家人击鼓告哀，“初丧鼙鼓以为道哀，其歌必号，其众必跳”①，以这种奇特的方式哀悼亡人。出殡前夕竟有作乐宴饮之俗，俗称暖孝，如遂宁府“将葬之夕，亲邻促坐，鼓乐而歌，曰暖孝，主人执绋宾助之”②，认为喧嚣为一种尽孝形式。昌州则是“将殡前一夕，亲友至家，金鼓喧阗，杂陈戏剧，谓之坐夜”③。光绪《梁山县志》记载了这种风俗：“亲方死，即鸣金鼓；吊客来，即设酒，喧哗如贺客然，甚至强孝子饮酒者。”④ 与悲哀的气氛极度违和，令人不解。此俗在宋代并非孤例，祝穆所辑《古今事文类聚》便载：“今之士大夫居丧，食肉饮酒，无异平日。又相从宴集，靦然无愧，人亦恬不为怪。”⑤ 看来此风气在当时有一定市场。许多亲宾借吊丧慰问之名，行逢场作戏之实。司马光更是直陈：“乃至鄙野之人，或初丧未敛，亲宾则赍酒馔往劳之，主人亦自备酒馔，相与饮啜，醉饱连日。及葬亦如之。甚者初丧作乐以娱尸，及殡则以乐导輀车，而号哭随之。”⑥ 大宁监亦是“鼓乐赴吊”⑦，且有用宴之举。云安军的孝子贤孙更是破费千钱，请来杂戏演出，制造一个尽孝致哀的氛围。在亲朋来吊唁之时，“竞尚侈华，或饰为鱼龙曼衍之戏，费数十金数百

---

① 〔唐〕樊绰撰，向达校注：《蛮书校注》卷10《南蛮疆界接连诸番夷国名》，北京：中华书局，2018年，第260页。

② 民国《潼南县志》卷6《杂记志·风俗》，《中国地方志集成·四川府县志辑》第45册，成都：巴蜀书社，1992年，第209页。

③ 光绪《永川县志》卷2《风俗》，《中国地方志集成·四川府县志辑》第42册，成都：巴蜀书社，1992年，第69页。

④ 光绪《梁山县志》卷2《舆地志·风俗》，《中国方志丛书·华中地方·四川省》第16册，台北：成文出版社，1976年，第243页。

⑤ 〔宋〕祝穆：《古今事文类聚前集》卷52《不饮酒食肉》，《景印文渊阁四库全书》第925册，台北：台湾商务印书馆，1986年，第852页。

⑥ 〔宋〕司马光：《书仪》卷6《丧仪二》，《景印文渊阁四库全书》第142册，台北：台湾商务印书馆，1986年，第495页。

⑦ 光绪《大宁县志》卷1《地理志·风俗》，《中国地方志集成·四川府县志辑》第52册，成都：巴蜀书社，1992年，第49页。

金不埒。所谓颜色之戚，哭泣之哀，则不可得而见矣”[①]，可见所作一切都是为了“可得见”的表面文章。光绪《大宁县志》还专门写有按语曰：“临丧用鼓乐、颁客孝、宴吊宾三者，均非古礼，昔司马温公及来矣鲜先生尝讥之矣。然历宋、元、明至今，积重亦难遽返，特为注出，要使居丧者知此原非古礼，即不得已徇俗为之，宁减毋加。”[②] 作者反复强调其非古礼，此“古”当是指宋以前，而自宋代开始流行此俗，积习难改。作者为此表现出一种无奈，希望后世引以为戒，即使不能迅速扭转这种局面，也不要在离经叛道的路上愈走愈远。这种用乐近娱的丧葬心理也许与川东人的性格旷达有一定关系，同时蕴含以死事生，用生人的某种举动去满足死者生前某种爱好的思想。我们都知道晋人多放旷，吊丧常有礼法之外的举动。如王子敬死后，王子猷前去吊丧，不哭只弹琴；王粲好驴鸣，结果等他死后前往吊丧的宾客皆作一声驴鸣以送之。[③] 现在看来这些事均十分荒唐可笑，但也许其中寄托了生者对死者的特殊哀思。反观川东地区，其居民自古天性烂漫，好巴渝舞、善鼓乐，用现在的话说，民众有音乐舞蹈基因，大多能歌善舞。面对逝去的亲人，他们“群聚歌舞，辄联手蹋地为节”[④]，这种习俗谓之踏歌。处理完丧事后，也是“既葬设祭，则亲疏咸哭，哭毕，家人既至，但欢饮而归，无复祭哭也”[⑤]，并不将这种悲哀的情绪延续过久。如此，则整个丧葬之礼并不像中原那样哀默悲戚，而是投死者生前所好，用乐舞形式以示缅怀，或许更符合川东蛮僚族人的心态与生死观。

---

① 咸丰《云阳县志》卷2《风俗》，《中国地方志荟萃·西南卷》第3辑第5册，北京：九州出版社，2016年，第71页。

② 光绪《大宁县志》卷1《地理志·风俗》，《中国地方志集成·四川府县志辑》第52册，成都：巴蜀书社，1992年，第49—50页。

③〔宋〕刘昌诗：《芦浦笔记》卷3《晋人吊丧弹琴作驴鸣》，《全宋笔记》第7编第2册，郑州：大象出版社，2016年，第195页。

④〔宋〕朱辅：《溪蛮丛笑》，北京：中华书局，1991年，第5页。

⑤〔唐〕段成式撰，许逸民校笺：《酉阳杂俎校笺·前集》卷4《境异》，北京：中华书局，2015年，第460页。

而从葬式来看，川东夔州路三峡地界地近荆楚，略带楚俗，盛行悬棺葬。邵博曾感叹曰“三峡中，石壁千万仞，飞鸟悬猿不可及之处，有洞穴累棺椁，或大或小，历历可数”[①]，当地人将其称为“仙人棺椁”。典型的如黔州，古时是五溪蛮地，《太平寰宇记》载该地“杂居溪洞，多是蛮僚……礼法之道，故不知之”[②]。所以，其葬俗显然不遵中原葬仪。时人在安葬死者时，将其尸骨“易以小函，或枷崖屋，或挂大木，风霜剥落，皆置不问”[③]，从字里行间可见，已几近于悬棺葬法。据陈明芳研究，川东乌江流域的悬棺葬大体分布于黔江县与彭水县，且年代约为宋代。[④] 另据《太平御览》载，北宋武将王果经三峡时，见石壁有物悬之如棺，使人取之，确为一棺，并且上面的铭文还是三百年前的。[⑤] 故事虽有些神秘色彩，但川东悬棺葬俗至迟于宋代已存在应无问题。选择这种丧葬方式，除了它是少数民族特有的习俗，其实也是因生存环境所限迫不得已的选择。宋人郭印便说“四郊乏平原，冢墓缘山岭”[⑥]，这是一种客观的评判。当然，这可能也与川东峡江谷地山险崖陡、壑深洞多的自然环境有一定关系，人们更愿意与自然和谐相处，与天地融合的观念深入人心。至于以何种方式将亲人棺椁置于悬崖峭壁，《太平广记》曾给出这样的说法：“山上悬索下柩，弥高者以为至孝。”[⑦] 看来棺椁频显于绝壁，是攀比“孝”

---

① 〔宋〕邵博：《邵氏闻见后录》卷30，《全宋笔记》第4编第6册，郑州：大象出版社，2008年，第209页。

② 〔宋〕乐史撰，王文楚等点校：《太平寰宇记》卷120《江南西道十八·黔州》，北京：中华书局，2007年，第2395页。

③ 〔宋〕朱辅：《溪蛮丛笑》，北京：中华书局，1991年，第7页。

④ 陈明芳：《四川东部乌江流域悬棺葬调查简况》，《四川文物》1985年第4期。

⑤ 〔宋〕李昉等：《太平御览》卷559《礼仪部三十八·冢墓三》，北京：中华书局，1960年，第2529页。

⑥ 〔宋〕郭印：《夔州一首》，《全蜀艺文志》卷16，北京：线装书局，2003年，第412页。

⑦ 〔宋〕李昉等编：《太平广记》卷482《五溪蛮》，北京：中华书局，1961年，第3977页。

而使然。此外，从上文“易以小函”来看，此一区域还存在二次葬的俗尚。往往尸骨装殓后送至山中，动辄十几年后取出，“先择吉日，改入小棺”，此俗谓之拾骨，又因蛮俗重女婿，上述程序必须由女婿来完成。拾骨的原则是“除肉取骨，弃小取大”①，可见这完全是为了二次葬的便利，此时对亲人的祭奠更倾向于象征意义。在此期间，当地蛮族还有一种所谓刺北斗的习俗，就是出殡时人们头戴一种叫作茅绥的芒箕草帽，各执一丈许的竹竿。据说这一习俗源自武陵蛮的祖先盘瓠，当初盘瓠死在了树上，他的子孙们拿着竹竿把尸体挑了下来，而后人相沿成习。②

小　结

婚丧为礼俗之大端，婚姻是人生大事，丧葬是人的最后归宿，二者包含的礼俗内容最为丰富，历来为民所重。宋代川峡四路的婚丧之俗既体现时代共性，又具有地域特色。婚俗方面，川中作为川峡地区主体，基本沿袭汉族婚俗的三书六礼之俗，仅在亲迎一项上并不讲究。而川北婚俗亦以汉族婚俗为主体，但不重婚前订约的互换庚帖环节，反重婚礼进行中的亲迎程序。这与儒家教化程度的深浅有一定关系，因为川北山区之民文化素养不比川中，人们朴实无华，以茶聘代庚帖。至于川中富足尚奢，川北简朴务实，则是两区域经济发展水平差距明显使然。而这两个区域同样存在的则是门第相尚、厚嫁盛行的时代风气。与以上两婚俗区迥异的则是边缘少数民族婚俗区，这一区域包括川东、川南广大地区，其婚俗轻财产、尚鼓乐，程序相对汉族简单，无繁文缛节的礼聘之俗，直接而奔放，显然是

---

① 〔唐〕段成式撰，许逸民校笺：《酉阳杂俎校笺·前集》卷4《境异》，北京：中华书局，2015年，第460页。

② 〔唐〕段成式撰，许逸民校笺：《酉阳杂俎校笺·前集》卷4《境异》，北京：中华书局，2015年，第460页。

民族文化传统相异的结果。在丧葬风俗方面，整个川峡地区存在同穴异葬、火葬盛行和严守礼制的共性丧葬习俗。分区域察之，蜀中重堪舆、尚佛事；川北避回煞、尚水葬，这与两地长期以来的社会风气和地理环境有密切关系。而川东地区因少数民族聚居因素，呈现异样的丧葬习俗，如丧俗的鼓乐而歌，乘凶速葬，葬俗的悬棺葬、二次葬等，这仍是民族文化差异所决定的。

第七章 宋代川峡四路岁时节庆风俗地理

岁时节庆风俗主要分为岁时节令风俗和游艺娱乐风俗两大部分，之所以将其放在一章，便是考虑到在岁时节庆风俗中往往伴随有娱乐活动，单独考察显得支离，不具系统性。岁时节庆风俗是人们以生产生活中长期以来约定俗成的节气、节日为节点，衍生出的某种风俗活动。不同的节日有不同的活动，这些活动中可能包含游乐、竞技甚至生产等传统习俗、传统项目，为一方之民众喜闻乐见，长期传承。这样的风俗以年度为周期，循环往复，代代相传。应该讲，中华文化绵延千年，汉族文化圈某些特定节日早在先秦时期已经定型。像一年之中较为重要的元日、端午、中秋、除夕等岁时，放眼全国，许多具体节俗习惯皆相差不大，如中秋皆赏月、除夕皆守岁。聚焦到宋代川峡四路，岁时节庆风俗的情形也大概如此。共性大于差异，这是中华民族文化一统性的表现。但因川峡地区地理位置特殊，在某些岁时节令上也具特殊性，偶有享中央特权之例，比如伏日，宋代刑法要求“改诸郡不得自择伏日，所以齐风俗也”①，因为从某种意义上讲，岁时的统一也意味着王权的一统。但具体问题还要具体分析，由于川峡地区“其地温暑，草木早生、晚落，气异中国，夷狄畜之，故令自择伏日”②，朝廷仍保留了川峡

---

① 《文献通考》卷164《刑考三》，北京：中华书局，2011年，第4909页。

② 〔宋〕吴淑撰注，冀勤等校点：《事类赋注》卷4《岁时部一》，北京：中华书局，1989年，第81页。

地区过伏日的自行决定权。于此我们可以看出，即便岁时节令这样具有广泛统一性的风俗，也会因地制宜，有所变通。而要研究以岁时节庆为考察要素的风俗地理，则必然又要从川峡四路内部寻找差异，这并非易事。笔者只能聚焦微观，寻找岁时节庆风俗在地域层面的侧重性和倾向性，甚至是在民众过同一节令时的时序和方式上寻找一些细小的差别。本章即选取几个具有代表性的岁时节庆风俗因子来划分风俗区，以期展现川峡四路内部在岁时节庆方面的地理属性。

第一节　川峡四路岁时节庆风俗区划

一、秦巴岁时节庆风俗区

利州路地处川峡四路最北端，北接陕甘，东接荆楚，多数州府位于秦岭大巴山腹地和汉中盆地，风俗习惯历来与以巴蜀故地为主的其他三路有较大差异。这一区域俗重冬至与寒食，个别府州有独特的岁时习惯，现姑且称之为秦巴岁时节庆风俗区。以金州为例，其风俗特点是“深有楚风，俗随五方”。究其原因，嘉靖《陕西通志》引宋代《图经》曰：“金居襄沔上流，其人半楚。自宋南渡后，舟车辐辏，五方之民会焉，风俗各随其方。”① 可见宋室南迁所造成的移民流动打破了该地区的人口结构，以致风俗为之改变，但大多沿袭各自原籍地之风俗，并未统一。成州是“俗重冬至”②，在这一天，人们“设牲果祭祖，人家亦治酒相贺”③，说明对此节较为看重。并且成州周边府州对待这一节令习俗趋向一致，尽是“馈遗庆

① 嘉靖《陕西通志》卷40《政事五·风俗》，明嘉靖二十一年（1542）刻本。

② 〔宋〕祝穆撰，祝洙增订，施和金点校：《方舆胜览》卷70《同庆府》，北京：中华书局，2003年，第1221页。

③ 乾隆《成县新志》卷2《风俗》，《中国地方志集成·甘肃府县志辑》第38册，南京：凤凰出版社，2008年，第274页。

贺独盛，或以地近西州尊州正也”[1]，这里的西州应是西和州，可推知成、阶、西和州地近西北，人为北人，故成为一个风俗单元。应该讲，整个北方地区皆重冬至，人们将其看作追慕祖先的重要节点，形成了一种祭祖文化。[2]《事物纪原》曰：“冬至阳生，君子道长，故贺。然则当是汉制也。”[3] 川峡北部地近汉都长安，或更易承袭汉制，而蜀中对冬至日却并不看中，也并无祭祖相庆的传统。

除了重视冬至，川峡北部的兴元府（汉中）、金州一带“俗重寒食”，每到这一天，兴元府是“倾家互相馈饮”[4]，金州亦是“倾城上冢，相饮相馈”[5]，好不热闹。除了熟知的禁火、饮食禁忌等习俗，还配有相关的民间娱乐活动，不怪乎陆游过金牛道遇寒食节所见“画柱彩绳喧笑乐，艳妆丽服角鲜明”[6]，展现出一派喜庆的节日景象。《方舆胜览》在记述金州之时也提到“其俗大类汉中”[7]，而《舆地纪胜》又谈到“洋州俗重寒食”[8]，且基本风俗都是倾城出游、上坟，可见重寒食之风，兴元府、金州、洋州皆然，可谓自成一区，是为川峡四路秦巴岁时节庆风俗区的一大特色。兴元府一带的风俗之所以能融入川峡北部各州特色，首先，与其控扼秦陇与巴蜀的特殊地理位置有关，宋代沔州知州杨粹中曾云这一区域

---

① 嘉庆《武阶备志》卷5《风俗》，清同治十二年（1873）刻本。

② 耿波：《作为“人间事”的冬至》，《节日研究》第16辑，济南：山东大学出版社，2020年。

③ 〔宋〕高承撰，〔明〕李果订，金圆、许沛藻点校：《事物纪原》卷1《贺冬》，北京：中华书局，1989年，第12—13页。

④ 嘉靖《陕西通志》卷40《政事五・风俗》，明嘉靖二十一年（1542）刻本。

⑤ 〔宋〕王象之撰，李勇先校点：《舆地纪胜》卷189《金州》，成都：四川大学出版社，2005年，第5557页。

⑥ 〔宋〕陆游：《剑南诗稿》卷3《金牛道中遇寒食》，《陆游集》，北京：中华书局，1976年，第73页。

⑦ 〔宋〕祝穆撰，祝洙增订，施和金校点：《方舆胜览》卷68《金州》，北京：中华书局，2003年，第1190页。

⑧ 〔宋〕王象之撰，李勇先校点：《舆地纪胜》卷190《洋州》，成都：四川大学出版社，2005年，第5605页。

“山犹连蜀道，人已作秦音”[1]，属于南北过渡地带，北人与南人属性在这一区域相对模糊，风俗相互浸染在所难免，所谓“风气兼南北，语音杂蜀秦”[2] 正在于此。其次，“国初以来关陇之民多徙蜀者”[3]，五代以来为避战乱，不断有北人移民到川峡北部的所谓蜀地，使这一区域的风俗与北方习俗更为接近。再次，该区域之所以可以聚拢和传播邻近州府的风俗，又与其通都大邑的商贸地位有一定关系，彼时兴元府“四方来者，颇自占业，殊习异尚，杂处闾里”[4]，人员往来盛极一时，周边各州府习尚相互碰撞，风俗之交融趋同极易实现。

洋州因地近荆楚，端午节有踏石的风俗，即“五月五日，太守率僚属观竞渡，谓之‘踏石’”[5]。这种竞渡之俗，大概稍别于川东民间自发的龙舟竞渡。有学者指出，宋代洋州的竞渡是上承唐代宫廷泛舟竞渡之俗，随安史之乱南迁官宦传至汉水流域，从“率僚属”之词得见更具官方组织的性质。[6] 笔者认为，或许这种竞渡娱乐性更强，而竞技成分稍低，旨在休闲消遣。但不管如何，宋代初夏的洋州，“踏石”确是一项官民同乐的重要节令风俗。当时“洋之为州，夙号乐土”[7]，当地生态环境相当优

---

① 〔宋〕杨粹中：《句》，《全宋诗》卷 1901，北京：北京大学出版社，1998 年，第 21236 页。

② 嘉靖《陕西通志》卷 40《政事五・风俗》，明嘉靖二十一年（1542）刻本。

③ 〔宋〕苏颂：《朝散大夫累赠户部侍郎赵公墓志铭》，《全宋文》卷 1348，第 62 册，上海：上海辞书出版社，合肥：安徽教育出版社，2006 年，第 115 页。

④ 〔宋〕文同：《丹渊集》卷 34《奏为乞修兴元府城及添兵状》，《景印文渊阁四库全书》第 1096 册，台北：台湾商务印书馆，1986 年，第 755 页。

⑤ 〔宋〕祝穆撰，祝洙增订，施和金点校：《方舆胜览》卷 68《洋州》，北京：中华书局，2003 年，第 1193 页。

⑥ 晏波、余粮才：《文献记载所见汉水上游龙舟竞渡的历史状况》，《陕西理工学院学报》（社会科学版）2009 年第 2 期。

⑦ 〔宋〕魏了翁：《洋州天庆观圣祖殿记》，《全宋文》卷 7107，第 311 册，上海：上海辞书出版社，合肥：安徽教育出版社，2006 年，第 1 页。

越，有所谓“翠微深处是洋州”[①] 之说，像这样官民同乐、亲近自然的民俗活动显然颇为丰富。比如腊月揭蒲，洋州冬月用蒲叶养鱼，至腊日，郡守带僚属泛舟于城南鹅翁潭，而后奏乐揭开蒲取鱼，游人围观相庆，称为揭蒲之乐。[②] 洋州知州韩亿也曾咏此二俗曰“南浦揭蒲当凛冽，西溪踏石正暄妍”[③]，恰描绘出了洋州一冬一夏两个时节的特有民俗。洋州的独特风俗还不止于此，北宋洋州知州蔡交在《洋州》一诗中还无意间为后人记下了两则洋州岁时风俗，他说：“缴将藤解坼，耗用谷驱除。”这里“缴将藤解坼”是指人们事先把葛藤缠绕在草木上，在“解缴会”这一天州人出动将其解开，寓意人们之间消除隔阂和误会，重归于好。而“耗用谷驱除”则是指正月十五这天，州人将五谷攒于寺观，因而祝神，以祛禳虫害对粮食的虚耗，谓之送耗。[④] 这一习俗亦称“祝佛送耗”[⑤]。由此可见宋代秦巴地区岁时风俗之丰富多彩。这一区域的独特风俗与其地理位置的特殊性密切相关，就洋州而言，其上通荆楚，旁出岐雍，是南来北往的商人必经之所，“闾巷井邑，百货填委，实四方商贾贸易毕至之地”[⑥]。而金州“自渡江后，舟车辐凑，商贾接踵，遂为秦头楚尾一大都会”[⑦]，风土民情更是熔北方的关中与东南部的荆楚于一炉，呈现自成一体的岁时风俗

---

① 〔宋〕魏野：《寄赠知洋州李泽屯田》，《全宋诗》卷 82，北京：北京大学出版社，1998 年，第 930 页。

② 〔宋〕蔡交：《洋州》，《宋诗纪事补遗》卷 10，太原：山西古籍出版社，1997 年，第 204 页。

③ 〔宋〕祝穆撰，祝洙增订，施和金点校：《方舆胜览》卷 68《洋州》，北京：中华书局，2003 年，第 1197 页。

④ 〔宋〕蔡交：《洋州》，《宋诗纪事补遗》卷 10，太原：山西古籍出版社，1997 年，第 204 页。

⑤ 〔宋〕祝穆撰，祝洙增订，施和金点校：《方舆胜览》卷 68《洋州》，北京：中华书局，2003 年，第 1193 页。

⑥ 〔宋〕文同：《奏为乞修洋州城并添兵状》，《全宋文》卷 1099，第 51 册，上海：上海辞书出版社，合肥：安徽教育出版社，2006 年，第 28 页。

⑦ 〔元〕刘应李原编，詹友谅改编，郭声波整理：《大元混一方舆胜览》卷上《陕西等处行中书省》，成都：四川大学出版社，2003 年，第 176 页。

圈。另外，洋州之所以在宋代存在如此多惬意温馨的地方小习俗，也与其政通人和、政简民淳有一定关系，宋初韩亿便曾赞曰“三县俗淳宜静理，两衙事简可闲眠”①，文同在到任洋州后也有过这样一段评价：

> 惟洋号曰小州，在蜀最称善地。所乐有江山之胜，其养得鱼稻之饶。疆界甚远，而民人朴淳；牒诉不繁，而狱犴希少。比之前治，事不及于一分。②

由此可见洋州的安逸与恬淡。在自然环境和人文环境都如此绝佳之地，民众安居乐业，自然乐于创造和享受民俗所带来的乐趣。

同时，该区在上元日并无迎祀紫姑神③的习俗。

二、川东岁时节庆风俗区

川东岁时节庆风俗区除了包括夔州路，还包括利州路的阆州与蓬州，以及梓州路的果州与遂州，此四州与川东岁时风俗习尚较为趋同，所以划入该区。这一区域的岁时风俗特点是，人日踏碛，且与春日禊事联动成俗，二月二迎富，清明有拔河之俗，端午分大小端阳等。

正月初七被古人称作人日，该日宋代川东地区民众有出门踏碛之俗，所谓踏碛就是邑人结伴到郊野溪滨宴乐。陆游便有诗云“鬼门关外逢人日，蹋碛千家万家出”④，可见民众对踏碛之俗的参与度很高。云安军同样如此，宋人杨济在谈到龙脊滩的人日风俗时，有诗云：“此龙脊背已铁

① 〔宋〕韩亿：《洋州》，《全宋诗》卷113，北京：北京大学出版社，1998年，第1301页。

② 〔宋〕文同：《丹渊集》卷28《洋州谢到任表》，《景印文渊阁四库全书》第1096册，台北：台湾商务印书馆，1986年，第718页。

③ 厕神。原为妾，被女主人于正月十五日妒杀于厕中，后被尊为厕神。

④ 〔宋〕陆游：《剑南诗稿》卷2《蹋碛》，《陆游集》，北京：中华书局，1976年，第55页。

石，肯逐时好作人日？我呼邦人来踏碛，恍然如见河图出。”[①] 大宁监亦是人从太守出游，“簪花歌舞，团聚而饮，迫暮乃归”[②]，俨然一幅不醉不归的图景。踏碛之人往往盛装出席，特别是女子要用心打扮一番，“妇人拾小石之可穿者，贯以彩索，系于钗头，以为一岁之祥”[③]，可谓穿红着绿，以招祥纳瑞。夔州路地区的踏碛之俗还有另一层深意，即凭吊诸葛亮，“常使夔人知感公，踏碛年年吊千古”[④]，后世民众每年都有人到诸葛亮当年摆八阵图的故地追思前贤。宋人王延禧也说“三钩闲夜锁，八阵纵春遨”[⑤]，反映了夔民每岁人日游八阵碛的风俗。汪元量亦有诗云“夔门春水拍天流，人日倾城踏碛游”[⑥]，可见人日那天倾城出游为当时一胜景。同时，这也可以看作古人的一种修禊活动。所谓修禊，就是人们到水边洗濯，借以祓除不祥的祭祀活动，禊事多在水边举行，取涤旧荡新之意。历史上最负盛名的修禊即王羲之等人的兰亭雅集、曲水流觞。川东沿江一带自古便存在一些带有题刻的江中磐石，“岩壁刻字尤多，坡、谷皆有之”[⑦]，如重庆府西南百里的涪江有鱼石、鹿石等象形石[⑧]，都是时人游赏

① 〔宋〕杨济：《云安龙脊滩》，《全蜀艺文志》卷9，北京：线装书局，2003年，第240页。

② 〔宋〕王象之撰，李勇先校点：《舆地纪胜》卷181《大宁监》，成都：四川大学出版社，2005年，第5265页。

③ 〔宋〕佚名：《锦绣万花谷续集》卷12《夔州》，《景印文渊阁四库全书》第924册，台北：台湾商务印书馆，1986年，第886页。

④ 〔宋〕李谌：《巨野李谌谒丞相祠，登开济堂，俯八阵图，睹新帅张卿与侍郎林公旧题倡和，皆慨想当时英烈，叹诵久之。惟瀼东流，啮城入江，且为民病，愿以不能转石者一转兹水，辄借韵赋之》，《全蜀艺文志》卷15，北京：线装书局，2003年，第383页。

⑤ 〔宋〕王延禧：《制胜楼》，《全蜀艺文志》卷6，北京：线装书局，2003年，第140页。

⑥ 〔宋〕汪元量：《忠武侯庙》，《全宋诗》卷2668，北京：北京大学出版社，1998年，第44049页。

⑦ 〔宋〕范成大：《吴船录》卷下，《范成大笔记六种》，北京：中华书局，2002年，第217页。

⑧ 〔明〕曹学佺撰，杨世文校点：《蜀中广记》卷17《蜀中名胜记第十七》，上海：上海古籍出版社，2020年，第179页。

的好去处。而万州的乡市士女在人日这一天，喜欢渡船到长江南岸的峨眉碛，击鼓唱竹枝歌，并作鸡子卜。[①] 不仅如此，借修禊之机，有的地方官还要体察一下民情，询问百姓的生产生计。宋人韩煜曾任巴州通江县令，他在诗中便说“修禊何妨书即事，放怀杯酒问田畴”[②]，可见好的地方官在出游之际仍不忘关心治下百姓的农事。对于这一春日习俗，胡昌健先生认为，当时人们于人日的踏石出游及贯穿整个春季的游观都可视作行修禊之俗，并不固定在某一天。[③] 这与蜀中等地仅三月三上巳节才行修禊活动有所区别。黄庭坚在《西山南浦行记》中便提到他与太守高仲本同游南浦（今重庆万州区）西山，该地光影在水，有林泉之胜，正是“此邦之人，岁修禊事”[④] 之地，可见宋代川东修禊之俗为邑人所重。又如夔州大宁监境内有一条昌溪，“宋时郡守于清明饮客泛舟，随以鼓吹，不减蚕市之乐”[⑤]，可见这种川东的所谓踏碛、修禊之举类似于川西的遨游，归根结底是一种流行于士民阶层的踏青行为，旨在亲近自然，迎接春回大地。至于时间，早可在正月初七的人日，晚可至清明，并无定式。

在农业社会，开春意味着新的一年生产生活的开始，川东地区较为重视社日和上元，此二日关乎“农”与“桑”，在当时都有相应的风俗和禁忌。社日，是古代祭祀土地神的日子，一般在立春、立秋后第五个戊日。农业社会对土地的依赖度高，所以非常重视祭祀土地神的日子。是日，民众往往举行一定的仪式，祭拜社神，祈求风调雨顺，大获丰收。与之相对应的社日风俗也颇有讲究，比如夔州“今人家社日闺房停针线，不作组

---

① 〔明〕冯应京：《月令广义》卷5《正月令》，明万历陈邦泰刻本。

② 〔宋〕韩煜：《奉亲两载为民祈蚕作竞渡于此以五十六言即事》，《全宋诗》卷1251，北京：北京大学出版社，1998年，第14140页。

③ 胡昌健：《三峡库区川江水文石刻与古代巴渝修禊习俗》，《文史知识》1997年第4期。

④ 〔宋〕黄庭坚：《山谷别集》卷2《西山南浦行记》，《宋集珍本丛刊》第26册，北京：线装书局，2004年，第125页。

⑤ 〔明〕卢翰：《月令通考》卷4《三月》，明万历十七年（1589）王道增刻本。

纫，谓之忌日”[①]，在社日这天，禁止妇女做针线活，停止女红。并且小儿社日这天也不必习业，陆游诗云“幼学已忘那用忌”[②]，似乎为学童偷懒找到一个合理的借口。而上元风俗多与蚕事有关，宋代彭永《上元诗》云：“巴人最重上元时，老稚相携看点诗。行乐归来天向晓，道旁闻得唤蚕丝。”[③] 这反映了巴地一种“唤蚕丝”的民俗，元宵三夜儿童皆彻晓唱巴音，祈祷养蚕事业兴旺。而这种生产习俗又以三月三日晴雨为蚕熟先兆，谚云“三月三日晴，树上挂金瓶”，言是岁蚕熟也，可见巴人对养蚕和丝织业的重视。除却对生产顺遂的期冀，还有对美好生活的向往，川东地区则多把自己的愿望寄托于紫姑神，所以当地上元有迎祀紫姑神的习俗。紫姑信仰肇始于六朝，唐宋时期得以兴盛，宋代的紫姑神不仅仅是厕神，还被奉以先知神的角色。紫姑神虽在全国范围内都有普遍崇祀，但就川峡四路内部而言，以川东地区为盛，因为迎紫姑之俗更多地承袭了荆楚文化的巫风元素[④]，川东地近荆楚，便也有所谓“旧腊新年无好况，何须更问紫姑神”[⑤] 之说。民间女性多向紫姑神问卜生产生活的杂事，如巴州“妇女多乩请紫姑卜蚕桑”[⑥]，云安军“妇女有七姑娘卜”[⑦]，“七姑娘”即紫姑神。闺中少女亦请紫姑神，但多半是问些情窦初开的相思之事。宋人

---

① 道光《夔州府志》卷 16《风俗志》，《中国地方志集成·四川府县志辑》第 50 册，成都：巴蜀书社，1992 年，第 165 页。

② 〔宋〕陆游：《剑南诗稿》卷 4《社日》，《陆游集》，北京：中华书局，1976 年，第 106 页。

③ 〔明〕曹学佺撰，杨世文校点：《蜀中广记》卷 58《蜀中风俗记第四》，上海：上海古籍出版社，2020 年，第 614 页。

④ 巫瑞书：《“迎紫姑”风俗的流变及其文化思考》，《民俗研究》1997 年第 2 期。

⑤ 〔宋〕陈造：《寄赵帅三首》，《全宋诗》卷 2440，北京：北京大学出版社，1998 年，第 28257 页。

⑥ 同治《巴县志》卷 1《风俗》，清同治六年（1867）刻本。

⑦ 咸丰《云阳县志》卷 2《风俗》，《中国地方志荟萃·西南卷》第 3 辑第 5 册，北京：九州出版社，2016 年，第 72 页。

杨齐在《上元喜雪》中云“紫姑云辇归时节，太光碾碎桄榔叶”[①]，描写的便是川东地区民众上元之夜迎请紫姑神下界的情景，可见此俗在该地颇为流行。此外，相较于蜀中地区上元夜观灯、办传柑会等较为文雅的活动，川东地区的上元夜则显得较为奔放，更具全民狂欢色彩，郭印有诗描写了夔州的元宵之夜：

绮陌家家不下帘，花光世界总成莲。村歌社舞欢呼处，都道今年胜去年。[②]

这种全民欢腾的场面有些类似于后世的社火，虽形式不一，但无不是人们尽情享受佳节的愉悦，并寄托对新一年的美好期冀。

相较于其他两个岁时节庆风俗区，川东地区二月二日还有迎富之俗。“迎富”顾名思义就是迎接富神，此俗肇始于唐代，果州就有该俗，嘉靖《四川总志》引《图经》曰：“二月二日，郡中人从太守出郊，谓之迎富。”这应与此地重商的观念有关，“民喜商贾，而怠穑事”[③]。而遂宁府迎富之俗也颇为热闹，南宋魏了翁有一诗作，描述了迎富之俗当日的景象：

才过结柳送贫日，又见簪花迎富时。
谁为贫驱竟难逐，素为富逼岂容辞。
贫如易去人所欲，富若可求吾亦为。

---

① 〔宋〕杨齐：《上元喜雪》，《全宋诗》卷678，北京：北京大学出版社，1998年，第7897页。

② 〔宋〕郭印：《夔州元宵和曾端伯韵四首》，《全宋诗》卷1673，北京：北京大学出版社，1998年，第18736页。

③ 嘉靖《四川总志》卷7《顺庆府》，《北京图书馆古籍珍本丛刊》第42册，北京：书目文献出版社，1996年，第136页。

里俗相传今已久，谩随人意看儿嬉。[①]

可见辞贫迎富的美好意愿为时人所重。此俗在夔州路忠州亦有，“二月二日携酒郊外迎富”[②]。而万州也以二月二日为出游佳期，当天人们“携酒馔，鼓乐于郊外，饮宴至暮而回，谓之迎富”[③]，完全是一派尽情玩乐的野炊景象。在这样一个初春时节组织一场名为“迎富”的野游，大概是要用欢乐的气氛为新岁讨个好彩头。川东夔州路地区之所以重视财富，可能与当地的重商意识有一定关系。夔州路虽地瘠人贫，却位于水路出川要道，人们商业意识浓重，像大宁监是“吴、蜀之货，咸萃于此”[④]，达州则是“男女不耕桑，货卖用杂物以代钱”[⑤]，从中可以看出当地依靠地利之便已形成商贸据点。而且女性也参与到商业活动中来，张伟然在论及峡江女性的日常生活中就说到当地女性习于经商。[⑥] 其实夔俗与峡俗一水相连，并无二致，像北宋的梁山军“午市巴姑集，危滩楚客愁”[⑦]，从中也不难看出女性已是商业活动中当仁不让的主角。至南宋，陆游由长江入蜀刚抵巫山，便感叹“市井胜归、峡二郡”[⑧]，商业气氛渐浓。这种重商风

① 〔宋〕魏了翁：《重校鹤山先生大全文集》卷 9《二月二日遂宁北郊迎富故事》，《宋集珍本丛刊》第 76 册，北京：线装书局，2004 年，第 685 页。

② 〔宋〕乐史撰，王文楚等点校：《太平寰宇记》卷 149《山南东道八·忠州》，北京：中华书局，2007 年，第 2889 页。

③ 〔宋〕乐史撰，王文楚等点校：《太平寰宇记》卷 149《山南东道八·万州》，北京：中华书局，2007 年，第 2886 页。

④ 〔宋〕祝穆撰，祝洙增订，施和金点校：《方舆胜览》卷 58《大宁监》，北京：中华书局，2003 年，第 1032 页。

⑤ 〔宋〕祝穆撰，祝洙增订，施和金点校：《方舆胜览》卷 59《达州》，北京：中华书局，2003 年，第 1040 页。

⑥ 张伟然：《湖北历史文化地理研究》，武汉：湖北教育出版社，2000 年，第 208 页。

⑦ 〔宋〕梅尧臣：《宛陵先生文集》卷 15《送徐君章秘丞知梁山军》，《宋集珍本丛刊》第 3 册，北京：线装书局，2004 年，第 628 页。

⑧ 〔宋〕陆游：《入蜀记》卷 6，《全宋笔记》第 5 编第 8 册，郑州：大象出版社，2012 年，第 217 页。

气自然导致人们对财富的追逐和向往，所以每岁要虔诚迎之。

如果说“迎富”之俗略显功利，那么随着时序的推移，巴蜀之人尚休闲、好游赏的天性再次被激发。每逢清明时节，大宁监守领客于江皋泛舟游乐，此时“游人亦买舟鼓吹随之，幕天席地，会饮于绿阴之下，不减蚕市之乐”①。陆游也说：“峡人岁时游观颇盛。予入蜀往来皆过之。”② 在游赏的轻松气氛之下，可谓古代群众体育滥觞的拔河之戏则成了川东地区一道亮丽风景。拔河兴起于唐代，宋时在巴东、夔州一带甚为流行，时间多放在春和景明的清明时节，人们游赏之余，寓乐于竞，释放与宣泄自己的情绪。据晏殊《类要》载：“（巴人）以麻絙其竹分具而脱谓之拔河，以定胜负而祈农桑。”③ 用具和规则与今日出入不大，但目的是祈求一年农桑之事的顺遂。“迎富”与“拔河”二俗在蜀中和秦巴两个岁时节庆风俗区则并不兴盛。

川东地区因地近荆楚，与屈子故里一水相连，所以较为重视端午节。端午的保留曲目则是龙舟竞渡，而长江上的龙舟竞渡应有别于秦巴地区的竞渡，其竞赛程度更高，激烈性更强。有时甚至未到端午赛事已迫不及待地拉开，王十朋守夔州时，便有诗云“蜀江险处是夔州，滟滪堆边看竞舟。为报番昜相识道，去年人在此登楼”④，此是王十朋五月四日与同僚看到的场景。真到正日，更是“五月五日岚气开，南门竞船争看来”⑤。这一天男女老幼出郭，一起为竞渡呐喊助威，成为一种带有浓郁民俗风情

① 〔宋〕王象之撰，李勇先校点：《舆地纪胜》卷181《大宁监》，成都：四川大学出版社，2005年，第5265页。

② 〔宋〕陆游：《老学庵笔记》卷7，《全宋笔记》第5编第8册，郑州：大象出版社，2012年，第80页。

③ 〔宋〕晏殊：《晏元献公类要》卷2《荆湖北路》，清钞本。

④ 〔宋〕王十朋：《梅溪先生后集》卷12《五月四日与同僚南楼观竞渡因成小诗四首明日同行可元章登楼又成五首》，《景印文渊阁四库全书》第1151册，台北：台湾商务印书馆，1986年，第425—426页。

⑤ 〔宋〕范成大：《石湖居士诗集》卷16《夔州竹枝歌九首》，《范石湖集》，上海：上海古籍出版社，1981年，第220页。

的民间体育盛会。而且这一区域的端午节还有大小端阳之分，即五月五日为小端阳，五月十五日为大端阳，二者相差十天，要庆贺两次。这一习俗发轫于鄂西的武陵山区，“传自伏波将军始”[①]，宋代仍有承袭，庄绰便说：“湖北以五月望日谓之‘大端午’，泛舟竞渡。”[②] 其实，此俗已不限于湖北，而有西入川东的趋势，究其根源，还是因为夔州路有很大一部分州县分布着与荆楚同根源的五溪蛮人，而“蛮乡最重重午，不论生熟界，出观竞渡，三日而归，既望复出，谓之大十五”[③]。两次端阳的活动内容大体相似，无非插艾蒲、涂雄黄，组织龙舟竞渡，饮酒相聚，“十五日饮酒食粽，略与初五日同”[④]，龙舟赛亦是“复竞渡”[⑤]。此俗应西延至潼川府射洪、盐亭一带，南延至泸州纳溪附近，这在传世地方志中多有体现。[⑥] 关于过大小端阳的记载不见于蜀中和秦巴地区，而单就竞渡而言，如果说秦巴地区还尚有留存的话，那么蜀中或者说川西地区则绝少，这除了川西离荆楚地理位置较远，也与宋廷的政治干预有关。出于对川蜀之民喜作乱的习惯性警觉，宋廷曾经“禁西川民敛钱结社及竞渡”[⑦]，当时连“竞渡”之俗亦被宋廷看作蜀民非法聚众的潜在危险。此令颁布于太祖时期，想必这样的“祖宗之法”会直接影响整个有宋一代，客观上对此种风俗的打击无疑是毁灭性的。

斗转星移，在下半年七月七日，川东地区除了全国皆有的少女对月穿

---

① （清）陈廷庆：《谦受堂全集》卷7，清道光十年至十二年（1830—1832）一邱园刻本。

② 〔宋〕庄绰撰，萧鲁阳点校：《鸡肋编》卷上，北京：中华书局，1983年，第20页。

③ 〔宋〕朱辅：《溪蛮丛笑》，北京：中华书局，1991年，第7页。

④ 光绪《岳池县志》卷7《风俗》，清光绪元年（1875）刻本。

⑤ 光绪《彭水县志》卷3《风俗》，清光绪元年（1875）刻本。

⑥ 乾隆《射洪县志》、乾隆《盐亭县志》、嘉庆《纳溪县志》有相应记载，川峡其他地区未见。

⑦ 《续资治通鉴长编》卷13，开宝五年九月庚午，北京：中华书局，1979年，第289页。

针乞巧的习俗，还盛行用凤仙花染指甲，“七月七日孩稚以凤仙花染指”①。用凤仙花染指在宋代已较为流行，宋人周密在《癸辛杂识》便记载凤仙花可用叶捣碎，然后用布帛敷在指甲上，“连染三五次，其色若胭脂，洗涤不去，可经旬”②。由此可见，此俗应为宋俗无疑。

除夕过后的元旦黎明，川东夔州地区还有打灰堆的习俗，所谓“打灰堆”，就是元旦这天天不亮时，人们站在垃圾堆边，手里拿着木棍竹杖之类的东西敲打垃圾堆，边打边叫疼，祈祷新的一年万事如意，即“除夜将晓，婢获持杖击粪壤，致词以致利市”③。此俗据《太平御览》载来源于长江中游地区一个商人的故事，商人负心于一个法力高强名叫如愿的婢女，婢女跳入粪堆再不回头。④ 由于形式上为呼叫“如愿”，所以此俗又叫“令如愿”。范成大曾有诗云：

> 除夜将阑晓星烂，粪扫堆头打如愿；杖敲灰起飞扑篱，不嫌灰涴新节衣。……当年婢子挽不住，有耳犹能闻我语；但如我愿不汝呼，一任汝归彭蠡湖！⑤

描写的正是此俗。这一风俗恐南朝梁时便已存在，《荆楚岁时记》载：“又以钱贯系杖脚，回以投粪扫上，云‘令如愿’。”⑥ 夔州地近荆楚，

① 乾隆《涪州志》卷5《节序》，清乾隆五十年（1785）刻本。

② 〔宋〕周密撰，吴企明点校：《癸辛杂识续集》卷上《金凤染甲》，北京：中华书局，1988年，第135页。

③ 道光《夔州府志》卷16《风俗志》，《中国地方志集成·四川府县志辑》第50册，成都：巴蜀书社，1992年，第169页。

④ 〔宋〕李昉等：《太平御览》卷29《时序部十四·元日》，北京：中华书局，1960年，第137页。

⑤ 〔宋〕范成大：《石湖居士诗集》卷30《打灰堆词》，《范石湖集》，上海：上海古籍出版社，1981年，第413页。

⑥ 〔南朝梁〕宗懔撰，〔隋〕杜公瞻注，姜彦稚辑校：《荆楚岁时记》，北京：中华书局，2018年，第10页。

大概受其影响而有此风俗，反观蜀中与秦巴两个岁时节庆风俗区，则不见此俗。

三、蜀中岁时节庆风俗区

该区是指以成都府路为中心的川西地区，是整个川峡四路最繁华的区域。宋代商业繁荣，商品经济兴盛，各种节庆民俗活动丰富多彩，特别是成都，随着一年的节令推进，当地岁时节庆风俗逐次展开。正月元日，一岁节序，此为之首。成都元日有登安福塔的习俗，塔有十三级之高，因为塔的建筑材料来自岷山，青石中隐白画浮屠像，所以当地都觉得该塔很神异，对其礼敬有加，元日蜀人多来此祈福。[①] 田况任成都知府时，曾在元日登临此塔，他在诗中有所描绘："像塔倚中霄，翚檐结重橑。随俗纵危步，超若落清昊。"[②] 可见太守出游，依的是蜀中旧俗。陆游也曾于元日不畏风雨登临安福寺塔，吟曰："今朝上黑塔，千里旷无碍。"[③] 这里的黑塔即安福寺塔，可见蜀中此俗吸引着客乡人入乡即随。此外，蜀中元日当天还有家人共饮屠苏酒的重要风俗，据《岁时广记》引《岁华纪丽》载，屠苏是草庵之名，由八味中草药制成散，装囊后于除夕将其浸入井中，待到第二天元日，"取水置于酒樽，合家饮之，不病瘟疫"[④]。资州人李石有诗云"未厌夜寒烧榾柮，已贪晓色进屠酥"[⑤]，说明人们在黎明到来之前的守岁寒夜已早早生起木柴，唯恐新年的天亮之前不能饮用象征健康吉祥

---

① 〔明〕曹学佺撰，杨世文校点：《蜀中广记》卷 55《蜀中风俗记第一》，上海：上海古籍出版社，2020 年，第 595 页。

② 〔宋〕田况：《元日登安福寺塔》，《全宋诗》卷 272，北京：北京大学出版社，1998 年，第 3444 页。

③ 〔宋〕陆游：《剑南诗稿》卷 7《雨中登安福寺塔》，《陆游集》，北京：中华书局，1976 年，第 191 页。

④ 〔宋〕陈元靓撰，许逸民点校：《岁时广记》卷 5《元旦上 · 屠苏散》，北京：中华书局，2020 年，第 120 页。

⑤ 〔宋〕李石：《方舟集》卷 4《除夕》，《宋集珍本丛刊》第 43 册，北京：线装书局，2004 年，第 415 页。

的屠苏酒。潼川人吴泳在追忆故乡置办年货时也说道："骨董羹延客，屠酥酒饷儿"①，可见屠苏酒早已在除夕夜备好，用来和家人共饮。饮屠苏酒又讲究先从年少者饮起，因为小者得岁，老者失岁。苏轼晚年回忆家乡此俗，不禁自嘲曰："但把穷愁博长健，不辞最后饮屠苏。"② 此俗在蜀中大部如绵州、遂宁府、潼川府、叙州均有流行，但东边最远流传于川峡四路涪州地区，再东的夔州路腹地不见此俗记载。这或许是川东少数民族居多，岁时风俗上有汉夷之别的缘故。

立春之日，成都有打土牛的传统，一般是立春的前一日，太守率领僚属携旌旗金鼓，杂耍艺人相随，锣鼓喧天地至东郊迎芒儿土牛。苏东坡曾戏称自己在梦中写就祭春牛文："爰出土牛，以戒农事。衣被丹青之好，本出泥涂；成毁须臾之间，谁为喜愠？"③ 清晰地反映了打土牛之俗的缘由和细节。祭祀活动后，长官绕行土牛三匝，并带着官员鞭打土牛至碎，百姓会争抢击碎的春牛土，以抢得牛土为吉利，"俗谓其土归置之耕蚕之器之上，则茧孳而稼美，故争得之，虽一丸不忍弃"④，百姓认为此土会带来一年的五谷丰登。这种风俗更多的意义是人们为一年农事讨一个好彩头，为精神层面的追求，是否真有助于农事则显得并不重要。吕陶在观看打春牛后吟诗道："但得碎身资穑事，岂须功效载农书"⑤，便表达了此种心声。在劝农方面，蜀中还常以花开物候为令，《四民月令》载："杏花生，种百谷。" 而蜀中在后蜀孟昶时期的《劝农诏》中便有"望杏敦耕，

---

① 〔宋〕吴泳：《鹤林集》卷 3《别岁》，《宋集珍本丛刊》第 74 册，北京：线装书局，2004 年，第 294 页。

② 〔清〕王文诰辑注，孔凡礼点校：《苏轼诗集》卷 11《除夜野宿常州城外二首》，北京：中华书局，1982 年，第 534 页。

③ 〔宋〕苏轼：《东坡志林》卷 1《梦中作祭春牛文》，《全宋笔记》第 1 编第 9 册，郑州：大象出版社，2003 年，第 28 页。

④ 〔宋〕何耕：《录二叟语》，《全蜀艺文志》卷 49，北京：线装书局，2003 年，第 1517 页。

⑤ 〔宋〕吕陶：《观打春牛和韵》，《全宋诗》卷 666，北京：北京大学出版社，1998 年，第 7785 页。

瞻蒲劝穑”[①] 的记载。因为此时耕作，土地松软度最适宜，往往有事半功倍的效果。《天中记》引《氾胜之书》曰：“杏始华荣，辄耕轻土弱，上望杏花落，复耕之，辄兰之，此谓一耕而五获”[②]，正是此理。蜀地以观杏为候，渐成新岁劝农之俗。

正月初七的人日，川峡四路地区仍以出游为尚，且当地太守多参与其中，或宴游或卜故事，但不同的路府具体的风俗又不甚相同。嘉州人日当天，太守至乐山一深潭，将油洒到水面，观察其纹路的变化，以判断一年农事的丰歉。[③] 今人不知其中之意，但这应是嘉州人对乐山神圣性的自然崇拜。而眉州人日之风俗是游重瞳观，认为重瞳观为仙人炼丹之所，洞中有灵蟹，看见者可生贵子。[④] 这多半是人们对于家族兴旺发达的美好期冀。

上元节放灯之俗在成都由来已久，唐明皇时，成都上元节放灯的盛况就不亚于京师长安。而到宋开宝二年（969），“命明年上元放灯三夜，自是岁以为常”[⑤]。田况曾记录下成都上元灯会的盛况：

> 予尝观四方，无不乐嬉游。惟兹全蜀区，民物繁它州。春霄宝灯照，锦里烟香浮。连城悉奔骛，千里穷边陬。衯袆合绣袂，轣辘驰香辀。人声震雷远，火树华星稠。[⑥]

---

① 〔宋〕陈元靓撰，许逸民点校：《岁时广记》卷1《望杏花》，北京，中华书局，2020年，第48页。

② 〔明〕陈耀文编：《天中记》卷4《望杏花》，扬州：广陵书社，2007年，第120页。

③ 〔明〕曹学佺撰，杨世文校点：《蜀中广记》卷56《蜀中风俗记第二》，上海：上海古籍出版社，2020年，第603页。

④ 〔明〕曹学佺撰，杨世文校点：《蜀中广记》卷56《蜀中风俗记第二》，上海：上海古籍出版社，2020年，第603页。

⑤ 〔明〕曹学佺撰，杨世文校点：《蜀中广记》卷55《蜀中风俗记第一》，上海：上海古籍出版社，2020年，第597页。

⑥ 〔宋〕田况：《上元灯夕》，天启《新修成都府志》卷34《艺文志》，《中国地方志集成·四川府县志辑》第1册，成都：巴蜀书社，1992年，第471页。

可见每逢上元夜，成都城都是一派香车宝马、火树银花的热闹景象。乖崖公张咏帅蜀期间，在上元节放灯三日之余，还首创了残灯会，于正月十七日这一天，由于“二都监戎服分巡以察奸盗”[①]，所以由通判主持宴请灯会期间负责治安巡逻的都监。并且，乖崖公还首创了四夜灯，增加了正月十三日这一夜的灯，谓之挂搭，但并不敢明言四夜灯。[②] 总之，宋代蜀中的上元节是熙攘非凡的。另外，蜀中的上元节还有一个称谓叫作“传柑节”，因为北宋时，上元夜宫中宴近臣，贵戚宫人得以黄柑相遗，谓之“传柑”。苏轼的“归来一盏残灯在，犹有传柑遗细君”[③] 便描绘的是上元此俗。“柑”谐音“官”，寓意加官晋爵，蜀籍诗人牟巘在宴请公孙倅时，不忘用“珍珀传柑，夜侍端门之宴”[④] 来调侃官场沉浮。可以说，传柑节在宋代蜀人心中具有一定富贵吉祥意味，此俗在蜀中得到很好的继承和流传，上元之日一度会举办“传柑会”，后世明人王贵德回忆起在蜀中过传柑节的盛况仍历历在目，其诗有句云：

几年燕蜀度元宵，过眼纷华处处饶。
今岁元宵宴乡井，灯光照月留春影。
洗盏传柑坐夜阑，笙歌声沸漏声残。[⑤]

从诗句中可见彼时的欢愉。此俗发轫于唐代，之所以能在蜀中传承下来，

---

① 〔元〕费著：《岁华纪丽谱》，《巴蜀丛书》第 1 辑，成都：巴蜀书社，1988 年，第 118 页。

② 〔宋〕陈元靓撰，许逸民点校：《岁时广记》卷 10《上元上 · 四夜灯》，北京：中华书局，2020 年，第 194 页。

③ 〔清〕王文诰辑注，孔凡礼点校：《苏轼诗集》卷 36《上元侍饮楼上三首呈同列》，北京：中华书局，1982 年，第 1956 页。

④ 〔宋〕牟巘：《陵阳先生集》卷 23《宴公孙倅乐语》，《宋集珍本丛刊》第 87 册，北京：线装书局，2004 年，第 653 页。

⑤ 〔明〕王贵德著，谢明仁、江宏校注：《青箱集剩校注前编》卷上《元夕诸故人宴月》，成都：巴蜀书社，2014 年，第 50 页。

可能也与宋代果州、阆州之地盛产黄柑有关，小小的金色水果寄托了人们对富贵的企盼和对新岁的美好祝愿。

由于蜀中春来早，川西成都府路一带有二月二日挑菜的习俗，“和暖又逢挑菜日，寂寥未是探花人”①。这样的风俗活动，一是因为二月二天气转暖，人们可以出郊野采摘新鲜的野菜，同时也是借此机会踏青出游，感受早春的气息。黄庭坚也有诗云：“穿花蹴踏千秋索，挑菜嬉游二月晴。”② 若赶上特别好的年景，富庶的川西平原甚至可以将挑菜提前至人日，唐庚便说：“挑菜年年俗，飞蓬处处身。”③ 晁公溯在招待简州通判王和叟时也恰逢人日，晁氏欲挑菜以待客，其戏称曰：“今晨属挑菜，啖我园中蔬。蔬食君莫笑，郡县诚空虚。”④ 可见挑菜也未必去荒郊野外，若自家园中有菜畦，亦可算，只是走一形式而已。

由于古代寒食禁火，人们往往备下一定的食物，以度过不动炊烟的几日。宋代蜀中亦不例外，在寒食期间，蜀中流行吃杨桐饭，《蜀典》载：“蜀人遇寒食日采杨桐叶染饭，色青而有光，食之资阳气，谓之杨桐饭，道家谓青飿饭。”⑤ “杨桐叶” 就是细冬青，临水长势茂盛，用其染饭应是具有食疗作用。《岁时广记》亦称其为染青饭，功效与《蜀典》所记大类，且明确记载该饭有“使我颜色好” 一类的美容养颜作用。⑥ 而道家称

---

① 〔唐〕郑谷：《蜀中春雨》，《全蜀艺文志》卷 17，北京：线装书局，2003 年，第 428 页。

② 〔宋〕黄庭坚：《山谷外集》卷 19《次韵元礼春怀十首》，《宋集珍本丛刊》第 26 册，北京：线装书局，2004 年，第 33 页。

③ 〔宋〕唐庚：《眉山诗钞・人日》，《宋诗钞》，北京：中华书局，2015 年，第 1417 页。

④ 〔宋〕晁公溯：《诏除虚额钱计庭遣简州通判王和叟再至谓考实》，《全宋诗》卷 1995，北京：北京大学出版社，1998 年，第 22385 页。

⑤ 〔清〕张澍：《蜀典》卷 6《风俗类・杨桐饭》，清道光十四年（1834）武威张氏安怀堂刻本。

⑥ 〔宋〕陈元靓撰，许逸民点校：《岁时广记》卷 15《寒食上》，北京：中华书局，2020 年，第 300 页。

其为“青精饭”，是道士延年益寿的日常佳品。[①] 可见此为宋代蜀中寒食节颇受人们追捧的必备食品。寒食之后就是清明，清明一般在寒食之后一到两日，由于之前灭掉旧火种，所以必须向大自然取新火，这便形成了清明取新火之俗，人们用钻取的新火昭示开启新的一年。蜀中地区亦承袭此俗，如范成大说：“清明日试新火作牡丹会。”[②] 晁公溯任职蜀中遇清明，亦有诗云：“朝来试新火，茶鼎听松声。”[③] 人们在取得新火之后，往往做新炊，试新茶，所以苏轼有“且将新火试新茶”[④] 之句。李石也有诗云“冷灶无烟知几日，凭谁乞米试晨炊”[⑤]，是感谢邻人送来新火，开始用新火试着做早饭。得新火之后，人们便携带用新火做的食物去祭拜祖先、上坟，遂有“清明寒食过后，新火送钱粮”之句，“钱粮”即用新取的火种新炊的食物，将其祭献给祖先，以示追缅，同时告祭先人，生者将开启新一年的生产生活。并且，不仅炊事上要用新取的火种，生活照明亦要重新觅得火种，蜀地诗人魏野便云：“昨日邻翁乞新火，晓窗分与读书灯。”[⑥] 显然魏野向邻居借来火种，是为夜读所用。总之，清明取新火虽为宋代全域之俗，但相较于秦巴和川东，蜀中最盛，其他两个岁时节庆风俗区鲜见文献记载，有必要单独拎出以示区别。另外值得一提的是，寒食的日期一般是冬至后百五日，清明前一到两日，但在蜀中岁时节庆风俗区的雅州则

---

① 〔宋〕陆游：《剑南诗稿》卷 8《小憩长生观饭已遂行》，《陆游集》，北京：中华书局，1976 年，第 219 页。

② 〔宋〕范成大：《石湖居士诗集》卷 17《清明日试新火作牡丹会》，《范石湖集》，上海：上海古籍出版社，1981 年，第 245 页。

③ 〔宋〕晁公溯：《新刊嵩山居士文全集》卷 10《清明》，《宋集珍本丛刊》第 45 册，北京：线装书局，2004 年，第 626 页。

④ 〔宋〕苏轼：《望江南·超然台作》，《苏轼词编年校注》，北京：中华书局，2002 年，第 164 页。

⑤ 〔宋〕李石：《谢人惠新火》，《全宋诗》卷 1988，北京：北京大学出版社，1998 年，第 22294 页。

⑥ 〔宋〕魏野：《清明》，《宋诗纪事》卷 10，上海：上海古籍出版社，1983 年，第 246 页。

为特例，当地有位叫景自芳的人，因“破贼有功，（邑人）尝于二月十二日作寒食，至今二百年，里人皆依其日预作寒食。其日，必大风雨，号景村寒食”[①]。《蜀中广记》亦载：“宋时雅安景自芳破贼有功，常以二月十二作寒食。今州人多从之，号景村寒食。”[②] 说明地方英雄豪杰一旦被人敬仰纪念，则具有改变一地单项风俗的权威性，进而形成局部的节庆风俗亚区。

三月三亦叫上巳节，宋代成都这一天有到城北万岁池拜水的风俗，范成大知成都府期间，适逢上巳节，便前往万岁池拜水游览，且有诗吟道：“绿岸翻鸥如北渚，红尘跃马似西池”[③]，写就了万岁池绝美的生态景观。南宋淳熙年间，任四川安抚制置使兼知成都府的京镗也在上巳节游览万岁池，因万岁池在成都北，宋时多被人称作“北池”或“北湖”，京镗有词曰：“锦城城北，有平湖、彷佛西湖西畔。载酒郊垧修禊事，雅称兰舟同泛……”[④] 将其与杭州西湖相媲美。可见上巳节游览万岁池是宋代成都人的保留曲目。蜀中的上巳节还多带有求子的职能，如简州城北二十一里有座玉女灵山，上有石乳流下，汇聚成被土人称作玉华池的池塘。当地人“每三月上巳日，有乞子者，漉得石即是男，瓦即是女，自古有验”[⑤]。成都府金堂县亦有类似一地，是为玄元观一口古井，“每岁三月三日，蚕市

① 〔宋〕王象之撰，李勇先校点：《舆地纪胜》卷147《雅州》，成都：四川大学出版社，2005年，第4406页。

② 〔明〕曹学佺撰，杨世文校点：《蜀中广记》卷56《蜀中风俗记第二》，上海：上海古籍出版社，2020年，第604页。

③ 〔宋〕范成大：《石湖居士诗集》卷17《上巳日万岁池上呈程咏之提刑》，《范石湖集》，上海：上海古籍出版社，1981年，第234页。

④ 〔宋〕京镗：《念奴娇·上巳日游北湖》，《全宋词》，北京：中华书局，1965年，第1845页。

⑤ 〔宋〕乐史撰，王文楚等点校：《太平寰宇记》卷76《剑南西道五·简州》，北京：中华书局，2007年，第1538页。

远近之人祈乞嗣息，必于井中探得石者为男，瓦砾为女，效验不爽”[①]。其实成都海云寺摸石之俗与之类似，只是时间不拘泥于上巳节，下文再论。上巳节与求子扯上关系，或许与“巳”与“嗣”同音相关。但有前辈学者认为，上巳的“巳”即“子”字，上巳即尚子，本就有求子之意思。[②] 总之，此一习俗在蜀中被继承了下来，颇为流行。

宋代成都地区的春季活动，还时常带有商品交易的色彩，往往出游不忘农事，苏东坡就有诗言：“蜀人衣食常苦艰，蜀人游乐不知还。千人耕种万人食，一年辛苦一春闲。闲时尚以蚕为市，共忘辛苦逐欣欢。”[③] 广大民众借助出游之日售卖农器，一举两得，类似于后世赶集之乡俗。“以二月二日与八日为市，四方村民毕集，应蚕农所用，以至车檐椽木果树，器用杂物皆至，其值千缗至万缗者。郡守就子城之东北隅，龙兴寺前，立山棚，设幄幕乐，以宴劳将吏，累日而罢。”[④] 可以看出，此种行为还得到地方政府的保护，当地官员为此配备了基本的后勤保障。

古蜀地蚕桑之业繁盛，“民重蚕事”[⑤]，每年春时，州城及属县循环一十五处设蚕市，买卖蚕具，可谓“从来岁首争为市”[⑥]。比如正月初五成都南门有蚕市，初八大慈寺又设蚕市，二十三日圣寿寺前再设蚕市。[⑦] 像

---

① 〔明〕曹学佺撰，杨世文校点：《蜀中广记》卷 72《蜀中神仙记第二》，上海：上海古籍出版社，2020 年，第 770 页。

② 孙作云：《诗经与周代社会研究》，北京：中华书局，1966 年，第 322 页。

③ 〔清〕王文诰辑注，孔凡礼点校：《苏轼诗集》卷 4《和子由蚕市》，北京：中华书局，1982 年，第 162—163 页。

④ 〔宋〕陈元靓撰，许逸民点校：《岁时广记》卷 1《售农用》，北京：中华书局，2020 年，第 50 页。

⑤ 嘉靖《四川总志》卷 3《成都府》，《北京图书馆古籍珍本丛刊》第 42 册，北京：书目文献出版社，1996 年，第 58 页。

⑥ 〔宋〕冯山：《和吕少蒙蚕市》，《全宋诗》卷 744，北京：北京大学出版社，1998 年，第 8664 页。

⑦ 〔宋〕田况：《二十三日圣寿寺前蚕市》，《成都文类》卷 9，北京：中华书局，2011 年，第 178—179 页。

正月初五的南门蚕市，“物品何其夥，碎璅皆不遗。编篨列箱筥，饬木柄镃镇”[①]，可谓无所不包。这种蚕市已不仅仅是交易农蚕器具的市场，而是带有休闲娱乐功能的集贸市场，民众往往相邀亲友进城一游，以致万人空巷，这在苏辙“空巷无人斗容冶，六亲相见争邀迎”[②]一诗中可见一斑。所谓“成都好，蚕市趁遨游。夜放笙歌喧紫陌，春邀灯火上红楼。车马溢瀛洲”[③]，张仲殊的这首词便形象地反映了成都蚕市的热闹场面。而有此风俗的原因则是“古蚕蘩氏为蜀主，民无定居，随蚕蘩所在致市居，此之遗风也”[④]。

蜀中特别是绵州、彭州、眉州、嘉州等川西一带，六月初六有祭祀青苗神的习俗，所谓青苗神就是保佑禾苗茁壮成长的田间农神。神的原型一说是隋代眉州太守赵昱，一说是三国庞统。[⑤]六月一般是蜀中稻苗进入返青分蘖的主要阶段，祭拜青苗神，亦是人们期盼丰收的一种精神寄托。有学者对宋元时期佛教的青苗会予以关注，认为此俗主要活跃于江浙地区，其他地域相关记载过少，且是佛教祈福与农业祈祷风俗的结合，同时也承认该俗肇始于宋代，直至明清不衰。[⑥]笔者认为，蜀中的青苗神祭祀虽不可与江浙的青苗会等同，但祈祷农事顺遂的寓意相通，兹可证明此俗在宋代已流行，只是蜀中地区祀青苗神并未与佛教相结合，而是与地方民间信仰做了整合。此俗在秦巴岁时节庆风俗区亦存，但时间稍有出入，为十月

---

① 〔宋〕田况：《五日州南门蚕市》，《全宋诗》卷272，北京：北京大学出版社，1998年，第3445页。

② 〔宋〕苏辙：《蚕市》，《全宋诗》卷849，北京：北京大学出版社，1998年，第9827页。

③ 〔宋〕陈元靓撰，许逸民点校：《岁时广记》卷1《鬻蚕器》，北京：中华书局，2020年，第50—51页。

④ 〔宋〕黄休复：《茅亭客话》卷9《鬻龙骨》，《全宋笔记》第2编第1册，郑州：大象出版社，2006年，第67页。

⑤ 嘉庆《彭县志》卷39《风俗》、同治《嘉定府志》卷6《风俗》、民国《乐山县志》卷3《礼俗》。

⑥ 郭俊良、赵伟：《宋元佛教青苗会研究》，《宗教学研究》2015年第3期。

朔（初一），大概是川峡北部所种农作物多为麦子，成熟季节有别的缘故。当地人会“用荞面为角黍，祀先祖于门外”[①]，祭祀的对象也并非蜀中所祭的两位历史人物。另外翻检史籍，在川东地区并未见祭拜青苗神的岁俗。在夏秋之际的节令中，“蜀人风俗重中元节，率以前两日祀先，列荤馔以供，及节日，则诣佛寺为盂兰盆斋”[②]。此外，蜀人还在盆中种植五谷，“每中元节多生五谷，俗谓之盆草，盛以供佛”[③]。刚种植上时，颇有禁忌，言有雷神相护，不敢触碰。但一过完中元节，则弃如粪壤了。有别于川峡北部的是，蜀中地区并不重视冬至日，像隆州则是“冬至节乡俗不重，腊八节乡俗亦不重”[④]。龙州江油等地亦是如此。

宋代川峡地区为药业重镇，有“蜀川药福”[⑤]一说，重阳节的成都药市应是当时岁时节庆风俗的一大商业活动，于川西药材市场有重要影响。宋祁有诗云：“阳九协佳辰，斯人始多暇。五药会广廛，游肩闹相驾”[⑥]，可见店铺鳞次栉比，游人摩肩接踵。田况亦有类似描写：“草木瑰富百药具，山民采捋知辛甘。成都府门重阳市，远近凑集争赍檐”[⑦]，大有一铺难求的阵势。陆游曾云：“我游四方不得意，阳狂施药成都市。”[⑧]药市开

① 康熙《西乡县志》卷4《风俗》，清康熙二十二年（1683）刻本。

② 〔宋〕洪迈撰，何卓点校：《夷坚乙志》卷20《王祖德》，北京：中华书局，1981年，第360页。

③ 〔宋〕黄休复：《茅亭客话》卷2《范处士》，《全宋笔记》第2编第1册，郑州：大象出版社，2006年，第17页。

④ 嘉庆《井研县志》卷6《风俗志》，《中国地方志荟萃·西南卷》第3辑第8册，北京：九州出版社，2016年，第71页。

⑤ 〔宋〕陶穀：《清异录》卷上《人事门》，《全宋笔记》第1编第2册，郑州：大象出版社，2003年，第22页。

⑥ 〔宋〕宋祁：《九日药市》，天启《新修成都府志》卷34《艺文志》，《中国地方志集成·四川府县志辑》第1册，成都：巴蜀书社，1992年，第474页。

⑦ 〔宋〕田况：《重阳日州南门药市》，《成都文类》卷9，北京：中华书局，2011年，第182—183页。

⑧ 〔宋〕陆游：《楼上醉歌》，《全蜀艺文志》卷6，北京：线装书局，2003年，第136页。

设的地点“于谯门外至玉局化五门，设肆以货百药，犀麝之类皆堆积”[①]。陆游也说，成都药市以玉局化为最盛，时间是九月九日。[②] 成都的药市在清晨开市，商人早早把一川之药置于道边，赶集的百姓往往起大早入市，为的是可以吸入药气以愈疾。[③] 成都的药市以品类多、药品全著称，淳化年间，峡路转运使崔迈为给自己治病，竟特地到成都药市为自己做了一个装有百种药材的枕头，虽最后适得其反，因药力熏发骨节而亡[④]，但足以说明成都药市的货品全而药力足。与之相比，梓州药市起于唐代，历史更悠久，但其开市在晚上，是为夜市，具体时间是在重阳节的前夜，“八日夜，于州院街易元龙池中，货其所赍之药，川俗因谓之药市”[⑤]。之所以成都药市会后来居上，很大程度上是因为唐末大乱，全国来蜀避难、经商者日众，成都人口迅速膨胀，药材需求量大增。当然，蜀地原本就为产药大区，全国对蜀地药材的需求量较大，双向刺激下促成了成都药市的繁荣。

成都药市不仅是药品的交易市场这样简单，其实已发展成了市民游乐的好去处，类似于后世庙会性质，基本等同于大型群众性文化娱乐活动。南宋陈造便曾说道：“蜀民日为药市游，家说追欢不说愁”[⑥]，可见其受追捧的程度。在药市中，地方官往往还会设酒助兴，开展娱乐活动，与民同

---

① 〔宋〕庄绰撰，萧鲁阳点校：《鸡肋编》卷上，北京：中华书局，1983 年，第 21 页。

② 〔宋〕陆游：《老学庵笔记》卷 6，《全宋笔记》第 5 编第 8 册，郑州：大象出版社，2012 年，第 75 页。

③ 〔宋〕陈元靓撰，许逸民点校：《岁时广记》卷 36《吸药气》，北京：中华书局，2020 年，第 673 页。

④ 〔宋〕江少虞：《宋朝事实类苑》卷 59《百药枕》，上海：上海古籍出版社，1981 年，第 772—773 页。

⑤ 〔宋〕陈元靓撰，许逸民点校：《岁时广记》卷 36《置药市》，北京：中华书局，2020 年，第 672 页。

⑥ 〔宋〕陈造：《送项平甫教授之成都》，《全宋诗》卷 2427，北京：北京大学出版社，1998 年，第 28033 页。

乐。虽然药市总体上来看呈现一派繁华景象，但实际上药市中还有私下贩卖毒药的黑市交易。比如在成都的大慈寺药市，百货云集，若有人在窗隙间喊一声“货药”的暗语，投下千钱，便可轻松买得号称可救人性命的解毒丸。[①] 蜀人重药市，有人说可能是因为药市中会偶遇神仙，幸运者或被神仙治愈。西川人前知制诰李大临的门人有驼背之顽疾，不能仰视，此门人在药市遇见一道士，因予酒相赠，而获道人馈药数颗，服之则身直矣。[②] 不得不说成都药市之俗或因这样一类传说，寄托了久病不愈者的希望。

蜀中的重阳节，弄菊之俗不容替代，人们或插菊，或赏菊，节日中不可缺少菊花元素。陆游就曾说“儿童共道先生醉，折得黄花插满头”[③]，这里的黄花即菊花。身居夔州的王十朋对于重阳无菊更是倍感遗憾：“有酒无菊花，把杯一长叹”[④]，可见无菊的重阳令人颇为败兴。究其原因，不仅是因为菊能平添雅兴，还因为菊花浑身是宝，对于蜀人来说用处颇多。《岁时广记》便言：“蜀人多种菊，以苗可入菜，花可入药，园圃悉植之。”[⑤] 可见重阳赏菊花乃是菊花于人有益所致。

蜀中有年末相互馈赠礼物的风俗，“蜀风俗，岁晚馈人谓之馈岁”[⑥]，此俗的形式为友邻相互赠送酒肉等年货，不计所送之物量的多少，主要在

---

① 〔宋〕蔡絛：《铁围山丛谈》卷6，《全宋笔记》第3编第9册，郑州：大象出版社，2008年，第245页。

② 〔宋〕庞元英：《文昌杂录》卷2，《全宋笔记》第2编第4册，郑州：大象出版社，2006年，第132页。

③ 〔宋〕陆游：《剑南诗稿》卷33《小舟游近村舍舟步归》，《陆游集》，北京：中华书局，1976年，第870页。

④ 〔宋〕王十朋：《辛亥九日侍家君同孙子渊子昭子尚登高于家之东山时菊花未开坐客皆以为恨至十月望独步东篱下见前日青枝已烂熳矣东坡云凉天佳月即中秋菊花开日乃重阳不以日月断也于是命酒肴呼邻里饮于丛畔云》，《全宋诗》卷2015，北京：北京大学出版社，1998年，第22589页。

⑤ 〔宋〕陈元靓撰，许逸民点校：《岁时广记》卷34《尚菊花》，北京：中华书局，2020年，第641页。

⑥ 〔清〕陈祥裔编，王斌、靳雅婷校注：《蜀都碎事校注》卷3，成都：西南交通大学出版社，2017年，第117页。

表示祝贺，是蜀中晚岁三俗之一。苏轼曾言："岁晚相与馈问，为馈岁；酒食相邀，呼为别岁；至除夜，达旦不眠，为守岁。蜀之风俗如是。"苏轼进一步阐发了此俗的要义："农功各已收，岁事得相佐。为欢恐无及，假物不论货。"① 也就是说，这是一年农事已毕，为了庆贺一年来友邻相互帮助、农功告成的喜悦，所进行的"为欢恐不及"的乐事。至于所馈之物，各随财力，并不计较。其弟苏辙也曾赋诗以和这种蜀中乡俗，其中有言："乡人慕古俗，酬酢等四坐。东邻遗西舍，迭出如蚁磨。宁我不饮食，无尔相咎过。相从庆新春，颜色买愉和。"② 可见这是邻里们相互庆贺新春的一种方式，人们乐此不疲于这种迎来送往之中，贵在沟通感情，而不在于物品的贵贱。但此一风俗浸染于官方，则有些变味，多变成各路官吏迎来送往、沟通感情的托词。赵抃知益州时，见"益、梓等路诸州军，每遇时序，或隔路，或邻近，更互送遗节酒"③，并且占用急脚递等官方资源，造成一定公务浪费，赵抃遂上书乞禁之。这从一个侧面可见宋代蜀中年节馈赠风俗之盛。正如前文苏轼所言，蜀中除了馈岁，还重视除夕守岁，即家人围坐闲聊共同等待新年，在此期间，屋子里要燃灯烛。《月令采奇》载："又于家奉神佛前，并主人卧室，燃灯达旦，主家宅光明，攒火团炉，合家共坐，以助阳气。"④ 古人认为在除夕夜通宵点灯能够驱走邪瘟病疫，带来一年的吉祥。此俗在后世也叫"照虚耗"，具体是让家中每个角落都能感受到光明，"每室及床下暗处必置灯"⑤，用意也是

① 〔清〕王文诰辑注，孔凡礼点校：《苏轼诗集》卷3，北京：中华书局，1982年，第159—160页。

② 〔宋〕苏辙著，曾枣庄、马德富校点：《栾城集》卷1《次韵子瞻记岁莫乡俗三首·馈岁》，上海：上海古籍出版社，1987年，第20页。

③ 〔宋〕赵抃：《乞止绝川路州军送遗节酒状》，《全宋文》卷886，第41册，上海：上海辞书出版社，合肥：安徽教育出版社，2006年，第229页。

④ 〔明〕李一楫纂：《月令采奇》卷4《十二月逐日杂记》，明万历四十七年（1619）刻本。

⑤ 乾隆《资阳县志》卷2《地理志·时序》，清乾隆三十年（1765）刻本。

增益阳气，驱赶黑暗与邪祟，使家中来年富足顺遂。而在川东地区，除夕夜虽也有燃灯之俗，但似乎所燃之处与蜀中稍有区别，如忠州，“除夜然灯照先祖坟墓”①，则是于户外为祖坟点灯，祭祖追远的意味更浓。

另外，写桃符是蜀中岁除之日的一大特色民俗。在五代之前，全国各地也有除夕挂桃符的习俗，但上面仅是刻有“神荼”“郁垒”二神的名字，并未有联语。自后蜀辛寅逊那首著名的“新年纳余庆，嘉节号长春”② 问世之后，桃符增加了“写”的元素，也就是说在桃符之上，开始写上象征吉祥如意的联语。这样一来，岁除之日悬挂桃符意在驱鬼辟邪的同时，又承载了人们祈求吉祥福运的美好愿望，此举也被看作春联的滥觞。并且，宋时成都月月有市场，十二月则有桃符市③，基本以售卖年货为主，除了包括桃符之类的祈福用品，还包括一些年节的饰品。有些符买来可能为祭祀之用，像魏了翁便有“买酒买符酬旧社，宜蚕宜麦祝新田”④ 的诗句，显然是为了祭祀社神，以求来年有个好的收成。秦巴地区和川东地区大概仍悬挂有旧式桃符，带有联语的桃符不及蜀中这样盛行。南宋游宦蜀中的浙江人洪咨夔在异乡过年，对桃符的印象颇深：“桃符历日又新岁，粔籹焳糟非故乡。”⑤ 可见除岁之际悬挂桃符在当时的蜀中极为普遍。不仅挂桃符，自唐代而兴起的贴钟馗以镇鬼的习俗，至宋也已流传至蜀地，潼川人吴泳便有“灶涂醉司命，门贴画钟馗”⑥ 的诗句，眉州

---

① 〔宋〕乐史撰，王文楚等点校：《太平寰宇记》卷149《山南东道八·忠州》，北京：中华书局，2007年，第2889页。

② 〔宋〕陈元靓撰，许逸民点校：《岁时广记》卷40《写桃符》，北京：中华书局，2020年，第734页。

③ 民国《华阳县志》卷28《古迹·市集》，民国二十三年（1934）刻本。

④ 〔宋〕魏了翁：《重校鹤山先生大全文集》卷8《人日约李提刑李参政登蟆颐马上醉书》，《宋集珍本丛刊》第76册，北京：线装书局，2004年，第679页。

⑤ 〔宋〕洪咨夔：《次李绵州和丁兴元韵二首》，《全宋诗》卷2892，北京：北京大学出版社，1998年，第34520页。

⑥ 〔宋〕吴泳：《鹤林集》卷3《别岁》，《宋集珍本丛刊》第74册，北京：线装书局，2004年，第294页。

人唐庚也有“南荒足妖怪，此日漫桃符”[①] 之句，都清晰地表明了这一除夕风俗镇妖驱邪的内涵。

第二节 川峡四路游艺娱乐风俗

一、宴游

宋代川峡四路地区，特别是位于成都平原的益州路政治安定，商品经济发达，在宋朝疆域内是堪与江南媲美的繁华之地。宋人吴处厚有言：“蜀有痎市，而间日一集，如痎疟之一发，则其俗又以冷热发歇为市喻”[②]，生动地反映了蜀地商品经济的繁荣。生活在其间的蜀人，自然特别追求享受，尤喜宴饮、游乐，“蜀俗奢侈，好游荡，民无赢余，悉市酒肉为声技乐”[③]。宋人刘锡说益州是“俗尚嬉游，家多宴乐”[④]。元代成都人费著追忆前朝往事时也说：“成都游赏之盛，甲于西蜀，盖地大物繁而俗好娱乐。”[⑤] 可见宋代川峡西部，特别是成都附近，尚宴游之风炽盛。这些游娱活动一般与节日相伴，度正就曾说：“蜀之风俗好为游观，凡遇岁时游观之日，无不盛服来会。”[⑥] 像二月二日的踏青节，当日“都人士

---

① 〔宋〕唐庚：《眉山诗集》卷4《除夕》，《景印文渊阁四库全书》第1124册，台北：台湾商务印书馆，1986年，第299页。

② 〔宋〕吴处厚：《青箱杂记》卷3，《全宋笔记》第1编第10册，郑州：大象出版社，2003年，第211页。

③ 《宋史》卷257《吴元载传》，北京：中华书局，1977年，第8950页。

④ 〔宋〕刘锡：《至道圣德颂并序》，《全蜀艺文志》卷45，北京：线装书局，2003年，第1369页。

⑤ 〔元〕费著：《岁华纪丽谱》，《巴蜀丛书》第1辑，成都：巴蜀书社，1988年，第99页。

⑥ 〔宋〕度正：《性善堂稿》卷6《条奏便民五事》，《景印文渊阁四库全书》第1170册，台北：台湾商务印书馆，1986年，第191页。

女，络绎游赏”[①]。成都这种甲于四蜀的游娱风气与地方官的垂范作用不无关系，这在形式上被视作与民同乐，“凡太守岁时宴集，骑从杂沓，车服鲜华；倡优鼓吹，出入拥导；四方奇技幻怪百变序进于前，以从民乐”[②]。这种携民众出游的活动几乎成了北宋每任成都太守固有的传统。天禧初年，赵稹为成都太守，三月三上巳节，成都倾城出游，“开西楼亭榭，俾士庶游观。自是每岁寒食，辟园张乐，酒垆、花市、茶房、食肆，过于蚕市”[③]。田况任成都知府时则是选择寒食之日出城游玩，因为他觉得“郊外融和景，浓于城市中”[④]。可见，二月二、三月三和寒食节都是重要的出游节点。

特别值得一提的是，在治蜀能臣张咏（乖崖公）知益州期间，春日宴游达到空前胜景，他以“结彩舫十数只，与郡僚属官分乘之，妓乐数船，歌吹前导”[⑤] 的架势宴游蜀江。四月十九的浣花日，更是把成都的宴游推向了高潮，该日“太守乘彩舟泛江而下。两岸皆民家绞洛水阁，饰以锦绣。每彩舟到，有歌舞者，则钩帘以观，赏以金帛”[⑥]，故曰：“故浣花一出，在岁中为最盛。”[⑦] 并且，太守还会将公库的酒赏赐给沿途的百姓人家，且是人手一份，所谓“置酒高会”。与此同时，官方还会开展一些

---

① 〔宋〕陈元靓撰，许逸民点校：《岁时广记》卷1《游蜀江》，北京：中华书局，2020年，第49页。

② 〔宋〕祝穆撰，祝洙增订，施和金点校：《方舆胜览》卷51《成都府》，北京：中华书局，2003年，第905页。

③ 〔明〕曹学佺撰，杨世文校点：《蜀中广记》卷4《蜀中名胜记第四》，上海：上海古籍出版社，2020年，第51页。

④ 〔宋〕田况：《寒食出城》，《成都文类》卷9，北京：中华书局，2011年，第180页。

⑤ 〔宋〕陈元靓撰，许逸民点校：《岁时广记》卷1《游蜀江》，北京，中华书局，2020年，第49—50页。

⑥ 〔宋〕庄绰撰，萧鲁阳点校：《鸡肋编》卷上，北京：中华书局，1983年，第21页。

⑦ 〔宋〕田况：《浣花亭记》，《全宋文》卷636，第30册，上海：上海辞书出版社，合肥：安徽教育出版社，2006年，第52页。

群众性竞技活动，如“设水戏竞渡，尽众人之乐而后返”[①]。程戡在一首送别诗中便回忆道：“金明扈从宸游处，休忆连年泛浣花。”[②] 可见，成都的泛浣花之游连年皆有，出蜀之人多半很是留恋。若干年后，吕陶在正月二日的出游诗中也说道：“万室游人方杂遝，三竿煦景渐舒迟。乖崖真得绥怀术，八十年间俗不知”[③]，不仅描绘出游人在和煦的春日出游的胜景，还称赞出游宴乐是乖崖公治蜀的怀柔之术。总体来看，这种官民互动的宴游方式，确实在同时期其他地域较为罕见。

从另一种角度讲，成都的宴游更像一种官员的福利，成为宋代成都官场一种独特的消遣文化。文彦博知成都期间，首创伏日在江渎祠设宴聚会避暑的例制，规定初伏日宴请的对象是监司，中伏日宴请的对象是职官以上，而末伏日宴请的对象是府县官，地点都是在江渎祠，且常规项目是早宴后泛舟池中，而晚宴则是临池观景、饮酒。韩宗道以成都府路转运使判官的身份参加过这样的游宴，在泛舟江渎祠后，赋诗云：

暂驻旌麾开燕豆，只凭谈笑乐杯觞。
留连晚景殊多适，无奈黄昏送夕阳。[④]

颇有意犹未尽之感。不仅如此，文潞公还将游宴带到了兵营，彻夜畅饮，

① 〔宋〕任正一：《游浣花记》，《成都文类》卷46，北京：中华书局，2011年，第881页。

② 〔宋〕程戡：《送钤辖馆使王公》，《全蜀艺文志》卷21，北京：线装书局，2003年，第572页。

③ 〔宋〕吕陶：《和正月二日游碑堂寺二首》，《全宋诗》卷666，北京：北京大学出版社，1998年，第7785页。

④ 〔宋〕韩宗道：《江渎泛舟次吴中复韵》，《全宋诗》卷620，北京：北京大学出版社，1998年，第7394页。

随从甚至为了御寒拆了马厩当柴火，环境简陋也没能败文彦博的雅兴。[①] 正因为“成都风俗喜行乐，公多燕集”，有关文彦博在成都声色犬马的流言还传到京城，一度遭到御史何郯的弹劾。[②] 可见当时成都燕集行乐风气之盛，一代名相文潞公身处其间也未能免俗。

而到田况知成都时，认为劳逸结合是人的本性，他把开展大型游宴这种娱乐活动看作“慰民劳苦”的善政，提出“近世治蜀者以行乐为郡务之一端”[③] 的观点。田况起初并不信蜀人好游到如此狂热程度，来到成都之后，则被这种风气所熏染，情不自禁也加入春日遨游队伍，与民同乐，并且每次游完之后都写诗以记。宋代成都的地方官将游乐视为顺应当地民俗的一种善政，不仅倡导游乐，还为民众提供必要的设施。嘉祐六年（1061），吕陶迁任成都节制，他在考求当地风俗后，认为游可乐生，与民方便。为了能让“野农昼嬉，廛叟夜娱”，他决定重修成都西楼以供当时的市民游乐，不到一个月则工程竣工。吕陶得意地说：“吾民来游，醉于楼下，实一方之伟观，四时之绝赏也”[④]，将自己此举看作“悦民便俗”之举，并嘲讽战国时梁惠王有园囿而不与民共是非常小气的表现。

每逢宴游，其实犹如一次官民同庆的狂欢。民间往往还夹杂一些活动，类似于趣味运动会性质。比如在成都的西园，人们有置骰子比大小的游艺，谓之“撼雷”。在阅武场立有看棚，表演杂戏，逗乐大家一次，就

---

① 〔明〕杜应芳辑：《补续全蜀艺文志》卷 52《志余逸编》，明万历十七年（1589）刻本。

② 〔宋〕邵伯温撰，李剑雄、刘德权点校：《邵氏闻见录》卷 10，北京：中华书局，1983 年，第 101 页。

③ 〔宋〕田况：《浣花亭记》，《全宋文》卷 636，第 30 册，上海：上海辞书出版社，合肥：安徽教育出版社，2006 年，第 52 页。

④ 〔宋〕吕陶：《重修成都西楼记》，《全宋文》卷 1610，第 74 册，上海：上海辞书出版社，合肥：安徽教育出版社，2006 年，第 47 页。

插一面青红小旗，最终以旗数多少定输赢。[1] 可见此一时期成都游乐的多样性与趣味性。不仅川西成都的太守好游，临近的梓州路亦有此风，吕陶在到任梓州时便说："潼川之区域，乃益部之比邻。尝绾郡章，尚传里诵。江山如故，得陪父老之嬉游。"[2] 冯山也说："潼川侈风俗，一春事嬉游。太守与民乐，高会邀良俦。"[3] 邵伯温在离任果州的时候，虽谦虚地称自己无善政，但也受到果州民众"倾城出送旧遨头"[4] 的待遇，说明他也曾是率民出游且备受爱戴的"遨头"，可见梓州路（潼川府路）彼时同样有宴游之俗。夔州虽经济不如川西益、梓两路繁盛，但好游之风不减，"好遨蜀风俗，夔人贫亦遨"[5]。夔州的出游名曰"踏碛"，上文已述，其实质就是结伴到郊野溪滨宴乐，日期多选择在正月初七的人日。而合州则每年二月八日，郡守率僚属宴集于钓鱼山。[6] 放眼整个川峡地区，宴游确为一时之风尚。

但宴游虽好，毕竟劳民伤财。清献公赵抃知成都期间，认为此举较为铺张，为节省开支，则将三次集会缩减至只剩初伏宴游。[7] 太守设宴的地点又以大慈寺为多，五月五日、七月七日均在大慈寺设厅大宴，八月十五

---

① 〔宋〕庄绰撰，萧鲁阳点校：《鸡肋编》卷上，北京：中华书局，1983 年，第 21 页。

② 〔宋〕吕陶：《谢知梓州到任表》，《全宋文》卷 1600，第 73 册，上海：上海辞书出版社，合肥：安徽教育出版社，2006 年，第 281 页。

③ 〔宋〕冯山：《安岳冯公太师文集》卷 3《和李曼修孺职方谢梓守张靖子立龙图游春》，《宋集珍本丛刊》第 14 册，北京：线装书局，2004 年，第 757 页。

④ 〔宋〕邵伯温：《句》，《全宋诗》卷 1193，北京：北京大学出版社，1998 年，第 13488 页。

⑤ 〔宋〕祝穆撰，祝洙增订，施和金点校：《方舆胜览》卷 57《夔州》，北京：中华书局，2003 年，第 1008 页。

⑥ 〔宋〕祝穆撰，祝洙增订，施和金点校：《方舆胜览》卷 64《合州》，北京：中华书局，2003 年，第 1115 页。

⑦ 〔明〕曹学佺撰，杨世文校点：《蜀中广记》卷 55《蜀中风俗记第一》，上海：上海古籍出版社，2020 年，第 599 页。

旧宴于西楼，望月于锦亭，后来又改为大慈寺。[①] 庄绰也说："成都自上元至四月十八日，游赏几无虚辰。"[②] 当然，也有的地方官因好游而荒政。导江人张及在任临邛令的时候，郡太守竟然在农时欲引灌溉的堰水泛舟游乐，遭到张及的极力反对，他认为"涸民田以事游嬉"是极其荒唐的事，并严正地表示："令可去，水不可涸。"郡守这才作罢，收敛了自己的过头之举。[③] 即使某些官员认识到这种行为过于奢僭，但"帅守、监司往往勉徇其俗"，他们给出的理由是"不如是必召乱"[④]，用入乡随俗来维持这种风气。的确，从施政层面来讲，宴游之风应算一种奢风，于官场而言并非一种好现象。但若换一种角度，从民生经济观之，乐游则是刺激消费的有效手段。应该讲，蜀中的好游之风归根结底还是得益于当地雄厚的经济基础。经过北宋初期的动荡之后，蜀地回归太平，至北宋中叶，这一地区特别是成都已发展成有相当规模的工商业城市，民众富足，贸易繁盛，为出游娱乐提供了充足的物质条件。关于这一点，江少虞曾与荣州知州李虞部有过一段对话，江对李的观点深以为然，李虞部说：

> 民之于财利，如鱼之于水，水深则鱼蕃滋游嬉，各得其性，竭则相濡以湿，岂暇于游嬉？财利饶裕，则民乐于为生，苟不足，则盗贼争讼不可禁止，尚何责其孝弟为哉？蜀平，距今六七年，辇输不绝，民间可见矣。[⑤]

---

① 〔元〕费著：《岁华纪丽谱》，《巴蜀丛书》第 1 辑，成都：巴蜀书社，1988 年，第 149 页。

② 〔宋〕庄绰撰，萧鲁阳点校：《鸡肋编》卷上，北京：中华书局，1983 年，第 20 页。

③ 〔宋〕王象之撰，李勇先校点：《舆地纪胜》卷 151《永康军》，成都：四川大学出版社，2005 年，第 4530 页。

④ 〔宋〕李朴：《丰清敏公遗事》，《全宋笔记》第 2 编第 8 册，郑州：大象出版社，2006 年，第 131 页。

⑤ 〔宋〕江少虞：《宋朝事实类苑》卷 62《李虞部说》，上海：上海古籍出版社，1981 年，第 830 页。

“辇输”便是指运输，蜀平六七年之后，则商业往来络绎不绝。而江氏回忆这段话时，又已过去四十余年，蜀地的繁华自不必说。由此可知，唯其富饶，具有一定的经济基础，民间才可能产生好嬉游的风气。反之若食不果腹，社会不仅无此雅好，甚至还会盗贼丛生。

二、游山摸石

成都虽地处平原，当地士庶却热衷于游山，视登临歌咏成都近郊几座名山为一时之风尚。这其中又以游海云山、学射山和武担山为主。海云山即今成都东郊的狮子山，这里山花烂漫，风景秀美，是官员百姓游乐休闲的好去处，常年游人如织。成都太守田况曾咏道：“春山缥翠一溪清，满路游人语笑声。自愧非才无异绩，止随风俗顺民情”[①]，描述了民众春游海云山的盛况，并点明游海云山是入乡随俗之举。宋祁知成都时是海云山的常客，曾多次赋诗咏赞海云山的胜景，如：

> 地胜祠仍古，春余物遍华。山云时抱石，佛雨不萎花。岭挟楼梯峻，岩牵殿堞斜。淙溪杂环佩，怪蔓走龙蛇。供坐僧飞钵，香园客戏沙。吾游真草草，深意负青霞。[②]

此中古祠、山云、溪水、山花、怪石等景观齐备，足见海云山之秀美。登海云山除了“迥然散远目”[③]，另一大乐趣是赏山茶花，因为山茶颇具

① 〔宋〕田况：《二十一日游海云山》，《成都文类》卷 9，北京：中华书局，2011 年，第 181 页。

② 〔宋〕宋祁：《集海云鸿庆院》，《成都文类》卷 5，北京：中华书局，2011 年，第 81—82 页。

③ 〔宋〕喻汝砺：《游海云山》，《成都文类》卷 14，北京：中华书局，2011 年，第 328 页。

“百卉严寒未放开，山茶映发独江梅”[①] 的文人秉性，司马光某年西来成都，闻海云山山茶花盛开、合江亭梅花初报，则邀友人同赏且吟诗相和。[②] 山茶盛开于冬日，被范成大誉为已知春的“腊前风物”，其在蜀中任职期间绝不肯错过此等雅事，即便天降冰雪，“仍从掌故问山茶”[③]，可见彼时登海云山赏山茶已为蜀地一风雅的娱俗。在游览海云山之际，还有一特殊风俗，即到山上的海云寺摸石以求子。“成都风俗，岁以三月二十一日游城东海云寺，摸石于池中，以为求子之祥。”[④] 游人将手探入池中，“得石者为男，得瓦者为女”[⑤]。不仅川西，川东重庆府的江津县亦存此俗，只是所摸之池不同而已，“邑人春月游天水池，竞于池中摸石祈嗣。得石者生男，得瓦者生女，颇验”[⑥]，可见这显然成为全蜀之民一种讨口彩的祈福项目，寄托求子的意愿。此俗多在春游时分，人们结伴而行，以致“出郊行旆从编俗，摸石居民事胜游”[⑦]。

除了海云山，学射山又是一登临胜境。学射山因蜀汉后主刘禅学射于此而得名。至宋代，蜀人游学射山成为一时之俗，特别是在春日的上巳节，呈现“花边密拥青丝盖，陌上轻驰白玉珂”[⑧] 的盛况，从青盖车和白

---

① 〔宋〕刘氏：《和王觌》，《成都文类》卷 11，北京：中华书局，2011 年，第 231 页。

② 〔宋〕司马光：《蜀笺二轴献太傅同年叶兄》，《成都文类》卷 11，北京：中华书局，2011 年，第 230 页。

③ 〔宋〕范成大：《石湖居士诗集》卷 17《十二月十八日海云赏山茶》，《范石湖集》，上海：上海古籍出版社，1981 年，第 231 页。

④ 〔明〕曹学佺撰，杨世文校点：《蜀中广记》卷 55《蜀中风俗记第一》，上海：上海古籍出版社，2020 年，第 595—596 页。

⑤ 〔明〕陈耀文编：《天中记》卷 4《摸石游》，扬州：广陵书社，2007 年，第 122 页。

⑥ 〔清〕陈祥裔编，王斌、靳雅婷校注：《蜀都碎事校注》卷 1，成都：西南交通大学出版社，2017 年，第 44 页。

⑦ 〔宋〕张湍：《和韵》，《成都文类》卷 9，北京：中华书局，2011 年，第 188 页。

⑧ 〔宋〕范纯仁：《范忠宣公文集》卷 3《和吴仲庶上巳游学射山》，《宋集珍本丛刊》第 15 册，北京：线装书局，2004 年，第 392 页。

骢马可见，来游山者不乏官宦世族等上层人物。游山目的约略有三，其一，成都有三月三上巳节于学射山祭祀张伯子之俗，张伯子在这一天于学射山飞升。该日“男觋女巫会于此，写符箓以鬻于人，云宜田蚕，辟灾疫，佩者戴者，信以为然”[①]。《茅亭客话》也有相似记载：“每岁至是日，倾城士庶、四邑居民咸诣仙观祈乞田蚕。”[②] 其二，学射山毕竟是后主学射之地，习武学射的象征意义犹在，后世于此设立射棚，骑马习射，行猎打围，“阳滨修祓除，华林程射技”[③]，一时间“上巳家家出郡城。射圃人稠喧画鼓”[④]。陆游在归乡后回忆成都岁月时曾作诗“纤腰袅袅戎衣窄，学射山前看打围”[⑤]，描述了学射山一派沙场景象。此外，宋代已流行相扑之戏，所谓相扑，就是一种摔跤运动，亦称角抵、相攢，有一种说法叫“雅则曰相攢，俗则为相扑”。当时的学射山便是一处相扑胜地，每逢春暖花开之际，少年壮士在此角力，观者如云。据《角力记》载：

> 蜀都之风，少年轻薄者，□□为社，募桥市勇壮者，敛钱备酒食，约至上元，会于学社山前，平原作场。……方了一对，相决而去。或赢者，社出物赏之，采马拥之而去。观者如堵，巷无居人。从正月上元至五月方罢。[⑥]

---

① 〔宋〕陈元靓撰，许逸民点校：《岁时广记》卷18《出北门》，北京：中华书局，2020年，第360页。

② 〔宋〕黄休复：《茅亭客话》卷5《鲜于耆宿》，《全宋笔记》第2编第1册，郑州：大象出版社，2006年，第39页。

③ 〔宋〕田况：《三月三日登学射山》，《成都文类》卷9，北京：中华书局，2011年，第180页。

④ 〔明〕曹学佺撰，杨世文校点：《蜀中广记》卷3《蜀中名胜记第三》，上海：上海古籍出版社，2020年，第39页。

⑤ 〔宋〕陆游：《剑南诗稿》卷12《感旧绝句》，《陆游集》，北京：中华书局，1976年，第336页。

⑥ 〔宋〕调露子：《角力记》，清光绪董金鉴重刻琳琅秘室丛书本。

可见当时在此竞技获胜者可得到物质奖励，而民众也乐于观看，兴致高昂，遇此活动常常万人空巷。其三，便是学射山作为景观的基本功能，其为燕集游玩的佳处，文同便说："成都燕集，用一春为常。三日不修，已云远甚。然各有定处，惟此山之会最极盛。"① 可见登临学射山是宋代蜀中地区的传统民俗。

三、采制杂药

中医为中华文化的瑰宝，历代医者不断求索，为国人留下了极其丰富的中医药典籍。宋人本草学知识已较为丰富，根据时令来采摘、炮制中药，以期达到药效的最大化，渐成为融入节令的习俗。川峡四路地区为药材大区，司马光就曾说"三蜀膏腴地，偏于药物宜"②，他认为蜀地的气候和水热条件非常适合种植药材。并且在这一时期，成都药市名扬天下，药材商贸几乎可以说冠绝宋境，所以涉及川峡四路地区的岁时"药俗"不胜枚举。特别是端午阳极之时和腊冬阴盛之季，都是采摘或者炮制中草药的重要节令。南宋汪元量宦游成都时便见五月，成都家家列药于市，以为盛事，可谓"蜀乡人是大医王，一道长街尽药香"③，可见药材在蜀地民众生活中占有举足轻重的地位。

岁时与药物的对应，是药俗的突出表现。以端午为例，民间认为五月为恶月，百毒来侵，唯有广采各药，以药的效力来抵御毒气。而端午日午时阳气旺盛，是草木一年中药性最强的一天，于端午采摘或是服用药物，可将草药的药性发挥到最大。《岁时广记》引《荆楚岁时记》载："五月

① 〔宋〕文同：《成都府学射山新修祠宇记》，《全宋文》卷 1106，第 51 册，上海：上海辞书出版社，合肥：安徽教育出版社，2006 年，第 144 页。

② 〔宋〕司马光：《药圃》，《全宋诗》卷 505，北京：北京大学出版社，1998 年，第 6136 页。

③ 〔宋〕汪元量：《药市》，《全宋诗》卷 3669，北京：北京大学出版社，1998 年，第 44051 页。

五日，竞采杂药，可治百病。”[①] 《岁华纪丽》谓此俗曰“蓄药”，其引《夏小正》曰“此日蓄药以蠲除毒气”[②]，可见端午采摘药物是古已有之的传统习俗。作为宋代药材大区，川峡四路之民据时令行蓄药之俗自不鲜见。如利州路的汉中地区，有五月五日于南郑山谷采白术之俗[③]，古人认为白术有长生不老之效，故将其献于帝王。而蜀中端午则收蜀葵，阴干以后用来治疗妇人赤白带下。[④] 在茂州汶山的川谷，五月五日午时是采葛根的最佳时节，人们将其暴晒后磨成粉食之，不仅能强身健体，还“疗金疮，断血为要药，亦疗疟及疮”[⑤]。宋代川蜀地区盛产黄芩，《岁时广记》引《千金方》言巴郡太守曾上奏一药方为《加减三黄丸》，可治疗男子的“五劳七伤”，但摘取黄芩的时节需春三月，即“三月三日，采阴干”，可见三月三是民间采制黄芩的重要时间。[⑥] 另有一种草药名豨莶，大宋之境唯文州和高邮军所产无毒，其他州所产不宜用。蜀人对这种草药的制法尤为讲究，选取特定的日期采摘，然后用类似于九蒸九晒的方法炮制：“五月五日，六月六日，九月九日，采其叶，去根茎花实，净洗，曝干，入甑，层洒与蜜，蒸之，又曝。如此九过，则已气味极香美，熬捣筛蜜丸服之”[⑦]，主治肝肾风气、四肢麻痹等症。这种密切对应节令而采制药物的

---

① 〔宋〕陈元靓撰，许逸民点校：《岁时广记》卷22《采杂药》，北京：中华书局，2020年，第464页。

② 〔唐〕韩鄂：《岁华纪丽》卷2《端午》，明万历刻秘册汇函本。

③ 〔宋〕陈元靓撰，许逸民点校：《岁时广记》卷22《荐汉术》，北京：中华书局，2020年，第454页。

④ 〔宋〕陈元靓撰，许逸民点校：《岁时广记》卷22《收蜀葵》，北京：中华书局，2020年，第455页。

⑤ 〔宋〕陈元靓撰，许逸民点校：《岁时广记》卷22《粉葛根》，北京：中华书局，2020年，第450页。

⑥ 〔宋〕陈元靓撰，许逸民点校：《岁时广记》卷19《丸黄芩》，北京：中华书局，2020年，第382页。

⑦ 〔宋〕陈元靓撰，许逸民点校：《岁时广记》卷24《服豨莶》，北京：中华书局，2020年，第496页。

风俗应严格遵循，因为采制者不敢违时，违时则不灵。在中药种植方面，蜀中盛产芎和大黄两种中药，特别像芎“蜀中处处有之”，后世更因芎以四川为道地，习惯将其冠名为川芎。而大黄也是“蜀大山中多有之，尤为东方所贵”，是中原地区十分稀缺的优质蜀药。每逢九月九日成都药市，“芎与大黄如积，香溢于廛”，可见此二味中药是蜀中药材的代表。[①] 同时，有些蜀地的道地药材价格不菲，这也在客观上刺激了民众种药、采药的举动，如绵州的天雄和附子就是如此，当时有“天雄附子出绵州，价数高低一等酬”[②] 之谓，显然从事这两种药的交易，报酬是相当可观的。当然，药在蜀人的生活中并不只是赖以谋生的商品，有时它也具备某些精神层面的意义，比如祭祀。川蜀之地每逢腊辰，有以药献祭的习俗，杨徽之便有诗句“俗遇腊辰持药献”[③]，可见药已融入蜀人生活习俗的诸多方面。另外，在某些追求养生的实践过程中，民间还笃信一些偏方，比如蜀地有宜柏不宜松之说，每遇千年古柏，蜀人皆认为有灵气。像益州诸葛庙中的大柏，“相传是蜀世所植，故人多采以作药，其味甘香，异常柏也”[④]。另像双流县保国观的古柏、梓潼七曲山应梦台侧的古柏，皆是龙首虬枝，被视为仙物。或为道人拿去炼丹，或被民众偶尔采之为药。总之，类似于采柏入药一类的追求养生之举皆是蜀人特有的一种药俗。

除了植物草药，川峡地区还有一些动物虫石可入药，亦为时人所重。比如峨眉山产一种叫雪蛆的虫类，人食之“大治内热”[⑤]，陆游《老学庵

---

① 〔宋〕宋祁：《益部方物略记》，《景印文渊阁四库全书》第589册，台北：台湾商务印书馆，1986年，第105页。

② 〔宋〕释梵琮：《颂古三十一首》，《全宋诗》卷2840，北京：北京大学出版社，1998年，第33828页。

③ 〔宋〕杨徽之：《嘉州作》，《全宋诗》卷11，北京：北京大学出版社，1998年，第159页。

④ 〔明〕曹学佺撰，杨世文校点：《蜀中广记》卷61《蜀中方物记第三》，上海：上海古籍出版社，2020年，第648页。

⑤ 〔宋〕江休复：《江邻幾杂志》，《全宋笔记》第1编第5册，郑州：大象出版社，2003年，第154页。

笔记》载："此物实出茂州雪山。雪山四时常有积雪，弥遍岭谷，蛆生其中。"[①] 因其随雪而生化，获取具有一定难度。《益部谈资》对此物给出了更为详细的解释："雪蛆，产于岷峨深涧中，积雪春夏不消而成者。其形如猬，但无刺，肥白，长五六寸，腹中惟水，身能申缩，取而食之，须在旦夕，否则化矣。"[②] 可见雪蛆是川峡地区一味颇为娇贵且难得的虫类药材。每到八月，汉中之民会摘取一种叫雀瓮的中药，此为一种虫茧，生在汉中的树枝上，因云雀喜食之，所以被称为雀儿饭瓮，将该药蒸后可治疗小儿惊风癫痫，有解毒消肿之效。[③] 此为利州路汉中地区需按时采摘的特有中药材。

四、好博戏

巴蜀地区因为自古安逸，物产丰富，经济富庶，故所居之人多闲散，溺于逸乐。而博戏是中国古代民间的一种赌输赢、决胜负的游戏，虽具有赌博色彩，但大众娱乐性更强。当然，博戏的种类有很多，我们在此探讨的是以钱币为博具的博戏，这种游戏风习在安逸富足之地更易滋长，恰"蜀地素狭，游手者众"[④]，川峡之地正具备此种条件。早在隋代以前，博戏这种娱乐活动就在蜀地有所流行，《隋书·地理志》便载蜀人"士多自闲，聚会宴饮，尤足意钱之戏"[⑤]。此"意钱之戏"就是一种掩钱、摊钱、诡亿的博戏。起初这种游戏只是掩钱猜数，将钱用物体掩盖起来，用心去揣度，发展至唐宋，规则稍变，意钱

---

① 〔宋〕陆游：《老学庵笔记》卷6，《全宋笔记》第5编第8册，郑州：大象出版社，2012年，第76页。

② 〔明〕何宇度：《益部谈资》卷上，北京：中华书局，1985年，第9页。

③ 〔宋〕寇宗奭：《图经衍义本草》卷34《虫部下品》，民国景印明正统本。

④ 〔宋〕韩琦：《安阳集》卷50《故枢密直学士礼部尚书赠左仆射张公神道碑铭》，《宋集珍本丛刊》第6册，北京：线装书局，2004年，第615页。

⑤ 《隋书》卷29《地理志上》，北京：中华书局，1973年，第830页。

成摊钱，将每四文钱摊开为一堆再压注，看似赢面增大，但需要参与者速看速说，增加了刺激性，实则都是庄家的把戏。杜甫在出蜀过夔州的船中曾看水手博玩此戏，并作诗曰："长年三老长歌里，白昼摊钱高浪中。"[①]可见唐时这种娱乐方式已在下层劳动人民中颇为流行。五代后蜀时，孟昶沉迷于享乐，近臣辛寅逊曾上书孟昶予以规劝："奈何博戏击鞠妨怠政事，奔车跃马轻宗庙社稷"[②]，反映出割据政权统治者的丰富娱乐生活，从中不难想见，博戏之风于蜀地定不陌生。入宋以后，意钱之风在蜀地未衰。《夷坚支丁》记载了北宋熙宁年间，一个叫丁湜的年轻人因好赌成性最终错失状元的故事，虽然故事的主角是丁湜，但文中提到在汴京与丁湜一起豪赌的两个同榜皆为蜀人，载曰："同榜有两蜀士，皆多资，亦好博。"[③]此二蜀士与丁湜玩得十分尽兴，输钱结账也非常爽利，一看便是参与赌博之戏的常客，这从一个侧面也可反映出当时蜀人深谙博戏之道。当然，善玩此戏者，多为家资殷实之人。文同曾为一位邛州籍郭姓同窗的父亲写过一篇墓志铭，文中说："（其父）家素饶财。处士少任侠，倜傥无畛域，善格五意钱之戏。每入市，群豪朋来，从随上下，酣饮讴歌，嚣呼击鞠。"[④]此墓主人与丁湜在京师所遇两位同榜蜀人相似，皆为有钱人家的公子哥。而在士大夫阶层，此种习尚也可略见端倪，长期在蜀中为官的晁公溯给眉州人李焘写过一篇《与李仁甫结交书》，开篇对人的爱好高谈阔论，说"人未有无所好者"，而后又说"或嗜芰、羊枣、昌歜，聚鹬而

---

① 〔唐〕杜甫著，〔清〕仇兆鳌注：《杜诗详注》卷15《夔州歌十绝句·其七》，北京：中华书局，1979年，第1305页。

② 〔后蜀〕辛寅逊：《谏孟昶书》，天启《新修成都府志》卷36《艺文志》，《中国地方志集成·四川府县志辑》第1册，成都：巴蜀书社，1992年，第515页。

③ 〔宋〕洪迈撰，何卓点校：《夷坚支丁》卷7《丁湜科名》，北京：中华书局，1981年，第1026页。

④ 〔宋〕文同：《丹渊集》卷38《邛州处士郭君墓志铭》，《景印文渊阁四库全书》第1096册，台北：台湾商务印书馆，1986年，第783页。

冠，意钱格、五戏者诚异”[①]。虽然晁氏下文澄清自己并无此好，但可以看出以上奇特的爱好是其生活中所常见的，在眉州甚至更大范围的川峡地区，“意钱格”是当时与其交往甚密的士人阶层很常见的一种个人习好。据此可以推断，至少宋代蜀中上层社会的博戏之风非常普遍。而反观社会底层，此风亦然，所谓“有钱豪赌，无钱小博”。贩夫走卒也有其自己的玩法。一般劳动人民多用几个铜钱、铁钱设局而博，怡情成分大过牟利。像南宋陆游入蜀时，从峡江船工嘴里也听到他们善玩摊钱之戏[②]，这可能便是船工日常的一种消遣娱乐活动。当时在昌州，还发生过“泸卒谯青因博戏杀人”[③]的事，船工与卒皆非有钱人，可见这种游戏业已流行于社会底层，而且具有危害公共安全的不良属性。

宋代川峡地区好博戏的原因，首先，四川盆地自古富饶安逸，民众生存相对容易，闲暇时间多，且在相对封闭的环境下追求小富即安，生活节奏慢。[④]其次，这与一地之人的群体性格也有关联，“蜀人敏惠轻急，尤足意钱之戏”[⑤]，可见这种类似于益智游戏的活动与蜀人聪慧敏捷的秉性尤为契合，人们沉醉其间，乐此不疲。再次，意钱之戏盛行可能也与王小波、李顺起义后，益州民间铜钱流散过多有一定关系。在经历一段时间的钱荒之后，宋朝允许两川自铸铁钱，并逐渐放开限制，让铜、铁钱兼行，官方还开设了邛州惠民监、嘉州丰远监、利州绍兴监等铸钱之地。[⑥]同

---

① 〔宋〕晁公溯：《与李仁甫结交书》，《全宋文》卷4696，第212册，上海：上海辞书出版社，合肥：安徽教育出版社，2006年，第1页。

② 〔宋〕陆游：《入蜀记》卷5，《全宋笔记》第5编第8册，郑州：大象出版社，2012年，第202页。

③ 〔清〕陆心源撰，吴伯雄点校：《宋史翼》卷19《郭子皋传》，杭州：浙江古籍出版社，2016年，第417页。

④ 蓝勇：《巴蜀休闲好赌风考》，《西南大学学报》（社会科学版）2008年第6期。

⑤ 〔清〕张澍：《蜀典》卷6《风俗类·蜀俗》，清道光十四年（1834）武威张氏安怀堂刻本。

⑥ 陈世松、贾大泉主编：《四川通史》第4册，成都：四川大学出版社，1994年，第234页。

时，“蜀素多铜，俾夔、益、遂各置监鼓铸”①。这样一来，民间存留的金属钱币相对较多。虽仁宗天圣以后交子的发行导致货币流通量减少，但宋代川峡地区铁钱面额种类众多，前期五花八门的小额铁钱仍散落民间，这为一些富家公子、贩夫走卒行意钱、摊钱等博戏提供了物质基础和器具支持。

小　结

中国传统的岁时节日，主要是指与天时、物候的周期性转换相适应，在人们的社会生活中约定俗成的、具有某种风俗活动内容的特点时日。②正是由于有风俗活动的存在，才使得岁时节日的内涵更加丰富立体。而我国传统岁时节日，主要是农业文明的伴生物，所以衍生出的风俗活动具有明显与生产方式相吻合的特点，且自然地理属性与人文因素也对此构成影响。纵观宋代川峡四路地区的岁时节庆风俗，利州路北部的秦岭、大巴山腹地和汉中盆地一带具有明显的北方节俗传统，重寒食与冬至，金、洋地区因地近荆楚，五方汇聚，又呈现楚风流俗。这是山川相阻、位居要冲的区位特点与人员往来、商贸互通的社会因素综合作用的结果，从而使这一片区的风俗迥异于蜀中和川东，自成一区。而反观另两个岁时节庆风俗区，蜀中仰赖于成都平原的富庶，基本继承了成都地区各种节庆活动的传统，尚交游，乐市集，喜馈赠，带有一派奢侈繁华的中古西南都会色彩。虽主要节日的大体程式与中原无异，但追求享乐、重烟火气的蜀人底色不失，如“传柑会”“挑菜节”之类特色节俗皆能体现出这一点。而川东地区坐拥峡江，气场上多具大江大河的巴人气概，特别是以夔州路为主的夔

① 《宋史》卷309《杨允恭传》，北京：中华书局，1977年，第10162页。

② 钟敬文主编：《民俗学概论》，上海：上海文艺出版社，1998年，第131页。

俗与楚俗相近，如过大小端阳、竞渡等。而踏碛又是该区独具特色的水面民俗活动，这是临江的地理特点所决定的，此中独有的风貌是其他两个风俗区无法比拟的。总体来讲，宋代川峡四路的三大岁时节庆风俗区，与各区的经济、文化和民风都有一定关系，这在前几章皆有相应论述，此不赘言。而节庆风俗只是在节日这样一个时间节点，将以上诸要素做了一个集中反映。这种岁时节庆的风俗活动追求与自然的和谐，表现为对生活的热爱①，它作为一种调节剂，为平淡朴素的中国传统农耕生活平添了色彩和情趣。

① 常建华：《岁时节日里的中国》，北京：中华书局，2006年，第272页。

第八章　宋代川峡四路风俗区划及形成因素

宋代川峡四路地区的风俗形成并非一朝一夕之事，远至汉晋，近至隋唐，这片古称巴蜀之地的区域有着一脉相承的民风习尚和礼俗渊源。只是入宋以来，因其政治地位的特殊性及商品经济大发展的时代背景，这一区域的文化风俗得以进一步加速演进发展，相较于全国其他地区，在保留其共性的同时，展现了别样特征。这在上文所述的物质生活风俗、民间信仰风俗和岁时节庆风俗方面都有所体现。至于影响这些风俗形成的因素，可谓纷繁复杂，既有政治方面，又有经济和文化方面，四路之间、各种风俗事象之间，各因素影响的权重也不一。现从宏观视角将宋代川峡四路的整体风俗形成演进的原因试作分析，再概括其风俗特征，以作为本书之结论。

第一节　川峡四路综合风俗区划

风俗作为文化的一种表现形态，其分区也可以借鉴文化分区的相关理论，正如卢云所说："大部分文化区域的边界都是模糊的、渐变的，缺乏明显跃迁的界线，如同光谱上色彩的连续统一体一样，人们是为了研究方便加以人为划分与命名。”① 其实这一说法同样适用于风俗区划，在分区临界地区不可能非黑即白，常有相互交融的现象出现，只能做粗线条的分区尝试。综合前文所述，根据风俗文化的相似性和差异性原则，本章将宋代川峡四路分为三大风俗区，即川北、蜀中、川东风俗区，再根据风俗区内部的风俗事象差异，将每一风俗区分为相应的亚区，即川北风俗区分为威茂亚区、西阶成凤亚区、金洋兴沔亚区；蜀中风俗区分为西川亚区、东川亚区；川东风俗区分为恭合涪忠亚区、黔施戎遵亚区，共七大亚区。根据以上分法，现将宋代川峡四路风俗区划及其特征简述如下。

一、川北风俗区

川北风俗区基本位于四川盆地北部边缘以北，西起邛崃山脉，中至剑门关外，东至米仓山、大巴山以北。西部含青藏高原东部边缘的威州、茂州二州，中东部则包括位于汉中盆地及秦巴山地的利州路北部各府州。

此一区域既存在汉族传统的旱作生产方式，又存在吐蕃、羌等少数民族的牧业生产范式。该区民风彪悍尚武，民间信仰以宣灵王和龙神为主，婚礼必亲迎且不用庚帖，以“插香”“吃茶”为订立婚约的主要形式，丧葬习俗惯用水葬，有避回煞之俗。在岁时节俗方面，川北风俗区的秦巴区域重视冬至与寒食，略与北方民俗相类。特别是洋州、金州等地，有“踏石”和“腊月揭蒲”等特殊的地域民俗活动。这与其地接荆楚，受楚风流韵的影响有很大关系。根据特殊风俗事象，还可将该风俗区分为三个亚区。

（一）威茂亚区

此一区域即青藏高原东部边缘地带，高寒缺氧，像茂州汶山郡则是“盛夏凝冻不释”②，人口构成以吐蕃和羌人为主。饮食喜好高热量肉食，

---

① 卢云：《文化区：中国历史发展的空间透视》，《历史地理》第 9 辑，上海：上海人民出版社，1990 年，第 83 页。

② 〔宋〕祝穆撰，祝洙增订，施和金点校：《方舆胜览》卷 55《茂州》，北京：中华书局，2003 年，第 981 页。

民居形式多为可以御寒的石楼或者碉房。服饰花色鲜艳，材质多以皮革为主，喜用珠宝金器为饰物。此亚区因本是羌戎之地，民众不习诗礼，善弓马骑射，是川北风俗区中与另两个亚区迥异的风俗亚区。

（二）西阶成凤亚区

该亚区位于陇东南片区，地形以山地丘陵及高阶地为主，重峦叠嶂，沟壑纵横。主要包括西和州、阶州、成州、凤州四个府州，号称“关外四州”。此一区域在自然条件上相较蜀中和川东更为干旱，降水量不及南方，所以对龙神、龙湫的信仰较为崇信。有源自晚唐的宣灵王信仰，该信仰为此亚区所独有，可以作为区别于另外两个亚区的重要风俗事象。在整个川北风俗区的勇武民风表征上，又以该亚区最具代表性，因其地接关陇，风劲气寒，更容易涵养人的彪悍之气。所以，成州、阶州也是武将之乡，名将、悍将迭出。

（三）金洋兴沔亚区

该亚区主要包括位于汉中盆地和大巴山麓的金州、洋州和兴元府，自然条件较以上两个亚区优渥，地理位置重要，具南北衔接、东西过渡的特点；控扼关中入川的要道，为兵家必争之地，也是南来北往的客商汇聚之所。鉴于此，该亚区在风俗上具有过渡色彩和借鉴性特征，既有邻近荆楚的竞渡之俗，又有倾向于蜀中的逢节馈赠之俗，且语言夹带北部秦音，充分说明此一区域十字路口式的交融性特点。在民间信仰方面，该区深受蜀中影响，是蜀中重要神灵二郎神和梓潼神的信仰区域，这与金牛道连接汉中与蜀中的交通因素所带来的信仰传播有直接关系。在着装风俗上，该亚区有头缠白布以纪念诸葛亮的习俗，此一服饰风俗为其他亚区所无。另外，上文提到的洋州官民同乐的岁时之俗，也颇具地方性，可视为该亚区与其他亚区的风俗差异，总之，“深有楚风，俗随五方”是该亚区最突出的风俗特点。

二、蜀中风俗区

关于东西两川的概念，《太平寰宇记》曾载，唐贞观元年（627）置剑南道；至德二载（757），又分为剑南东川、西川，各置节度使；乾元后，分蜀为东西川，梓州为东川节度使治所。① 《元丰九域志》也确载成都府路为剑南西川，梓州路为剑南东川。② 今人刘复生进一步指出，宜宾以上的岷江、金沙江、大渡河流域和沱江中上游归属西川，泸州以下至重庆的长江流域、重庆至合川的嘉陵江流域和涪江流域大体为东川辖境。③ 可见自唐以来，东西两川的概念一直存在。从宋代来看，西川大体重合于益州路，东川大体重合于梓州路，但边界地带概念并不明晰。在这种东西两川长期分置节度使的行政作用下，两区域的风俗习尚虽同属蜀中风俗区但略有差异。

（一）西川亚区

所谓西川亚区，其实便是成都平原的核心区，也就是四川盆地西部最肥沃膏腴的一片区域，大多数情况下常以此区域来代表蜀中、代表蜀地，是真正意义上的天府之国所在地。在川峡四路生活风俗地理中的食材章节，所列大多数蔬菜皆出自该亚区。这里气候温和，种植业发达，物产丰富。蜀中民风中所列好学尚文、乐观豁达和尚奢侈也皆指这一亚区。由于商品经济的繁盛，成都又有“扬一益二”的经济地位，所以该亚区有喜游赏、好集会的风俗。该区域信奉二郎神信仰和蚕神信仰，丝织业发达，民众生活安逸。葬俗方面，西川亚区以砖室墓为主，这在现今的考古发掘中已得到证实。

---

① 〔宋〕乐史撰，王文楚等点校：《太平寰宇记》卷72《剑南西道一・益州》，北京：中华书局，2007年，第1461—1648页。

② 〔宋〕王存撰，王文楚、魏嵩山点校：《元丰九域志》卷7《成都府路　梓州路》，北京：中华书局，1984年，第307—320页。

③ 刘复生：《由虚到实：关于“四川”的概念史》，《中国历史地理论丛》2013年第2辑。

（二）东川亚区

东川亚区实际上是指以梓州（潼川府）为核心的涪江流域。该区域在民风上主要体现蜀中多产俊乂之士这一特点，时人文弱程度低于西川，像资州、普州皆有俊杰载史。在民间信仰上，该亚区流行射洪神陆使君信仰，在果、遂、普、资地区还有铁山神与普应庙神两种祠神信仰；在先贤人物崇拜中，由于此一区域的涪水中游一带与三国曹魏名将邓艾的入蜀行军路线相吻合，所以此区域邓艾庙分布广泛，邓艾信仰为该亚区较为典型的先贤人物信仰，此皆为川西亚区所无或不彰。葬俗上，由于东川多山地，墓室以石室墓为主。

三、川东风俗区

川东风俗区严格意义上讲并非现在意义上的川东，而是囊括夔州路东部地区及梓州路南部地区的川东、川南地区。之所以将其归为一个风俗区，还是考虑到当时这一片区充斥的人口多为夷僚等少数民族群体。不管是黔施诸蛮、渝州蛮，还是叙州蛮、泸州蛮，常统称为“西南蛮夷”。[①]该风俗区除了具有浓郁的少数民族风俗，还保有古代巴人遗风，所分两亚区在某种意义上更体现了汉族和少数民族之间的风俗差异。

（一）恭合涪忠亚区

该亚区主要包括自重庆府沿江而下所经的涪、忠、万、开等州，还包括长江流域的合州、达州、渠州、广安军、云安军等夔州路大部分州军。此区域地形多属川东平行岭谷，土地贫瘠，食材匮乏，人多以捕鱼为生，民宅以吊脚楼为主。相较黔施戎遵亚区，该区仍以汉族人口为主，多为巴人、賨人后裔。当地人控扼川东峡江主航道，善于操舟，出行有祭行神之俗。民风方面，任侠尚气，朴野好讼，不习诗书。民间信仰方面，是张飞信仰的主要民祀区，同时璧山神信仰盛行。岁时节庆方面，流行踏碛、迎富之俗，好竞渡、拔河之戏，亦深受楚文化影响。

---

① 《宋史》卷496《蛮夷传四》，北京：中华书局，1977年，第14223页。

（二）黔施戎遵亚区

该亚区地域广大，既包括川东地区的夔州、施州、黔州、思州，又包括川南地区的戎州、泸州、遵义府等府州，甚至包括史所鲜载的川峡四路南部的大片羁縻州地区。在地形地貌上，这一区域包括四川盆地的南缘和东缘，以及大娄山、方斗山和夔峡附近的武陵余脉，应该说是深山密林、沟壑纵横，是当时蛮夷等少数民族聚居区。显然，此亚区民众在各个方面皆有别于其他区，其服饰男子左衽徒跣，女子头垂髻、耳带环，居住条件也几近原始，仍有散居崖洞的风俗习惯，完全是与当时文明体系格格不入的风俗文化区域。在婚俗上，该亚区无封建礼教约束，结合相对自由，轻彩礼，仪式尚音乐。在丧葬习俗上，盛行悬棺葬法，又有二次葬风俗，喜欢踏歌送葬，有刺北斗等特殊的丧葬仪俗。在民间信仰方面，尚鬼信巫，戎州、遵义府等川南之地流行竹王信仰。综上可见，此一亚区完全可视为川峡四路中少数民族风俗区，与同属川东风俗区的恭合涪忠亚区有明显且本质的区别。

四、川峡四路风俗地理特征

一直以来，中外学界对文化区概念的研究成果丰硕，认为文化区是指有相似文化特质的地理区域，是根据各种文化现象的差异所划分的文化圈。而风俗区，其实完全可以借鉴文化区的分区理论，鉴于风俗概念的内涵与外延，在探讨的要素范围上，仅仅未予讨论语言和正统宗教两种文化因子。比如本书在探讨宋代川峡四路地区的风俗地理时，便只提取了物质生活、民风、民间信仰、婚丧及岁时节庆这几项关乎民众生活最为重要的风俗事象加以分析，在此基础之上，厘清风俗区域的边界和轮廓，以便呈现具有共同特质的风俗区和风俗亚区。这并不妨碍文化区理论在风俗区分区上的实践。在人们的传统认知中，似乎同一行政区划或是同一地理单元之下，风俗的划分会与之完全吻合。但在经过全面考察之后，我们发现宋代川峡四路的风俗区划似乎并非如此。有些风俗事象恰恰突破了政区和地缘的阻碍而嵌入相邻风俗区。并且在历史进程中，同一地区的风俗在不同时段会有或多或少的变异，展现迥异的风俗面相，这些都是值得阐明和深究的地方。有鉴于此，笔者尝试提出了宋代川峡四路风俗区所具有的以下几个特征：

第一，传承变异性。风俗文化事象既有历史继承性，又有时代变异性。某些风俗不易受到外界侵扰则可能千年不渝，某些风俗易受外界因素的影响，随时代的演进则会发生相应的变化。比如居住形式的风俗因为地理和气候的原因，若非重大地质变迁，在生产力近似的历史时期，不会发生很大的变化。婚姻、丧葬的仪俗也因儒家思想在封建社会的长期统治地位，得以延续。像婚俗六礼则从汉代开始绵延千年，到了宋代至多在礼数上有所增减，这得益于中华文化的传承性。而若观察民风，则相对特殊，有的地方能够千年不渝，有的地方则已悄然生变。比如武都地区在宋代属于利州西路阶州，《汉书・地理志》有记："民俗略与巴、蜀同。"[①] 当时的巴、蜀、广汉皆为南夷。至晋代《华阳国志》载武都"其人半秦，多勇戆"[②]，而此时蜀地益州已宣德立教，渐有"洙泗之风"。再至《太平寰宇记》所载的唐末五代、北宋前期，益州已是"风谣尚其文"之地，而武都风俗早已不在"同益州"之列，甚至不在剑南道内，显然已与蜀中风俗大相径庭了。管窥这一例证，可知随着时间的推移，人口结构、经济发展等多种因素的叠加使得原本风俗相近的两个地区可能越走越远。与此同时，外在形势的变故也会导致风俗更迭。像洋州一域，在北宋相当长的时间里，号为"乐土"，事简民淳，岁时节令方面，常有"揭蒲之戏""解缴之会"等民俗活动的开展。但至南宋年间，此一区域毗邻大散关、

---

① 《汉书》卷28下《地理志下》，北京：中华书局，1962年，第1646页。

② 〔晋〕常璩撰，刘琳校注：《华阳国志校注》卷2《汉中志》，成都：巴蜀书社，1984年，第155页。

秦岭南麓等抗金、抗蒙前线，激烈的战事和动荡的时局想必使得此类悠闲之俗难以维系，有的甚至就此消亡。这其实就是时空背景的转变、重大历史事件的冲击，使原来文化土壤或是生活其间的人群发生了变化所致。特别是作为个体的人，在生活实践中不断将自带的文化特质无形中浸染于自己的生活区域，形成对风俗地理空间的挤压、侵占与重塑。此时，风俗可能会根据不同阶级人群的思想观念、经验阅历和生活习尚等因素增添新的内容或者删减旧的内容，形成一定程度的变异。20世纪末新文化地理学兴起，强调文化的空间性，将文化视为空间过程的媒介，认为文化是日常的，渗透在生活的每个过程中。[①] 风俗文化的时间性同样不容忽视，风俗现象作为文化的有机组成部分，是与一时一地的时空条件息息相关的，其传承性和变异性的特质，正是在这种时空转变中得以体现，宋代川峡四路的风俗流变也是如此。

第二，区域边界的杂糅性。正如文化区没有绝对分明的界线一样，风俗的一致性只在核心区最为明显，向外则逐渐衰减，不同风俗区之间的接触地带实际上是一个过渡地带，这一片区的风俗特质往往是模糊和相互交融的。在本书三大风俗圈层的模型示例中，理论上存在一个与三大风俗区皆不关涉的弧形三角区域，这样一个区域并非风俗事象的真空地带，而恰恰相反，实质上是各风俗事象皆作用于此的交接融合地带。比如阆州的东南部和蓬州的西北部正在这一区域，以民间信仰风俗为例，这一区域可能既有川西北的二郎神、梓潼君信仰，也有川中南的射洪神信仰，还有川东的张飞信仰。正是由于三大风俗区的边缘皆汇聚于此，所以核心风俗区的风俗事象推延至此，力量都走向衰弱，没有一个民间信仰风俗能完全占据此地绝对主导权，这便为多神共存的民祀形态留下了信仰空间。其他风俗事象也是如此。又比如巴州南部在岁时风俗方面可能既有川东上元夜“唤

---

① 周尚意、孔翔、朱竑编著：《文化地理学》，北京：高等教育出版社，2004年，第10页。

蚕丝”的习俗，亦有蜀中观灯夜游之俗，不会非此即彼，完全相左。很多情况下，风俗与风俗之间并非并列关系，而是包含关系，这与文化地理学相关理论也是相统一的。

第三，由于民族构成的复杂性，川峡四路风俗区划分时并不能形成一个精准的风俗同一性区域，往往在以汉族风俗事象的差异划分风俗区时，难以兼顾散布其间的少数民族因素，或可出现风俗飞地。像简州，一般看来归作蜀中风俗区，但宋时此区域有獽人这一少数民族群体生活其间，其风俗是嫁娶鼓笛、葬骸岩穴，类似于川东夷僚少数民族之俗。但因此便将简州划入川东风俗区，又违背了居住于此的汉族民众所具有的更倾向于蜀中的民风、信仰、节庆等其他风俗事象的事实，所以简州獽人之俗则形成一块风俗飞地，这是川峡四路风俗地理分区中难以避免的。而川峡四路的西、南、东三大方向皆分布有夷、蛮、僚等少数民族，正如《舆地纪胜》引夔州旧《图经》所言：“巴、夏居城郭，蛮、夷居山谷。”[①] 在四川盆地的边缘地带，山谷纵横，宋时仍是广大西南蛮夷的主要聚居地。鲁西奇进一步指出，群蛮的生存、居住与活动也不仅限于山地，湖泽与平原同样为其生存活动之所，其实质是不著户籍、不服徭役，以聚落为单位，散居山林野谷的一类人群。[②] 这就意味着，当时实际居住在川峡四路的少数民族人口可能比用地形来判断要更多。这些环绕川峡四路大半的特殊人群，牵扯四路中的三路，势必不能对其视而不见。这些蛮、夷、僚、羌的风俗习尚使以汉族风俗因子来进行分区的行为不可能实现绝对纯粹。所以，本研究只得将一个统一的少数民族风俗概念纳入该人口占比最多的川东地区加以考察，力图以风俗文化特质的主要差异来呈现川峡四路的宏观风俗区划，但这无法精准体现包含汉夷之别的风俗实况，具有一定局限性。

---

① 〔宋〕王象之撰，李勇先校点：《舆地纪胜》卷174《涪州》，成都：四川大学出版社，2005年，第5082页。

② 参见鲁西奇：《人群·聚落·地域社会：中古南方史地初探》，厦门：厦门大学出版社，2012年，第36—39页。

第二节 影响川峡四路风俗形成的因素

一、地理环境因素

地理环境无疑是形成风俗区最基本的条件之一。一般来讲，一个风俗区多位于相同或相似的地理单元之中。如川北风俗区基本沿四川盆地北缘、剑门关一线为界，包含秦岭、大巴山以北的广大区域。而蜀中风俗区坐拥成都平原和四川盆地核心地带，地势舒缓平整。川东风俗区则主要以平行岭谷和峡谷地貌为主，地势陡峭，土地贫瘠。川峡四路内部所存在的这三大自然地理区域，在气候条件、水热分布、地貌特征等方面本身便存在很大差异，这也决定了相应的风俗文化必然迥异有别。

地形与气候条件首先对民居的样式构成影响。由于威州、茂州等地位于青藏高原过渡地带，地势高寒，所以民居多选择石质碉楼。这种建筑形式结构严密，坚固耐久，保温效果好，可以抵御极端天气，所以为当地民众所采用。而川东峡江一线，潮湿燠热，便于通风散热的吊脚楼则是当地人的首选。这些居住风俗便是由地理环境所决定的，是人们将长期生活经验总结实践后形成的，并非其他因素所致。更为直观的则是出行方式上的“南船北马”现象，位于川峡地区北部山地的民众多骑驴或者蜀马，两种牲畜皆小巧灵便，适合山地行走。这在穿梭于茶马古道的商旅活动中得到很好的印证。而川东夔州路峡江两岸的民众则善于操舟，且熟悉暗礁水文状况，所用船只也是调头方便的片帆小艇。这皆为地理环境因素所导致的出行风俗差异。另外，在葬式方面，川西多砖室墓，这得益于成都平原的土壤细腻，适合烧造砖块。而川中南多山，山中多石材，所以该丧葬亚区流行石室墓。这是就地取材影响丧葬风俗的实例。

地理环境的差异也直接影响农业景观和物产的差异。川峡地区麦作的记载多见于岷山之阳龙州、利州一带，此一区域是亚热带季风气候，更有利于小麦的生长。而更往南的四川盆地腹地水热条件更加优越，显然是水稻生长得天独厚的地区。而在前文食俗章节提到的蔬菜库府亦是指成都平原附近，那里土地肥沃，渠堰纵横，相应的蔬菜资源十分丰富。而像川北和川东地区由于土地贫瘠，自然条件相对恶劣等，土地开发并不充分。以上这些地理条件的不同造成食物资源的不同，从而在饮食风俗上导致地域差异。此外，山河大势还影响一方人的性格禀赋。正像明人王士性所总结的泽国之民、山谷之民与海滨之民各自为俗一样，川峡四路所划分的三个民风区也与地理环境有一定关系。川北与川东之人类似于山谷之民，“石气所钟，猛烈鸷愎”①，是大山大水造就了其刚毅性格。而蜀中之民生长在富贵之乡，则像两浙的泽国之民一样尚奢而文弱，蜀中便利的灌溉造就了水旱从人、不知饥馑的盛景，继而令人产生安逸的心态，这种心态又塑造了蜀民乐天而豁达的性格。此也可视作地理因素对风俗的影响。同时，不仅大的自然地理要素可以作为风俗区的显著界限，如秦巴山地分割川北与蜀中，次一级的自然地理要素有时也和风俗亚区相吻合。如蜀中风俗区中西川亚区与东川亚区的分野似与沱江相一致，即沱江东岸大体为东川风俗亚区，而西岸则为西川风俗亚区。东川亚区的射洪神信仰在西川亚区并不盛行，这也许与一水之隔有些关系。当然，制约风俗区和亚区的因素还不只如此，但可见地理因素是划分风俗区首先应当考虑的重要参照。

二、政治政区因素

前文已述，宋朝立国之初对派遣到川峡四路地区的官员相当谨慎。所谓“益州重地”②，即统治者对险远难治的蜀地多有忌惮，既希望有铁腕

---

① 〔明〕王士性著，吕景琳点校：《广志绎》卷 4《江南诸省》，北京：中华书局，1981 年，第 68 页。

② 〔宋〕魏泰撰，李裕民点校：《东轩笔录》卷 13，北京：中华书局，1983 年，第 151 页。

重臣可以震慑大局，又希望能怀柔以治，让纳入宋朝的前朝遗民对新政权不过多排斥，从太祖先后派出吕余庆和刘熙古两位权知成都府便可看出此中的矛盾心理。吕余庆虽为文官出身，但已属果敢能臣，在遇扰乱公共安全的非法事件中能“斩之以徇，军中畏伏”①，但多少还是“重厚简易”，震慑作用仍不能让上层满意。而后任命的刘熙古更是有边塞征战经历的武将，善骑射，弓马娴熟②，此中用意不言自明。在笼络人心方面，蜀地则出现了供奉御容像（皇帝画像）的礼制传统③，这实际上是一种官民互动的政治手段，宋廷借用此种方式树立赵宋历代帝王的神武形象，潜移默化地用赵宋正统地位观念对蜀人洗脑，以神话君权并使当地民众彻底臣服。并且，蜀地一有天灾人祸，宋廷总是异常关心，会第一时间派出大臣安抚巡视，以示皇恩浩荡。比如蜀中刚刚平定王均之乱后，真宗就命翰林学士王钦若、知制诰梁颢分为西川及峡路安抚使，以稳定大局。真宗还专门嘱咐王钦若说：“朕以观省风俗，尤难其人，数日思之，无易卿等，各宜宣布德泽，使远方知朕勤恤之意。”④ 安抚为一个方面，对蜀地明察暗访、观风听俗则是潜在用意，所以才要派出得力干臣。特别在此次动乱之后，“蜀守皆得便宜从事”⑤，可见宋廷将决策权下放给了守蜀之臣，目的是希望能以最快的速度应对蜀中可能出现的危局。总之，对川峡地区加意警觉、宽严相济的治理之策，皆体现了宋廷维护蜀地安定的决心。在这样一种大势之下，川峡地区得以最大限度地减少前期战争带来的损失，社会状态逐渐趋稳，虽不时仍有小规模叛乱发生，但总体趋势朝着恢复和发展生

---

① 《宋史》卷263《吕余庆传》，北京：中华书局，1977年，第9099页。

② 《宋史》卷263《刘熙古传》，北京：中华书局，1977年，第9100页。

③ 黄博：《神御在蜀：宋代四川的御容奉祀与地方政治》，《北京社会科学》2017年第4期。

④ 《续资治通鉴长编》卷47，咸平三年十月丙寅，北京：中华书局，1979年，第1030页。

⑤ 〔宋〕曾巩撰，王瑞来校证：《隆平集校证》卷11《枢密》，北京：中华书局，2012年，第330页。

产的方向推进。这为北宋中后期川峡地区富饶安逸的社会风气打下了坚实的基础。

同时，唐末五代以来，政治黑暗，人心涣散，道德失坠，长期战乱的冲击使得民众的宗族意识变得十分淡薄。宋廷认识到稳定政权的根本仍在人心，必须重新调整社会关系，重构社会秩序[①]，而实现这一目的，必须重拾教化这一政治工具，用文教将儒家思想灌输给蜀地民众。这其中，除了兴教设学，宋廷特别在意对义门的旌表和对家长制的维护，前文所述川峡地区不准别籍异财就是明证，这种维护宗法家长制的做法实质上是在捍卫儒家忠孝之义，对于扭转蜀地民风和丧俗都有直接的指导意义。正如朱瑞熙先生所指出的那样，义门的家族形态是国家的缩影，以孝义为中介，人们可以将家长与家庭成员的关系转换为君臣关系，将对族权的敬畏转化为对皇权的顺从。[②]《宋史·孝义传》共载五十九人，其中川峡地区占九人[③]，占七分之一强，与全国其他地区相比显得颇为突出，由此可见此一区域的孝义观念深入人心，这与宋廷一系列教化措施有直接关系。同时，宋廷对妖教淫祀的重拳打击，也使人心渐稳，浮躁之气渐衰，将社会主流观念拉回到儒家正统秩序中来，这也剪灭了部分人非法集会，借奉神之名，行颠覆宋政权之实的企图。宋廷一系列政治手段，对于维护当时社会的稳定和风俗重构都起到积极作用，前文第二章已述，此不再赘。

行政区划的调整同样对文化和风俗产生一定影响，同一政区下，风俗文化常受到整合。周振鹤先生在《体国经野之道》中指出，同一政区之下，风俗、方言和宗教皆具有趋同性。[④] 众所周知，川峡地区之所以分为

---

① 张雪红：《传播与转型：走向生活世界的宋代社会教化研究》，华东师范大学博士学位论文，2010年。

② 朱瑞熙：《宋朝的礼乐教化》，《河北大学学报》（哲学社会科学版）2012年第2期。

③ 《宋史》卷456《孝义传》，北京：中华书局，1985年，第13385—13415页。

④ 周振鹤：《体国经野之道——中国行政区划沿革》，上海：上海书店出版社，2009年，第155—157页。

四路，是真宗咸平四年（1001）分西川路和峡路所得[①]，此中蕴含着宋廷深刻的政治意图和战略考量，主要目的当然是防止蜀地割据。分四路之后，益州路虽富庶，但无险可守；利、夔二路若是闹独立，则无财力支撑；梓州路择中监视东西，自身若反则腹背受敌。[②] 这种巧妙的分区之策，实为一种战略上的相互牵制，不仅有效规避了蜀地的潜在危险，也无形中使风俗文化做了某种意义上的切割。益州路坐拥成都平原，物质资料丰富，民风崇文尚奢，很容易在生活习俗等方面自成一区。利州路多为剑外之地，而今属四川的阆州、巴州等地因同属利州路这一高层政区之下，更容易与汉中、金、洋各州府发生联系，所以在民风气质和婚丧礼俗等方面，受政区整合的影响较大。类似情况在梓州路和夔州路都有不同程度的体现，只是不同风俗事象反映的程度不一。像射洪神信仰便在梓州一路较为兴盛，相邻左右两路该信仰皆不为盛。当然，也有风俗因子会打破政区边界的限制而渗透到另一个风俗区，但不可否认的是行政区划对风俗区的形成会产生深刻影响。

三、经济交通因素

自唐安史之乱以后，北方经济凋敝，国家经济重心逐渐向东南江淮转移。唐末五代之际，主体位于四川盆地的川峡四路地区因其相对安定的政治环境和优渥的自然条件，社会生产得到进一步发展。加之宋廷在这一地区允许贸易自由，推行护商政策，从而吸引了一定的人力和资本集聚，使川峡地区展现出不俗的经济活力。而且前后蜀多年的经营也为川蜀地区打下了良好的经济基础。所以入宋以后，蜀中经济得到长足发展，城市的经

---

① 《续资治通鉴长编》卷 48，咸平四年三月辛巳，北京：中华书局，1979 年，第 1052 页。

② 余蔚、任海平：《北宋川峡四路的政治特殊性分析》，《历史地理》第 17 辑，上海：上海人民出版社，2001 年，第 161 页。

济功能显著强化，市民阶层逐渐壮大，成都一时成为西南一大都会。宋人范百禄言当时的成都："蜀之都会，厥土沃腴，厥民阜繁，百姓浩丽，见谓天府。缣缕之赋，数路取赡，势严望伟，卓越他郡。"[①] 百姓安居乐业，市场繁荣兴盛，这是蜀中可以形成宴游之俗的物质基础和先决条件。同时，商品经济的发展取决于"货物"的多少，当时的川峡地区，特别是蜀中成都平原一带，关涉衣食住行的各色货物汇聚，既包括农产品，也包括手工业制品[②]，这就为成都地区集市风俗的兴起创造了可能。蚕市、药市、灯市、年节市的出现，有力推动了蜀中专业性集市民俗的生成和发展。比如当时成都的蚕市，已超越了一般意义上的专业性市场，发展成百货集聚的物资交易集散地，就如田况所说："齐民聚百货，贸鬻贵及时。乘此耕桑前，以助农绩资。物品何其夥，碎璅皆不遗。编篨列箱筥，饬木枘镃錤。"[③] 如此热闹的商贸场景，无疑使蜀中之民更具开放包容心态，好口腹之欲的食俗和好馈赠的节令之俗不能不说与经济活动的兴盛颇有关系。另外，经济的繁盛在税收层面也有所反映，当时川峡四路的赋税在整个宋朝占有相当比重，吕陶便曾说："夫蜀之四隅，绵亘数千里，土腴物衍，赀货以蕃，财利贡赋，率四海三之一，县官指谓外府。"[④] 由此可见蜀地在大宋财政版图中的地位。在这样一种经济大背景下，蜀地盛行奢侈之风也便很容易理解了。

具体来看，在物质生活风俗方面，宋代川峡四路蔬菜资源极为丰富，这与彼时的蔬菜已从农业中独立出来，逐步实现商品化有一定关系。在中

---

① 〔宋〕范百禄：《〈成都古今集记〉序》，《全蜀艺文志》卷 30，北京：线装书局，2003 年，第 792 页。

② 林文勋：《宋代四川商品经济史研究》，昆明：云南大学出版社，1994 年，第 1 页。

③ 〔宋〕田况：《五日州南门蚕市》，《全宋诗》卷 272，北京：北京大学出版社，1998 年，第 3445 页。

④ 〔宋〕吕陶：《成都新建备武堂记》，《全宋文》卷 1610，第 74 册，上海：上海辞书出版社，合肥：安徽教育出版社，2006 年，第 52 页。

国古代，田多用来种粮，而园则用来种植蔬菜果木。宋代随着商品经济的发展，城市日常生活对蔬菜的需求日益增长，蔬菜业随着城市的发展而发展，很多菜圃就分布在城市附近。[①] 而由于川峡地区土地肥美、气候温润，不仅普通人家房前屋后、路侧园中皆有种植，而且在一些交通沿线已出现了蔬菜种植专业户[②]，这无疑极大丰富且方便了川峡地区民众的餐桌。同样，饮茶之风的兴起也与茶叶的商品化倾向有关。当时川峡地区已出现一些专业化的茶园和专门种植经营茶叶的茶园主，这些人多为前朝大官僚、大地主的后人，像后蜀官员毋守素便占有大量茶园，入宋后将其进献给宋廷，谋得工部侍郎的职位，以明哲保身。[③] 这从侧面反映出茶叶经济已趋于专业化生产模式。普通民众也通过种茶变卖补贴家用，"今川蜀茶园本是百姓两税田地，不出五谷只种茶，赋税一例折科，役钱亦须均出，自来采茶货卖，以充衣食"[④]。这就使得茶由劳动剩余产品向商品属性转变，无疑对宋代川峡地区饮茶之风的兴盛起到助推作用。像黄庭坚、王十朋经常吟咏的荔枝也是规模化种植的产物，"僰僮之富，多以荔枝为业。园植万株树，收一百五十斛"[⑤]，这无疑极大丰富了川峡地区食俗中的果品种类。在商品经济大背景的刺激之下，全民商业意识觉醒，这也使得某些习俗得到继承和衍进，例如蜀人采制杂药的习俗。当时，成都药市上前来贩卖药材的并不全是专业的药农和药商，有些只是川峡地区的普通民众。许多当地人在房前屋后、自家田亩种药，而后拿到药市变卖交易，

---

① 漆侠：《宋代经济史》，上海：上海人民出版社，1987 年，第 157—158 页。

② 郭声波：《四川历史农业地理》，成都：四川人民出版社，1993 年，第 196—201 页。

③ 《宋史》卷 479《毋守素传》，北京：中华书局，1977 年，第 13893 页。

④ 《续资治通鉴长编》卷 282，熙宁十年五月庚午，北京：中华书局，1986 年，第 6915 页。

⑤ 〔宋〕乐史撰，王文楚等点校：《太平寰宇记》卷 79《剑南西道八·戎州》，北京：中华书局，2007 年，第 1592 页。

比如黄庭坚在戎州时便见友人蔡次律家“小轩极洁，外种余甘子”[①]，这个“余甘子”既可作庭院景观树，树根和叶还可入药用。所以，川峡地区这种广植草药的风气大大促进了药市的繁荣，农民得利之后又提高了种药的积极性，从而反作用于采制杂药习俗的大兴。当然，以上这些经济作物的大发展，也是宋代川峡地区农民为摆脱贫困，将山区开发向纵深拓展所致。[②] 由于成都平原以外的山区自然条件相对贫瘠，倒逼农民对农业经济结构做出调整，这客观上促成了茶、果、药等经济作物的广泛种植，进而深刻影响了川峡地区的物质生活风俗。

但是应该看到，经济的发展在川峡地区呈现不平衡的结构态势，如同茶产量成都路最盛，夔州路最次一样，川西与川东的土地开发程度、商贸发达程度也呈阶梯状分布，存在明显差异。川西成都平原地区土地利用率高，农耕技术先进，商品经济发达，物产相对丰富。而川东平行岭谷地区土地贫瘠，很多山区还处在刀耕火种时期，耕作技术落后，粮食产量和经济作物产量皆低，商业活动相对滞后。从人口密度来看，也是成都府路最高，潼川府路次之，利州路和夔州路相继又次之，说明其经济开发的程度也是递减的。[③] 这种富足与贫瘠的物质反差，势必会造就一方民众的心态气质有别。这就导致了川西蜀中的民风豁达、开朗、尚奢，而川东地区任侠尚气、鲁莽好讼。很难想象生存在恶劣环境之下的人能有平和柔顺的脾气秉性。反之“仓廪实而知礼节”，川西那种崇文尚奢、相对儒雅柔弱的民风也是富庶的经济基础所锻造出的民性底色。同样，欠发达的经济也直接使得川东夔峡一带的民众思想观念原始落后，民智低下，促成了好鬼信巫风气的养成。

---

① 〔宋〕张端义：《贵耳集》卷中，《全宋笔记》第 6 编第 10 册，郑州：大象出版社，2013 年，第 324 页。

② 何姣：《浅论宋代四川山区农业开发》，《西南学林（2016）》下，昆明：云南民族出版社，2017 年，第 188 页。

③ 贾大泉：《宋代四川经济述论》，成都：四川省社会科学院出版社，1985 年，第 16 页。

再者，交通因素也是影响川峡四路风俗版图的重要原因。金牛道为中原入川最为重要的蜀道，南来北往经此出入蜀地的人群直接促使了民间信仰的传播。像梓潼君信仰的流播就是靠路过金牛道进京赶考的士子，由蜀地出剑门关入汉中，然后带入川峡北部地区，又通过京师传至全国。而灌口二郎神信仰同样被来往于蜀道的各种人群所传祀。特别是南宋抗金战争中，前线宋军将领极度崇信灌口二郎神，遇战事常祷祭于祭祀二郎神的灵显王庙。彼时飞报军情的战马穿梭于蜀地和汉中，逃难的北方民众也经由此路逃入蜀中，很难想象他们崇信的神灵信仰不会随以上人群的往来而传播开来，所以川西北民祀区也基本为东北—西南走向，呈现与金牛道平行的态势，这便是交通因素影响信仰风俗区形成的典型案例。在水陆交通方面，由于长江下行的水道与荆楚相连，川西民众往往由岷江下长江，而重庆以下又汇聚东川众水，川东之人一路随川江水道出川则更为便利。这使得川东夔州路与荆楚联系密切，民俗风情都有相互渗透。北宋时期，苏辙便在忠州说："舟行千里不至楚，忽闻《竹枝》皆楚语。楚言啁哳安可分，江中明月多风露。"[①] 作为最敏感文化要素的方言已出现交融，相应的其他民俗事象的互鉴融通便可想而知了。特别是南宋以后，国都偏居东南，北方陆路蜀道被金所阻，选择水路东向出川成为多数人的选择。所以夔州路东部地区的民众与两湖荆楚地区的人民经济文化往来较为频繁和便利。夔峡与荆楚巴东一带人员往来非常普遍，或经商或为官，像陆游溯江入蜀时在巴东县所见的两位迪功郎王康年和杜德先，"皆蜀人也"[②]，足见两地交流之频繁。这种由交通而带来的便利也为风俗文化的交流提供了孔道。像川东喜竞渡、好拔河之戏、过大小端阳的岁时节令风俗，皆因此而受荆

---

① 〔宋〕苏辙著，曾枣庄、马德富校点：《栾城集》卷 1《竹枝歌》，上海：上海古籍出版社，1987 年，第 6 页。

② 〔宋〕陆游：《入蜀记》卷 6，《全宋笔记》第 5 编第 8 册，郑州：大象出版社，2012 年，第 216 页。

楚文化的影响。同时，好鬼信巫、病不求医的风俗虽有一部分原因是经济落后所致，但也不可否认深受楚文化重巫思想的熏染。

四、移民因素

移民作为人类的迁徙现象，对生产力的发展和社会的进步都起到重要的推动作用。而人作为文化的载体，在迁徙的同时也将自身所涵养的文化传播他处。风俗因人口的输入而在短时间内突变，就是由移民因素引起的文化冲击。具体到宋代川峡四路而言，由于黄巢起义爆发，唐僖宗带领大批皇亲贵胄逃难蜀中，唐末农民战争没有波及川峡地区；五代割据混战时，中原士族又避难蜀中，同时有一部分平民百姓跟随这次风波顺势迁入蜀地，使得蜀地人口在这一时期有持续几十年的增长。另外，自唐中期开始，随着唐政府对农民剥削压迫的加深，农民为躲避繁重的赋税，相当一部分人口逃入川蜀，被称为逃户，宋时称为客户，指的就是一些无地或少地的农民。[①] 这其中，随僖宗而来最终落脚在川西平原的这部分移民属于高质量的大地主阶层，所谓“是时唐衣冠之族多避乱在蜀”[②] 正是指这个群体，如眉山史氏，后世子孙登第者颇繁，这就为宋代川西眉州、嘉州等地好学之风的形成奠定了基础。又有一部分人入蜀为官或经商，最终落户，后成一方大姓，如井研县的青阳氏本籍洛阳，“唐末有虞部者官于蜀，留居井研，煮盐为富人，凡巴蜀之青阳，皆以井研为宗”[③]。这样一批来自中原发达地区的世家，既具有一定文化素质，又具有商业意识，对繁荣蜀地经济无疑起到推动作用。而在这次移民浪潮中，还有不少专业技术人

---

① 谭红主编：《巴蜀移民史》，成都：巴蜀书社，2006 年，第 133—134 页。

② 《资治通鉴》卷 266《后梁纪一》，北京：中华书局，1956 年，第 8685 页。

③ 〔宋〕黄震：《黄氏日抄》卷 65《读文集七》，《全宋笔记》第 10 编第 10 册，郑州：大象出版社，2018 年，第 382 页。

才入蜀，如画师，唐末五代不少画师皆相继入蜀，他们多“攻画人物”[①]，这为后来蜀中先贤崇拜、生祠崇拜提供了技术支持。前文已述，此不赘言。而逃入川中或者川东的普通移民，客观上也带来了先进的生产技术和人力，同时将部分风俗习尚带入蜀地。总体来讲，宋代川峡四路的人口处于一种上升趋势，宋平蜀之后的安定时期，富庶的成都平原上的居民本身便在数量庞大的人口基数上实现了自然增长，而随着商品经济的发展、商贸活动的兴盛，出入川蜀的各色人等剧增，其中不乏长期定居者。成都府路地区吸引来了五行八作的商人和追求安逸生活的社会各类流民，入蜀为官的文官和武将也悉数到来。人口构成的复杂性也直接导致了民间信仰的多样性。川峡四路地区的自然神信仰、祠神信仰和生祠崇拜本身便有着不同阶层的受众，各信仰的蓬勃发展与宋代该区域的人口激增难脱干系。且自北宋崇宁以来，山东、河北等地寇盗窃发，北方边事日起，陕西的上户多移居京师，而“河东富人多弃产而入川蜀”[②]。即使是南宋宋金对峙时期，川峡地区的人口仍然呈发展之势，处于宋金前线的汉中地区民众纷纷逃往川中腹地。[③] 危难之际，像汴京、洛下、两淮、荆襄等地皆有民众逃难入川，可谓“洛阳盛人物，丧乱亦南迁”[④]。这些人中既有达官显贵，也有文人士子和商旅贩夫，甚至“宗室多避难入蜀”[⑤]。他们的去向也不仅限于富庶的川西平原，而更多的是散落于夔州路川江沿线的都邑，这从重庆涪陵白鹤梁题刻数量于南宋初年有明显的激增中可以看出。[⑥] 这样一

① 〔宋〕黄休复撰，何韫若、林孔翼注：《益州名画录》卷中，成都：四川人民出版社，1982 年，第 62 页。

② 《宋史》卷 179《食货志下一》，北京：中华书局，1977 年，第 4362 页。

③ 贾大泉：《宋代四川经济述论》，成都：四川省社会科学院出版社，1985 年，第 13 页。

④ 〔宋〕晁公溯：《新刊嵩山居士文全集》卷 9《赠朱师轲朱奎父》，《宋集珍本丛刊》第 45 册，北京：线装书局，2004 年，第 620 页。

⑤ 《宋史》卷 159《选举志五》，北京：中华书局，1977 年，第 3724 页。

⑥ 孙华：《石刻所见宋代四川移民——以重庆涪陵白鹤梁题刻为中心》，《南方民族考古》第 17 辑，北京：科学出版社，2019 年。

股移民潮冲击，对川峡地区的风俗势必带来一定影响。比如南宋中后期，夔州路的民风逐渐淳实，该区域的州军开始变得无讼而善治，这与此区域接收了一批高质量移民不无关系。又比如这一时期北方雕砖壁画墓对川峡地区的画像石室墓的墓饰在题材和样式上都有所浸染，只是还不足以撼动川峡地区墓饰原有的传统样式。[①] 不过移民所带来的风俗冲击是不争的事实。

不仅如此，有宋一代，周边少数民族也逐渐迁入内地，像原住于青藏高原的吐蕃便在唐末逐渐迁入川峡地区的威州、茂州等地，并与当地羌、氐等民族融合，致使该区域在服饰、民居、信仰、民风等方面皆与邻近府州不同。所以威、茂等地虽同属成都府路，但因人口构成迥异于同路的其他州府，常在风俗界定上被划为其他风俗区或亚区，予以区别对待。

总之，风俗区的形成受多方面因素所制约。一般来讲，地理环境从宏观上限制风俗区的分野，大的山脉、河流及明显的地貌落差成为风俗区的边界。政治因素会因政策的实施人为干预风俗的走向，政区的划定更是对某一区域的风俗进行整合并对区外的风俗形成阻隔。交通因素会形成风俗传播的孔道，对风俗的流转起到引导效应，从而使相距遥远的两地因交通路线形成风俗的交流融通。而移民则是影响风俗最为活跃的因子，它对风俗的作用既有时间性，又具空间性。短时间内如洪流般的大量定向移民会对接受地的风俗形成剧烈冲击，而长时段内散落的零星移民又会在空间上点润更大尺度的区域文化。应该讲，移民的灵活性可能会使风俗区存在不确定性，不同阶层的移民或深刻改变接受地风俗，或被接受地风俗所同化而仅是打上异域印记。换言之，移民所携带来的风俗，有可能形成方言岛或是风俗飞地，但也有可能湮没于土著文化，这都是相当模糊的现象，需要时间的沉淀加以甄别。

---

① 赵兰：《北方移民影响与四川宋代画像石室墓》，《中国美术研究》第27辑，上海：上海书画出版社，2018年。

结 语

风俗是一个地区或一个民族长期形成的社会风尚和民众习惯的合称，是一种普遍存在而又较为独特的文化现象，它反映了一时一地的社会风貌，具有地缘性、社会性、传承性等特征。放眼整个宋代，祖宗之法被奉为圭臬，士大夫政治渐入佳境，商品经济空前发展，文化艺术异彩纷呈，随着生产力的进步，社会生活方式随之悄然改变，人们的思想观念也在暗流涌动中发生激烈震荡。而此一时期的川峡四路地区，虽远离中原政治中心，偏安王朝西南一隅，却坐拥“天府”之美誉，享有得天独厚的建瓴之势和丰厚的物质资源。不过其善反好独的割据传统和牵制全局的战略地位一直刺激着统治者的神经，使之备受仰赖的同时又多遭忌惮。在这样一种时空背景之下，治蜀成为不容忽视的战略选项，而在软治理过程当中，风俗浸润人心、匡正世风的独特功能又凸显出来，成为历任治蜀能臣不容忽视的密钥法门。在这种人为干预与自然演化之下，宋代川峡四路的风俗面貌呈现独有特征，成为整个时代的文化注脚。接下来，从以下四个维度再对全文做一总结。

第一，区域与文化。由于风俗的概念过于庞杂，探讨这样一个抽象的风俗概念显然过于虚无缥缈，无法做到有的放矢，所以本书采用化整为零、各个击破的原则将川峡四路的风俗分成生活、民风、信仰、婚丧及岁时节庆五大单项风俗事象来分别探讨，以期通过各项风俗格局的图层叠加绘就川峡四路总体的风俗区划图景。这样一来，虽能做到深入探讨，但在划分风俗区的过程中，则不可能做到最终所划定的综合风俗区与单项风俗区完全精准吻合。西方文化区理论认为，身处同一文化区的居民和部族虽应具有该区域共同的文化特质，但并不完全一致。文化中心的区域文化特质表现得最为明显，边缘地带则依次减弱。这便意味着面对不同风俗因子时，区域的边界会有盈缩现象。比如同样是川北风俗区，在讨论民风风俗事象时，边界甚至可以北移至秦岭巴山北麓，而探讨更具世俗共性的婚俗事象时，其风俗区边界大概可南移至剑门关一线，这是不同风俗因子的属性所决定的。而在民间信仰风俗地理单元，三大风俗区的切割方式甚至呈现与蜀道相平行的斜线空间态势，这又与交通孔道对信仰的传播推波助澜有一定关系，具体原因在前文已做过分析，此不赘述。不过这种交互杂糅性确为宋代川峡四路风俗地理的一大特征，虽然川北、蜀中、川东的三大分区不能做到一劳永逸，但是综合历史、地貌、气候、政区、文化、民族等多种因素复合考量，三分法仍是川峡四路风俗格局的基本盘，是现有研究条件下最接近科学实际的合理分区模式。当然，在更具普遍性的风俗因子面前，有些风俗事象甚至不足以三分，比如更具有时代统一性的服饰风俗、居住风俗等，则仅能通过民族性的差异加以体现。而讨论陆路与水路的出行风俗时，也仅是选取蜀中和川东作为两种出行方式最具代表性区域，无法做到面面俱到，这是本研究的局限性，有待后来者进一步开拓。

此外，风俗作为文化的有机组成部分，亦受地域文化的整体熏染。如宋代蜀人有很强的趋利性，川峡地区的士子赴京赶考，常常夹带私货以贩卖，在取义的同时不放弃牟利，不认为经商牟利有辱斯文。[①] 物质欲的膨胀势必导致消费主义的盛行，奢风弥漫，所以蜀中地区民风尚奢，喜宴游、擅馈赠、好博戏之类风俗的流行则不难理解了。同时，相对于北方而言，宋代南方的宗法观念依然相对较弱。比如川峡地区的“别籍异财”

---

① 程民生：《宋代地域文化》，开封：河南大学出版社，1997年，第20页。

现象被宋廷明令禁止，这种地方习俗受到中央政府严厉打击的现象，实际上是一种官方教化的下移，也是地域风俗文化服从于整体国家意志的表现。又如在传统文化语境中，男主外、女主内的劳作结构被世人所接受，但宋代南方部分地区则出现了女主劳作的现象，这在川峡四路东部的夔州路地区得到印证。女子成为日常劳作的主力军，不仅从事农业生产，甚至从事商业活动。这既是当地民风的承袭，也受周边地域甚至南方更广域文化的浸染。并且，生活于川峡四路边缘的少数民族的风俗，是川峡四路整体风俗中不容忽视的组成部分，他们的风俗有其独特的发展脉络，单纯地通过地域之间的比较谈异同意义不大，唯有站在民族学、人类学视角来探究才更为科学合理。如川东风俗区中少数民族婚俗的刀弓相赠、丧俗的击鼓而歌，并非低等于汉族风俗，仅是其民族的特色文化使然。

第二，传承与变异。实际上，宋代川峡四路的风俗事象既体现了风俗的传承性，又体现出一定的变异性，是两种力量交错扭转、相互作用的推动之下形成的彼时彼地的风俗样态。就传承性而言，每种单项风俗事象的形成，都是人类在长久的生产生活中累积的某种经验所总结出的一套行为密码，如同基因一样镌刻在人们体内，这种文化信息可使人们趋利避害，与周围环境相适应，以致代代相传，矢志不渝。像川峡北部利州西路地区的民风，自《汉书·地理志》所载就是“修习战备，高上气力”，至宋代仍是“好气勇斗”“人尤悍劲”，这便说明地近戎狄的人文环境和高亢粗犷的地理环境共同造就了当地人的这种群体性格，不唯如此，难以在此地生存，难以应对各种突如其来的生存挑战。又如巴东夔峡之民，自上古就好鬼信巫，至宋代仍“涪陵之民尤尚鬼俗”，这与此一地区生存环境恶劣、经济文化发展滞后有直接关系，人们遇事无法找到排解的出口，首先想到的自然是寄希望于鬼神。也就是说如果夔峡社会面貌一直没有本质改变的话，此种风俗仍会继续存在下去，永远有市场。这种历经千年不改的风俗表现，可能不用特意地“传”，仅由祖祖辈辈的行为惯性便可承袭下来，成为一种与生俱来的生活习惯。但反过来说，风俗事象亦存在变异性，这是由某种因子的浸染或者国家形势的改变等宏大事件而引起的强制干预所致。如宋廷南渡以后，大量北人南迁临安，以致原来食米的临安人开始接受汴京的面食，甚至人们日常使用的杭州话都开始夹杂“北音”，此种现象就是移民冲击迁入地风俗，致使迁入地风俗改变的典型例证。而具体到川峡四路而言，同样经历了一场两宋之交的南渡，夔州路便因接纳了一定数量的京畿高质量移民，使其民风由之前的任侠尚气变得在南宋后期淳实许多。又如宋金对峙时期，国家对武将的推崇直接为川峡地区的生祠崇拜提供了信仰氛围。而外来宗教的侵入，也使人们的丧葬形式发生改变。诸如这样的风俗之“变”，又展现出风俗事象的变异性或者说可塑性。其实，同一种风俗事象，在漫长的历史发展中很有可能既有传承又具流变，比如蜀中的饮食风俗，自汉晋以来，蜀人“好辛香”“喜饴蜜”的饮食口味一直流传下来，直至宋代未有根本改变。但明清以后，随着移民的涌入等多种因素的影响，麻辣才开始占据川菜口味的主流，成为蜀人新的口嗜之尚。总而言之，风俗的变与不变皆是相对而言的，需要具体分析某种单项风俗事象的实际情况，不可一概而论。

第三，教化与世风。教化作为封建时代中央政府控制地方的有效手段，在国家治理体系中发挥着重要作用。宋代建国伊始，统治者便意识到教化的重要性，开始重拾儒家伦理纲常，推行右文政策，强调兴教设学，通过地方官的治理与调节，净化地方风气，重整基层社会秩序。川峡四路地区是这一治国方略的典型实践之地，自太祖朝始，中央便选派能臣任职川蜀，并加意嘱托入蜀官员应“谙悉人情，通其风俗”，太宗、真宗朝莫不如此。在此背景下，像张方平、张咏、田况、宋祁等一大批宋朝名宦先后入蜀为官，主政西南大局。他们中或施仁政，使司法宽严相济；或编纂案例手册，严禁不法行为；或力倡忠孝之义，匡扶失坠世态；或兴教设学，重振好学之风。应该讲，经过宋初三朝的有效治理和教化推行，川峡四路特别是益州路（成都府路）地区，社会秩序得到极大改善，民心趋于稳定，百姓得以安居乐业，汉时崇文之风得到重振，士子愿意考取功名，入仕为官，服务于朝廷，这样的局面是宋廷乐见的。在这些表象的背后，社会风俗也在潜移默化地发生变化。社会的稳定促进了经济的发展，在商品经济大潮的催生之下，宋代蜀地商贸市井的繁盛世所公认，此不再赘。所以，该地区才产生了奢侈、豁达的民风气质、热闹的集市民俗、遨游的社会风尚和多元的民间信仰，这些都是经济社会发展之后带来的风俗之变，但究其根源，又与宋初朝廷推行的教化之制难脱干系。换言之，正是有了前期的治理下沉、风俗引导、世风干预，才有了后续的业乐民安、风俗大化的局面。所以说，教化的政治功能不容忽视，教化与风俗的关系不容小觑。

第四，变革与时代。一地风俗的变迁亦应放到整个时代的背景之下考察才更具可信性和说服力。因此，综全书观之，如果将宋代川峡四路的风俗演进放置在唐宋变革的大背景之下，承认唐是中古的结束，宋为近世的开端，而这种变革又是整个文化形态变革一部分的话，那么川峡地区作为这种时间维度下的空间一隅，无疑也因此呈现自己独有的文化面相，如平民地位上升、唐末佃户转变为自由农民、土地私有、城市商业化加剧。此种剧烈的社会变革，必然造就新的生产方式、新的阶层和新的生活方式。由唐至宋，经济的商业化程度加快，这在川峡地区表现为诸如成都专业化集市的繁荣、物质消费世俗化趋势下餐饮业的兴盛、奢侈之风的泛滥、博戏的流行等，这与入宋以来商品经济发展之下，市民文化的兴起、坊市制被打破、宵禁被取消的时代进步是密不可分的。并且，入宋以来，川峡地区陆续形成一批都会城市，城市的功能也由政治性向经济性转变①，商业引发的消费主义思潮在慢慢崛起，这也为该地域生活风俗的精致奢华提供了可能。又如，从中唐至宋，随着世族庄园的瓦解等一系列生产关系的变

① 林文勋：《宋代四川商品经济史研究》，昆明：云南大学出版社，1994年，第207页。

革，农民的人身依附关系减弱，他们可以自行支配劳动时间，以完成以户为单位的家庭生产，如自种菜地和纺织作业，这在物质生活风俗上则表现为果蔬业、渔牧业的井喷式发展，供人享用的食材极大丰富。而在服饰风俗方面，同样受惠于新型生产关系的建立，宋代川西农家已“家家夜咿呀，梭声当户织”，商品化的布匹生产极大地满足了人们的着装需求，无形中也为服装款式的时代进步带来契机。以上皆可视为唐宋之际的社会变革对川峡地区风俗产生的潜移默化的影响。在民间信仰方面，唐宋以来，民间信仰的神明逐渐表现出名目繁多、来源复杂等特点，人格神不断涌现，生祠大兴。而川峡四路为古巴蜀之地，先贤古迹众多，固有神话传说瑰丽绚烂，伴随着佛、道两教在中国社会的渗透和唐宋之际人们思想观念的变化，民众对信仰的需求日益多元，进而各种神明信仰大行其道，每一路几乎皆有掌管此一区域的重要神灵，且大神所领区域之下亦有小神散布，对应形成民祀区与亚区。同时随着人员往来的频繁和经济孔道的繁荣，神域空间也存在弥散和延伸的正相关性，分疆而治和互为表里是其主要特点。再就婚姻风俗而言，由唐至宋婚姻从必由于谱系到不问阀阅，唐代世家采取封闭式婚姻，而宋代转变为开放式婚姻，婚恋的自由度更高。宋代的法律、家法和族规并不反对女子离婚改嫁，甚至对这种行为进行保护，最大限度地支持女性在婚姻关系中的自主权。[①] 同时，政商联姻比比皆是，仅川峡地区名门望族与富商新贵的联姻个案便不在少数。这种政商通婚局面的形成，同样是商品经济发展之下，商人地位上升的直接表现，其实也是唐宋变革之际社会结构发生变化间接作用于婚姻层面的结果。还有理学思想在南宋后期的勃兴，导致某些儒士刻意追求礼仪和衣帽上的复古，着装更加讲求洁净和质朴，以致生活方式随即发生改变；像朱熹的《家礼》被更多世人所接受，以致在婚丧等礼俗方面回应更多实践，均是唐宋之际思想文化方面的变革在行为方式上的映射。以上诸多风俗的转变

---

① 张邦炜：《婚姻与社会（宋代）》，成都：四川人民出版社，1989 年，第 77—78 页。

仅是受时代大势冲击下的一个个缩影，其在不同的地域仍能被激发出不同的表现形式，正如赵世瑜所指出的，历史过程只有在特定的空间中才能得到理解的认知[①]。存在于川峡地区的唐宋变革表象可能没有开封或是临安这样的王朝中心来得激烈和明显，但并不妨碍社会文化由落后追求先进的趋向性。柳立言先生进一步指出，唐宋变革不是一般意义上的转变，而是根本性的、革命性的转变，是结束一种旧有的文化形态、模式或方向，而开启一种新的文化形态、模式或方向。[②] 换言之，这种变化应该是全方位的、实质性的。实际上，以两宋之际蜀地形象嬗变为表象的风俗变迁，既是涉及战略地位、政坛格局、文化影响力等因素综合演进的结果[③]，也说明了风俗演进势必与时事发展同频共振。当然也应该注意到，唐宋变革的时间表在政治、经济、文化、生活等领域的表现未必步调一致，并且不同地域之间也并非同时进入“近世”，川峡与湖广、江南等地区可能有先后的差异[④]，有些在中国历史进程中具有延续性特征的体制和观念甚至并未发生改变[⑤]，但这仍不能否认唐宋之际的剧烈震荡对民间风俗产生的涟漪效应般的深刻影响。所以，在时代大潮中，每一种风俗文化事象犹如浪花，亦随这种变革大潮向前翻滚，无法独善其身，最终定型为符合时空框架的独特文化形态。纵观整个宋代川峡四路地区的风俗呈现与演进，既表现出历史发展阶段的局限性，亦表现出地方文化的传承性，是整个历史演进的一个侧影，更是自然环境与人文要素综合作用的结果。

---

① 赵世瑜：《在空间中理解时间：从区域社会史到历史人类学》，北京：北京大学出版社，2017 年。

② 柳立言：《何谓“唐宋变革”?》，《中华文史论丛》2006 年第 1 期。

③ 曹鹏程：《两宋时期的蜀地形象及其嬗变》，《四川师范大学学报》（社会科学版）2016 年第 2 期。

④ 葛兆光：《思想史研究课堂讲录》（增订版）三编《博士生的四堂讨论课》，北京：生活 · 读书 · 新知三联书店，2019 年，第 37 页。

⑤ 刁培俊：《“唐宋社会变革”假说的反思与区域视野下的“历史中国”》，《学术月刊》2013 年第 2 期。

参考文献

一、古籍

［1］〔汉〕司马迁：《史记》，北京：中华书局，1982 年。

［2］〔汉〕班固：《汉书》，北京：中华书局，1962 年。

［3］〔汉〕应劭撰，吴树平校释：《风俗通义校释》，天津：天津人民出版社，1980 年。

［4］〔汉〕崔寔撰，石声汉校注：《四民月令校注》，北京：中华书局，2013 年。

［5］〔南朝宋〕范晔撰，〔唐〕李贤等注：《后汉书》，北京：中华书局，1965 年。

［6］〔南朝梁〕宗懔撰，〔隋〕杜公瞻注，姜彦稚辑校：《荆楚岁时记》，北京：中华书局，2018 年。

［7］〔晋〕常璩撰，刘琳校注：《华阳国志校注》，成都：巴蜀书社，1984 年。

［8］〔唐〕魏徵、令狐德棻：《隋书》，北京：中华书局，1973 年。

［9］〔唐〕韩鄂：《岁华纪丽》，明万历刻秘册汇函本。

［10］〔唐〕段成式撰，许逸民校笺：《酉阳杂俎校笺》，北京：中华书局，2015 年。

[11]〔宋〕李昌龄：《乐善录》，上海商务印书馆景印续古逸丛书本。

[12]〔宋〕李昌龄：《太上感应篇集注》，清道藏辑要本。

[13]〔宋〕庄绰撰，萧鲁阳点校：《鸡肋编》，北京：中华书局，1983年。

[14]〔宋〕陈淳著，熊国祯、高流水点校：《北溪字义》，北京：中华书局，1983年。

[15]〔宋〕寇宗奭：《图经衍义本草》，民国景印明正统本。

[16]〔宋〕黄休复撰，何韫若、林孔翼注：《益州名画录》，成都：四川人民出版社，1982年。

[17]〔宋〕黄休复：《茅亭客话》，《全宋笔记》第2编第1册，郑州：大象出版社，2006年。

[18]〔宋〕调露子：《角力记》，清光绪董金鉴重刻琳琅秘室丛书本。

[19]〔宋〕林洪撰，乌克注释：《山家清供》，北京：中国商业出版社，1985年。

[20]〔宋〕叶梦得撰，宇文绍奕考异，侯忠义点校：《石林燕语》，北京：中华书局，1984年。

[21]〔宋〕叶梦得：《避暑录话》，《全宋笔记》第2编第10册，郑州：大象出版社，2006年。

[22]〔宋〕周密撰，张茂鹏点校：《齐东野语》，北京：中华书局，1983年。

[23]〔宋〕周密撰，吴企明点校：《癸辛杂识》，北京：中华书局，1988年。

[24]〔宋〕刘昌诗撰，张荣铮、秦呈瑞点校：《芦浦笔记》，北京：中华书局，1986年。

[25]〔宋〕江少虞：《宋朝事实类苑》，上海：上海古籍出版社，1981年。

［26］〔宋〕魏泰撰，李裕民点校：《东轩笔录》，北京：中华书局，1983 年。

［27］〔宋〕邵伯温撰，李剑雄、刘德权点校：《邵氏闻见录》，北京：中华书局，1983 年。

［28］〔宋〕李昉等编：《太平广记》，北京：中华书局，1961 年。

［29］〔宋〕李昉等：《太平御览》，北京：中华书局，1960 年。

［30］〔宋〕孙光宪：《北梦琐言》，《全宋笔记》第 1 编第 1 册，郑州：大象出版社，2003 年。

［31］〔宋〕陶穀：《清异录》，《全宋笔记》第 1 编第 2 册，郑州：大象出版社，2003 年。

［32］〔宋〕钱易：《南部新书》，《全宋笔记》第 1 编第 4 册，郑州：大象出版社，2003 年。

［33］〔宋〕田况：《儒林公议》，《全宋笔记》第 1 编第 5 册，郑州：大象出版社，2003 年。

［34］〔宋〕宋祁：《宋景文公笔记》，《全宋笔记》第 1 编第 5 册，郑州：大象出版社，2003 年。

［35］〔宋〕宋祁：《益部方物略记》，《景印文渊阁四库全书》第 589 册，台北：台湾商务印书馆，1986 年。

［36］〔宋〕江休复：《江邻幾杂志》，《全宋笔记》第 1 编第 5 册，郑州：大象出版社，2003 年。

［37］〔宋〕范镇：《东斋记事》，《全宋笔记》第 1 编第 6 册，郑州：大象出版社，2003 年。

［38］〔宋〕张唐英：《蜀梼杌》，《全宋笔记》第 1 编第 8 册，郑州：大象出版社，2003 年。

［39］〔宋〕苏轼：《仇池笔记》，《全宋笔记》第 1 编第 9 册，郑州：大象出版社，2003 年。

［40］〔宋〕苏轼：《东坡志林》，《全宋笔记》第1编第9册，郑州：大象出版社，2003年。

［41］〔宋〕苏轼撰，孔凡礼点校：《苏轼文集》，北京：中华书局，1986年。

［42］〔宋〕王得臣：《麈史》，《全宋笔记》第1编第10册，郑州：大象出版社，2003年。

［43］〔宋〕吴处厚：《青箱杂记》，《全宋笔记》第1编第10册，郑州：大象出版社，2003年。

［44］〔宋〕杨彦龄：《杨公笔录》，《全宋笔记》第1编第10册，郑州：大象出版社，2003年。

［45］〔宋〕张舜民：《画墁录》，《全宋笔记》第2编第1册，郑州：大象出版社，2006年。

［46］〔宋〕佚名：《道山清话》，《全宋笔记》第2编第1册，郑州：大象出版社，2006年。

［47］〔宋〕庞元英：《文昌杂录》，《全宋笔记》第2编第4册，郑州：大象出版社，2006年。

［48］〔宋〕王辟之：《渑水燕谈录》，《全宋笔记》第2编第4册，郑州：大象出版社，2006年。

［49］〔宋〕朱彧：《萍洲可谈》，《全宋笔记》第2编第6册，郑州：大象出版社，2006年。

［50］〔宋〕王巩：《闻见近录》，《全宋笔记》第2编第6册，郑州：大象出版社，2006年。

［51］〔宋〕李朴：《丰清敏公遗事》，《全宋笔记》第2编第8册，郑州：大象出版社，2006年。

［52］〔宋〕惠洪：《冷斋夜话》，《全宋笔记》第2编第9册，郑州：大象出版社，2006年。

［53］〔宋〕张邦基：《墨庄漫录》，《全宋笔记》第 3 编第 9 册，郑州：大象出版社，2008 年。

［54］〔宋〕蔡絛：《铁围山丛谈》，《全宋笔记》第 3 编第 9 册，郑州：大象出版社，2008 年。

［55］〔宋〕邵博：《邵氏闻见后录》，《全宋笔记》第 4 编第 6 册，郑州：大象出版社，2008 年。

［56］〔宋〕吴曾：《能改斋漫录》，《全宋笔记》第 5 编第 3、4 册，郑州：大象出版社，2012 年。

［57］〔宋〕洪迈撰，何卓点校：《夷坚志》，北京：中华书局，1981 年。

［58］〔宋〕洪迈：《容斋随笔》，《全宋笔记》第 5 编第 5 册，郑州：大象出版社，2012 年。

［59］〔宋〕洪迈：《容斋续笔》，《全宋笔记》第 5 编第 5 册，郑州：大象出版社，2012 年。

［60］〔宋〕陆游：《陆游集》，北京：中华书局，1976 年。

［61］〔宋〕陆游：《老学庵笔记》，《全宋笔记》第 5 编第 8 册，郑州：大象出版社，2012 年。

［62］〔宋〕陆游：《入蜀记》，《全宋笔记》第 5 编第 8 册，郑州：大象出版社，2012 年。

［63］〔宋〕高文虎：《蓼花洲闲录》，《全宋笔记》第 5 编第 10 册，郑州：大象出版社，2012 年。

［64］〔宋〕李元纲：《厚德录》，《全宋笔记》第 6 编第 2 册，郑州：大象出版社，2013 年。

［65］〔宋〕李心传：《建炎以来系年要录》，北京：中华书局，1988 年。

［66］〔宋〕李心传：《建炎以来朝野杂记·甲集》，《全宋笔记》第 6

编第7册，郑州：大象出版社，2013年。

[67]〔宋〕张端义：《贵耳集》，《全宋笔记》第6编第10册，郑州：大象出版社，2013年。

[68]〔宋〕岳珂：《桯史》，《全宋笔记》第7编第4册，郑州：大象出版社，2016年。

[69]〔宋〕朱辅：《溪蛮丛笑》，北京：中华书局，1991年。

[70]〔宋〕孟元老：《东京梦华录》，北京：中国商业出版社，1982年。

[71]〔宋〕马端临著，上海师范大学古籍研究所、华东师范大学古籍研究所点校：《文献通考》，北京：中华书局，2011年。

[72]〔宋〕张世南：《游宦纪闻》，《全宋笔记》第7编第8册，郑州：大象出版社，2016年。

[73]〔宋〕车若水：《脚气集》，《全宋笔记》第7编第8册，郑州：大象出版社，2016年。

[74]〔宋〕郭彖：《睽车志》，《全宋笔记》第9编第2册，郑州：大象出版社，2018年。

[75]〔宋〕黄震：《黄氏日抄》，《全宋笔记》第10编第6—10册，郑州：大象出版社，2018年。

[76]〔宋〕黎靖德编，王星贤点校：《朱子语类》，北京：中华书局，1986年。

[77]〔宋〕陈均编，许沛藻等点校：《皇朝编年纲目备要》，北京：中华书局，2006年。

[78]〔宋〕司马光编著，〔元〕胡三省音注，标点资治通鉴小组校点：《资治通鉴》，北京：中华书局，1956年。

[79]〔宋〕司马光：《司马氏书仪》，《景印文渊阁四库全书》第142册，台北：台湾商务印书馆，1986年。

［80］〔宋〕李焘撰，上海师范大学古籍整理研究所、华东师范大学古籍整理研究所点校：《续资治通鉴长编》，北京：中华书局，1979—1995年。

［81］〔宋〕曾巩撰，王瑞来校证：《隆平集校证》，北京：中华书局，2012年。

［82］〔宋〕曾巩撰，陈杏珍、晁继周点校：《曾巩集》，北京：中华书局，1984年。

［83］〔宋〕范成大撰，孔凡礼点校：《范成大笔记六种》，北京：中华书局，2002年。

［84］〔宋〕范成大：《范石湖集》，上海：上海古籍出版社，1981年。

［85］〔宋〕陈元靓撰，许逸民点校：《岁时广记》，北京：中华书局，2020年。

［86］〔宋〕乐史撰，王文楚等点校：《太平寰宇记》，北京：中华书局，2007年。

［87］〔宋〕王存撰，王文楚、魏嵩山点校：《元丰九域志》，北京：中华书局，1984年。

［88］〔宋〕欧阳忞撰，李勇先、王小红校注：《舆地广记》，成都：四川大学出版社，2003年。

［89］〔宋〕王象之撰，李勇先校点：《舆地纪胜》，成都：四川大学出版社，2005年。

［90］〔宋〕祝穆撰，祝洙增订，施和金点校：《方舆胜览》，北京：中华书局，2003年。

［91］〔宋〕祝穆：《古今事文类聚前集》，《景印文渊阁四库全书》第925册，台北：台湾商务印书馆，1986年。

［92］〔宋〕田锡撰，罗国威校点：《咸平集》，成都：巴蜀书社，

2008年。

[93]〔宋〕张咏著，张其凡整理：《张乖崖集》，北京：中华书局，2000年。

[94]〔宋〕石介著，陈植锷点校：《徂徕石先生文集》，北京：中华书局，1984年。

[95]〔宋〕欧阳修著，李逸安点校：《欧阳修全集》，北京：中华书局，2001年。

[96]〔宋〕苏辙著，曾枣庄、马德富校点：《栾城集》，上海：上海古籍出版社，1987年。

[97]〔宋〕苏舜钦撰，沈文倬校点：《苏舜钦集》，上海：上海古籍出版社，1981年。

[98]〔宋〕魏了翁撰，张京华校点：《渠阳集》，长沙：岳麓书社，2012年。

[99]〔宋〕晁说之：《嵩山文集》，四部丛刊续编本。

[100]〔宋〕梅尧臣：《宛陵先生文集》，《宋集珍本丛刊》第3—4册，北京：线装书局，2004年。

[101]〔宋〕张方平：《乐全先生文集》，《宋集珍本丛刊》第5册，北京：线装书局，2004年。

[102]〔宋〕韩琦：《安阳集》，《宋集珍本丛刊》第6册，北京：线装书局，2004年。

[103]〔宋〕蔡襄：《宋端明殿学士蔡忠惠公文集》，《宋集珍本丛刊》第7—8册，北京：线装书局，2004年。

[104]〔宋〕冯山：《安岳冯公太师文集》，《宋集珍本丛刊》第14册，北京：线装书局，2004年。

[105]〔宋〕范纯仁：《范忠宣公文集》，《宋集珍本丛刊》第15册，北京：线装书局，2004年。

［106］〔宋〕范祖禹：《太史范公文集》，《宋集珍本丛刊》第 24 册，北京：线装书局，2004 年。

［107］〔宋〕黄庭坚著，任渊等注，黄宝华点校：《山谷诗集注》，上海：上海古籍出版社，2003 年。

［108］〔宋〕黄庭坚：《山谷全书》，《宋集珍本丛刊》第 25—26 册，北京：线装书局，2004 年。

［109］〔宋〕黄庭坚：《山谷老人刀笔》，《宋集珍本丛刊》第 26 册，北京：线装书局，2004 年。

［110］〔宋〕唐庚：《唐先生文集》，《宋集珍本丛刊》第 31 册，北京：线装书局，2004 年。

［111］〔宋〕唐庚：《眉山诗集》，《景印文渊阁四库全书》第 1124 册，台北：台湾商务印书馆，1986 年。

［112］〔宋〕李石：《方舟集》，《宋集珍本丛刊》第 43 册，北京：线装书局，2004 年。

［113］〔宋〕王十朋：《宋王忠文公文集》，《宋集珍本丛刊》第 43—44 册，北京：线装书局，2004 年。

［114］〔宋〕晁公溯：《新刊嵩山居士文全集》，《宋集珍本丛刊》第 45 册，北京：线装书局，2004 年。

［115］〔宋〕朱熹：《晦庵先生文集》，《宋集珍本丛刊》第 56—59 册，北京：线装书局，2004 年。

［116］〔宋〕袁说友：《东塘集》，《宋集珍本丛刊》第 64 册，北京：线装书局，2004 年。

［117］〔宋〕袁说友等编，赵晓兰整理：《成都文类》，北京：中华书局，2011 年。

［118］〔宋〕吴泳：《鹤林集》，《宋集珍本丛刊》第 74 册，北京：线装书局，2004 年。

［119］〔宋〕洪咨夔：《平斋文集》，《宋集珍本丛刊》第74—75册，北京：线装书局，2004年。

［120］〔宋〕魏了翁：《重校鹤山先生大全文集》，《宋集珍本丛刊》第76—77册，北京：线装书局，2004年。

［121］〔宋〕刘克庄：《后村先生大全集》，《宋集珍本丛刊》第80—83册，北京：线装书局，2004年。

［122］〔宋〕牟巘：《陵阳先生集》，《宋集珍本丛刊》第87册，北京：线装书局，2004年。

［123］〔宋〕汪元量：《汪水云诗》，《宋集珍本丛刊》第90册，北京：线装书局，2004年。

［124］〔宋〕陈思编，〔元〕陈世隆补：《两宋名贤小集》，《宋集珍本丛刊》第101—102册，北京：线装书局，2004年。

［125］〔宋〕张栻著，杨世文点校：《张栻集》，北京：中华书局，2015年。

［126］〔宋〕周必大：《二老堂诗话》，明津逮秘书本。

［127］〔宋〕王沂孙撰，吴则虞笺注：《花外集》，上海：上海古籍出版社，1988年。

［128］〔宋〕谢枋得：《叠山集》，四部丛刊续编本。

［129］〔宋〕熊克：《中兴小纪》，《景印文渊阁四库全书》第313册，台北：台湾商务印书馆，1986年。

［130］〔宋〕佚名：《锦绣万花谷》，《景印文渊阁四库全书》第924册，台北：台湾商务印书馆，1986年。

［131］〔宋〕谢维新：《古今合璧事类备要外集》，《景印文渊阁四库全书》第941册，台北：台湾商务印书馆，1986年。

［132］〔宋〕王应麟：《玉海》，《景印文渊阁四库全书》第943—948册，台北：台湾商务印书馆，1986年。

[133]〔宋〕文同：《丹渊集》，《景印文渊阁四库全书》第1096册，台北：台湾商务印书馆，1986年。

[134]〔宋〕吕陶：《净德集》，《景印文渊阁四库全书》第1098册，台北：台湾商务印书馆，1986年。

[135]〔宋〕李新：《跨鳌集》，《景印文渊阁四库全书》第1124册，台北：台湾商务印书馆，1986年。

[136]〔宋〕韩驹：《陵阳集》，《景印文渊阁四库全书》第1133册，台北：台湾商务印书馆，1986年。

[137]〔宋〕王之望：《汉滨集》，《景印文渊阁四库全书》第1139册，台北：台湾商务印书馆，1986年。

[138]〔宋〕楼钥：《攻媿集》，《景印文渊阁四库全书》第1153册，台北：台湾商务印书馆，1986年。

[139]〔宋〕袁燮：《絜斋集》，《景印文渊阁四库全书》第1157册，台北：台湾商务印书馆，1986年。

[140]〔宋〕韩元吉：《南涧甲乙稿》，《景印文渊阁四库全书》第1165册，台北：台湾商务印书馆，1986年。

[141]〔宋〕史尧弼：《莲峰集》，《景印文渊阁四库全书》第1165册，台北：台湾商务印书馆，1986年。

[142]〔宋〕度正：《性善堂稿》，《景印文渊阁四库全书》第1170册，台北：台湾商务印书馆，1986年。

[143]〔宋〕程公许：《沧洲尘缶编》，《景印文渊阁四库全书》第1176册，台北：台湾商务印书馆，1986年。

[144]〔宋〕陈起编：《江湖小集》，《景印文渊阁四库全书》第1357册，台北：台湾商务印书馆，1986年。

[145]〔宋〕程颢、程颐著，王孝鱼点校：《二程集》，北京：中华书局，1981年。

［146］〔宋〕高承撰，〔明〕李果订，金圆、许沛藻点校：《事物纪原》，北京：中华书局，1989 年。

［147］〔宋〕晏殊：《晏元献公类要》，清钞本。

［148］〔宋〕吴淑撰注，冀勤等校点：《事类赋注》，北京：中华书局，1989 年。

［149］〔元〕脱脱等：《宋史》，北京：中华书局，1977 年。

［150］〔元〕刘应李原编，詹友谅改编，郭声波整理：《大元混一方舆胜览》，成都：四川大学出版社，2003 年。

［151］〔元〕费著：《岁华纪丽谱》，《巴蜀丛书》第 1 辑，成都：巴蜀书社，1988 年。

［152］〔元〕费著：《笺纸谱》，《巴蜀丛书》第 1 辑，成都：巴蜀书社，1988 年。

［153］〔明〕陆深：《蜀都杂抄》，《巴蜀丛书》第 1 辑，成都：巴蜀书社，1988 年。

［154］〔明〕曹学佺撰，杨世文校点：《蜀中广记》，上海：上海古籍出版社，2020 年。

［155］〔明〕何宇度：《益部谈资》，北京：中华书局，1985 年。

［156］〔明〕王贵德著，谢明仁、江宏校注：《青箱集剩校注》，成都：巴蜀书社，2014 年。

［157］〔明〕陈循等纂修：《寰宇通志》，玄览堂丛书续集影印明景泰间刻本。

［158］〔明〕王士性著，吕景琳点校：《广志绎》，北京：中华书局，1981 年。

［159］〔明〕李一楫纂：《月令采奇》，明万历四十七年（1619）刻本。

［160］〔明〕卢翰：《月令通考》，明万历十七年（1589）王道增刻本。

［161］〔明〕冯应京：《月令广义》，明万历陈邦泰刻本。

［162］〔明〕许次纾：《茶疏》，明万历二十一年（1593）刻茶书二十种本。

［163］〔明〕陶宗仪等编：《说郛三种》，上海：上海古籍出版社，1988年。

［164］〔明〕陈耀文编：《天中记》，扬州：广陵书社，2007年。

［165］〔明〕黄一正：《事物绀珠》，明万历间吴勉学刻本。

［166］〔明〕杨慎编，刘琳、王晓波点校：《全蜀艺文志》，北京：线装书局，2003年。

［167］〔明〕杜应芳辑：《补续全蜀艺文志》，明万历十七年（1589）刻本。

［168］〔明〕方以智：《通雅》，《景印文渊阁四库全书》第857册，台北：台湾商务印书馆，1986年。

［169］〔清〕陈元龙：《格致镜原》，《景印文渊阁四库全书》第1031、1032册，台北：台湾商务印书馆，1986年。

［170］〔清〕吴省钦：《白华前稿》，《清代诗文集汇编》第371册，上海：上海古籍出版社，2010年。

［171］〔清〕陈廷庆：《谦受堂全集》，清道光十年至十二年（1830—1832）一邱园刻本。

［172］〔清〕孙希旦撰，沈啸寰、王星贤点校：《礼记集解》，北京：中华书局，1989年。

［173］〔清〕陆心源撰，吴伯雄点校：《宋史翼》，杭州：浙江古籍出版社，2016年。

［174］〔清〕陆心源撰，徐旭、李志国点校：《宋诗纪事补遗》，太原：山西古籍出版社，1997年。

［175］〔清〕陈梦雷等辑：《古今图书集成》，清雍正铜活字本。

［176］〔清〕褚人获辑撰，李梦生校点：《坚瓠集》，上海：上海古籍出版社，2012 年。

［177］〔清〕赵翼：《陔余丛考》，北京：中华书局，1963 年。

［178］〔清〕俞樾撰，贞凡等点校：《茶香室丛钞》，北京：中华书局，1995 年。

［179］〔清〕王先谦撰，沈啸寰、王星贤点校：《荀子集解》，北京：中华书局，1988 年。

［180］〔清〕陈立撰，吴则虞点校：《白虎通疏证》，北京：中华书局，1994 年。

［181］〔清〕董恂：《甘棠小志》，《中国地方志集成·乡镇志专辑》第 16 册，南京：江苏古籍出版社，1992 年。

［182］〔清〕陈祥裔编，王斌、靳雅婷校注：《蜀都碎事校注》，成都：西南交通大学出版社，2017 年。

［183］〔清〕张澍：《蜀典》，清道光十四年（1834）武威张氏安怀堂刻本。

［184］〔清〕徐松辑，刘琳等校点：《宋会要辑稿》，上海：上海古籍出版社，2014 年。

［185］罗振玉辑录：《山右冢墓遗文》，太原：三晋出版社，2018 年。

［186］张维：《陇右金石录》，民国三十二年（1943）甘肃省文献征集委员会校印本。

［187］黎翔凤撰，梁运华整理：《管子校注》，北京：中华书局，2004 年。

［188］许维遹撰，梁运华整理：《吕氏春秋集释》，北京：中华书局，2009 年。

［189］丁传靖辑：《宋人轶事汇编》，北京：中华书局，1981 年。

［190］傅增湘原辑，吴洪泽补辑：《宋代蜀文辑存校补》，重庆：重

庆大学出版社，2014 年。

［191］司义祖整理：《宋大诏令集》，北京：中华书局，1962 年。

［192］弘治《贵州图经新志》，《贵州历代方志集成》第 1 册，北京：中国文史出版社，2016 年。

［193］正德《蓬州志》，明正德十三年（1518）刻本。

［194］嘉靖《四川总志》，《北京图书馆古籍珍本丛刊》第 42 册，北京：书目文献出版社，1996 年。

［195］嘉靖《洪雅县志》，《天一阁藏明代方志选刊》第 66 册，上海：上海古籍书店，1982 年。

［196］嘉靖《云阳县志》，《天一阁藏明代方志选刊》第 66 册，上海：上海古籍书店，1982 年。

［197］嘉靖《略阳县志》，《天一阁藏明代方志选刊》第 68 册，上海：上海古籍书店，1982 年。

［198］嘉靖《徽郡志》，《中国地方志集成·甘肃府县志辑》第 36 册，南京：凤凰出版社，2008 年。

［199］嘉靖《陕西通志》，明嘉靖二十一年（1542）刻本。

［200］万历《三峡通志》，《稀见重庆地方文献汇点》（上），重庆：重庆大学出版社，2013 年。

［201］万历《嘉定州志》，民国间钞本。

［202］万历《营山县志》，明万历刻本。

［203］天启《新修成都府志》，《中国地方志集成·四川府县志辑》第 1 册，成都：巴蜀书社，1992 年。

［204］康熙《彭水县志》，《中国地方志集成·重庆府县志辑》第 23 册，成都：巴蜀书社，2017 年。

［205］康熙《洋县志》，清康熙三十三年（1694）刻本。

［206］雍正《陕西通志》，《景印文渊阁四库全书》第 551—556 册，

台北：台湾商务印书馆，1986年。

[207] 乾隆《南郑县志》，《中国地方志集成·陕西府县志辑》第51册，南京：凤凰出版社，2007年。

[208] 乾隆《兴安府志》，《中国地方志集成·陕西府县志辑》第54册，南京：凤凰出版社，2007年。

[209] 乾隆《洵阳县志》，《中国地方志集成·陕西府县志辑》第55册，南京：凤凰出版社，2007年。

[210] 乾隆《成县新志》，《中国地方志集成·甘肃府县志辑》第38册，南京：凤凰出版社，2008年。

[211] 乾隆《雅州府志》，《中国地方志集成·四川府县志辑》第63册，成都：巴蜀书社，1992年。

[212] 乾隆《遂宁县志》，《中国地方志荟萃·西南卷》第2辑第3册，北京：九州出版社，2016年。

[213] 乾隆《犍为县志》，《中国地方志荟萃·西南卷》第2辑第8册，北京：九州出版社，2016年。

[214] 乾隆《镇远府志》，《贵州历代方志集成》第52册，北京：中国文史出版社，2016年。

[215] 乾隆《安岳县志》，清乾隆五十一年（1786）刻本。

[216] 嘉庆《四川通志》，成都：巴蜀书社，1984年。

[217] 嘉庆《汉阴厅志》，清嘉庆二十三年（1818）刻本。

[218] 嘉庆《南溪县志》，《中国地方志荟萃·西南卷》第3辑第3册，北京：九州出版社，2016年。

[219] 嘉庆《东乡县志》，《中国地方志荟萃·西南卷》第3辑第6册，北京：九州出版社，2016年。

[220] 嘉庆《武阶备志》，清同治十二年（1873）刻本。

[221] 嘉庆《汉中府志校勘》，西安：三秦出版社，2012年。

［222］道光《荣县志》，《中国地方志荟萃·西南卷》第 2 辑第 7 册，北京：九州出版社，2016 年。

［223］道光《仁怀直隶厅志》，《贵州历代方志集成》第 23 册，北京：中国文史出版社，2016 年。

［224］道光《续修宁羌州志》，《中国地方志集成·陕西府县志辑》第 52 册，南京：凤凰出版社，2007 年。

［225］道光《新津县志》，《中国地方志集成·四川府县志辑》第 12 册，成都：巴蜀书社，1992 年。

［226］道光《夔州府志》，《中国地方志集成·四川府县志辑》第 50 册，成都：巴蜀书社，1992 年。

［227］咸丰《云阳县志》，《中国地方志荟萃·西南卷》第 3 辑第 5 册，北京：九州出版社，2016 年。

［228］同治《增修酉阳直隶州总志》，《中国地方志集成·四川府县志辑》第 48 册，成都：巴蜀书社，1992 年。

［229］同治《巴县志》，清同治六年（1867）刻本。

［230］光绪《新修潼川府志》，清光绪二十三年（1897）刻本。

［231］光绪《续修叙永永宁厅县合志》，清光绪三十四年（1908）刻本。

［232］光绪《增修崇庆州志》，《中国地方志荟萃·西南卷》第 2 辑第 2 册，北京：九州出版社，2016 年。

［233］光绪《射洪县志》，《中国地方志集成·四川府县志辑》第 20 册，成都：巴蜀书社，1992 年。

［234］光绪《续增乐至县志》，《中国地方志集成·四川府县志辑》第 24 册，成都：巴蜀书社，1992 年。

［235］光绪《叙州府志》，《中国地方志集成·四川府县志辑》第 28 册，成都：巴蜀书社，1992 年。

［236］光绪《永川县志》,《中国地方志集成·四川府县志辑》第 42 册，成都：巴蜀书社，1992 年。

［237］光绪《铜梁县志》,《中国地方志集成·四川府县志辑》第 42 册，成都：巴蜀书社，1992 年。

［238］光绪《黔江县志》,《中国地方志集成·四川府县志辑》第 49 册，成都：巴蜀书社，1992 年。

［239］光绪《梁山县志》,《中国方志丛书·华中地方·四川省》第 16 册，台北：成文出版社，1976 年。

［240］光绪《垫江县志》，清光绪二十六年（1900）刻本。

［241］光绪《内江县志》,《中国地方志荟萃·西南卷》第 5 辑第 1 册，北京：九州出版社，2015 年。

二、今人著作

［1］包伟民：《宋代城市研究》，北京：中华书局，2014 年。

［2］常建华：《岁时节日里的中国》，北京：中华书局，2006 年。

［3］陈世松、贾大泉主编：《四川通史》，成都：四川大学出版社，1993—1994 年。

［4］程民生：《神人同居的世界——中国人与中国祠神文化》，郑州：河南人民出版社，1993 年。

［5］程民生：《宋代地域文化》，开封：河南大学出版社，1997 年。

［6］丁凌华：《中国丧服制度史》，上海：上海人民出版社，2000 年。

［7］范立舟、徐吉军：《南宋全史：思想、文化、科技和社会生活卷》，上海：上海古籍出版社，2015 年。

［8］高曾伟主编：《中国民俗地理》，苏州：苏州大学出版社，1996 年。

［9］葛剑雄主编：《中国移民史》，福州：福建人民出版社，1997 年。

［10］葛兆光：《道教与中国文化》，上海：上海人民出版社，1987年。

［11］葛兆光：《中国思想史》，上海：复旦大学出版社，2009年。

［12］葛兆光：《思想史研究课堂讲录》（增订版），北京：生活·读书·新知三联书店，2019年。

［13］郭声波：《四川历史农业地理》，成都：四川人民出版社，1993年。

［14］霍巍、黄伟：《四川丧葬文化》，成都：四川人民出版社，1992年。

［15］黄博：《谣言、风俗与学术：宋代巴蜀地区的政治文化考察》，成都：巴蜀书社，2018年。

［16］贾大泉：《宋代四川经济述论》，成都：四川省社会科学院出版社，1985年。

［17］蓝勇：《西南历史文化地理》，重庆：西南师范大学出版社，1997年。

［18］蓝勇：《中国川菜史》，成都：四川文艺出版社，2019年。

［19］李昌宪：《中国行政区划通史·宋西夏卷》，上海：复旦大学出版社，2007年。

［20］李禹阶、唐春生主编：《宋代巴蜀政治与社会研究》，成都：巴蜀书社，2012年。

［21］林文勋：《宋代四川商品经济史研究》，昆明：云南大学出版社，1994年。

［22］林正秋：《宋代生活风俗研究》，北京：中国商业出版社，1997年。

［23］柳建新主编：《泰山文博研究》，济南：山东画报出版社，2008年。

［24］卢云：《汉晋文化地理》，西安：陕西人民教育出版社，1991年。

［25］满志敏：《中国历史时期气候变化研究》，济南：山东教育出版社，2009年。

［26］蒙文通：《巴蜀古史论述》，成都：四川人民出版社，1981年。

［27］蒙文通：《古地甄微》，《蒙文通文集》第4卷，成都：巴蜀书社，1998年。

［28］彭利芸：《宋代婚俗研究》，台北：新文丰出版公司，1988年。

［29］皮庆生：《宋代民众祠神信仰研究》，上海：上海古籍出版社，2008年。

［30］漆侠：《宋代经济史》，上海：上海人民出版社，1987年。

［31］山右历史文化研究院编：《西台集（外三种）》，上海：上海古籍出版社，2016年。

［32］沈从文、王孖：《中国服饰史》，西安：陕西师范大学出版社，2004年。

［33］谭红主编：《巴蜀移民史》，成都：巴蜀书社，2006年。

［34］汪圣铎：《宋代社会生活研究》，北京：人民出版社，2007年。

［35］王增永、李仲祥：《婚丧礼俗面面观》，济南：齐鲁书社，2001年。

［36］乌丙安：《民俗学原理》，沈阳：辽宁教育出版社，2001年。

［37］徐吉军等：《中国风俗通史·宋代卷》，上海：上海文艺出版社，2001年。

［38］许倬云：《万古江河——中国历史文化的转折与开展》，上海：上海文艺出版社，2006年。

［39］张邦炜：《婚姻与社会（宋代）》，成都：四川人民出版社，1989年。

［40］张邦炜：《宋代政治文化史论》，北京：人民出版社，2005 年。

［41］张家驹：《两宋经济重心的南移》，武汉：湖北人民出版社，1957 年。

［42］张亮采：《中国风俗史》，北京：中国人民大学出版社，2013 年。

［43］张伟然：《湖南历史文化地理研究》，上海：复旦大学出版社，1995 年。

［44］张伟然：《中古文学的地理意象》，北京：中华书局，2014 年。

［45］张伟然：《湖北历史文化地理研究》，武汉：湖北教育出版社，2000 年。

［46］张晓虹：《文化区域的分异与整合——陕西历史地理文化研究》，上海：上海书店出版社，2004 年。

［47］赵世瑜：《在空间中理解时间：从区域社会史到历史人类学》，北京：北京大学出版社，2017 年。

［48］钟敬文主编：《民俗学概论》，上海：上海文艺出版社，1998 年。

［49］周尚意、孔翔、朱竑编著：《文化地理学》，北京：高等教育出版社，2004 年。

［50］周振鹤主著：《中国历史文化区域研究》，上海：复旦大学出版社，1997 年。

［51］朱海滨：《近世浙江文化地理研究》，上海：复旦大学出版社，2011 年。

［52］朱瑞熙：《宋代社会研究》，郑州：中州书画社，1983 年。

［53］朱瑞熙等：《辽宋西夏金社会生活史》，北京：中国社会科学出版社，1998 年。

［54］曾枣庄、刘琳主编：《全宋文》（全 360 册），上海：上海辞书

出版社，合肥：安徽教育出版社，2006年。

［55］北京大学古文献研究所编：《全宋诗》（全72册），北京：北京大学出版社，1998年。

［56］［法］谢和耐著，马德程译：《南宋社会生活史》，台北：中国文化大学出版部，1982年。

［57］［美］包弼德著，刘宁译：《斯文：唐宋思想的转型》，南京：江苏人民出版社，2017年。

［58］［美］刘子健著，赵冬梅译：《中国转向内在——两宋之际的文化内向》，南京：江苏人民出版社，2002年。

［59］［日］平田茂树、远藤隆俊、冈元司编：《宋代社会的空间与交流》，郑州：河南大学出版社，2008年。

［60］［日］佐竹靖彦：《唐宋變革の地域的研究》，东京：同朋舍，1990年。

三、期刊论文

［1］曹鹏程：《两宋时期的蜀地形象及其嬗变》，《四川师范大学学报》（社会科学版）2016年第2期。

［2］陈建中：《成都市郊的宋墓》，《文物参考资料》1956年第6期。

［3］陈明芳：《四川东部乌江流域悬棺葬调查简况》，《四川文物》1985年第4期。

［4］刁培俊：《“唐宋社会变革”假说的反思与区域视野下的“历史中国”》，《学术月刊》2013年第2期。

［5］干树德：《也谈二郎神信仰的嬗变》，《宗教学研究》1996年第2期。

［6］高寿仙：《国家祀典、儒家理念与民俗信仰的冲突与交融——以北京东岳庙为中心的考察》，《黄河文明与可持续发展》第5辑，郑州：

河南大学出版社，2013 年。

［7］耿波：《作为“人间事”的冬至》，《节日研究》第 16 辑，济南：山东大学出版社，2020 年。

［8］郭学信：《时代迁易与宋代士大夫的观念转变》，《文史哲》2000 年第 3 期。

［9］何姣：《浅论宋代四川山区农业开发》，《西南学林（2016）》下，昆明：云南民族出版社，2017 年。

［10］洪剑民：《略谈成都近郊五代至南宋的墓葬形制》，《考古》1959 年第 1 期。

［11］胡昌健：《三峡库区川江水文石刻与古代巴渝修禊习俗》，《文史知识》1997 年第 4 期。

［12］胡听汀：《四川出土两宋武士俑研究》，《2013—2015 年北京大学美术史博士生国际学术论坛论文选集》，桂林：广西师范大学出版社，2016 年。

［13］黄博：《神御在蜀：宋代四川的御容奉祀与地方政治》，《北京社会科学》2017 年第 4 期。

［14］黄宽重：《从中央与地方关系互动看宋代基层社会演变》，《历史研究》2005 年第 4 期。

［15］蓝勇：《中国饮食辛辣口味的地理分布及其成因研究》，《人文地理》2001 年第 5 期。

［16］蓝勇：《巴蜀休闲好赌风考》，《西南大学学报》（社会科学版）2008 年第 6 期。

［17］蓝勇、唐敏：《历史时期中国酸食空间分布及成因研究》，《云南大学学报》（社会科学版）2020 年第 4 期。

［18］李耀仙：《二郎神考》，《四川师范学院学报》（哲学社会科学版）1998 年第 1 期。

［19］李轶婷：《〈汉书·地理志〉风俗观念探析》，《武陵学刊》2018年第3期。

［20］刘复生：《由虚到实：关于“四川”的概念史》，《中国历史地理论丛》2013年第2辑。

［21］刘泳斯：《论宋代的“杀人祭鬼”》，《国学学刊》2020年第2期。

［22］柳立言：《何谓“唐宋变革”?》，《中华文史论丛》2006年第1期。

［23］卢云：《文化区：中国历史发展的空间透视》，《历史地理》第9辑，上海：上海人民出版社，1990年。

［24］马强、吴艳：《庙宇、神像、香火：诸葛亮祭祀的泛民间化——明清时期四川武侯祠、庙的空间分布特征及原因》，《成都大学学报》（社会科学版）2013年第3期。

［25］粟品孝：《宋朝在四川实施特殊化统治的原因》，《西华大学学报》（哲学社会科学版）2012年第2期。

［26］孙华：《石刻所见宋代四川移民——以重庆涪陵白鹤梁题刻为中心》，《南方民族考古》第17辑，北京：科学出版社，2019年。

［27］王素珍：《差异与美恶：风俗的地理区划与价值评判》，张勃主编：《中国人的风俗观与移风易俗实践》，北京：中国社会科学出版社，2016年。

［28］王元林：《重庆直辖市建置溯源——兼析巴蜀地域差异》，《中国历史地理论丛》1998年第1期。

［29］巫瑞书：《“迎紫姑”风俗的流变及其文化思考》，《民俗研究》1997年第2期。

［30］晏波、余粮才：《文献记载所见汉水上游龙舟竞渡的历史状况》，《陕西理工学院学报》（社会科学版）2009年第2期。

［31］余蔚、任海平：《北宋川峡四路的政治特殊性分析》，《历史地理》第 17 辑，上海：上海人民出版社，2001 年。

［32］余云华：《从川人爱汤食俗说开去》，《文史杂志》1992 年第 5 期。

［33］张邦炜：《两宋时期的丧葬陋俗》，《四川师范大学学报》（社会科学版）1997 年第 3 期。

［34］张邦炜：《“唐宋变革论”的首倡者及其他》，《中国史研究》2010 年第 1 期。

［35］张茜：《甜味调味品与川菜的风味特点——兼论四川地区嗜甜的饮食风俗》，《中国调味品》2015 年第 12 期。

［36］张雪红：《试论宋代社会教化的新特征》，《河南大学学报》（社会科学版）2010 年第 1 期。

［37］张芷萱：《蜀中游乐之“浣花”与“遨头”》，《杜甫研究学刊》2018 年第 3 期。

［38］赵兰：《北方移民影响与四川宋代画像石室墓》，《中国美术研究》第 27 辑，上海：上海书画出版社，2018 年。

［39］周振鹤：《从“九州异俗”到“六合同风”——两汉风俗区划的变迁》，《中国文化研究》1997 年第 4 期。

［40］朱瑞熙：《宋代的丧葬习俗》，《学术月刊》1997 年第 2 期。

［41］朱瑞熙：《宋朝的礼乐教化》，《河北大学学报》（哲学社会科学版）2012 年第 2 期。

［42］祝尚书：《论宋代文化中的“眉山现象”》，《四川大学学报》（哲学社会科学版）2004 年第 3 期。

［43］［英］科大卫、刘志伟：《宗族与地方社会的国家认同——明清华南地区宗族发展的意识形态基础》，《历史研究》2000 年第 3 期。

四、学位论文

［1］康文籍：《宋代四川地区民间信仰研究——以祠庙为中心》，西南大学硕士学位论文，2009年。

［2］李智君：《边塞农牧文化的历史互动与地域分野——河陇历史文化地理研究》，复旦大学博士学位论文，2005年。

［3］刘锡涛：《宋代江西文化地理研究》，陕西师范大学博士学位论文，2001年。

［4］魏恩燕：《试论宋代川峡四路科举人才的分布——以〈宋登科记考〉为中心》，贵州师范大学硕士学位论文，2018年。

［5］张诗瑞：《宋代生祠研究》，武汉大学硕士学位论文，2018年。

［6］张雪红：《传播与转型：走向生活世界的宋代社会教化研究》，华东师范大学博士学位论文，2010年。

［7］赵天改：《明代以来河南历史文化地理研究（1368—1949）》，复旦大学博士学位论文，2011年。

后 记

我的论文初稿大约完成在济南的秋天，窗外并无秋山秋水，住处离老城也很远，只有楼缝间一抹橘红色的斜阳洒进阳台，显得悠远而温存。回首四载的春秋，思绪的波涛难以安澜。即使世事纷扰、困难百般，我终于还是摸爬滚打地穿越丛林，即将来到胜利的彼岸。这一刻，除了学问，有些属于外传的东西还是有必要留下点雪泥鸿爪。

正如与我相熟络的几位师友所知，我是经过多年的鏖战，屡败屡战后才考上博士的，其过程不可谓不艰辛。记得那几年，自己有工作在身，经常出差采访、加班写稿。晚上下班回到家还要挑灯夜读、复习备考。每到周末，不管是朋友邀约，还是家庭聚会，抑或是有人给我介绍对象，多数都要被我委婉推掉。无他，怕浪费时间。每年初春的 3 月，还有点春寒料峭的时候，我都会像一只候鸟准时飞往江南，去倔强地应考我心目中最好的大学、最好的历史地理专业。我往往周五下班直奔机场，周六周日连考两天试，赶周日的晚航班再飞回济南，到家大概凌晨一两点钟。我周一仍会按时出现在单位的食堂里，当我打饭时用黑眼圈看一个个元气满满的同事，断定他们怎么也不会想到，在刚刚过去的这个周末，他们眼前的这个人竟去千里之外的城市参加了一场博士研究生招生考试，这是一种隐瞒秘密的快乐，刺激而惊险。

2019 年的那个初夏，在被命运愚弄了多年之后，我终于被它垂青。

我过关斩将，成功考入青海师范大学，成为一名历史学专业的博士生。最终虽没有进入那所江南名校，但于我而言，已经足够。当年6月我辞去了工作，9月便来到了西宁。这座千年古城早已脱胎换骨，不再是我八年前首次到过的模样，如今她高楼林立，现代化十足，宛如一颗高原明珠镶嵌在湟水这条丝带之上。刚入学时，我对学业很是迷茫，硕士毕业已六个年头，虽多年坚持复习备考，但那也仅是对知识点的不断温故，这和做学问是两码事。身边的同学要么是应届硕士毕业生，要么是高校的青年教师和社科院的青年研究员，而我在此之前仅是一名报社记者，相比之下，压力可想而知。青海师大位于西宁城西区，往东两公里有繁华的力盟步行街，往西两公里有新晋网红打卡地唐道637和万达广场，可以说生活娱乐资源无比丰富。但即使是周末，我也躲在宿舍看书，或去图书馆自习，不敢外出。出去玩一天，心里真的有负罪感。我的导师是极其严格的，每半个月要向他做一次电话汇报，如果支支吾吾，定会是一场暴风骤雨。在学术不“上道”的日子里，自己常常在宿舍阳台上踱步，高原的日光大好，周围的风光绝美，没有人管你，身上也没有枷锁，但你哪里也不敢去，像一头困兽，也像一个囚徒。

机会终于还是来了，博一开学的第一个国庆，恰逢新中国成立七十周年，全国上下洋溢在喜庆的节日气氛之中，我也莫名地躁动起来，重返校园的喜悦尚掩盖着博士阶段学习生活的“凶险”。与当年硕士开学的第一个国庆一样，我选择了出游，目的地是早已规划好的川陕之域。我乘飞机先从西宁到西安，然后辗转高铁和大巴一路南下，经汉中、阆中、绵阳、广汉入蜀，途中拜谒了汉中武侯祠、定军山，游览了阆中古城，参观了三星堆遗址。10月1日，我在阆中古城的一家小旅店里观看了国庆七十周年阅兵，热血沸腾。我走的是一条经典的千年蜀道，这是一趟筹谋已久的文化之旅。值得一提的是，我清晰地记得，10月3日，我到达成都，大概中午时分，正游荡到人民广场附近，突然收到了一条微信，打开一看，是元林师发来的，上面写道："最近学业如何？假期结束后第一天汇报。"这两句话简直如晴天霹雳一般，让我顿时游兴全无。后面几天我只得草草地走一走，再玩起来心里就像装了个兔子。最后我向业师主动说明了情况，挨骂是肯定的，但旅行的大业毕竟是完成了。后来，我的博论题目定为《宋代川峡四路风俗地理研究》，回想起这趟旅行来，无限感慨。因为我当时行走的这一片区域——陕南和川渝大部，正是宋代川峡四路的主体地区。虽然那次旅行并未抱有丝毫考察的目的，但行走其间，无疑让我对这一区域有了直观而生动的感知，让我在后续撰写论文过程中不至于对这一区域感到太过陌生和神秘。这样看来，那次偷跑出去的川陕之行，真好比一次前瞻性的田野考察。所以说，万事真的冥冥中自有定数。

2020 年下半年博二开学，我追随元林师赴广州求学，那时候国内的疫情还算平稳。即便如此，进出校园依然查得比较严。在广州大学求学的硕士师弟的帮助下，我得以自由进入广大校园。后来我和老师再聊起这件事，老师说如果晚一年来是不可能这样随意进出的，我也算幸运地打了一个时间差。到广州后，鉴于大学城惊人的租房价格和我有一部代步车，老师把我安排在黄埔区萝岗附近的一处廉租公寓中。这样，我便每天开车来往于黄埔与大学城之间，单程 26 公里。有时候下自习很晚，我独自开车走在珠江的东圃特大桥上，周围是呼啸而过的长途卡车，望一眼远处市区五彩斑斓的小蛮腰，我真有些恍惚地问自己："我是谁，我在哪？"起初还比较新鲜，但时间久了，成本和精力依然吃不消。于是我便从网上购买了气垫床，去一趟大学城便在办公室住一晚，这样两天一个来回，找到了成本和舒适度的最佳平衡点。岭南的生态环境很好，大学城的绿化也没的说，但这无形中就成了昆虫的天堂。每晚在办公室里学习，总有类似于天牛的不明生物飞来捣乱，嗡嗡叫着围着白炽灯盘旋。我要和它大战几回合将其赶出领地才可再回到书桌前，也算学习之余仅有的体育锻炼了。熄了灯，蚊子大军又一哄而上，我又得和蚊子继续"战斗"后才得以入睡。

就这样过了几个月，有一天深夜，我在办公室正熟睡的时候，突然被一声炸裂声惊醒，转头一看，原来是气垫床被我压爆了。从此以后，床便成了席子。虽然后来我又垫了一层毯子，但还是在广州的冬夜被冻得腰酸背疼。

从纬度上看，广州冬天并不会冷，它的冷取决于北方冷空气的心情。那一年12月中旬的几天，广州便来了一股冷空气，天气变得奇冷。由于准备不足，我一个从未挨过冻的北方人在广州被冻怕了。坚持了几天后，我咬了咬牙去番禺的海那城买了件羽绒服，还是长款的。结果第二天，校园里的红男绿女又都穿起短袖来了。更为夸张的是，到了年底圣诞节前后，我去暨南大学听刘志伟老师的一场讲座，讲座安排在暨大文学院四楼一个不大的小教室里举行，刘老师一进教室，就操着他浓重的广东腔说："开空调，开空调，广州的冬天热死人。"热不热死人我不知道，反正坑死人是没跑了。

在这里，不得不说的，是与读博四年共生的新冠疫情。2019年12月底，我还在西宁，记得在资料室学习时，看到百度热搜排名并不太靠前的位置有一条不起眼的新闻：武汉发现新型冠状病毒。大概当时谁也没有过多在意，以为这就像以往世界又发现了一种新型病毒一样，没什么值得大惊小怪的。跨年夜，我还与资料室的小伙伴们一起聚了餐，在西宁的唐道637广场上放了烟花。烟火绚烂，大家祈愿2020是个美好的一年。1月12日我放寒假后由西宁返回济南，之后还与初中同学聚了一次会，再后来还报了一个旅行团，准备寒假出去转一下。当时感觉世界如常，年味渐浓。但不久后，钟南山院士宣布此次疫情人传人，武汉封城！一丝不祥的气息才慢慢开始发酵。可武汉毕竟远在千里之外，身处济南的我和家人还是如约去饭店吃了年夜饭，仍未对新冠疫情给予足够重视。那时流行一个表情包，《猫和老鼠》里的杰瑞龇牙咧嘴给一只小鸟形容外面世界的凶险，小鸟则无动于衷，当时大多数人应该都还处于小鸟的状态。直至春晚间隙播报武汉前方的疫情救治，大年初一解放军出动支援武汉，我们才真正意识到这绝非一次简单的新冠疫情流行事件。后来的事便人尽皆知了，疫情在人间肆虐了三年，世人筋疲力尽。但值得庆幸的是，我在博一下学期返青期间和博二一整年在穗求学时期，国内疫情已趋于稳定，并未过多受到疫情的干扰。反倒是博三返回济南家中闭关写作这一年，真正体会到了与疫情的短兵相接。特别是在 2022 年 5 月和 11 月，遭受了两次小区封控，济南当时也停止堂食，基本处于静默管理状态。这真是一段难忘的人生经历，每天下午 4 点下楼做核酸，抢菜备菜，自己做饭，把我愣是从厨艺小白逼成了有几个家常菜傍身的“斜杠青年”。写论文反倒成了抗疫间隙捎带脚做的事情，说不影响效率是假的，但只能排除万难砥砺前行。

整个 2022 年，也是多事之秋。这正是我毕业论文的攻坚阶段，但世界并不太平。作为一个秉承古训“天下兴亡，匹夫有责”的书生，对外面世界的喧嚣实难做到充耳不闻、视而不见。如今的世界，只要有网络在，有终端在，就不可能实现真正的闭关。有了手机，足不出户，窗外事尽知。俄乌冲突、东航失事、上海疫情、唐山打人、佩洛西窜台，每天都有热搜把你“烫”到，使你不得清净。我有时候就把手机放到卧室，让它离我远一点。但后来囿于收发信息来回折返太过麻烦，又把它请了回来。但明明写字台上有插排，我还是恭敬地把它插到身后墙上的插座里，就是不想让这个世界的热度再撩拨我，我实在经不起诱惑，喜欢关注苍生。论文就在这种与疫情和窗外事的扭打博弈中艰难地向前推进，虽有时只日进斗字，但好在从未停歇。

应该讲，博士生在未确定自己能顺利毕业之前，没有真正的快乐。各种毕业条件像达摩克利斯之剑时刻高悬头顶，心里每天像吃了颗秤砣一样，心事重重，郁郁寡欢。逢年过节时的笑容是强颜欢笑的伪快乐，特别是对于大龄单身博士来说，各种节日还是希望一笔带过。压力大的时候，常在噩梦中午夜梦回，惊起一身冷汗。看着远处高架桥上昏黄的路灯，我在心中叩问自己当初的决定到底对不对。这种心态，读过博的人都懂。世人常拿博士的发量调侃，拜父母所赐，我的发质天生浓密，迄今为止发量仍算正常。但站在镜前，轻撩发丝，偶尔冒出的银线还会把我惊到，那种白，亮得令人刺眼和不适。读博，某种意义上就是一场豪赌，既是打一场学术上的恶战，也是经受一次心理上的淬炼，经历一段独自的修行。

总之，能够顺利毕业，又将拙作付梓出版，需要感谢的人很多。在这里，我首先要感谢我的业师王元林教授，正是王老师不弃学生愚钝，将我招至门下，才使我有机会圆了读博的梦想，老师治学的严谨令我感佩难忘，老师的道德文章是我终身学习的榜样。同时，我还要特别感谢青海师大杜常顺教授和丁柏峰教授两位老师，他们虽不是我的导师，但情同导师。因为业师不在身边，在青海求学期间，两位老师一直在生活和学业上给予我许多关怀与帮助，念兹在兹，永志不忘。另外，我还要郑重感谢以下诸位师友，他们是复旦大学段伟教授、邹怡教授、杨霄青年副研究员，西南大学蓝勇教授、马强教授，四川大学李勇先教授，南京师范大学潘晟教授，澳门理工大学马光教授，暨南大学黄学超副教授，云南大学周妮副教授，阜阳师范大学古帅副教授，他们分别在论文撰写、资料搜集、治学之道等方面给予我不同程度的支持与帮助，在此一并敬志谢忱！他们的无私相助给予我莫大的鼓励，使我在前行的道路上不至于孤单。当然还要感谢我的父母，他们对我多年来追求梦想的执念给予了最大限度的包容、理解和支持，父母的爱是无私而伟大的，他们永远是我的坚强后盾和动力源泉。感谢青海、感谢西宁再次哺育了我，使我在兰州之后，与大西北再续前缘。今生若有机会和能力，一定回报甘青，回报陇上、河湟父老！同时，本书能够顺利出版与浙江水利水电学院马克思主义学院的大力支持也是分不开的。王伟英院长、葛文玲主任自始至终关心鼓励，多次询问出版进度，学院李齐老师为出版招标事宜不辞辛劳、前后奔走。对此我心怀感激，一并致谢！你们的关怀与帮助使我在新的工作岗位上深感温暖，重拾勇攀学术高峰的信心。另外，齐鲁书社的刘强编辑、王亚茹编辑的精心编排和辛苦付出也为本书增色不少，在此一道献上感谢。

最后，用两句联语结束这篇后记：

发两个唐将，写一篇宋文，苦辣酸甜唯自知。

一载青唐城，三秋鲁粤地，西北东南终有成。

杨鸿光

2025 年 6 月 15 日于济南韩仓河畔